AF532942

Jürgen Möller

Panzerkeile auf der Thüringer Autobahn April 1945

Abzeichen des XX. US Corps

Impressum

Umschlaggestaltung: Harald Rockstuhl, Bad Langensalza

Titelbild: Panzer der 4th US AD mit aufgesessener Infanterie auf der Reichsautobahn. Foto: Photo Signal Corps, National Archives

Umschlagrückseite: Soldatengräber auf dem Friedhof Egstedt/Thüringen
Foto: Jürgen Möller, 2004

1. Auflage 2017
ISBN 978-3-86777-648-6

Satz und Layout: Jürgen Möller
Lektorat unter Verantwortung des Autoren
Gedruckt auf alterungsbeständigem Papier nach ISO 9706

Die Deutsche Nationalbibliothek verzeichnet diese Publikation in der Deutschen Nationalbibliografie. Detaillierte bibliografische Daten sind im Internet über *http://dnb.d-nb.de* abrufbar.

Inhaber: Harald Rockstuhl
Mitglied des Börsenvereins des Deutschen Buchhandels e.V.
Lange Brüdergasse 12 in D-99947 Bad Langensalza/Thüringen
Telefon: 03603 / 81 22 46 Telefax: 03603 / 81 22 47
www.verlag-rockstuhl.de

Inhaltsverzeichnis

Mein besonderer Dank gilt an dieser Stelle:

4th Armored Division Memorial
Ken Berg, Kanada, Guy Ries, Luxembourg

76th Infantry Division Association
Lt.Col. (ret.) Jay M. Hamilton, Medford, Oregon, U.S.A. †

80th Infantry Division Veteran's Association
Andy Adkins, Gainesville, Florida, U.S.A.

Thüringisches Staatsarchiv Weimar
Dr. Frank Boblenz

Stiftung Gedenkstätten Buchenwald und Mittelbau-Dora
Dr. Harry Stein

Kreisarchiv Sömmerda
Thomas Hildebrandt

Redaktion Autobahngeschichte
Frank G. Buchold

Historische Spielleutegruppe Jena e.V.
Hartwig Bastian

Heimatstube Kleinmölsen
Frank Störzner

Brücken- und Denkmalverein Kunitz e.V.

Natur- und Heimatfreunde Niederzimmern e.V.
Herbert Haas, Oswin Vogel

Flugplatz Nohra e.V.
Christian Handwerck

Luftbilddatenbank Dr. Carls, Würzburg-Estenfeld
Dr. Hans-Georg Carls und Wolfgang Müller

Ulrich Koch, athene-tv Berlin

sowie

Uwe Becker, Dornburg-Camburg; Maritta Behrens, Querfurt; Harry Berbig, Weimar-Schöndorf; Dr. Claus Bernhardt, Freiberg/Sachsen; Hans-Peter Brachmanski, Erfurt; Herbert Daniel, Erfurt †; Frank Döbert, Jena; Richard Eiermann, Sinsheim; Döring-Ernst v. Gottberg, Kiel-Brunswik; Gottfried Grünzig, Erfurt; Prof. Dr. med. Helmut Hauke, Stuttgart; Lothar Hempel, Weimar; Hans-Jürgen Hendig, Straußfurt; Karl-Heinz Hentis, Herzberg; Martin B. Hilgenfeld, Bad Nauheim; Günter Kaspaul, Bad Sulza; Manfred Kresse, Buttstädt; Rainer Lämmerhirt, Mihla; Rainer Lautenschläger, Querfurt; Hartwig Mähler, Niederroßla; Dr. Heinz Maus, Heidelberg; Dr. Hans-Dietrich Nicolaisen, Büsum; Rainer Otte, Jena; Carsten Schleichardt, Erfurt; Georg Thilo Frhr. v. Seebach, Wolfenbüttel; Johannes Sippel, Erfurt †, Walter Steinert, Jena †; Harry Sochor, Troistedt; Lorenz Treplin, Meldorf/Schleswig-Holstein; Heinrich Wegerich, Witterda; Heinz Wick, Camburg; Heinz Winter, Eschenbergen; Helmut Wolf, Erfurt

Ein ganz besonderes Dankeschön gilt meiner Frau, weil sie stets Verständnis für meine Arbeit zeigt

„Die Jungen sind nicht verantwortlich für das, was damals geschah.
Aber sie sind verantwortlich für das, was in der Geschichte daraus wird."

Richard von Weizsäcker
(Rede vor dem Bundestag am 8. Mai 1985 zum 40. Jahrestag der Kapitulation)

Vorwort

Es ist kaum zu glauben, aber heute erscheint gerade einmal sieben Jahre nach dem 1. Band der Reihe „Das Kriegsende in Mitteldeutschland 1945" bereits der 10. Band und wieder einmal einer, der es vom Inhalt und Umfang her in sich hat. Denn er nimmt sich eines Gebietes an, dass unter anderem drei der wichtigsten Städte Thüringens umfasst, die Städte Erfurt, Weimar und Jena. Jede von ihnen könnte ein eigenes Buch füllen. Und jede von ihnen wurde bereits in Büchern behandelt. Aber ich meine, noch lange nicht ausreichend. Hinzu kommt, dass sich in diesem Gebiet das KZ Buchenwald befindet, dessen „Befreiung" bereits im letzten Buch thematisiert wurde, aber hier noch einmal zu betrachten ist, denn das Lager liegt nicht nur im unmittelbaren Angriffsstreifen der, in diesem Buch zu behandelnden, Einheiten der US Army, sondern es gibt auch neue, weitergehende Gesichtspunkte, die es gilt aufzugreifen. Aufzugreifen, um zu ergänzen, zu erweitern und zu korrigieren.

Eines hat sich nämlich auch in der kurzen Zeitspanne sei dem letzten Buch erneut bewiesen. Die bisherige regionale Geschichtschreibung zum Thema Kriegsende 1945 kann man bis auf einige Ausnahmen im Hinblick auf die tatsächlichen militärischen Abläufe und deren Hintergründe nicht anders bezeichnen, als eine Folge von Irrungen, Fehlinterpretationen, Schnellschüssen, verpassten Gelegenheiten und Alleingängen bei dem Versuch, weiße Flecken auf einer Karte auszufüllen, die jahrzehntelang kaum jemand betrachtet hat. Doch nur die verpassten Gelegenheiten und Alleingänge sind wirklich problematisch für die weitere Erschließung dieses wenig bekannten Kapitels unserer Geschichte, denn Fehler und Fehlinterpretationen, aber auch vorschnelle Aussagen, können korrigiert werden, bieten Anreiz zu weiteren Forschungen, fordern auf zum wissenschaftlichen Disput, bringen uns weiter beim Verständnis der damaligen Ereignisse.

Die damit verbundene Zusammenarbeit zwischen Wissenschaftlern, Heimat- und Hobby-Forschern und das, damit einhergehende, Verbinden des Wissens aus den in- und ausländischen Archiven mit dem militärischen Sachverständnis und den regionalen Forschungen ist dabei der wesentliche Faktor des Erfolgs. Anders als das Forschen im „stillen Kämmerlein". Nur zu häufig kommt es dabei nicht nur zu falschen Annahmen, die aus Mangel an Kommunikation nicht geklärt und so vielleicht falsch weitergegeben werden, sondern viel Wissen geht auch verloren. Wer weiß, wie viele Archive von fleißigen Hobby-Sammlern eines Tages in der Papiertonne oder auf dem Sperrmüll enden. Dieses Wissen ist damit für immer verloren. Und das ist fast noch schlimmer als die verpassten Gelegenheiten, meinem „Lieblingsthema". Verpasste Gelegenheiten im Hinblick auf die Möglichkeit der Zeitzeugenbefragung und des Sicherns von Zeitzeugnissen.

Zum Glück haben mittlerweile viele dies geradezu „im letzten Moment“ begriffen und eine großartige Arbeit geleistet. Hier liegt der Schwerpunkt eindeutig vor allem erst einmal auf dem Sammeln und Archivieren. Das Teilen und eine, damit verbundene, Auswertung kann dann jederzeit stattfinden.

Dann greifen auch solche Instrumente, wie diese Buchreihe, die helfen sollen, um die vorliegenden Zeitzeugenberichte und andere Informationen richtig einordnen zu können. Zu jenen Hilfsinstrumenten zähle ich auch eines der interessantesten Bücher der letzten Jahre, das 2016 erschienene, Buch „Thüringen 1945“, herausgegeben von Jens Schley in der Reihe „Quellen zur Geschichte Thüringens“, das auch jenen, die nicht die Gelegenheit finden, in den Archiven zu forschen, eine Vielzahl von Informationen in Form einer umfangreichen Quellensammlung zum Thema bietet. Ergänzt durch solch großartig recherchierte Bücher, wie das von Helmut Wolf „Erfurt im Luftkrieg“ sollte es dann möglich sein, die weißen Flecken auf der Karte unserer Geschichte nicht nur zu füllen, sondern „richtig“ zu füllen.

Mir ist dabei bewusst, dass angesichts der Fülle an Material nicht alle Facetten des Kriegsendes abschließend betrachtet werden können. Was jedoch nicht ausschließt, dass das Themas der Städte nicht noch einmal zu einem späteren Zeitpunkt aufgegriffen wird, so wie es mit Leipzig bereits erfolgt ist. Wer aber nicht so lange warten will, dem kann ich heute schon sagen, dass sich ein langjähriger Forschungspartner, der Erfurter Carsten Schleichardt, mit seinem geplanten Buch „1945 – Das Kriegsende im Raum Erfurt“ noch einmal des Themas Erfurt in besonderer Form annehmen und dabei auf eine große Zahl bisher nicht veröffentlichter Zeitzeugenaussagen zurückgreifen wird. Für mich ein Beispiel, wie übergreifende Forschung im gegenseitigen Nutzen funktionieren kann und uns alle weiter bringt.

Daher auch heute an dieser Stelle mein wiederholter Aufruf an alle: Geben sie Ihr Wissen und Ihre Erkenntnisse, auch wenn sie Ihnen nur unbedeutend erscheinen, weiter. Melden Sie sich und helfen Sie so der Forschung. Behalten Sie nichts für sich und riskieren Sie nicht, dass Ihr Wissen mit Ihnen unwiederbringlich verloren geht.

Für Anregungen, Ergänzungen und Korrekturen wenden sie sich bitte an:

Jürgen Möller
E-Mail: juemoehistory@yahoo.de

oder

Verlag Rockstuhl Bad Langensalza

* * *

I. Die militärische Lageentwicklung bis zum 4. April 1945

Mitte März 1945 liegt das Dritte Reich in seinen letzten Zügen. Im Osten stehen die russischen Verbände vor dem Sprung aus den eroberten Oder-Brückenköpfen Richtung Berlin. Im Westen nähern sich die Alliierten dem Rhein, um ins Herz des Reiches zu stoßen.

Am 23. März 1945 beginnt die 21st (brit.) AGr mit dem befohlenen Großangriff am Niederrhein und die Truppen der 2nd (brit.) Army und der 9th US Army beginnen mit der Einschließung des Ruhrgebietes von Norden. Südlich des Abschnittes der 9th US Army beginnen die Kräfte der 1st US Army der 12th US AGr unter General Omar N. Bradley mit dem Vorstoß aus dem Rhein-Brückenkopf Remagen gegen den Südrand des Ruhrgebietes.[1] Doch noch bevor die 1st US Army von Lt.Gen. Courtney H. Hodges den Angriff startet, beginnt südlich davon in der Nacht zum 23. März 1945 die 3rd US Army der 12th US AGr unter Lt.Gen. George S. Patton Jr. III mit dem Rhein-Übergang bei Oppenheim. Sofort nach der Eroberung von Kaiserlautern und dem Fall der Pfalz hatte Patton die Operationsabteilung der 12th US AGr informiert, dass er ohne Verzögerung den Rhein forcieren will, um über den Frankfurt-Kassel-Korridor direkt nach Mitteldeutschland hinein zu stoßen. *„Jeder Tag bedeutet bestimmt, dass wir Hunderte von amerikanischen Leben sichern. Der Feind ist an unserer Front im Chaos. Aber, wenn wir... (warten), reorganisiert er sich und wir müssen uns den Weg freikämpfen.“*[2] Und Bradley und Dwight D. Eisenhower, der Oberkommandierende *der* westalliierten Streitkräfte, hatten zugestimmt. Mit den Worten: *„In Ordnung.... Sie (Patton d.A.) überqueren zuerst und Courtney wird dann (aus dem Brückenkopf Remagen d.A.) ausbrechen und sich mit ihnen in Limburg treffen. Die 7th Army geht im Süden vor und dann können wir hinaufgehen (nach Norden d.A.) und helfen...“* Eine Stunde später hatte Patton den Angriffsbefehl erteilt.[3] Und, wie von Patton vorausgesagt, entwickelt sich der Angriff zügig.

Im Resultat des, auf der ganzen Breite erfolgten, Rhein-Übergangs, fällt am 28. März 1945 die Entscheidung Eisenhowers über die Fortsetzung der Gesamtoffensive westlich des Rheins, für die es zuvor keine Planungen gab. Dabei ist man sich mit den Briten einig, *„dass die Demarkationslinie, welche im Februar 1945 in Jalta festgelegt wurde, bei der Planung des Endkampfes keine Rolle spielt“.*[4] Strategisches Ziel ist es, nach der Einkesselung und Zerschlagung der deutschen Truppen im Ruhrgebiet mit der 12th US AGr im Zentrum den Hauptstoß über Kassel und Erfurt auf Leipzig und weiter nach Dresden zu führen, das Reichsgebiet in zwei Teile zu spalten und das wichtige mitteldeutsche Industriegebiet Halle-Merseburg-Leipzig zu besetzen. Das Endziel Dresden, das bereits im Plan „OVERLORD“ festgelegt worden war, wird später korrigiert und als Haltelinie für den Vorstoß die Elbe-Mulde-Linie festgelegt. Die im Norden angreifende 21st (brit.) AGr des Field Marshal Bernhard Law

Montgomery soll bis zu den norddeutschen Häfen vordringen und die 6th US AGr unter General Jacob „Jake" Loucks Devers soll nach Süddeutschland vorstoßen und im Donautal den Kontakt zur Roten Armee herstellen.

Diese Entscheidung fällt gegen massiven Widerstand der Briten, die Eisenhowers Strategie in Frage stellen. Der britische Field Marshal Brooke wirft Eisenhower die *„planmäßige Verzettelung"* seiner Kräfte vor. Hintergrund sind die britischen Befürchtungen, dass die angloamerikanischen Verbände bei der Zerschlagung des „Ruhrkessels" zu lange gebunden sein würden. Sie plädieren für einen starken Vorstoß auf der gesamten Frontbreite und einen gezielten Angriff von Kräften Montgomery's auf Berlin. Churchill ist sich sicher, Berlin vor den Russen zu erreichen. Ungeachtet der Vereinbarungen erhofft er sich, Berlin als Faustpfand für zukünftige Verhandlungen mit Stalin einsetzen zu können.

Churchill, Roosevelt und Stalin während der Konferenz von Jalta im Februar 1945
Foto: National Archives, 111-SC-260486

Eisenhower hingegen ist gegen die Einnahme von Berlin. Als kühl kalkulierender Militär ist er sich des Preises für die Einnahme der Hauptstadt des Deutschen Reiches bewusst. Dabei orientiert er sich an seinem erfahrenen Heerführer Omar Bradley, den er selbst als *„größten Frontbefehlshaber, dem ich in diesem Krieg begegnet bin"* bezeichnete. Dieser hatte die möglichen Verluste mit 100 000 Mann beziffert. Bradley schreibt in seinem Buch *"A soldier's story of the Allied Campaigns from Tunis to the Elbe": „Ein ganz schön hoher Preis für ein Prestigeziel."* Dass seine Schätzungen durchaus berechtigt sind, zeigt sich daran, dass die Rote Armee beim Sturm auf Berlin über 100 000 Tote hinnehmen muss. Und auch, wenn Stalin den Angloamerikanern vorwirft, dass *„sich ihnen ganze Großstädte kampflos ergaben, während an der Ostfront um jede Bahnstation gerungen würde"*, so ist es falsch anzunehmen, dass die Deutschen ihre Hauptstadt kampflos aufgegeben würden. Hinzu kommt, dass sich die Russen zu diesem Zeitpunkt näher an Berlin befanden als die Westalliierten.

Eisenhower wird in seiner Entscheidung durch General Marshall als Vertreter der Combined Chiefs of Staff gestärkt. In dieser Phase schaltet sich Roosevelt in die Debatte ein und erteilt dem britischen Premier Churchill das letzte Mal eine Absage zu dessen Plänen. Roosevelt will ein gemeinsames Vorgehen mit den Russen. Churchill muss klein beigeben. Montgomery erhält den Befehl, nicht in Richtung Berlin anzugreifen. Alle weiteren Entscheidungen Eisenhowers wurden von dieser Entscheidung geprägt. Ab jetzt agiert nicht mehr der Politiker, sondern der Militär Eisenhower. Und für den ist das Ziel klar – die vollständige Zerschlagung der Wehrmacht. Dem ordnet er die militärischen Planungen unter. Ihm ist klar – der Feind muss zerschlagen werden, wo er angetroffen wird. Als Feldherr weiß er aber, dass er die Kampfmoral seiner Truppen und die Entschlossenheit seiner militärischen Führer nur aufrechterhalten kann, indem er ihnen mit dem Siegeslorbeer winkt. Und der ist nun einmal Berlin. Deshalb ist er sich mit Bradley einig, dass selbst seine Armeeoberbefehlshaber nicht erfahren dürfen, dass Berlin nicht mehr als Ziel in Frage kommt.

Bradley, dessen Armeen die Hauptaufgabe bei dieser letzten Offensive zukommt, war für diesen Auftrag nicht ohne Grund ausgewählt worden. Neben der Würdigung seiner bisherigen Leistungen sind sich Eisenhower und Marshall sicher, dass Bradley der einzig richtige und vor allem loyale Mann dafür ist. Die Amerikaner würden nicht glücklich sein, wenn man Montgomery diese Aufgabe gegeben hätte, denn der würde jede Möglichkeit, Berlin zu nehmen, mit Sicherheit nutzen und die Briten würden dann den ungewollten Ruhm einstreichen. Während hinter der Bühne die politischen Rangeleien über Macht und Nachkriegsordnung weitergehen, hat die letzte große Offensive im Westen längst begonnen.

Am 29. März 1945 erreichen die Spitzen des VII. US Corps der 1st US Army den Raum Marburg und das V. Corps den Raum Limburg. Die, auf Initiative von Eisenhower, neu gebildete 15th US Army unter dem Kommando von Lt.Gen. Leonard T.

Gerow wird auf der Linie Düsseldorf – Köln formiert und übernimmt die Sicherung des Westrandes des entstehenden „Ruhrkessels". Frankfurt/Main wird durch das XX. US Corps von Lt. Gen. Patton's 3rd US Army genommen. Sein VIII. US Corps steht im Raum östlich Boppard und das XII. US Corps erreicht an der Spitze der 3rd US Army das Gebiet südlich Lauterbach/Hessen. Damit hat die 12th US AGr ihr erstes Zwischenziel erreicht. Doch obwohl der Angriff auf Mitteldeutschland erst nach der Zerschlagung des „Ruhrkessels" erfolgen soll, gelingt es Patton erneut, Bradley davon zu überzeugen, den Angriff ohne Halt fortzusetzen und einen Stoß weit voraus zu führen, um ein vermutetes deutsches Hauptquartier bei Gotha zu erobern.

Patton hatte vom G-2 der 12th US AGr, Brig.Gen. Edwin Luther Sibert, erfahren, dass ein desertierter deutscher Hauptmann von dessen Existenz und einer Nachrichtenzentrale südlich von Gotha, im Raum Ohrdruf, berichtet hatte.[5] Doch diesmal ist Bradley nicht einer Meinung mit Patton. Zu groß ist die Gefahr durch die entstehende offene Nordflanke zur 1st US Army. Aber Bradley weiß auch, dass er Patton Zugeständnisse machen muss, um ihn bei Laune zu halten. Und ein deutsches Hauptquartier ist ein strategisches Ziel, das man nicht einfach außer Acht lassen kann. Trotzdem zögert er. Erst als Bradley von Eisenhower die Nachricht erhält, dass die 1st Allied Airborne Army, denen die Einnahme des Hauptquartiers übertragen werden sollte, einen Sprungeinsatz im Thüringer Wald als zu riskant abgelehnt hatte, gibt er am 31. März 1945 Patton die Erlaubnis für die Fortsetzung des Angriffs zur Sicherung des strategisch wichtigen Ziels im sogenannten „Weimarer Viereck" Gotha – Ohrdruf – Erfurt – Weimar. Aber er erlaubt Patton lediglich eine 24-Stunden-Operation. Und so stürmt „Lucky", wie Patton genannt wird, in Richtung Osten vorwärts.[6]

Im Abschnitt der 6th US AGr marschiert Lt.Gen. Alexander M. Patch's 7th US Army nach der Überquerung des Rheins bei Worms über Mannheim und Heidelberg durch das Neckartal und den Odenwald nach Osten.

Die, auf breiter Front geführte, alliierte Großoffensive im Westen zerreißt die ohnehin schwache deutsche Westfront auf ihrer gesamten Breite. Nach dem Übergang der Alliierten über den Rhein bei Wesel am 23. März 1945 wird im Norden der H.Gr. H aufgespalten. Durch die entstandene Lücke schiebt sich die 9th US Army auf den Nordrand des Ruhrgebietes und in Richtung Teutoburger Wald vor, während die 2nd (brit.) Army nach Norden drückt. Der Kontakt zu den Kräften an der Südflanke der H.Gr. H geht verloren. Sie werden der südlich angrenzenden H.Gr. B unterstellt. Die H.Gr. B unter GFM Walter Model, die mit der 15. Armee des Gen.d.Inf. Gustav-Adolf von Zangen und der 5. PzArmee von Gen.Obst. Josef Harpe entlang der Rhein-Linie zwischen Düsseldorf und Koblenz steht, wird von der 9th und 1st US Army wie von einer gewaltigen Zange umfasst und im Ruhrgebiet zusammengedrückt. Am 1. April 1945 treffen sich die Spitzen der 9th und 1st US

Army südlich von Lippstadt, und die H.Gr. B ist eingekesselt. Auch die Front der südlich anschließenden H.Gr. G wird an mehreren Stellen durchbrochen. Die Panzerkolonnen von Gen. Patton's 3rd US Army stoßen aus den Rhein-Brückenköpfen bei Oppenheim, Boppard und St. Goar über Frankfurt/Main – Offenbach – Hanau Richtung Kassel und in Richtung Thüringen. Der Stoß dehnt die entstandene Lücke zwischen der H.Gr. B und G weiter aus. Der Antrag der H.Gr. B auf einen Ausbruch nach Süden, um den Kontakt zur H.Gr. G wiederherzustellen, wird jedoch abgelehnt. Der Rheinabschnitt ist zu halten. Südlich der 3rd US Army treibt in der Zwischenzeit die 7th US Army die Truppen der 1. Armee vor sich her nach Osten.

Die deutsche Westfront befindet sich damit Ende März 1945 in der Auflösung. Insbesondere die Einkesselung der H.Gr. B reißt eine riesige Lücke in die deutsche Front, durch welche die amerikanischen Verbände nunmehr fast ungehindert in den mitteldeutschen Raum hineinströmen. Dem hat das deutsche Oberkommando nur noch wenig entgegenzusetzen. Lediglich Adolf Hitler ist nachwievor der Überzeugung, dass das Halten der Front für einen Zeitraum von drei bis vier Wochen reichen wird, um die neuen Strahlenjäger zum Einsatz zu bringen und damit die Situation zu Gunsten des Reiches zu verändern.[7] Wunderwaffen und neue Armeen sollen das Deutsche Reich retten. Doch selbst der Hauptpropagandist des Deutsches Reiches, Joseph Goebbels, hatte bereits am 8. März 1945 in sein Tagebuch geschrieben: *„Den feindlichen Luftarmaden haben wir nichts Nennenswertes entgegenzusetzen.“*[8]

In dieser Situation erteilt das OKW den Befehl zur Neuaufstellung der 11. PzArmee im Raum zwischen Weser und Harz und der 12. Armee im Raum Fläming – Dessau – Wittenberg – Halle – Merseburg. Der Führer selbst beauftragt den, von einem Autounfall genesenden, Gen.d.Pz.Tr. Walter Wenck, aus den letzten deutschen Reserven, Ausbildungseinheiten der Kriegsschulen, RAD-Einheiten und jungen Rekruten, den neuen Großverband, die 12. Armee, zu bilden. Auftrag dieser Armee: *„Versammlung im Harz, also westlich der Elbe, und Angriff nach Westen zum Entsatz der H.Gr. B; dadurch Spaltung der westlichen alliierten Streitkräfte und durch weitere Operationen Herstellen einer geschlossenen Westfront.“*[9]

Den Aufmarschraum der Armee Wenck soll die 11. PzArmee sichern, die unter Führung des, bereits im Februar 1945 neu aufgestellten, Stabes der 11. Armee aus den Resten der, dem „Ruhrkessel“ entkommenen, Einheiten der 5. PzArmee und 15. Armee sowie Ersatzeinheiten der W.Kr. VI Münster, IX Kassel und X Hannover aufgestellt werden soll. Der Harz als wichtiges Zentrum der V-Waffen-Produktion und als Schutzraum vieler, aus Berlin ausgelagerter, Dienststellen bietet als natürliches Hindernis nach Meinung des OKW ideale Voraussetzungen, um mit dem Feind unterlegenen Kräften eine neue Widerstandslinie aufzubauen.

Den Hauptanteil an der neuen 11. PzArmee bilden die Reste des LXVI. AK und des LXVII. AK der 5. PzArmee der H.Gr. B. Das LXVI. AK unter dem Kommando von Gen.Lt. Hermann Flörke, welcher Mitte März den erkrankten Gen. Lucht abgelöst hatte, war am 30. März 1945 durch den Vorstoß der alliierten Truppen von der H.Gr. B getrennt worden. Über Kassel wird der Stab des LXVI. AK in den Raum Paderborn – Marsberg entsandt, um die dort befindlichen Truppen des Stellv. VI. AK W.Kr. Münster zu übernehmen und mit ihnen einen sofortigen Stoß Richtung Winterberg – Edertalsperre zu führen. Der Komm.Gen. des LXVII. AK, Gen.d.Inf. Otto Hitzfeld, dessen Korps von der H.Gr. B getrennt wurde und das seinen Abschnitt und die Restteile des Korps mit Genehmigung des WFSt an das Stellv. Gen.Kdo. XII. AK abgegeben hatte, erhält am 30. März 1945 fernmündlich von GFM Model den Befehl, sich zum Stellv. Gen.Kdo. IX. AK, W.Kr. Kassel nach Kassel zu begeben und den Verteidigungsabschnitt Kassel – Alsfeld zu übernehmen.[10] Das Stellv. Gen.Kdo. IX. AK unter Führung des Komm.Gen. im W.Kr. IX, Gen.d.Inf. Theodor Petsch, das zu diesem Zeitpunkt auf der Linie Edertalsperre – Melsungen steht, verfügt in seinem Abschnitt über kaum nennenswerte Kräfte. Lediglich südlich von Fritzlar ist der Flugplatz zur Verteidigung hergerichtet. Alsfeld, Ziegenhain, Hann.Münden und Kassel sind zu Stützpunkten erklärt. Die Besatzungen bestehen im Wesentlichen aus Ersatz- und Sonderformationen. Hitzfeld, der in der Nacht zum 31. März 1945 in Kassel eintrifft, beginnt daher erst einmal mit der Organisation der Verteidigung. Der Gefechtsstand des LXVII. AK geht nach Elgershausen, südwestlich von Kassel.[11]

Südlich des zukünftigen Abschnittes des LXVII. AK stehen die Reste der 7. Armee des Gen.d.Inf. Hans von Obstfelder der H.Gr. G zwischen Eisenach und Schweinfurt/Unterfranken, die vor den anstürmenden amerikanischen Verbänden auf die hessisch-thüringische Landesgrenze zurückgewichen waren. Der Großteil ihrer Verbände wird im Raum Frankfurt/Main eingekesselt. Der Stab des Stellv. Gen.Kdo. XII. AK unter Gen.d.Art. Herbert Osterkamp entkommt dem Kessel einsatzbereit, dem Stab des LXXXV. AK unter dem Befehl von Gen.d.Inf. Baptist Kniess gelingt die Flucht lediglich zu Fuß. Kniess wird daraufhin in die Führerreserve versetzt und der Gen.d.Pz.Tr. Frhr. Smilo v. Lüttwitz erhält von der 7. Armee den Auftrag, aus dem Rest des LXXXV. AK im Raum Eisenach das Korps neu aufzustellen. Ab dem 1. April 1945 übernimmt er den Befehl über den Werra-Abschnitt beiderseits von Eisenach mit dem Schwerpunkt entlang der RAB Bad Hersfeld – Gotha. Das Stellv. XII. AK steht am Abend des 31. März 1945 auf der Linie Fulda – Hünfeld – Vacha und hat dort losen Anschluss zum LXXXV. AK. Am linken Flügel der 7. Armee hält das LXXXII. AK des Gen.d.Inf. Walther Hahm den Abschnitt von Bad Neustadt über Schweinfurt bis Volkach am Main.

Am rechten Flügel der 7. Armee ist mit der Organisation der Abwehrfront im Raum Mühlhausen – Gotha der bisherige Kommandeur des Div.St. z.b.V. 469, Gen.Lt. Horst Frhr. v. Uckermann, mit Gefechtsstand in Süßenborn bei Weimar beauftragt. Uckermann, der wahrscheinlich auf Betreiben des Gauleiters von Thüringen, Fritz

Sauckel, durch den W.Kr. IX zum „K.Kdt. Thüringen“[12] ernannt worden war, führt seit Ende März 1945 das Kommando über zwei Divisionsgruppen und hatte bereits mit Ersatz- und Ausbildungseinheiten die Verteidigung nach Osten an der Saale vorbereitet. Diese Kräfte drehen nun ihre Front nach Westen auf die Linie Schlotheim – Langensalza – Gotha. Zu ihnen gehört neben dem eigentlichen Div.Vbd. Uckermann, der aus dem Fla.Ers.u.Ausb.Btl. 59 (mot.) in Eisenach, der H.Flak.Art.Ers.u.Ausb.Abt. 279 in Gotha und dem, am 1. April 1945 in Eisenach eintreffenden, Gren.Ers.u.Ausb.Btl. 260 Prag sowie sechs Lds.Schtz.Btl.'e besteht, ab dem 1. April 1945 der Pz.Vbd. des Kdr.d.Pz.Tr. im W.Kr. IX, Gen.Maj. Gustav Feller, aus Ersatztruppen des W.Kr. IX, welcher den Stamm der, im Raum Erfurt – Weimar in der Aufstellung befindlichen, 9. PzDiv[13] bilden sollte, sowie die Besatzungen der K.Kdt. Gotha, Obstlt. Ritter Josef v. Gadolla, und Erfurt, Oberst Otto Merkel.

Die schwachen Sicherungen dieser, inoffiziell als Korps.Gr. Uckermann bezeichneten, Kräfte sollen im Zusammenwirken mit dem LXXXV. AK das Vordringen der Amerikaner in den Raum Mühlhausen – Gotha an der Werra-Linie verzögern. Die, zur Schließung der Lücke zwischen der 7. und 11. Armee vorgesehene, Ausb.Div. „Bayern“, die am 30. März 1945 auf Befehl des OKW unter Führung des Stabes der 212. VolksGrenDiv zur Neuaufstellung der 212. VolksGrenDiv im Raum Lauda-Königshofen/Baden-Württemberg herangezogen wurde und auf ihren Bahntransport zur 7. Armee nach Eisenach wartet, wird auf Grund von fehlendem Transportraum wieder entladen und in die Tauber-Front eingegliedert.[14]

Hinter dem Abschnitt der 11. und 7. Armee schließen sich die Kräfte das Stellv. Gen.Kdo. IV. AK, W.Kr. Dresden, unter Führung des Komm.Gen. und Befehlshabers im W.Kr. IV, Gen.d.Inf. Hans Wolfgang Reinhard, an.

Am **Ostersonntag**, dem **1. April 1945** erreicht das V. US Corps der 1st US Army, das aus dem Brückenkopf Remagen nach Nordosten vorgeht, über Homberg in einem langgezogenen Stoß nach Norden den Raum Warburg. Das VII. US Corps der 1st US Army stößt mit seiner 3rd US AD auf Paderborn. Eine Task Force der 3rd US AD schwenkt nach Nordwesten auf Lippstadt und trifft dort am 1. April 1945 mit dem XIX. US Corps der 9th US Army zusammen. Die Reste der H.Gr. B des GFM Model mit der 15. Armee und der 5. PzArmee sind im „Ruhrkessel“ eingeschlossen. Am gleichen Tag erreicht die 3rd US Army mit ihren Spitzen thüringischen Boden.

Beim XX. US Corps setzt das CCA der 6th US AD trotz der Entscheidung des CG Lt.Gen. Walton H. Walker, den Angriff der Panzer auf Kassel zu stoppen, ihre Anstrengungen in Richtung Kassel fort, um Voraussetzungen für den Angriff der nachfolgenden Infanterie zu schaffen. Das CCB setzt am Morgen seine Bemühungen zur Bildung von Brückenköpfen über die Fulda fort. Das nachfolgende CCR übernimmt die Sicherung der Brückenübergänge und Straßen zwischen Beiseförth und Konnefeld. Im Tagesverlauf erhält das CCR den Befehl, dem CCA über die Brücke bei Malsfeld zu folgen und dann auf die Route des CCB zu schwenken. Das 86th CC marschiert nach Nordwesten. Der 80th US InfDiv wird nach der Aufhebung des Angriffsbefehls der 6th US AD auf Kassel ihr 318th InfRgt zurückunterstellt. Die 3rd CavGp, die mit ihren Kräften entlang der Fulda in der Nähe von Rotenburg/Fulda steht, beginnt mit der Vorbereitung der Einführung der 65th US InfDiv in die Front.

Das XII. US Corps unter Maj.Gen. Manton S. Eddy, das sich vom XX. US Corps an der Linken und XV. US Corps der 7th US Army an der Rechten abgesetzt hat, stürmt in der Zwischenzeit mit der 4th und 11th US AD als Speerspitzen, gefolgt von der 90th und 26th US InfDiv trotz offener Flanken nach Nordosten weiter. Die 4th US AD, die den Auftrag erhalten hat, Gotha und die Nachrichtenzentrale bei Ohrdruf zu nehmen, nähert sich an der Spitze des Angriffs des XII. US Corps der Werra im Raum Eisenach. Ohne Halt geht der Vormarsch des CCA auf der Autobahn weiter, während die Panzer des CCB, die parallel zum CCA Herleshausen erreicht haben, die Stadt besetzen. Um 24.00 Uhr meldet das CCB Creuzburg als gesäubert. Das CCA beginnt um 06.10 Uhr aus der Umgebung von Dankmarshausen mit dem Vormarsch südlich der RAB Bad Hersfeld – Eisenach[15]. Das CCR, das der Marschstrecke des CCB direkt folgen soll, um die Hauptversorgungsroute freizuhalten, erreicht um 18.30 Uhr Nesselröden, wo es sich versammelt.

Die 11th US AD an der Südflanke des Corps erhält den Befehl, aus dem Raum Schlitz nach Osten durch Meiningen und den Thüringer Wald bis nach Arnstadt und Kranichfeld bei Erfurt vorzustoßen. Ihr CCB erreicht den Raum Kaltensundheim in der Rhön und das CCA dringt nach Frankenheim und Reichenhausen vor. Die 26th US InfDiv setzt die Säuberung im Rücken der 11th US AD fort und ihr 101st InfRgt beginnt mit dem Angriff auf Fulda.

Durch den schnellen Vorstoß der Panzerkeile des XX. und XII. US Corps entsteht eine Lücke zwischen der 6th US AD und der 4th US AD, die erst am nächsten Tag durch das Einführen der 65th US InfDiv geschlossen werden soll. Dadurch bleibt es beim LXVII. AK entlang der Fuldalinie beiderseits Rotenburg/Fulda und im Raum Bebra ruhig.[16] Der OB West, GFM Albert Kesselring, der ange-

GFM Kesselring 1940
Foto: Bundesarchiv, Bild 183-2005-0103-505/
CC-BY-SA 3.0

sichts der sich nähernden Front das ehemalige Führerhauptquartier „Adlerhorst“ in Ziegenberg, dass ihm seit Oktober 1944 als Hauptquartier diente, am 27. März 1945 mit seinem Befehlszug verlassen hatte, erreicht über Bischofsheim/Rhön am Vormittag des 1. April 1945 Reinhardsbrunn bei Friedrichroda. Im dortigen Schloss erfährt er, das der Führer das Einstellen aller Ausbruchsversuche aus dem „Ruhrkessel“ befohlen hat. Die H.Gr. B soll die „Ruhrfestung“ verteidigen. Damit entfallen auch alle weiteren Entsatzversuche. Aber es fehlen nach Kesselrings Meinung auch 300 000 Mann zum Schließen der Lücke zwischen Teutoburger und Thüringer Wald.[17] Der Fü.Stab des Stellv. Gen.Kdo. IX. AK verlässt Kassel und verlegt nach Witzenhausen, und der Gefechtsstand des LXVII. AK geht nach Gertenbach, nordwestlich von Kassel.[18]

*Um 02.00 Uhr des **2. April 1945** beginnt die **Sommerzeit**. Während auf deutscher Seite lediglich die Uhren auf 03.00 Uhr vorgestellt werden, erfolgt bei den amerikanischen Streitkräften gleichzeitig die Umstellung der Schreibweise auf 03.00 Uhr (B). Im Text erfolgt daher die (B)-Angabe nur für Angaben der amerikanischen Truppen.*

Am **Ostermontag**, dem **2. April 1945** glühen im Army HQ der 3rd US Army die Leitungen. Gen. Patton war es am Vortag nicht gelungen, innerhalb der genehmigten 24-Stunden-Frist das „Weimarer Dreieck“ mit dem vermuteten Führerhauptquartier sowie die Nachrichtenzentrale „Olga“ im Raum Ohrdruf zu erobern. *„Die Werra erwies sich als ein Hindernis, das wir nicht erwartet hatten. Es stoppte praktisch den Vormarsch der 6th und 4th Armored Division und verlangsamte die 11th Armored Division.“*[19] Jetzt nähert sich auch der Zeitpunkt, der 2. April 1945, 17.00 Uhr (B), von dem Patton wohl wissend, dass der 1. April nicht einzuhalten war, den Stab der 12th US AGr als letzten Termin überzeugt hatte.[20] Doch als sich abzeichnet, dass auch dieser Termin verstreichen würde, ohne dass das Ziel erreicht ist, hatte Patton am späten Nachmittag von Bradley die erlösende Nachricht erhalten, dass er den Angriff bis zur Einnahme von Ohrdruf fortsetzen darf.[21] Und so laufen die Hauptbemühungen an diesem Tag darauf hinaus, das *„schwer überwindbare Hindernis Werra“* zu knacken. Während sich Patton persönlich um den Angriff der 4th und 11th US AD in Richtung Gotha – Ohrdruf kümmert, beginnt sein Stab mit den Maßnahmen zur Einführung des VIII. US Corps in seinen neuen Abschnitt zwischen dem XX. und XII. US Corps, um von dort den Angriff aufzunehmen.

Im Abschnitt des XX. US Corps stößt die 80th US InfDiv gegen hartnäckigen Widerstand und Gegenangriffe mit Panzern und Infanterie bis an den Stadtrand von Kassel vor. Das CCA, 6th US AD beginnt nach dem Stopp des Angriffs in Richtung Kassel mit der Überquerung der Fulda im Abschnitt des CCB. Im Abschnitt des CCB erobert das CT 44 eine intakte Brücke über die Wehre bei Reichensachsen und errichtet einen kleinen Brückenkopf. Das CT 69 erreicht auf der Suche nach Brücken über die Werra die Umgebung von Bad Sooden. Das CT 50 stellt bei Sontra den Kontakt zur 65th US InfDiv her. Das CCR überquert als letzter Kampfverband der 6th US AD die Brücke über die Fulda bei Malsfeld. Die 65th US InfDiv beginnt an diesem Tag mit dem Angriff an der rechten Flanke des XX. US Corps. Die 3rd CavGp, bei der an der Linken der 43rd CavRcnSq die 65th US InfDiv mit ihrem Angriff begonnen hat, besetzt um 12.00 Uhr (B) Rotenburg/Fulda, wo die Brücke durch deutsche Truppen gesprengt wurde, kampflos.[22] Am Mittag trifft der Befehl ein, alle weiteren Angriffsoperationen einzustellen und auf die Ablösung durch die 6th CavGp des VIII. US Corps zu warten, das südlich des XX. US Corps eingeführt werden soll. Daraufhin beginnt die 3rd CavRcnSq sofort mit der Versammlung im Raum Rotenburg/Fulda, während die 43rd CavRcnSq in ihren Stellungen verbleibt. Um 22.00 Uhr (B) trifft der Befehl ein, die linke Corpsflanke im Raum Kassel zu sichern. In der Nacht des 2./3. April 1945 erfolgt die Ablösung durch die 6th CavGp. Die 6th CavGp des VIII. US Corps wird dem XX. US Corps zur Entlastung der 3rd CavGp an der Fulda unterstellt. Während noch am gleichen Tag die 6th CavRcnSq der 6th CavGp mit der Ablösung der 43rd CavRcnSq an der rechten Flanke des XX. US Corps beginnt, verzögert sich die Heranführung der 28th CavRcnSq der 6th CavGp. Die 76th US InfDiv erhält den Befehl, sich in einen Versammlungsraum bei Homberg zu begeben, um nach dem Eintreffen dem XX. US Corps unterstellt zu werden.

Im Abschnitt des XII. US Corps beginnt das CCB, 4th US AD mit der Ausweitung des Werra-Brückenkopfs Creuzburg. Bis zum frühen Morgen beenden die Pioniere den Bau einer 120 Fuß[23]-Pontonbrücke über die Werra bei Creuzburg. Über die Felder geht der Angriff des CCB, 4th US AD ostwärts nach Uetteroda, wo eine Straßensperre zerstört wird. Gegen leichten Widerstand erreicht die Spitze der Kolonne am Abend die Umgebung von Neukirchen, wo sie für die Nacht hält. Das 51st AIB hält in Uetteroda. Hier erhalten die Einheiten den Befehl, den Angriff in Richtung Gotha am folgenden Tag weiterzuführen. Weit vorauseilende Aufklärungskräfte der CCB tasten sich unter nördlicher Umgehung der Hörselberge bis in die Gegend von Behringen, nordwestlich von Gotha, vor. Das CCA wartet während des Vormittags im Sammelraum Willershausen auf die Fertigstellung der Pontonbrücke zwischen Pferdsdorf und Spichra.[24] Von dort rücken die Panzer des 8th Tk Bn auf Krauthausen und Madelungen vor. Vor Krauthausen treffen sie auf Widerstand, doch gegen die überlegenen Panzerkräfte haben die deutschen Verteidiger keine Chance.[25] Dann gewinnen die Panzer die beherrschenden Anhöhen bei Neukirchen. Die Einheiten des CCR sichern im Tagesverlauf die Hauptversorgungsstrecke und säubern die Umgebung von Nesselröden von kleineren Widerstandsnestern.

Die 90th US InfDiv beginnt nahe Berka/Werra und Bengendorf mit dem Flussübergang. Die 11th US AD stößt nördlich und südlich von Meiningen zur Werra vor. Ihr

CCB errichtet einen kleinen Brückenkopf bei Wasungen und das CCA erobert einen Brückenkopf im Raum Grimmenthal. Elemente nehmen die Brücke in Vachdorf.

Um 22.00 Uhr erscheint der OB West Kesselring persönlich auf dem Korpsgefechtsstand des LXVII. AK in Gertenbach/Hessen, nordwestlich von Kassel, um Gen.d.Inf. Otto Hitzfeld den Befehl des OKW zu übermitteln, das Kommando über die „11. SS-PzArmee" bis zum Eintreffen des neuen Befehlshabers, des Gen.d.Art. Walther Lucht, zu übernehmen. Gen.d.Art. Walther Lucht war als Komm.Gen. des LXVI. AK im März zur Wiederherstellung seiner Gesundheit in die Führerreserve Potsdam versetzt worden und Anfang April noch nicht in der Lage das Kommando über die Armee zu übernehmen. Die Ernennung Hitzfelds zum vorläufigen Befehlshaber der Armee führt in der späteren Geschichtsschreibung immer wieder dazu, diese als „Armee Hitzfeld" zu bezeichnen. Hitzfeld schreibt: *„... ich taufte sie kurzerhand 11. Armee, da von Panzern und SS kaum die Rede war."*[26] Der Befehl des OKW an Hitzfeld, der von Gen.Oberst Jodl unterschrieben ist, lautet: *„a) die große Lücke in der Durchbruchsfront Höxter/Kassel/Nordrand Thüringer Wald zu schließen, b) mit der Armee Model – eingeschlossen im Ruhrgebiet – durch Angriff die Verbindung herzustellen, c) die tiefe Flanke in Richtung Mühlhausen zu schützen und d) Entschluss und beabsichtigte Durchführung bald zu melden."*[27] Den Befehl über Hitzfelds LXVII. AK übernimmt vorübergehend der Ritterkreuzträger, Gen.d.Art. Maximilian Fretter-Pico unter Beibehaltung seines Kommandos über das Stellv. Gen.Kdo. IX. AK. Fretter-Pico hatte am gleichen Tag das Kommando im W.Kr. IX übernommen, nachdem dessen bisheriger Komm.Gen. Gen.d.Art. Petsch, abgelöst worden war. Hitzfeld, der die neuaufzustellende 11. Armee bis zum 8. April 1945 führen wird, unterstehen nun die Reste des LXVII. AK im Raum Kassel – Hann.Münden – Heiligenstadt und des LXVI. AK im Raum Göttingen – Northeim.

In der Nacht kommt es dann zu einem Treffen zwischen dem OB West und dem Komm.Gen. des LXXXV. AK Lüttwitz im Raum Eisenach. Auf seine Frage: *„Was für eine Art von Kampf sollen wir eigentlich führen?"* erhält er die Antwort, das es notwendig ist, *„den Gegner immer wieder zum Kampf zu stellen"* und er *„in den nächsten Wochen stets bei der Nachhut"* bleiben solle. *„Lüttwitz sicherte ihm das zu."* Bereits am Abend hatte eine ähnliche Unterhaltung zwischen dem OB der 7. Armee, Obstfelder, und Lüttwitz stattgefunden, bei der man sich über die weitere Kampfführung abgestimmt hatte. *„Später hatte er (Lüttwitz) an dieser von Kesselring befohlenen Kampfweise doch Zweifel und fragte sich, ob sie nicht besser daran getan hätten, den Westfeind so weit wie möglich nach Osten vordringen zu lassen."*[28] Doch die Einsicht kommt zu spät. Für Lüttwitz steht fest, keinen Schritt aus dem Raum Eisenach zurückzuweichen.

Am **Dienstag**, dem **3. April 1945** beginnen bei der 1st US Army nach dem Abschluss der Schließung des „Ruhrkessels" die ersten Maßnahmen zur Fortsetzung des Angriffs nach Osten und zur Herstellung des Anschlusses an die 3rd US Army. Während die Hauptkräfte des V. US Corps im rechten Abschnitt der 1st US Army ihre Verteidigungsstellungen am Rand des „Ruhrkessels" halten, beendet die 69th US InfDiv des V. US Corps ihre Versammlung im Raum Naumburg/Hessen und entlastet das CCR der 9th US AD, das sich in einen Versammlungsraum bei Warburg bewegt.

Im Abschnitt des XX. US Corps der 3rd US Army setzt die 80th US InfDiv den Kampf um Kassel fort und besetzt große Teile der Stadt. Die 6th US AD überquert die Werra und stößt in Richtung Mühlhausen. An der rechten Corpsflanke setzt die 65th US InfDiv ihren Vormarsch fort. Nachdem die 65th US InfDiv um 12.20 Uhr (B) den Befehl erhält, sich auf den Unterstellungswechsel unter das VIII. US Corps am nächsten Tag vorzubereiten, versammelt sie sich. Die 3rd CavGp versammelt sich nach der Ablösung durch die 6th CavGp hinter der Front im Raum nördlich von Fritzlar. Die 6th CavGp beendet um 02.00 Uhr (B) die Ablösung und übernimmt die Überwachung der Orte westlich der Fulda. Um 24.00 Uhr (B) kehrt sie zum VIII. US Corps zurück. Die 76th US InfDiv, die sich in der Umgebung von Homberg versammelt hat, wechselt von der Unterstellung unter das VIII. US zum XX. US Corps.

Beim XII. US Corps, das den Befehl hat, mit Erreichen der Linie Gotha – Suhl den Vormarsch anzuhalten, setzt die 4th US AD ihren Angriff aus den Werra-Brückenköpfen fort. Die Vorauskräfte des CCA beginnen ab 08.00 Uhr (B) im Raum Spichra mit dem Vormarsch und gehen durch die vorgeschobenen Kräfte bei Krauthausen und Madelungen. Über Stregda, Neukirchen, Stockhausen und Großenlupnitz erreichen sie Wenigenlupnitz. Dann geht es über Melborn und Hastrungsfeld weiter nach Sättelstädt, wo die Vorauskräfte auf konzentriertes Panzerfaust- und Gewehrfeuer treffen. Der Widerstand wird unter Einsatz der Artillerie beseitigt und die Kolonne setzt die Fahrt auf der Autobahn fort. Bei Leina gerät die Kolonne an der gesprengten Autobahnbrücke der RAB Eisenach – Gotha unter Beschuss durch eine 8,8cm Flakbatterie, die am östlichen Brückenende beiderseits der Autobahn in Stellung gegangen ist. Sechs Panzer, ein Sturmgeschütz, zwei Halftracks und zwei Jeeps werden zerstört. Während angeforderte Jagdbomber die Batterie ausschalten, zieht sich das CCA in die Umgebung von Hörselgau zurück, um sich für den Angriff auf Gotha am folgenden Tag zu reorganisieren. Beim CCB überqueren die rückwärtigen Teile bis um 04.45 Uhr (B) die Werra bei Creuzburg. Die Hauptkräfte beginnen um 07.00 Uhr (B) in der Umgebung von Neukirchen den Angriff zur Einnahme von Gotha. Da sich die Kolonne des CCA nach Süden über Hötzelsroda nach Stockhausen bewegt, nimmt die Kolonne die Strecke über Berteroda, Hötzelsroda, Bolleroda, Beuernfeld, Großenbehringen, Oesterbehringen, Brüheim und Sonneborn nach Metebach. Um 13.00 Uhr (B) erreichen sie die Anhöhe des Kranbergs, nordwestlich von Gotha, von der aus die Stadt zu übersehen ist. Kriegsgefangene berichten, dass sich Kräfte in der Stadt befinden, die gewillt sind, Widerstand zu leisten. Doch der Widerstand beschränkt sich auf die Zufahrtstraßen. Langsam dringen sie gegen Scharfschützen- und Panzerfaustfeuer in die Stadt vor. Die vorderen Elemente erreichten bei Einbruch der Dunkelheit den Marktplatz, ziehen sich aber wieder an den Rand der Stadt zurück. Die Panzerinfanteristen und Panzer beziehen Sicherungsstellung bei Metebach. Das CCR verlässt gegen 14.30 Uhr (B) die Umgebung von Nesselröden, folgt der Marschstrecke des CCB über die Brücke bei Creuzburg und erreicht um 20.00 Uhr (B) die Umgebung von Oesterbehringen. Die Forward Echelon der 4th US AD erreicht um 18.30 Uhr Großenbehringen. Um 24.00 Uhr (B) erfolgt der Unterstellungswechsel der 4th US AD vom XII. US Corps zum VIII. US Corps. Anstelle des bisher unterstellten RCT 359 der 90th US InfDiv tritt das RCT 355 der 89th US InfDiv.

Die 90th US InfDiv des XII. US Corps besetzt den Raum Berka – Vacha südlich der Werra. Die 11th US AD rückt in den Thüringer Wald vor. Ihr CCB stößt nach Oberhof und das CCA erreicht Suhl, wo es die südlichen Teile der Stadt im Häuserkampf räumt. Die 26th US InfDiv bewegt sich hinter der 11th US AD zur Werra und ihre vorderen Elemente erreichen Schwarzbach. Das VIII. US Corps setzt seine Vorbereitungen für den Angriff im neuen Abschnitt zur Linie Mühlhausen – Langensalza – Gotha fort. Die 89th US InfDiv konzentriert sich im Raum Hersfeld und gibt ihr RCT 355 an die 4th US AD ab. Die 4th US AD, die um 24.00 Uhr (B) dem Corps unterstellt wird, verbleibt in ihren Stellungen im Raum Gotha. Die 6th CavGp kehrt zum Corps zurück.

Durch den schnellen Vorstoß der zwei Panzerkeile der 3rd US Army in den Raum Gotha und Oberhof und das Binden der Infanteriedivisionen durch die Beseitigung des umgangenen Widerstandes entsteht bei der 3rd US Army nicht nur eine offene Nord- und Südflanke zu den weit zurückhängenden Nachbarn, sondern es bildet sich ein Sack zwischen der RAB Eisenach – Gotha und dem Kamm des Thüringer Waldes bei Oberhof, dessen westlicher Rand von Eisenach bis Stadtlengsfeld bei Bad Salzungen und weiter bis zur Werra bei Niederschmalkalden reicht. Erst in den kommenden Tagen wird dieser durch die nachrückenden Infanteriedivisionen, die im bewaldeten Mittelgebirgsraum nur langsam voran kommen, schrittweise geräumt. Das bietet den deutschen Truppen, die vor dem amerikanischen Vorstoß in diesen Raum ausgewichen sind bzw. sich dort versammelt hatten, um die H.K.L. der 7. Armee an der Westgrenze des Gaus Thüringen aufzubauen, die Möglichkeit, sich weitestgehend geordnet nach Osten zurückzuziehen. Doch Zeit für den Aufbau einer neuen Front bleibt ihnen dennoch nicht. Auf dem Gefechtsstand des AOK 11 und des Stellv. Gen.Kdo. IX. AK in Witzenhausen teilt der OB West den Anwesenden mit, dass die 11. Armee ihm direkt unterstellt ist. Beim LXVII. AK dringen amerikanische Truppen beiderseits Melsungen in den Bergen nach Osten vor und erreichen die Verbindungsstraße Kassel – Eisenach. Die Fulda-Linie ist aufgebrochen.[29] Verzweifelte Versuche von frisch herangeführten Truppen, Widerstand zu leisten, scheitern. In Kassel dringen amerikanische Truppen ein. Der rechte Flügel der 326. VolksGrenDiv wird nördlich von Kassel bei Obervellmar eingedrückt.[30] Auch die K.Gr. Bremm der 326. VolksGrenDiv, zieht sich aus dem Raum Kassel zurück.[31] Die 26. VolksGrenDiv weicht mit der unterstellten 5. FschJgDiv nach Nordosten aus. Die Front des LXVII. AK wird in der Nacht vom 3./4. April 1945 auf die Linie Hann.Münden – Kassel – Hess.Lichtenau – Waldkappel zurück gedrückt.[32] Bei der 7. Armee wird die schwache Front des Stellv. XII. AK durch den Vorstoß der 11th US AD weiter aufgespalten und die Restverbände ziehen sich in den Thüringer Wald zurück. Das LXXXV. AK, das den Angriff aus dem Brückenkopf bei Creuzburg nicht aufhalten konnte, weicht unter Halten von Eisenach auf den Nordwestrand des Thüringer Waldes aus. Die ohnehin löchrige Werra-Verteidigung der Korps.Gr. Uckermann, die an mehreren Stellen durchbrochen wurde, kann sich nur noch stützpunktartig halten und wird, wie bereits im Raum Vacha – Eisenach, in die zurückweichende Front eingegliedert.

Am **Mittwoch**, dem **4. April 1945**, erreichen die Angriffsspitzen des XX. US Corps an der Nordflanke der 3rd US Army nach Überschreitung der Werra die Stadt Mühlhausen. Die 6th US AD unter dem Kommando von Maj.Gen. Robert W. Grow beginnt mit einer Zangenbewegung mit ihrem CCB von Süden und dem CCA im Norden die Umschließung der Stadt Mühlhausen. Die besiegte Garnison von Kassel ergibt sich der 80th US InfDiv. Die 76th US InfDiv beendet ihre Versammlung im Raum Homberg und rückt in Richtung Mühlhausen – Langensalza vor, um umgangene Widerstandsnester aufzuklären. Die 65th US InfDiv beginnt am Morgen an der rechten Corpsflanke des XX. US Corps mit dem weiteren Vormarsch nach Osten, wird aber durch die Kolonnen der 6th US AD aufgehalten. In der Zwischenzeit laufen die ersten Maßnahmen zur Unterstellung unter das VIII. US Corps.

Während das XX. US Corps seinen Vormarsch fortsetzt und beim XII. US Corps die 11th US AD mit dem Erreichen des Kamms des Thüringer Waldes ihren Auftrag im Wesentlichen erfüllt hat, beginnt das frisch eingeführte VIII. US Corps unter Maj.Gen. Troy H. Middleton mit der Übernahme der Verantwortung über den neuen Abschnitt zwischen dem XX. und XII. US Corps. Unter Verbleib der neu unterstellten 4th US AD und 65th US InfDiv in ihren bisherigen Abschnitten, erfolgt die Heranführung der 89th US InfDiv, die ohne ihr RCT 355 im Pendelverkehr nach Osten gebracht wird. Ihr RCT 353 bewegt sich in den Raum Berka – Lauchröden, wo es Einheiten der 90th US InfDiv des XII. US Corps entlastet. Die 87th US InfDiv erhält den Befehl zur Versammlung im Raum Friedewald, muss aber noch auf Transportraum warten.

Bei der 4th US AD, die bis zur Heranführung der 89th und 87th US InfDiv jetzt die vordere Front des VIII. US Corps bildet, nimmt das CCB mit dem unterstellten

RCT 355 die Übergabe der Stadt Gotha[33] entgegen und fährt ohne Widerstand über Siebleben und Wandersleben in den Raum Mühlberg. Vorauskräfte erreichen die Höhe 424 nordöstlich von Ohrdruf, wo sie halten, um bei Bedarf das CCA zu unterstützen. Aufklärung erreicht den Raum Schwabhausen. Das CCA greift südlich von Gotha in Richtung Süden an. Dabei erreichen Flankenkräfte gegen Mittag ohne Widerstand Wechmar, dass im Abschnitt des CCB liegt. Dann nimmt das 51st AIB Ohrdruf, während das 8th Tk Bn Hohenkirchen und Petriroda sichert. Das CCR, das am Vormittag im Raum Großenbehringen gehalten hat, beginnt um 12.00 Uhr (B) in Oesterbehringen mit der Bewegung über Friedrichswerth – Brüheim – Sonneborn – Goldbach nach Gotha. Aufklärungskräfte zum Schutz der Nordflanke der Division durchsuchen die Behringer Dörfer nach deutschen Truppen. Wiegleben wird am Mittag kurzzeitig besetzt. Auch in Egstädt erscheinen die amerikanischen Truppen.[34] Die 6th CavGp, die den Auftrag hat, den Raum hinter den Infanteriedivisionen von Nachzüglern zu säubern, durchkämmt mit der 28th CavRcnSq das Gebiet hinter der 65th US InfDiv, während die 6th CavRcnSq der 89th US InfDiv folgt. Der Gp.CP geht nach Rotenburg/Fulda.

Auf Grund der Lageentwicklung vor der Front der 11. Armee hebt der OB West an diesem Tag den Befehl zum Stoß auf den „Ruhrkessel" auf und erteilt Hitzfeld den Auftrag, die Verteidigung des Südharzes zu organisieren und die Front solange zu halten, bis sich die neu aufzustellende 12. Armee im Harz versammelt hat, um dann den Gegenstoß Richtung „Ruhrkessel" zu führen. Als Trennungslinie zwischen der 11. und 7. Armee wird die Linie nördlich Mühlhausen – Heldrungen – Querfurt festgelegt. Bei der 7. Armee löst sich im Tagesverlauf mit der Zerschlagung des letzten Widerstandsherdes bei Mihla und der Eingliederung der nördlichen Teile in die 11. Armee die Werra-Verteidigung des „K.Kdt. Thüringen" endgültig auf. Die Reste weichen über Langensalza und Gotha in den Raum Erfurt zurück, wo sie Anschluss an die Truppen des K.Kdt. Erfurt und den Pz.Vbd. Feller finden. Einzelne Gruppen sickern durch die Linien der 4th US AD nach Süden durch und erreichen den Thüringer Wald. Beim LXXXV. AK trifft an diesem Tag Gen.Lt. Maximilian Siry auf dem Korpsgefechtsstand in Thal bei Wutha ein. Siry hatte am Vortag den Befehl des AOK 7 erhalten, die 347. InfDiv des Korps, die nach ihrer Auflösung nur noch über einen Reststab verfügt, zu übernehmen. Von Gen.d.Pz.Tr. Frhr. v. Lüttwitz erhält er den Befehl, die 11. PzDiv in Eisenach abzulösen und das Kommando über die dort stehenden K.Gr. Wissmann und Koppenburg zu übernehmen. Sofort begibt er sich nach Friedrichroda, wo er den Stab der 347. InfDiv übernimmt und noch in der Nacht vom 4./5. April 1945 erfolgt die Ablösung der 11. PzDiv auf deren Gefechtsstand in Mosbach bei Eisenach.[35] Die 11. PzDiv, deren Kräfte bei Eisenach immer weiter an den Stadtrand gedrückt werden, erhält einen neuen Auftrag. Sie soll alle *„östlich der Linie Wutha – Ruhla – Schweina in den Thüringer Wald führenden Straßen und Wege sperren und ein Eindringen des Feindes in den Thüringer Wald verhindern".*

Der Divisionsstab verlegt in der Nacht nach Finsterbergen.[36] Das Stellv. XII. AK wird nach Südthüringen abgedrängt.

Auf Grund *„der allgemeinen Misere"* wird der OB der H.Gr. G, SS-Obstgruf. und Gen.Obst. der Waffen-SS Paul Hausser auf Befehl des OKW abgelöst, nachdem bereits zwei Tage zuvor sein Chef des Stabes das gleiche Schicksal ereilt hatte. Die Schuld für die fehlenden Erfolge gibt man, wie immer, einzelnen Personen und nicht der Gesamtsituation, die durch Fehlentscheidungen der Obersten Wehrmachtsführung und des Führers entstanden war. Die Führung der H.Gr. wird noch am gleichen Tag von Gen.d.Inf. Friedrich Schulz übernommen. Schulz beschreibt in einem Brief aus dem Jahr 1946 die damalige Situation nüchtern: *„In dieser Front zwischen Harz und Oberrhein waren zahlreiche Lücken in der Besatzung vorhanden. So war in dem Raum zwischen Harz und Gotha so gut wie keine eigenen Truppen. Die zahlreichen Divisionen, die in der Lagekarte von Hitler eingezeichnet waren, waren wohl ihrer Nummer nach vorhanden... Die Kampfstärke dieser Divisionen war nicht höher als die eines Bataillons, teilweise waren nur noch die Stäbe vorhanden... Der Volkssturm war kaum ernst zunehmen für die Kampftruppe. Für den Kampf mit einem modern ausgestatteten Gegner völlig unzureichend bewaffnet (meist nur mit Gewehren mit wenig Munition), überaltert und ohne Kampferfahrung, wodurch er für die Kampftruppe oft eine Belastung, wenn nicht eine Gefahr war... Die Front entbehrte jeder Tiefe. Reserven der mittleren und oberen Führung waren nicht mehr vorhanden und auch nicht zu erwarten... Die Zahl der noch verfügbaren Panzer und Sturmgeschütze fiel gegenüber der feindlichen Panzerüberlegenheit überhaupt nicht ins Gewicht. Außerdem waren sie infolge Spritmangel örtlich gebunden und konnten nicht an andere Frontabschnitte verschoben werden. Die eigene Luftwaffe trat fast gar nicht mehr in Erscheinung."* [37]

* * *

---

[1] Alle allgemeinen Angaben zur US Army beruhen im Wesentlichen auf dem Buch "United States Army in World War II – Chronology 1941–1945" von M. H. Williams, Office of Military History, Department of the Army, Washington D.C. 1960.

[2] "Lucky Forward", Col. Allen; Übersetzung Ulrich Koch, Berlin.

[3] Ebenda.

[4] „Die amerikanische Besetzung Deutschlands" v. Henke, R. Oldenbourg Verlag München, 2. Auflage,1996, S. 660ff.

[5] "War as I knew it", Col. Hawkins, S. 279.

[6] "The last offensive" by C. B. Mac Donald, Chapter XVII Sweep to the Elbe, S. 376.

[7] BA-MA, ZA 1/1056, Oberst i.G. Wilutzky, H.Gr. G.

[8] „Goebbels Tagebücher 1945", Hoffmann und Campe Verlag Hamburg, S. 127.

[9] NARA, B-606, Oberst Reichhelm, 12. Armee.

[10] BA-MA, ZA 1/660, B-309, Gen.d.Inf. Hitzfeld.
[11] Ebenda.
[12] NARA, B-617, Gen.d.Pz.Tr. Frhr v. Lüttwitz, LXXXV. AK, Anlage Skizze 1. Siehe auch „Erfurt im Luftkrieg", H. Wolf, Heinrich-Jung-Verlag mbH Zella-Mehlis, 2013, S. 221 u. 223. Die Bezeichnung „K.Kdt. Thüringen" taucht lediglich bei Lüttwitz und in einem Aufruf in der, am 10. April 1945 erschienenen, Thüringer Gauzeitung auf, wo Sauckel und Uckermann einen Durchhalteaufruf veröffentlichten.
[13] Gemäß erbeuteten Unterlagen sollte die 9. PzDiv in diesem Raum neu aufgestellt werden.
[14] „Die Kriegsfurie über Franken 1945…", H. Veeh, Eigenverlag, Aub 2003, S. 100.
[15] Zu diesem Zeitpunkt erfolgte die Angabe der Autobahnen nach den Anschlusspunkten und nicht mit Nummerierungen.
[16] Gem. G-2 Report 12th AGr v. 1.4.45 befand sich der Sammelpunkt für alle Versprengten der 5. FschJgDiv in Bebra.
[17] „Soldat bis zum letzten Tag", A. Kesselring, Verlag S. Bublies, 2000, S. 370.
[18] BA-MA, ZA 1/660, B-309, Gen.d.Inf. Hitzfeld.
[19] "War as I knew it", Col. Hawkins, S. 282/283.
[20] Ebenda, S. 281.
[21] "US Army in World War II – The E.T.O. – The last offensive", C. B. MacDonald, CMI, 1993, S. 376.
[22] Gem. G-2 Report 3rd Army v. 2.4.45.
[23] Etwa 40 Meter.
[24] „Luftkrieg im Raum Eisenach – Gotha – Hainich – Werratal – Thüringer Wald 1943–1945", Hälbig, Lämmerhirt, Verlag Rockstuhl, 1. Auflage 2012, S. 187.
[25] „Der Kampf um die Werralinie 1945", Lämmerhirt, Verlag Rockstuhl 3. Auflage 2009, S. 77.
[26] „Ein Infanterist in zwei Weltkriegen", O. Hitzfeld, Biblio Verlag, Osnabrück 1983. S. 152.
[27] Ebenda. S. 147.
[28] „Pflicht und Gehorsam", G. Kobe, v. Hase & Koehler Verlag, 1988, S. 182/183.
[29] BA-MA, ZA 1/920, B-568, Gen.d.Art. Fretter-Pico, Stellv. IX. AK.
[30] Ebenda.
[31] „Krieg in der Heimat ...", U. Saft, Militärbuchverlag Saft Walsrode, 2. Auflage 1996.
[32] BA-MA, ZA 1/660, B-309, Gen.d.Inf. Hitzfeld, LXVII. AK.
[33] Die Übergabe von Gotha und die vorhergehenden Ereignisse im Zusammenhang mit dem K.Kdt. von Gotha, Obstlt. Gadolla, werden in einem anderen Buch der Reihe des Autor behandelt.
[34] „Der Kampf um die Werralinie 1945", Lämmerhirt, Verlag Rockstuhl 3. Auflage 2009, S. 55.
[35] NARA, B-111, Gen.Lt. Maximilian Siry, 347. InfDiv, S. 1.
[36] NARA, B-755, Gen.Lt. Wend v. Wietersheim, Kdr. 11. PzDiv, S. 10.
[37] BA-MA, RH 19 XII N 318/1, Gen.d.Inf. Schulz, H.Gr. G.

II. Die 3rd US Army an der vorläufigen Haltelinie

Geheime Tagesberichte der Deutschen Wehrmachtsführung vom 5. April 1945:
H.Gr. B, LXVII. AK: *Kassel ist bis auf wenige Stützpunkte vom Feind besetzt.*
H.Gr. G, 7. Armee, LXXXV. AK: *Nachdem der Gegner seine Angriffsvorbereitungen und den Artillerie-Aufmarsch rings um Eisenach beendet hatte ist er im Angriff auf die Stadt. Eine Übergabeaufforderung wurde vom Kampfkommandanten abgelehnt. Aus dem Raum Eisenach drang der Gegner nach Nordosten mit 180 Panzern in Richtung Langensalza vor...Gotha befindet sich in eigener Hand. Friedrichroda wurde vom Gegner genommen. Von Mühlberg drangen Feindkräfte mit 50 Panzern in Richtung Erfurt vor und nahmen Kleinrettbach...*

[Anmerkung des Autors: Die geheimen Tagesberichte des WFSt sind die tägliche Zusammenfassung aller, beim OKW eintreffenden, Meldungen zur Frontlage, die jedoch insbesondere in den letzten Kriegstagen kaum noch ein objektives Bild der Ereignisse darstellen. Trotz eines immer noch funktionierenden Meldesystems auf höherer Führungsebene der Wehrmacht beruhten die Meldungen, insbesondere von den Frontabschnitten, in denen keine geschlossene militärische Führung existierte, häufig auf Hörensagen oder waren längst zeitlich überholt. In einigen Fällen erfolgte die Informationsgewinnung durch direkte Telefonate mit Parteidienststellen und Privatpersonen in den bedrohten Gebieten. Dadurch kam es immer wieder zu Falschmeldungen. Da die Geheimen Tagesberichte jedoch zum einen die Lageeinschätzung der Obersten Wehrmachtsführung dokumentieren und zum anderen als Grundlage für militärische Entscheidungen verwendet wurden, sollen sie im Weiterem zitiert werden. Gleiches gilt für das Kriegstagebuch. Die auszugsweise Widergabe der offiziellen Meldungen des OKW in Presse und Rundfunk soll einen Einblick in die Wahrnehmung der Geschehnisse durch die Bevölkerung geben, deren einzige Informationsquelle Zeitungen und Rundfunk war. Bei diesen Meldungen kommt neben der zeitlich versetzten Wiedergabe von Informationen noch die propagandistische Note hinzu, die das Bild verzerren. Sie dürfen daher nicht als Grundlage für objektive Betrachtungen herangezogen werden.]

Am **Donnerstag**, dem **5. April 1945,** werden das VII. und V. US Corps der 1st US Army von ihrem Auftrag bei der Zerschlagung des „Ruhrkessels“ vollständig entbunden und beginnen mit der Einnahme der Ausgangsräume für die Wiederaufnahme des Angriffs nach Osten.

Südlich davon wird beim XX. US Corps der 3rd US Army die 80th US InfDiv, die den Angriff in Kassel fortsetzt, durch eine Befehlsänderung von ihrem Auftrag entbunden und durch die 69th US InfDiv des V. US Corps abgelöst. Unmittelbar angrenzend an die 80th US InfDiv setzt die 76th US InfDiv den begonnen Vormarsch in Richtung der Flüsse Wehre und Werra fort. Während die Sicherung- und Säuberungsaktionen an der zurückhängenden linken Corpsflanke anhalten, setzt das CCA und CCB der 6th US AD weit östlich davon die am Vortag begonnene Besetzung von Mühlhausen ohne auf Widerstand zu treffen fort und durchkämmt das Stadtgebiet. Am Nachmittag ist die Stadt gesäubert und das CCR übernimmt die Bewachung von Versorgungseinrichtungen, Vorratslagern und Verkehrsanlagen und die Gewährleistung von Recht und Ordnung in der Stadt. Das CCA erhält nach der Besetzung von Mühlhausen den Auftrag, im Zusammenwirken mit der 65th US InfDiv Langensalza zu besetzen. Das 86th CC der 6th US AD setzt den Überwachungsauftrag an der offenen Nordflanke des Corps fort.

Während das XX. US Corps seinen Abschnitt ausdehnt und die Einnahme von Mühlhausen beendet, werden die Grenzen des, in die Angriffsfront der 3rd US Army eingeführten, VIII. US Corps verändert und dem Corps die frühere Zone des XII. US Corps übertragen. Somit übernimmt das Corps die Verantwortung für den Raum Eisenach – Langensalza – Gotha. Teile des VIII. US Corps gehen in Vorbereitung des weiteren Angriffs nach Nordosten bis zur Linie südlich Mühlhausen – Langensalza vor. Die 65th US InfDiv des VIII. US Corps erhält den Befehl zur Einnahme von Langensalza. Nach Kämpfen bei Ufhoven dringt das 2./259 des RCT 259 gegen vereinzelten Widerstand zum Stadtzentrum vor und vereinigt sich am Abend mit Teilen des CCA, 6th US AD, die von Norden bis hierher vorgerückt waren. Mit dem Zusammentreffen der Angriffsspitzen des CCA und des 2./259 ist Langensalza zu über der Hälfte besetzt. Der 65th Rcn Tp., der einen Sicherungsschleier mit vorgeschobenen Posten in Höngeda und entlang der R 84 zwischen Reichenbach und Langensalza bis Schönstedt – Zimmern hält, unterstützt die Einnahme von Langensalza. Am Abend kommt es im Bereich südlich der R 84 in der Nähe des Harth-Hauses zum Kontakt mit Kräften der TF Burton der 89th US InfDiv. Südlich des Abschnittes der 65th US InfDiv schließt die 89th US InfDiv auf. Einheiten des 353rd InfRgt der 89th US InfDiv bewegten sich nach der Vereinbarung der Kapitulation nach Eisenach, um die Stadt zu besetzen, müssen aber feststellen, dass die deutschen Truppen zurückgekehrt sind und ziehen sich zurück. Das 354th InfRgt entsendet die TF Burton, 3./354, den Panzern der 4th US AD im linken Abschnitt der Division nach Osten hinterher, um die Linie Henningsleben – Wiegleben – Westhausen zu sichern und auf Ablösung durch Einheiten des XX. US Corps zu warten.

Während die Infanteriedivisionen aufschließen, hält die 4th US AD von Brig.Gen. William M. Hoge in Erwartung der Ablösung durch die 89th US InfDiv im Raum Gotha. Das CCB bleibt in der Umgebung von Mühlberg, während CCA starke Vorposten um Ohrdruf behauptet. Die Einheiten des CCR patrouillierten auf den Straßen in der Umgebung von Gotha. Dabei erreicht eine Patrouille auch Neudietendorf, wo anscheinend noch niemand mit dem Auftauchen der Amerikaner rechnet. Ungestört fährt die Patrouille in den Ort und erteilt den überraschten Einwohnern den Befehl, sofort weiße Tücher auszuhängen und bis auf weiteres die Häuser nicht

Brig.Gen. William M. Hoge
Foto: Army Signal Corps, National Archives

zu verlassen. Wenig später verlassen sie den Ort, wo die Einwohner mit der Frage, wie es weiter gehen wird, zurückbleiben.[1] Im Bereich des TrÜbPl Ohrdruf stoßen die Männer des CCA von Col. Hayden S. Sears neben den Kasernen auf ein Außenlager des KZ Buchenwald und die gesuchte große Fernmeldeanlage, die Patton als Vorwand für die Fortsetzung seines Angriffs gedient hatte.[2]

Die 6th CavGp erreicht bei der Säuberung des Hinterlandes die Linie Wanfried – Archfeld – Altefeld – Oberellen – Marksuhl und der Gp.CP verlegt über Sontra nach Berneburg. Um 19.00 Uhr (B) wird die 6th CavGp von ihrer Säuberungsmission im Hinterland des Corps entlastet und die Squadron erhalten den Befehl zur Versammlung. Der CP des VIII. US Corps verlegt um 19.45 Uhr (B) von Alsfeld nach Hersfeld.

Vom Gefechtsstand des AOK 11 aus erteilt Hitzfeld an diesem Tag dem Gen.d.Art. Fretter-Pico den Befehl, mit dem LXVII. AK in einem Flankenstoß die rückwärtigen Linien der bei Mühlhausen stehenden 6th US AD zu durchtrennen und die Verbindung mit dem, im Raum Eisenach stehenden, LXXXV. AK der 7. Armee herzustellen. Daraufhin beauftragt dieser den Oberst i.G. Hans-Heinrich Worgitzky[3] mit der Aufstellung einer K.Gr. aus allen verfügbaren Einheiten, die sich zu diesem Zeitpunkt im Raum südlich Heiligenstadt auf dem Rückzug in Richtung Harz befinden. Die angestrebte Verbindung zwischen beiden Armeen wird jedoch, bis auf ein Telefongespräch zwischen dem Chef des Stabes der 7. Armee Gen.Maj. Frhr. v. Gersdorff und Gen.d.Inf. Hitzfeld, am 8. April 1945 nie Zustandekommen.

Geheime Tagesberichte der Deutschen Wehrmachtsführung vom 6. April 1945:

H.Gr. B, LXVII. AK: *Östlich Kassel kam es zu örtlichen Kampftätigkeiten. Aus Mühlhausen drang der Gegner nach Norden, Nordnordosten bis Friedrichsrode und nach Osten bis hart westlich Ebeleben vor.*

H.Gr. G, 7. Armee, LXXXV. AK: *Über Mühlhausen stieß der Gegner nach Osten und aus dem Raum Langensalza nach Nordosten vor und überschritt bei Greußen den Flussabschnitt. Zugleich drangen Feindkräfte aus Langensalza nach Südosten auf Erfurt vor. Eisenach ging verloren. Aus Gotha, das vom Feind genommen wurde, drangen feindliche Panzerkräfte nach Nordosten und nach Südosten bis in den Raum 12 km südwestlich Erfurt vor.*

Am **Freitag**, dem **6. April 1945** beginnt die 1st US Army mit dem Angriff nach Osten. Das V. US Corps errichtet einen Brückenkopf über die Weser und ihre 69th US InfDiv sichert das Stadtgebiet von Kassel. Während der Angriff der 1st US Army gerade erst beginnt, erreicht die 3rd US Army an diesem Tag die befohlene Haltelinie der 12th AGr und muss nach dem Fund der gesuchten Fernmeldeanlagen bei Ohrdruf zum Leidwesen für Patton vorläufig ihren Angriff nach Osten anhalten, bis die 1st US Army an der Nordflanke aufgeschlossen hat.

Im Abschnitt des XX. US Corps der 3rd US Army beendet bei der 6th US AD das CCA im Zusammenwirken mit Einheiten der 65th US InfDiv die Einnahme von Langensalza und beginnt mit einer regen Patrouillentätigkeit nach Osten. Im Rücken der 6th US AD schließt die 76th US InfDiv auf und erhält den Befehl, den Angriff über die Werra hinaus nach Osten fortzusetzen. Ihr RCT 304 erhält den Befehl, weit voraus nach Osten in den Raum Mühlhausen – Langensalza zu fahren, dort den Kontakt zur 6th US AD herzustellen und anschließend die Phasenlinie „A" Bothenheiligen – Langensalza der bevorstehenden großen Angriffsoperation des XX. US Corps zu besetzen. Die 3rd CavGp versammelt sich nach der Übernahme ihres Abschnitts durch das V. US Corps südlich von Kassel.

Die 80th US InfDiv, die „Blue Ridge Division"[4], unter Maj.Gen. Horace L. McBride beginnt mit der Verlegung aus dem Raum Kassel nach Gotha. Die RCT 317 und 318 verlegen in einen Versammlungsraum nordöstlich von Eisenach. Das RCT 319 wird abgelöst und versammelt sich in der Nähe von Oberkaufungen. Somit haben alle Kräfte der 3rd US Army die Haltelinie der 12th AGr, Mühlhausen – Langensalza – Gotha – Oberhof, erreicht. Der CP der XX. CorpsArty geht nach Eschwege, wo er bis zum 10. April 1945 bleibt.[5]

Maj.Gen. Horace L. McBride
Foto: Army Signal Corps, National Archives

Beim VIII. US Corps beendet das 2./259 der 65th US InfDiv gemeinsam mit den Kräften der 6th US AD des XX. US Corps die Besetzung von Langensalza. Bis zum Mittag steht die 65th US InfDiv entlang der Haltelinie Mühlhausen – Langensalza in Bereitschaft zur Verlegung in den Abschnitt des VIII. US Corps. Während in Raum Mühlhausen – Langensalza – Gotha die Front zum Halten gekommen ist, hat das 353rd InfRgt der 89th US InfDiv den letzten Widerstand bei Eisenach überwunden und die Wartburg-Stadt besetzt. Das 354th InfRgt bewegt sich um das 353rd InfRgt herum in die Umgebung von Waltershausen. Die TF Burton aus dem 3./354, der Co. B, 602nd TD Bn, dem 89th Rcn Tp., dem 341st FA Bn und einem Platoon Pioniere, die sich in der Nacht aufgelöst hat, kehrt unter die Führung des Regiments zurück und besetzt die Linie Henningsleben – Warza in Erwartung der Ablösung durch das XX. US Corps. Das RCT 355, auch kurz als CT-5 bezeichnet, kehrt unter die Führung durch die Division zurück und geht in den Raum Ohrdruf, um die rechte Flanke der Division auf der Linie Emleben – Georgenthal abzuschirmen.

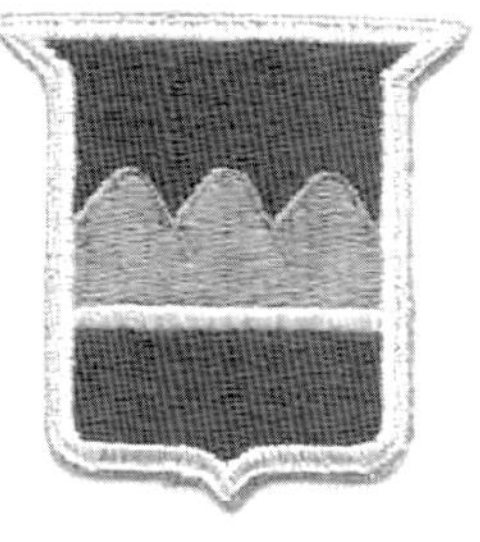

Ärmelabzeichen
80th US InfDiv

Bei der 4th US AD, die im Raum Gotha – Ohrdruf verbleibt, beginnt südlich von Gotha die Entlastung durch die 89th US InfDiv. Die Einheiten des CCB, die keinen Feindkontakt haben, verlassen am frühen Morgen die Umgebung von Mühlberg und verlegen in neue Räume. Eine Gruppe des Rcn. Plat. 35th Tk Bn erkundet den neuen Bn.CP in Schwabhausen. Bis 10.00 Uhr (B) sind beim 35th Tk Bn die Co. A bei Seebergen, die Co. B auf dem TrÜbPl Ohrdruf an der Kupferstrasse am Musketierberg, die Co. C zwischen Emleben und Schwabhausen, die Co. D nördlich von Wölfis bei Heerda und die Svc Co. in Töpfleben, südlich von Gotha am Seeberg. Das HQ CCB geht nach Wechmar. Das CCA geht weiter zum Vorposten Ohrdruf und entsendet Patrouillen in die Umgebung. Die 25th CavRcnSq der 4th US AD von Lt.Col. Leslie D. Godell tötete elf und nimmt 51 Gefangene bei einem Zusammenstoß mit einer feindlichen Gruppe in der Umgebung von Aspach. Die 87th US InfDiv folgt an der rechten Flanke des Corps und entlastet die 90th US InfDiv und das 328th InfRgt der 26th US InfDiv des XII. US Corps. Bei der 6th CavGp versammelt sich die 6th CavRcnSq südöstlich von Sontra und die 28th CavRcnSq bei Rockensüß – Cornberg – Weißenhasel.

Am Abend beginnen die Einheiten und Verbände der K.Gr. Worgitzky des LXVII. AK der 11. Armee unbemerkt von den amerikanischen Truppen mit der Einnahme der Ausgangsstellungen für den Angriff. Ihr Auftrag ist es, die kleine Ortschaft Struth, westlich von Mühlhausen, einzunehmen und weiter nach Süden bis zu dem Ort Nazza durchzustoßen, um dann den Kontakt zum LXXXV. AK im Raum

Eisenach herzustellen. Dass die deutschen Truppen im Zielraum des Angriffs bereits überrannt sind und Eisenach kapituliert hat, wissen sie anscheinend nicht.

Geheime Tagesberichte der Deutschen Wehrmachtsführung vom 7. April 1945:

11. Armee, LXVII. AK: *Aus Mühlhausen drang der Gegner nach NW, N und NO vor und nahm Dingelstädt und Eigenrode. In Ebeleben eingedrungener Feind wurde durch eigenen Gegenangriff nach SW zurückgeworfen.*

H.Gr. G, 7. Armee, LXXXV. AK: *Im Korpsabschnitt setzte die Zivilbevölkerung der Verteidigung von Ortschaften zumindest passiven Widerstand entgegen. Selbst in, von eigenen Truppen besetzten, Ortschaften wurden weiße Fahnen gehisst. Der Volkssturm hat sich im Korpsabschnitt selbst bzw. auf Befehl des jeweiligen Volkssturm-Btl.-Führers aufgelöst. Friedrichroda wurde vom Feind genommen und Feindangriffe aus Ohrdruf wurden abgewiesen.*

Am **Sonnabend,** dem **7. April 1945**, setzt das V. US Corps der 1st US Army das Übersetzen über die Weser fort. Während die 1st US Army langsam an der Nordflanke der 3rd US Army aufschließt, kommt es in der Nacht zum Sonnabend nahe der Trennungslinie zwischen dem XX. und VIII. US Corps im Abschnitt des VIII. US Corps westlich von Mühlhausen, bei Struth, zum letzten größeren deutschen Gegenangriff im mitteldeutschen Raum. Aus ihren Bereitstellungen bei Struth beginnt die K.Gr. Worgitzky der 11. Armee ihren Angriff durch den rückwärtigen Raum des XX. US Corps in Richtung Eisenach. Doch der Angriff kommt nach Anfangserfolgen zum Erliegen und wird durch das Zusammenwirken aller Kräfte der 65th US InfDiv mit Unterstützung durch die 6th US AD und taktischer Jagdbomberverbände bis zum Mittag vollständig zerschlagen. Die Reste der K.Gr. Worgitzky entziehen sich der drohenden Vernichtung durch Absetzen auf die Linie Heiligenstadt – Leinefelde. Damit endet die „Schlacht bei Struth“, die von Anfang an für die deutsche Seite zum Scheitern verurteilt war und außer dem Verlust eines Großteils der Panzerkräfte der 11. Armee nichts gebracht hat. Die 65th US InfDiv erhält vom VIII. US Corps die Genehmigung zum Abzug aus dem Raum Mühlhausen – Langensalza, verbleibt aber vorläufig auf ihren Positionen.

Bei der 6th US AD des XX. US Corps erhält das CT 9 des CCA in Henningsleben um 10.30 Uhr (B) den Befehl, Kontakt zur 4th US AD im Raum Gotha herzustellen, was ohne Probleme erfolgt. Es wird vereinbart, sich alle vier Stunden in Westhausen zu treffen. Die 76th US InfDiv, die mit ihren Hauptkräften die Säuberung des Gebietes westlich der Werra fortsetzt, erhält durch das XX. US Corps den Befehl, die Verantwortung über Langensalza zu übernehmen und mit ihrem RCT 304 zur Phasenlinie „B“ Kirchheiligen – Fahnersche Höhe[6], vier Kilometer nordöstlich von Langensalza, vorzurücken. Das RCT 304 erreicht den Abschnitt von Klettstedt bis

Gräfentonna und löst nordöstlich von Langensalza mit ihrem 1./304 Teile der 65th US InfDiv ab. Das 2./304, das den Auftrag erhält, das 259th InfRgt der 65th US InfDiv in der Nähe von Thamsbrück abzulösen, marschiert mit der Co. E und dem HQ nach Thamsbrück. Von dort entsendet die Co. E ihren 2nd Plat. aufgesessen auf Lastwagen nach Burgtonna und Ballstädt, um die Orte zu sichern. Dabei geraten sie unter Beschuss durch vier deutsche Flakgeschütze deren Feuer die Infanteristen zum Absitzen zwingt. Die Co. F hält ihre Stellungen bei Kleinwelsbach. Die Co. G marschiert nach Thamsbrück, wo sie Quartier für die Nacht bezieht. Der Regtl.CP fährt nach Langensalza.

Die 80th US InfDiv, konzentriert sich nach ihrem Eintreffen aus dem Raum Kassel mit dem RCT 317 und 318 im Raum Gotha und bereitet die Entlastung der 4th US AD des VIII. US Corps vor. Patrouillen beginnen die Front entlang der Linie Döllstädt – Großfahner – Gierstädt – Bienstädt – Zimmernsupra – Grabsleben – Cobstädt – Wandersleben – Sülzenbrücken abzutasten. Das RCT 317 startet um 07.00 Uhr (B) mit den Aufklärern des I&R Plat. voraus, gefolgt von den Hauptkräften um 08.50 Uhr (B), und erreicht über Wangenheim, wo die Spitze des 2./317 um 10.00 Uhr (B) gemeldet, wird, den Raum Remstädt, nördlich von Gotha. Von dort aus beginnt es sofort mit der Ablösung von Teilen der 4th US AD und 89th US InfDiv im Raum Gotha. Der Regtl.CP entfaltet um 15.15 Uhr (B) in Remstädt. Bis 16.15 Uhr (B) steht das 1./317 von Capt. Emmett H. McGray mit der Co. A in Hochheim, der Co. C in Goldbach und der Co. B in Warza. Das 2./317 von Lt.Col. Samuel L. Williams, das den Süden von Gotha übernehmen soll, hat sich im Raum Töpfleben versammelt. Beim 3./317 von Maj. Robert W. Black, bei dem bisher nur die Co. I, 3./317 eingetroffen ist, während die Co. K und L, 3./317 nach auf dem Anmarsch in den Versammlungsraum sind, geht diese von Schwabhausen in den Nordostteil von Gotha. Am späten Nachmittag meldet das RCT 317 Scharfschützenfeuer auf eigene Truppen aus den Wäldern des Hainich bei Craula.

Am Abend werden Patrouillen in die umliegenden Orte entsandt, um die vorderen Linien der Deutschen abzutasten. Eine Patrouille der Co. I, 3./317, die in Friemar durch den Vorposten der 4th US AD hindurch nach Tröchtelborn geht, wo sich nach Meldungen, die dem 2./317 vorliegen, deutsche Truppen befinden sollen, findet den Ort, der zuvor unter Artilleriebeschuss lag, feindfrei vor. Dort berichten französische Zwangsarbeiter, dass sich Waffen-SS, darunter auch Italiener, westlich von Zimmernsupra eingegraben haben.[7] Als bei der Annäherung auf Zimmernsupra Leuchtraketen abgeschossen werden, macht die Patrouille kehrt. Um 21.45 Uhr (B) erhält sie den Befehl, es noch einmal über Pferdingsleben zu versuchen, aber auch diesmal wird das Vorhaben wegen der unklaren Lage abgebrochen.[8] Der I&R Plat. 317, der weit vor den eigenen Linien aufklärt fährt nach Langensalza und von dort weiter über Thamsbrück – Issersheiligen nach Kirchheiligen. Dabei erhalten die Aufklärer Meldungen über deutsche Truppen bei Bad Tennstedt, Allmenhausen und

Bruchstedt. Nach der Rückkehr nach Langensalza fahren die Aufklärer von dort ungehindert nach Osten und nähern sich Döllstädt, wo sie deutsche Truppen und ein Gefechtstand beobachten. Dann beenden sie ihren Aufklärungsauftrag.[9]

Das RCT 318, das den Südostteil von Gotha vom Stadtzentrum bis 500 Meter südlich der Autobahn Gotha – Erfurt übernehmen soll, erreicht mit dem unterstellten 314th FA Bn von Lt.Col. Daniel J. Minaham Jr. von Kassel kommend über Creuzburg – Eisenach gegen 10.00 Uhr (B) den Raum westlich von Gotha und versammeln sich in Ettenhausen – Sättelstädt – Mechterstädt – Fröttstädt – Friedrichswerth. Die HQ Co. 318 erreicht 10.35 Uhr (B) Mechterstädt und der Regtl.CP um 14.00 Uhr (B) Sättelstädt. Die Svc Co. folgt dem Regtl.CP über Wenigenlupnitz nach Sättelstädt. Das 1./318 erhält den rechten Abschnitt übertragen und geht nach Wechmar, wo es um 16.45 Uhr (B) eintrifft. Das 2./318, das den linken Abschnitt erhält, geht nach Seebergen und das 3./318 geht in die Regtl.Res. nach Siebleben. Dorthin verlegt auch der Regtl.CP, wo er 17.00 Uhr (B) entfaltet und bis zum 10. April 1945 verbleibt. Die Cn Co. 318 geht nach Gotha hinein und die Co. B, 305th Med Bn nach Siebleben. Bis 20.00 Uhr (B) ist die Ablösung der Teile der 4th US AD im neuen Abschnitt des RCT 318 abgeschlossen.

Eine Aufklärungspatrouille, die nach Neudietendorf entsandt wird, trifft an Stelle der weißen Fahnen, die am 5. April gehisst wurden, auf Widerstand durch Volkssturm, der sich am Westrand des Ortes, an der Straße nach Apfelstädt, und am Ortsausgang der Gothaer Straße nach Großrettbach eingegraben hat. Auch in Kornwestheim werden deutsche Truppen in Stärke von zirka 100 Deutsche gemeldet. Als dann auch noch fünf Panzer gemeldet werden, die sich von Norden dem Ort nähern und am Park in Stellung gehen, ziehen sich die Aufklärer zurück. Das G-2 Journal der 80th US InfDiv vermeldet: *„Aufklärung kommt nicht rein, erhalten Gewehrfeuer. Es werden Panzer hinein gesandt.“*[10] Die deutschen Panzer waren bereits am Nachmittag des 4. April 1945 von Zivilisten einen Kilometer südlich von Bindersleben gemeldet worden.[11] Der Neudietendorfer Herman Anders Krüger[12], der als ehemaliger aktiver Offizier die Ereignisse niederschrieb, wird später zitiert: *„Als die deutsche Panzerspitze sich von Erfurt auf Ingersleben vorschob, wichen die Amerikaner auf Apfelstädt und Rettbach zurück und griffen mit vereinten Kräften die deutschen Truppen und ihre fünf Panzerwagen an...“*[13] Was für den Betrachter logisch ist, ist so jedoch nicht ganz richtig. Denn bei Krüger waren die Erinnerungen an die Panzer mit einem anderen Ereignis, dass sich an diesem Tag ebenfalls bei Neudietendorf ereignete, verschmolzen.

Zwischen Apfelstädt und Neudietendorf[14] war eine kleine Gruppe von drei Jeeps unter Führung des Division Signal Officer der 4th US AD, Lt.Col. Otto T. Saar, der mehrere Offiziere und Beamte der 3rd US Army bei einer Inspektion des deutschen Nachrichtenamtes 10 auf dem TrÜbPl Ohrdruf begleitet, bei der Rückfahrt von Ohrdruf nach einem vermutlichen Abstecher nach Espenfeld auf einen Volkssturmmann mit Fahrrad getroffen, der versucht hatte, vor ihnen zu fliehen. Zu ihrem Verhängnis hatten sie die Verfolgung aufgenommen und waren dabei in einen vermeintlichen Hinterhalt geraten. Doch es ist kein Hinterhalt, sondern die vordere deutsche Verteidigungsstellung vor Neudietendorf, denn sie bewegen sich mittlerweile vor ihrer eigenen Frontlinie. Nach dem überraschenden Auftauchen der ersten Amerikaner am 5. April 1945 hatte man sich dort von dem Schock erholt und nachdem deutsche Truppen nachgerückt waren, um den verkehrstechnisch wichtigen Punkt zu sichern, hatte auch der Volkssturm seine Stellungen besetzt. Es kommt zum Feuergefecht mit den überraschten Amerikanern. Dabei wird Col. Robert S. Allen, TUSA[15], ein berühmter Washingtoner Kolumnist, am Unterarm verwundet und fällt in einen Entwässerungsgraben. Dort wird er wenig später von den Deutschen entdeckt und gefangengenommen. Saar, Lt.Col. David Harmon, der Communications Officer der 3rd US Army und dessen Fahrer Tec 3 Wilhelm sowie ein weiterer Soldat gelten als vermisst. Nur einem weiteren Offizier und dem Fahrer des dritten Jeeps gelingt es mit dem Fahrzeug zu entkommen.[16]

Sofort nachdem die Nachricht über den Vorfall den CP der 80th US InfDiv erreicht, wird um 18:00 Uhr (B) das CCB alarmiert und eine halbe Stunde später wird eine Task Force aus der Co. C, 35th Tk Bn und der Co. C, 51st AIB unter dem Kommando des CO Co. C, 35th Tk Bn, Capt. Ridley, nach Neudietendorf gesandt, um die Vermissten zu suchen und zu befreien. Dabei kommt es an der Straße Apfelstädt – Dietendorf erneut zum Gefecht mit dem Volkssturm und Infanterie, die sie mit Gewehr- und Panzerfaustfeuer empfangen. Doch weder die deutschen Panzer, noch die Infanterie bei Kornwestheim greifen ein. Ihr Auftrag ist der Schutz der, für die Verteidigung Erfurts wichtigen Straße von Neudietendorf über Ingersleben nach Bischleben und der zur Autobahn führenden Straße Kornwestheim – Thörey. Schnell endet das Gefecht, bei dem mehrere deutsche Soldaten getötet werden, die auf dem Gottesacker der Brüdergemeine und dem Ortsfriedhof Apfelstädt ihre Grabstätte finden. Einer von ihnen ist der 17jährige Grenadier E. Escherich, der *„in einem Schützenloch an der Brücke zwischen Apfelstädt und Neudietendorf ums Leben kam"*.[17] In der Nähe findet die Task Force einen überlebenden amerikanischen Soldaten und die Leichen von Lt.Col. Harmon, den ein Schuss in die Brust getötet hatte und dessen Fahrer. Von Saar und Allen fehlt jedoch jede Spur. Während Jagdbomber den Ort und die Stellungen der deutschen Panzer angreifen, beendet die Task Force gegen 20.00 Uhr (B) ihren Auftrag und kehrt um 22.00 Uhr (B) nach Günthersleben zurück,. Nach ihrer Rückkehr werden auf dem CP des CCB Pläne gemacht, *„den Ort des Hinterhaltes zu beschießen und niederzubrennen"*.[18] Harmons Leiche wird nach Eisenach gebracht, wo sie am 16. April 1945 auf dem US Military Cemetery No. 1 beerdigt wird, bevor man sie am 19. Juni 1945 nach Margraten/Niederlande überführt. Kaum sind jedoch die amerikanischen Truppen abgezogen, rücken die deutschen Panzer gegen 22.00 Uhr (B) Richtung Apfelstädt vor, um die Front wieder zu schließen.[19]

Am Abend vom RCT 318 nach Osten entsandte Patrouillen melden bis 21.00 Uhr (B) Cobstädt, Großrettbach und Grabsleben feindfrei. Aber bei Grabsleben blockiert eine Baumsperre die R 7 Gotha – Erfurt. Auch Wandersleben wird frei von deutschen Truppen gemeldet.

Das RCT 319 erreicht nach dem Verlassen des Raumes Kassel am Nachmittag über Eisenach Friedrichswerth, wo es sich versammelt. Von dort beginnt es mit der Verlegung nach Gotha, um am nächsten Tag die Verantwortung für die Sicherheit und Ordnung in der Stadt zu übernehmen. Doch nur das 2./319 und Teile des 3./319 erreichen bis zum späten Abend Gotha, da das 1. und 3./319 auf Transportraum warten muss. Sie erreichen Gotha bis 04.00 Uhr (B) des 8. April 1945. Auch die unterstellte Co. B, 81st Cml Mort Bn trifft mit ihren 4,2inch Werfern im Raum Gotha ein.[20] Der 80th Rcn Tp. geht unter dem Kommando von Capt. Robert Hill mit dem Tp.CP und dem 3rd Plat. nach Wiegleben und erhält die Co. D, und den AG Plat. des 702nd Tk Bn unterstellt, die bis 15.20 Uhr (B) eintreffen. Dort wird der Kontakt zum 3./354 der 89th US InfDiv hergestellt, das die Linie Langensalza – Gotha sichert und schon auf die Ablösung wartet, um am nächsten Tag in den Raum Waltershausen zu verlegen. Der 2nd Plat. der Aufklärer geht mit einem Halb-Platoon leichter Panzer nach Henningsleben, während der andere Halb-Platoon östlich von Wiegleben sichert. Der 1st Plat. stellt mit einem Platoon leichter Panzer in Westhausen den Kontakt zum 317th InfRgt her. Von dort bringen sie die Meldung mit, dass im nahegelegenen Ballstädt eine Patrouille der SS gesichtet wurde und sich deutsche Truppen bei Gierstädt und Großfahner befinden.[21] Der Div.CP entfaltet um 13.55 Uhr (B) in Gotha. Das 315th FA Bn von Lt.Col. John M. Burdge Jr., das mit seinen 155mm Geschützen Feuerunterstützung für die Regimenter der Division leistet, geht nach Remstädt. Dort kommt es bei einem der seltenen deutschen Luftangriffe zu einem Verwundeten. Das unterstellte 702nd Tk Bn, die „Red Devils" von Lt.Col. Ralph Talbot III, die zusammen mit der 80th US InfDiv auch als „Patton's Troubleshooters"[22] bezeichnet werden, erreichen gegen 14.00 Uhr (B) Gotha. Ab 20.00 Uhr (B) übernimmt die 80th US InfDiv die Verantwortung für Gotha von der 4th US AD.

Bei der 4th US AD hält das CCA weiter seine Stellungen in der Umgebung von Ohrdruf und das CCB in der Umgebung von Wechmar. Dabei erhält das CCA von Südosten aus sporadisches deutsches Artilleriefeuer, das jedoch keine Wirkung zeigt. Beim CCB verlegt das HQ und die HQ Co. auf Befehl am Nachmittag nach Günthersleben. Das CCR unter Führung von Col. Wendell Blanchard bereitet sich mit dem Eintreffen der 80th US InfDiv auf die schrittweise Ablösung im Stadtgebiet von Gotha und der Vorposten in Molchleben, Friemar, Pferdingsleben und Tüttleben vor. Der CP der 25th CavRcnSq bleibt weiter in Siebleben.

Während die Masse der 65th US InfDiv des VIII. US Corps noch im Abschnitt des XX. US Corps steht, wird im Hinblick auf die Fortsetzung der Angriffsoperationen der 3rd US Army die Trennungslinie zwischen dem VIII. und XX. US Corps nach

Norden verschoben und die RAB Bad Hersfeld – Eisenach zwischen Sallmannshausen und Leina dem VIII. US Corps zugeschlagen.[23] Die 89th US InfDiv räumt die Region südöstlich von Eisenach bis zur Linie Wutha – Ruhla und rückt im Thüringer Wald vor. Ihr CT-5 schirmt die Front von Seebergen südwärts bis Wölfis ab. Das 1./355 besetzt die Linie von Seebergen bis Mühlberg, das 2./355 die Linie von Wölfis bis Crawinkel und das 3./355 sichert die Stadt Gotha, bis es am Abend in den südlichen Divisionsabschnitt befohlen wird. Die 87th US InfDiv kommt an der rechten Corpsflanke schnell nach Osten voran und erreicht den Raum Tambach und Oberhof, wo es den Kontakt mit der 11th US AD des XII. US Corps herstellt. In der Zwischenzeit entlasten erste, im Abschnitt des VIII. US Corps eintreffende, Einheiten der 65th US InfDiv Sicherungskräfte der 87th US InfDiv bei Gerstungen. Die 6th CavGp bewegt sich mit Teilen in den Raum Eschwege und bis nach Eisenach, um die linke Corpsflanke zu schützen.

Für die deutschen Truppen endet an diesem Tag die letzte Hoffnung, eine zusammenhängende Frontlinie der 11. und 7. Armee herzustellen. Lediglich der Haltebefehl der 12th AGr und das vorsichtige Nachrücken der Amerikaner nach den Kämpfen bei Struth verhindert eine Zerschlagung der deutschen Truppen zwischen Harz und Thüringer Wald.[24] Am Abend trifft Gen. Lucht nach seiner Genesung auf dem Gefechtsstand des AOK 11 im Schloss Adeleben, 15 Kilometer westlich Göttingen, ein und übernimmt das Kommando über die 11. Armee von Gen. Hitzfeld. Bei der 7. Armee werden die Verbände des LXXXV. AK und des Stellv. XII. AK weiter im Thüringer Wald zurückgedrückt. Lediglich bei der Korps.Gr. Uckermann bleibt es östlich der Linie Mühlhausen – Langensalza – Gotha auf Grund des Haltebefehls verhältnismäßig ruhig.

In Erfurt kommt es an diesem Tag zu einem Treffen, das bisher ausschließlich im Zusammenhang mit der Verteidigung der Stadt Erfurt betrachtet wurde. Dabei sollte es umfangreiche Veränderungen in der Organisation der Verteidigung der gesamten 7. Armee im mitteldeutschen Raum zur Folge haben. Als der OB der 7. Armee Gen.d.Inf. Hans v. Obstfelder an diesem Tag zum Frontbesuch beim K.Kdt. Erfurt, Oberst Otto Merkel in der Zitadelle auf dem Petersberg eintrifft, bestätigt sich ihm erneut die tragische Situation seiner Armee nach dem rasanten Durchbruch der amerikanischen Truppen zur Linie Oberhof – Gotha – Langensalza – Mühlhausen.

Merkel, ein gebürtiger Meininger, der bis zur Ernennung zum K.Kdt. von Erfurt am 24. März 1945 Heeresabnahmeinspizient für große Teile des W.Kr. IX Kassel und damit verantwortlich für die qualitätsgerechte Erfüllung von Rüstungsaufträgen durch die Industrie war, hatte durch die schnell vorrückende Front und den, damit verbundenen, Verlust der Lieferbetriebe und der Abtransportmöglichkeiten für die Rüstungsgüter seinen Aufgabenbereich verloren. Sein Stab war am 6. April 1945 nach Zeulenroda verlegt worden. Und jetzt hatte man diesen *„Verwaltungsoffizier“*, der bis auf Erfahrungen aus dem 1. Weltkrieg über keine taktischen Kenntnisse verfügt, entgegen dem Befehl des OB West, *„nur erfahrene Offizier als K.Kdt. einzusetzen"*, den Posten des befehlshabenden Offiziers für den wichtigen Kampfabschnitt Erfurt übergeben. Den bisherigen Sto.Kdt. und Sto.Ä. Erfurt, Gen.Maj. Kurt Hübner, der ebenfalls nur über begrenzte Erfahrungen aus dem 1. Weltkrieg und den ersten Wochen des Russlandfeldzuges verfügte, hatte man kurz zuvor abgelöst und zum wiederholten Male in die Führerreserve versetzt.[25] Und jetzt soll dieser Mann – Merkel – eines der letzten Bollwerke westlich der Saale halten? Ein Gedanke, der wohl selbst Obstfelder nicht geheuer ist, auch wenn Merkel ausdrücklich Kampfentschlossenheit demonstriert.

Dies hatte Merkel am Vormittag bei einer Besprechung mit dem Regierungspräsident von Erfurt, SS-Brigfü. Dr. Otto Weber, dem kommissarischen Polizeipräsidenten von Erfurt, Ritterkreuzträger Gen.Maj.d.Schp. und SS-Brigfü. Otto Gieseke, dem Landesgruppenführer der Landesgruppe Thüringen des RLB, General-LS-Führer und Gen.Maj. Constantin Rembe, dem OBgm. von Erfurt Kießling, dem NSDAP-Kreisleiter für den Stadtkreis Erfurt und Lkrs. Weißensee, Dr. Franz Theine, dem Reichsbahnpräsidenten, dem Präsidenten des Arbeitsamtes, der Reichspost und weiteren Persönlichkeiten, bei der es um die Koordination der Verteidigungsmaßnahmen ging, demonstriert, indem er massive Einwürfe des OBgm. Kießling, die Stadt zum Schutz der Bevölkerung nicht zu verteidigen, rigoros zurückgewiesen hatte. Und das nicht zum ersten Mal.[26]

Walter Siegfried Kießling, ein überzeugter Nationalsozialist, der während seiner Amtszeit ab 1936 insbesondere durch sein Drängen, die Stadt Erfurt baldmöglichst judenfrei zu machen, in Erscheinung getreten war, war, um so näher das Ende des Krieges heranrückte, zu einem Verfechter einer kampflosen Übergabe der Stadt und somit zum Gegenbart für Merkel geworden.[27] So am 27. März 1945, als Merkel bei einem Treffen mit Kießling, Kreisleiter Theine und Polizeipräsident Gieseke erstmals seinen Willen zur Verteidigung der Stadt verkündet hatte. *„Ich machte die Herren darauf aufmerksam, dass ich dem Eid entsprechend den Befehl, die Stadt Erfurt bis zum Letzten zu halten, um möglichst viel feindliche Kräfte möglichst lange zu fesseln, unter allen Umständen ausführen würde und dass ich ein zweites 1806 für Erfurt verhindern würde."*[28] Während dieses Gesprächs hatte Kießling die Bitte geäußert, Merkel möge doch bei OKH die Genehmigung einholen, Erfurt zur „Offenen Stadt" zu erklären, was dieser kategorisch abgelehnt hatte.[29] Auch der Versuch des stellvertretenden Bgm. Dr. Lothar Kleemann, einem, aus dem Dienst ausgeschiedenen Maj.d.R., im Auftrag des OBgm. nach Ostern Merkel von Militär zu Militär von der Sinnlosigkeit einer Verteidigung zu überzeugen, war gescheitert. Zwei weitere Versuche Kleemanns blieben ebenfalls erfolglos.[30] So auch jetzt. Zum Schluss der Besprechung hatte dann auch noch Gen. Rembe eingegriffen und Kießling zurechtgewiesen.[31]

Angesichts dessen akzeptiert Obstfelder, dem ein unerfahrener, aber scheinbar kampfentschlossener, Offizier in dieser Situation lieber ist, als ein kriegsmüder General, Merkels Pläne zur Verteidigung der Stadt und bestärkt ihn in seiner Haltung. Gleichzeitig erteilt er jedoch umfassende Befehle zur Neuordnung der Befehlsgewalt, die den Bereich der Korps.Gr. Uckermann betreffen und in den nächsten Tagen zum Tragen kommen sollen. Sie sollen zumindest teilweise die vorhandenen Defizite ausgleichen. Dazu gehört die Unterstellung aller Kräfte der Korps.Gr. Uckermann unter den Stab des zuzuführenden XC. AK und die Unterstellung der Div. z.b.V. 469 unter Gen. Theilacker sowie deren Aufstockung durch die Unterstellung von Teilen des Pz.Vbd. Feller zur Führung des Kampfes westlich des Abschnittes des K.Kdt. Erfurt. Die, mit der Auflösung der Korps.Gr. Uckermann, entfallende Funktion als „Befh. Thüringen" soll die, am nächsten Tag erfolgende, Aktivierung des Gen.Obst.a.D. Hoth als „Befh. Thüringen Ost" zur Führung des neu zu bildenden „Festen Platzes Thüringen Ost" und die Unterstellung der stützpunktartigen Verteidigung entlang der Saale von nordöstlich Weißenfels bis zur thüringisch-fränkischen Landesgrenze unter dessen Kommando ausgleichen.

Gen.d.Inf. v. Obstfelder
Ausschnitt aus dem Foto: Bei Hendaye, Rommel, v. Obstfelder in Frankreich, Bundesarchiv, Bild 101I-263-1595-32 / Baumann / CC-BY-SA 3.0

Die Idee der Einrichtung „Fester Plätze" hatte Hitler persönlich entwickelt, um den ungebremsten Vormarsch der sowjetischen Truppen im Osten aufzuhalten. Am 8. März 1944 hatte er erklärt: *„Die ‚festen Plätze' sollen die gleichen Aufgaben wie die früheren Festungen erfüllen. Sie haben zu verhindern, dass der Feind diese operativ entscheidenden Plätze in Besitz nimmt. Sie haben sich einschließen zu lassen und dadurch möglichst starke Feindkräfte zu binden. Sie haben dadurch mit die Voraussetzung für erfolgreiche Gegenoperationen zu schaffen."* Sie waren direkt den OB der H.Gr. unterstellt, die sie zur besseren Führung den Armeen unterstellen durften. Sie durften jedoch nur auf Befehl des OB des H.Gr. und mit Zustimmung des OKW und Hitlers persönlich aufgegeben werden. Kommandant eines solchen Platzes sollte ein General sein, *„ein besonders ausgesuchter, harter Soldat"*, dessen Aufgabe darin bestand *„den Ortsstützpunkt mit allen Mitteln zäh zu verteidigen und dadurch die Voraussetzungen für erfolgreiche Weiterführung des Kampfes in seinem Frontabschnitt zu schaffen."* Ergänzend lautet es: *„Der Kommandant des festen Platzes haftet mit seiner Soldatenehre für die Erfüllung seiner Aufgaben bis zum letzten."* Doch das, was sich wirklich dahinter verbarg, beschreibt am besten diese Einschätzung: *„Kristallisationspunkt der*

Feldherrnkunst war die Verteidigung einiger fester Plätze – in der Regel Ortschaften oder Städte – mit unzureichenden, weil zufällig anwesenden Truppen, sowie ortsansässigen Polizei- und HJ-Einheiten."[32]

Interessant ist in diesem Zusammenhang die Diskussion in der Geschichtsschreibung der Stadt Erfurt, ob es sich auch im Fall Erfurt überhaupt um einen „Festen Platz" gehandelt hat. Betrachtet man die vorhandenen Unterlagen des OKW und der anderen Wehrmachtsinstitutionen im Bestand des Bundesarchivs, Bestand RH 30 „Befehlshaber und Kommandanten Fester Plätze", so finden sich dort für Thüringen nur die „Festen Plätze Eichsfelder Pforte", „Nordhausen" und „Thüringen Ost". Allerdings sind die meisten bekannten Städte Deutschlands, die nachweislich als „Feste Plätze" verteidigt wurden, ebenfalls nicht auf dieser Liste zu finden. Die Ursache liegt hierbei jedoch alleine darin, das nach März 1944 keine Liste der Festen Plätze geführt wurde. Aus den Dokumenten des OKW/OKH ergibt sich jedoch, dass der Einsatz von K.Kdt. in der Regel im Zusammenhang mit der Verteidigung von „Festen Plätzen" stand. So fordert GFM Wilhelm Keitel als Chef des OKW im Februar 1944: *„Kampfkommandanten haben die Plätze bis zum letzten Mann zu halten. Begriffe wie Kapitulation, Einstellen des Widerstandes... gibt es für sie nicht"*.[33] Manfred Messerschmidt, einer der deutschen Militärhistoriker überhaupt, spricht so in seinem Buch „Die Wehrmachtsjustiz 1933–1945" nicht für umsonst im Fall Gadolla vom *„Kommandanten des Festen Platzes Gotha"*.[34]

Auch der Befehl zur Einsetzung von K.Kdt. für die Städte Jena und Apolda, die bisher nicht zur Verteidigung vorgesehen waren, muss im Zusammenhang mit dem Maßnahmenpaket Obstfelders gesehen werden. Die meisten dieser Maßnahmen können jedoch nur teilweise oder mit Einschränkungen umgesetzt werden, worauf im einzelnen noch eingegangen wird.

Geheime Tagesberichte der Deutschen Wehrmachtsführung vom 8. April 1945:

H.Gr. G, 7. Armee, LXXXV. AK: *Aus dem Raum Langensalza – Gotha keine neuen Meldungen. Von Norden ist der Gegner erneut in Ohrdruf eingedrungen.*

Bis zum **Sonntag,** dem **8. April 1945**, schließen die Verbände der 1st US Army weiter langsam an der Nordflanke der 3rd US Army auf. Das V. US Corps beendet die Weser-Überquerung und besetzt Göttingen, das zur „offenen Stadt" erklärt wurde. Die 69th US InfDiv überschreitet die niedersächsisch-thüringische Grenze und steht jetzt im thüringischen Eichsfeld. Die 9th US AD folgt den beiden Infanteriedivisionen, um später durch deren Linien zu gehen und den Angriff anzuführen. Südlich der 1st US Army wartet General Patton sehnsüchtig auf diesen Moment, damit er seinen Angriff nach Osten wieder aufnehmen darf. Doch noch ist es nicht so weit.

Das XX. Corps der 3rd US Army hält weiter im Raum Mühlhausen und setzt im Rücken der Front die Räumung der Region nördlich und nordöstlich von Eschwege fort. Die 6th US AD hält ihre Front von Langensalza im Süden, über Schlotheim bis nach Keula, sowie im Westen einschließlich Dingelstädt und unterstellt ihr CCR befehlsgemäß der 76th US InfDiv. Die 80th US InfDiv, deren Leitspruch *„Only moves forward"*[35] ist, beginnt aus dem Raum Gotha mit dem Vordrücken der Frontlinie nach Osten in Richtung Erfurt und am späten Nachmittag übernehmen die 76th und 80th US InfDiv die Front des XX. US Corps bei Langensalza.

Die 6th US AD setzt auf Grund der anhaltenden Feindaktivitäten vor seiner Front die Patrouillentätigkeit im Raum Schlotheim fort. Das CT 15 des CCA wird durch das RCT 304 der 76th US InfDiv entlastet und versammelt sich nahe Merxleben. Das CT 9, das im Raum Henningsleben verbleibt, stellt den Kontakt zum RCT 317 der 80th US InfDiv in Ballstädt her. Nach der Ablösung versammelt sich das CCA im Raum Langensalza. Das CCR, das an diesem Tag als einziges der Combat Commands einen Offensivauftrag hat, setzt im Zusammenwirken mit dem RCT 385 der 76th US InfDiv die Bekämpfung deutscher Gruppierungen im Rücken des Corps fort und wird zur besseren Führung der 76th US InfDiv unterstellt. Die 76th US InfDiv setzt mit dem RCT 385 den Auftrag zur Säuberung des Gebietes nordöstlich von Eschwege fort und erhält zur Unterstützung im Tagesverlauf das CCR der 6th US AD unterstellt. Das am weitesten ostwärts stehende Regiment der 76th US InfDiv, das RCT 304, dass seinen Abschnitt aus dem Raum Langensalza heraus nach Nordwesten erweitert, besetzt anschließend an das CCB der 6th US AD Verteidigungsstellungen entlang der Phasenlinie „B" des XX. US Corps von Kirchheiligen über Tonna bis Ballstädt und löst dort Teile des CCA der 6th US AD und des 259th und 260th InfRgt der 65th US InfDiv ab. Das 2./304 besetzt Bothenheiligen, Neunheiligen, Kirchheiligen, Großwelsbach und Klettstedt. Die Co. E geht nach Großwelsbach und die Co. F bezieht Stellung in Kirchheiligen. Die Co. G marschiert nach Merxleben, wo ihr 3rd Plat. Quartier bezieht. Der 2nd Plat. geht nach Sundhausen und der 1st Plat. nach Klettstedt. Das 1./304 besetzt die Linie Klettstedt – Gräfentonna und patrouilliert entlang der Front. Die Co. A steht in Nägelstedt, wohin die Co. C und der Regtl.CP folgen und die Co. B bezieht einen Außenposten in Gräfentonna. Patrouillen erreichen am Morgen Groß- und Kleinvargula.[36] Bei Burgtonna stellen Patrouillen den Kontakt zur 80th US InfDiv her. Das 3./304 kehrt von der Unterstellung unter die 6th US AD zurück, verbleibt aber vorläufig in Stellungen bei Dingelstädt. Die Co. I sichert in Kefferhausen die Versorgungslinien der 6th US AD und die Co. M befindet sich in Dingelstädt. Teile des Regiments mit der AT Co. 304 und der Cn Co. 304 lösen das 2./259 in Langensalza ab und übernehmen die Bewachung der Lagerhäuser und Lazarette in Langensalza. Die 3rd CavGp übernimmt die Sicherung der Werra-Linie im Abschnitt Bad Sooden und erhält den Befehl, am nächsten Tag einen verbliebenen deutschen Kessel in diesem Abschnitt zu beseitigen.

Bei der 80th US InfDiv beginnt nach der Übernahme der Verantwortung für das Stadtgebiet von Gotha auch die Ablösung der 4th US AD entlang der Frontlinie nach Osten. Während sich beim RCT 317das unterstellte 313th FA Bn von Maj. James P. Strauss am Vormittag dem Einschießen auf die vordere Feuerlinie von südöstlich Tröchtelborn über nordöstlich Zimmernsupra bis südöstlich Pferdingsleben widmet, setzen die Bataillone im Rahmen der Übernahme der vorderen Stellungen die Patrouillentätigkeit fort. Das 3./317, das sich mit der Co. I und der eintreffenden Co. L im Nordostteil von Gotha versammelt hat, sendet im Verlauf des Vormittags Patrouillen nach Friemar, Tröchtelborn und Pferdingsleben. Dabei nähert sich eine Patrouille des 3./317 in Begleitung von Vorgeschobenen Beobachtern des 313th FA gegen Mittag Tröchtelborn, das am Vortag feindfrei gemeldet wurde. Dort berichten ihnen Einwohner, das zehn SS-Männer um 11.00 Uhr (B) im Ort erschienen wären und den Bürgermeister nach Nordosten, nach Bienstädt, verschleppt hätten.[37] Interessant ist, das eine ähnliche Meldung um 15.55 Uhr (B) von einem gleichen Vorfall in Eschenbergen berichtet. Hier soll eine fünfköpfige deutsche Patrouille am Morgen aus den Wäldern der Fahnerschen Höhe ins Dorf gekommen sein, um den Bürgermeister zu töten. Anschließend wären sie dorthin zurückgekehrt.[38] Zumindest im Fall Eschenbergen ist klar, dass daran jedoch nichts ist. Möglicherweise wurden diese Gerüchte von den Deutschen bewusst in den Dörfern entlang der Frontlinie gestreut, um so Angst zu erzeugen und die Menschen vor dem Heraushängen von weißen Fahnen abzuhalten. Nicht auszuschließen ist auch ein Zusammenhang mit einem Vorfall an der Bienstädter Warte, der an späterer Stelle geschildert wird. Dann geht die Patrouille weiter nach Zimmernsupra und gerät dabei fast unter eigenen Artilleriebeschuss, deren Granaten in Ortsnähe einschlagen. Angesichts der Warnungen vor eingegrabener SS westlich des Ortes ist äußerste Vorsicht geboten, doch nichts geschieht. Um 15.05 Uhr (B) melden die Artilleristen, das sie am Ortsrand freudig von Einwohnern empfangen wurden, die sie zu einem deutschen Verbandsplatz führten, wo sie sechs Tote und 14 Verwundete fanden, die man mit einem Sanitätsunteroffizier zurückgelassen hatte. Dann verlassen sie Zimmernsupra wieder. Eine andere Patrouille meldet um 13.43 Uhr (B) Pferdingsleben feindfrei. Eine deutsche 5-Mann-Patrouille, die in der Nacht im Ort war, war am Morgen wieder abgezogen.[39] Um 16.50 Uhr (B) erhält das 3./317 den Befehl, die Co. I mit zwei Platoon nach Friemar und einem Platoon nach Pferdingsleben zu senden Um 22.00 Uhr (B) hat das 3./317 die befohlenen Positionen eingenommen, lediglich die Co. K befindet sich noch immer auf dem Marsch nach Gotha.

Während das 1./317 in der Regtl.Res. verbleibt, sendet das 2./317 Patrouillen nach Nordosten aus, die gemeinsam mit den Aufklärern des I&R Plat. 317 auf deutsche Truppen stoßen und sich zurückziehen. Um 15.45 Uhr (B) bezieht der I&R Plat. in Friemar einen Beobachtungspunkt. Um 16.30 Uhr (B) erhält das 2./317 den Befehl, die 4th US AD mit einer Kompanie in Molschleben abzulösen und einen Platoon der Kompanie nach Tröchtelborn zu entsenden. Doch Panzer stehen nicht zur Verfügung. Bis 17.00 Uhr (B) übernimmt die Co. F, 2./317 von Capt. Thomas Madlock Molschleben und Tröchtelborn. Die Co. E, 2/317 geht nach Ballstädt und löst dort den 1st Plat. 80th Rcn Tp. ab, der den Kontakt zur 76th US InfDiv bei Burgtonna und Ballstädt hergestellt hat. Bis 22.00 Uhr (B) erreicht auch die Co. G Molschleben.

Nachdem sich bis zum Abend auf dem Regtl.CP 317 in Remstädt die Meldungen über Feindaktivitäten im Bereich der Fahnerschen Höhe und Bienstädt, vermehren, wird für den nächsten Tag ein Vorstoß in diesen Bereich geplant, um einem feindlichen Gegenstoß aus dieser Richtung entgegen zu wirken. Die Aufklärer und Patrouillen hatten Gewehr- und MG-Feuer bei Gierstädt und Bienstädt und in Gierstädt zwei Kompanien Infanterie gemeldet. Bei Großfahner wurden zwei weitere Kompanien Infanterie und eine berittene Einheit gemeldet. Außerdem war Aufklärung auf eine MG-Stellung und Panzerfaustfeuer getroffen. Bei Eschenbergen, das am Vormittag des Vortages durch die 25th CavRcnSq der 4th US AD besetzt wurde, wobei 52 Gefangene gemacht wurden und ein deutscher Soldat ums Leben kam[40], treffen sie auf eine 15köpfige Patrouille, die zurückgeschlagen wird. Zwei Mann werden gefangengenommen. Nördlich von Molschleben war außerdem mindestens ein Panzer und 15 Mann Infanterie gemeldet worden.[41] Die Co. A, 702nd Tk Bn, die dem RCT 317 unterstellt ist, trifft an diesem Tag in Warza ein und entsendet einen Platoon zur Unterstützung der Infanteristen nach Westhausen. Während des Tages stürzt ein deutsches Jagdflugzeug nach einem Luftkampf mit amerikanischen Jägern im Regimentsabschnitt ab.

Das RCT 318 schließt um 09.45 Uhr (B) die vollständige Ablösung der 4th US AD und des CT-5 der 89th US InfDiv in seinem Abschnitt ab und erweitert die vorgeschobene Sicherungslinie, nachdem G-2 Meldungen vom Vortag verstärkte deutsche Truppenbewegungen mit Panzern im Raum Apfelstädt – Neudietendorf – Kornhochheim gemeldet hatten. Auch östlich von Gotha werden deutsche Truppenbewegungen gemeldet, so bei Tüttleben, wo eine deutsche Patrouille gemeldet wird, und bei Kleinrettbach.[42] Das 1./318 sendet um 13.35 Uhr (B) die Co. C, 1./318 zu Fuß von Wechmar zum Röhnberg zwischen Wandersleben und Mühlberg, von wo aus die Autobahn überschaut werden kann. Dort und auf der nahe gelegenen Burg Gleichen bezieht die Kompanie gegen 16.30 Uhr (B) einen vorgeschobenen Posten und errichtet eine Sperre auf der Brücke der RAB Gotha – Erfurt über die Straße Wandersleben – Mühlberg. Sie ahnen nicht, dass im benachbarten Wandersleben eine Gruppe von SS-Angehörigen in der Nacht am Westrand des Ortes einen Beobachtungsposten bezogen hat, nachdem sie zuvor alle Einwohner unter Androhung von Waffengewalt aufgefordert hatten, die bereits gehissten weißen Fahnen wieder einzuziehen.[43] Als diese Meldung, die von einem Zivilisten überbracht wird, um 14.25 Uhr (B) das Div.HQ erreicht, ist die Kompanie schon auf dem Weg. Doch es kommt zu keinem Zusammentreffen. Die anderen Teile des Bataillons setzen die Patrouillentätigkeit im Raum Wechmar fort und sichern den Ort nach Osten und

Nordosten. Das 2./318 sendet die Co. F und G von Seebergen nach Tüttleben, die dort Sicherungsposten an der R 7 Gotha – Erfurt beziehen. Das 3./318 verbleibt in der Regtl.Res. in Siebleben, wo sich auch das unterstellte 314th FA Bn befindet.

Am Nachmittag erkennen Beobachter sechs deutsche Sturmgeschütze, die sich aus Richtung Neudietendorf – Apfelstädt Wandersleben nähern.[44] Sofort eröffnet die Artillerie das Feuer und zerstört vier Sturmgeschütze, die anderen ziehen sich nach Neudietendorf zurück und suchen unter einer Eisenbahnbrücke Schutz.[45] Welchen Auftrag die Sturmgeschütze, die in der vorangegangenen Nacht nach Neudietendorf gekommen waren, hatten, ins unklar. Möglicherweise sollten sie zum Röhnberg vorstoßen, um von dort die RAB zu sperren. Das würde auch das Auftauchen der SS in Wandersleben erklären. Sehr wahrscheinlich steht ihr plötzliches Auftauchen auch im Zusammenhang mit der Meldungen über sieben Panzer, die gegen 01.00 Uhr (B) bei Bischleben gesichtet wurden.[46] Um 16.00 Uhr (B) meldet die Luftaufklärung der DivArty zwei weitere Panzer in Ingersleben, die mit großer Wahrscheinlichkeit zu den fünf Panzern vom Vortag gehören, und ebenfalls unter Beschuss genommen werden.[47] Damit zeichnet sich die akute Gefahr eines deutschen Gegenangriffs ab. Daraufhin wird der Raum Neudietendorf bis in die Nacht unter massiven Artilleriebeschuss genommen, wobei auch zwei Granaten das Dach des Kirchsaals der Herrnhuter Brüdergemeine treffen.

Kirchsaal der Herrnhuter Brüdergemeine Neudietendorf Foto: J. Möller, 2016

Doch nur eine explodiert, die zweite Granate bleibt als Blindgänger stecken.[48] Insgesamt 80 Häuser und Gebäude werden zerstört oder beschädigt.[49] In Ingersleben fordert der nächtliche Beschuss acht zivile Opfer, darunter drei Kinder. Der Kirchturm erhält einen Volltreffer und an mehreren Gebäuden kommt es zu Schäden.[50]

Zusätzlich gehen als Sicherung gegen mögliche deutsche Panzerangriffe bis 21.00 Uhr (B) drei Panzerjäger der Co. B, 811th TD Bn von Capt. France B. McConkie an der Straße Wechmar – Günthersleben im Bereich der Apfelstädtaue, an der Südostecke des Seebergs und westlich von Mühlberg, an der Gothaer Straße, in Stellung. Über Funk sind sie verbunden mit einem Platoon Werfer der Co. B, 81st Cml Mort Bn, die auf Anforderung Sperrfeuer schießen sollen. Um 23.20 Uhr (B) meldet sich ein Offizier des 633rd AAA AW Bn beim Regtl.CP, der auf einer Erkundungsfahrt mit seinem Jeep gegen 16.30 Uhr (B) versehentlich nach Arnstadt hineingefahren war. Doch war er weder deutschen Truppen begegnet, noch hatte er irgendwelche Verteidigungsmaßnahmen erkannt. Unbehelligt hatte er die Stadt wieder verlassen. Sofort wird diese Meldung an das Corps weitergegeben, um die 89th US InfDiv zu informieren, in deren Abschnitt die Stadt liegt.

Das RCT 319, das mit den letzten Teilen bis zum Morgen in Gotha eingetroffen ist, übernimmt jetzt die Sicherung des Stadtgebietes von Gotha und geht mit dem 1./319 in den Nordteil der Stadt, dem 2./319 in den Westteil, dem 3./319 in den Südteil und dem 905th FA Bn in den Ostteil. Um 09.25 Uhr (B) ist das 355th InfRgt abgelöst und bis 14.00 Uhr (B) erfolgt die Ablösung der letzen Einheiten der 4th US AD im West- und Südteil der Stadt. Die Bewachung des Kriegsgefangenensammellagers Gotha wird jedoch kurz darauf wieder von der 4th US AD übernommen.

Eine Section der Co. C, 811th TD Bn von Capt. David G. Collins, die dem RCT 319 untersteht, wird an den 80th Rcn Tp. abgegeben, der am Morgen Patrouillen in Platoon-Stärke in Begleitung von zwei Panzerjägern nach Burgtonna und Ballstädt entsendet, um den Kontakt zur 76th US InfDiv herzustellen. Der 1st Plat. fährt über Aschara nach Ballstädt, das um 09.20 Uhr (B) erreicht wird. Dort hatte bereits am 4. April 1945 der Einheimische Otto Margraf und die Frau des Pfarrers der St. Petri-Kirche, Eisele, die weiße Fahne auf dem Kirchturm gehisst.[51] Der 2nd Plat. geht nach Burgtonna, wo er um 09.50 Uhr (B) den Kontakt zum 1./304 herstellt. Nach seiner Ablösung durch das 2./317 in Ballstädt geht der 1st Plat. nach Eschenbergen, das bis 15.55 Uhr (B) gesäubert wird. Dort werden später acht durch Beschuss und Kampfhandlungen gefallene Deutsche registriert.[52] Eine Gruppe führt die Aufklärung von Eschenbergen aus nach Norden Richtung Fahnersche Höhe. Dabei erreichen sie den Luftwaffen-Bombenabwurf- und Schießplatz auf dem sogenannten Flurstück „Koppel“, der zwischen 1936 und 1945 als Zielgelände für die Ausbildung von Piloten und Bordschützen der Luftwaffe genutzt wurde.[53] Der 2nd Plat. setzt seine Aufklärung entlang des Nordrandes der Fahnerschen Höhe mit dem Ziel fort, die Straße

Großfahner – Gierstädt zu sichern. Der 3rd Plat. der Aufklärer stellt bis 18.40 Uhr (B) ebenfalls den Kontakt zur 76th US InfDiv her.

Nur vereinzelt treffen die Aufklärer auf fliehende deutsche Soldaten. Auch der Volkssturm lässt sich nicht sehen. Dabei hatte der NSDAP-Kreisleiter von Gotha, Wilhelm Busch, in seiner Funktion als Volkssturmführer für den Kreis, den VS-Bataillonsführer Alfred Lütz aus Großfahner befohlen, eine *„Kampflinie mit Schützengräben"* vom Steinbruch Burgtonna über die Fahnersche Höhe – Weiße Hütte – Fixe Idee – Abtsberg bis zur Bienstädter Warthe über die „Schafwäsche" im Imtal zu errichten. Den Bataillonsgefechtsstand hatte man in einer Scheune in Großfahner eingerichtet. Verstärkung sollten sie durch Hitlerjungen aus Gotha erhalten. Doch diese trafen nie ein und auch sonst dachte kaum einer der Volkssturmmänner daran, sich auf einen sinnlosen Kampf mit den Amerikanern einzulassen.[54] Dabei hatte Himmler bei der Aufstellung des Volkssturms vor den Kommandierenden der Wehrkreise erklärt: *„Wenn irgendwo der Feind einbrechen sollte, wird er auf ein so fanatisches, verrückt bis zum letzten kämpfendes Volk stoßen, dass er ganz bestimmt nicht durchkommt."*[55] Als am nächsten Tag Melder vom Bataillonsgefechtsstand zu dem Stützpunkt des Burgtonnaer Zuges im Steinbruch Burgtonna und zum Stützpunkt des Zuges aus Klein-/Großfahner an der Bienstädter Warthe gesandt werden, um die letzte Meldung *„Gefechtsstand wird die US-Armee in wenigen Minuten einnehmen, wir ergeben uns!"* zu übermitteln, hatten sich diese längst aufgelöst.[56] Am späten Abend kommt es im Abschnitt der Aufklärer doch noch zu einem Vorfall. Eigene Artillerie, die die weit nördlich operierenden Aufklärer für deutsche Truppen hält, eröffnet das Sperrfeuer. Zum Glück führt das gefürchtete *„friendly fire"*[57] zu keinen Verlusten.

Das 315th FA Bn verlegt von Remstädt nach Gotha, wo es bis zum 10. April 1945 verbleibt. Der Bn.CP des 633rd AAA AW Bn bezieht gegen 11.00 Uhr (B) sein Quartier in Gotha in der Bürgeraue. Das 206th Engr C Bn der 1139th Engr Gp wird dem 305th Engr C Bn von Maj. Robert M. Rawls unterstellt, um dies bei der Fortsetzung des Angriffs beim Bau von Brücken zu unterstützen. Ihre drei Bailey-Brücken werden später von großer Bedeutung sein, um die Lücken über die Autobahn zu überbrücken. Beim 811th TD Bn von Lt.Col. Albert R. Brownfield zerstört der Pionier Plat. der Rcn Co. während des Tages östlich von Bollerode im Hainich erbeutete deutsche Waffen, darunter *„23 SFL mit 5,7cm Kanone, zwei 5,7cm Geschütztürme und zwei gepanzerte Fahrzeuge mit 2cm"*.[58] Die Co. A ist beim RCT 317 in Warza, die Co. B beim RCT 318 in Siebleben und die Co. C mit der Rcn Co. beim RCT 319 in Gotha. Die Co. 603rd TD Bn, die als Ersatz für die stark geschwächte Co. B, 811th TD Bn unterstellt worden war, geht zur 6th US AD.

Die 4th US AD des VIII. US Corps, die dem XX. US Corps unterstellt werden soll, wird bis 14.00 Uhr (B) durch die 80th und 89th US InfDiv abgelöst und die Einheiten versammeln sich. Das CCB versammelt sich in Günthersleben. Die 87th und 89th US

InfDiv des VIII. US Corps setzen während des Tages die Säuberung des Thüringer Waldes fort. Das CT-5 der 89th US InfDiv setzt die Abschirmung der Front der Division von Ohrdruf südwärts bis Wölfis fort. Das 1./355 besetzt Stellungen nördlich von Ohrdruf. Das 2./355, das hart südlich von Ohrdruf steht, erhält am Morgen den Befehl, Wölfis, Crawinkel und Gräfenhain zu nehmen. Das 2./355 sendet die Co. E und G südostwärts durch Wölfis und greift Crawinkel an. Bis zum Abend ist der Ort teilweise besetzt, aber anhaltender Widerstand zwingt zum Rückzug nach Wölfis. Die Co. F rückt auf Gräfenhain vor. Das 3./355 wird dem 354th InfRgt unterstellt und geht nach Schönau. Die 65th US InfDiv, deren Zone auf der linken Corpsflanke vom XX. US Corps gedeckt wird, geht südwestlich von Eisenach in die Corps.Res. Die 6th CavGp, die ebenfalls in die Corps.Res. geht, beginnt mit der Verlegung in einen Versammlungsraum bei Thal – Seebach im Thüringer Wald. Der Tp. A, 28th CavRcnSq beendet seine administrative Aufgabe in Eisenach. Das XII. US Corps hat die Räumung seiner Haltelinie für den Angriff auf Coburg beendet, während sich andere Teile des Corps auf den weiteren Angriff durch den südlichen Thüringer Wald nach Osten vorbereiten.

Auf deutscher Seite kommt es im Abschnitt des LXXXV. AK der 7. Armee im Thüringer Wald zu verzweifelten Kämpfen zur Verhinderung der Einkesselung. Die Reste der 159. InfDiv werden westlich des Inselsbergs aufgerieben. Ein Gegenangriff der 347. InfDiv zur Rückeroberung von Friedrichroda scheitert. Die 11. PzDiv, die während des Tages weiter die Zugänge in den Thüringer Wald südlich von Ohrdruf sperrt, wird gezwungen, die fast eingeschlossenen Teile der Division westlich der Straße Ohrdruf – Oberhof in der Nacht zum 9. April 1945 nach Osten zurückzuziehen. Noch einmal gelingt der Division der Aufbau einer Sicherungslinie auf der Ostkuppe des Thüringer Waldes unter Herstellung des Kontaktes zum Stellv. XII. AK. Im Raum nördlich von Erfurt führt der Pz.Vbd. Feller der Korps.Gr. Uckermann nach dem Eintreffen im Raum Bad Tennstedt Aufklärungsvorstöße entlang der Nordflanke zur 11. Armee, um den Kontakt zum LXVII. AK herzustellen. Doch an Stelle eigener, treffen seine Stoßtrupps nur auf amerikanische Truppen.

Uckermann, der den Großteil seiner Div. z.b.V. 469 an der Werra verloren hatte, hatte sich angesichts der starken amerikanischen Gruppierung im Raum Mühlhausen – Langensalza – Gotha und des Befehls der 7. Armee und der H.Gr. G zur Herstellung des Kontaktes zur 11. Armee gezwungen gesehen, seine Kräfte umzugruppieren. Hierzu hatte er Feller, der gemäß der „Heeresgliederung K.Gr. PzDiv 1945“ in leicht abgewandelter Form über ein Pz.Gren.Rgt. und ein gemischtes Pz.Rgt., hier als gepanzerten Verband bezeichnet, aus älteren Typen von Fahrschulpanzern und eine Anzahl von Jagdpanzern 38 (t) „Hetzer“[59] verfügt und dessen ursprünglicher Auftrag die weitgefächerte Verteidigung von Erfurt war, von diesem Auftrag entbunden und ihm befohlen, mit seinem Pz.Vbd., der zum Großteil bereits nördlich von Erfurt stand, die Front nördlich der Stadt bis zur Armeegrenze zu übernehmen.[60] Die Front westlich der Stadt sollen die Reste der Div. z.b.V. 469 im Anschluss an die Truppen des K.Kdt. Erfurt halten. Dessen schwache Truppen verstärkt Uckermann, indem er dem SS-Kraftf.Ausb.u.Ers.Rgt., das zu diesem Zeitpunkt praktisch nur noch aus der SS-Kraftf.Ausb.u.Ers.Abt. 3 besteht, den Befehl erteilt, ein Alarm.Btl. mit drei Marsch.Kp.[61] zum K.Kdt. Erfurt in Marsch zu setzen. Ein gekonnter Schachzug, der so das ständige Gerangel zwischen Feller und dem K.Kdt. Erfurt, Oberst Merkel, um Personal und Material zur Aufstellung und Auffüllung der eigenen Einheiten beendet. In der Nacht vom 5./6. April 1945 war das Alarm.Btl. unter Führung des letzten Rgt.Kdr. SS-Stubaf. Westmann[62] aus Bad Tennstedt abgerückt. Damit endet die Geschichte des SS-Kraftf.Ausb.u.Ers.Rgt. Die wenigen, zurückgebliebenen Reste der SS-Kraftf.Ausb.u.Ers.Abt. 3 ziehen sich am 8. April 1945 unter Führung von SS-Hstuf. Schubert aus Bad Tennstedt Richtung Straußfurt – Sömmerda zurück.[63]

Bombardierung des Gustloff-Werk II
Foto: National Archives, 342-FH-3A22601-54835AC (fold.3.com)

Das Regiment, dessen Standort die SS-Kasernen der SS-Totenkopfstandarte „Thüringen“ auf dem Ettersberg bei Weimar sind, hatte im Februar/März 1945 unter Führung von SS-Ostubaf. Emil Schäffer[64] die 1938 erbauten Kasernen verlassen, nachdem am 9. Februar 1945 ein amerikanischer Großluftangriff der 8th USAAF die Gauhauptstadt Weimar getroffen hatte und Mitteldeutschland auch in den Fokus der taktischen Bomberverbände der 9th USAAF gerät. Hatte doch bereits ein Luftangriff der 8th USAAF am 24. August 1944 auf das, in unmittelbarer Nähe zum KZ Buchenwald und den dortigen SS-Kasernen auf dem Ettersberg liegende, Gustloff-Werk II erhebliche Opfer auch unter der SS geführt. So fühlte sich das FüHA der Waffen-SS dazu veranlasst, die Ersatz- und Ausbildungseinheiten des SS-Ausbildungslagers und der SS-Kraftf.Schule Weimar-Buchenwald mit dem SS-Kraftf.Ausb.u.Ers.Rgt. Weimar-Buchenwald[65] in den Städten und Dörfern im weiteren Umkreis von Erfurt zu dislozieren, wo sie kein leichtes Ziel für die alliierte Luftwaffe werden konnten. Auf diesem Weg kamen die Einheiten u.a. nach Straußfurt, Langensalza, Nägelstedt und Thamsbrück. Der Stab des Regiments hatte in Bad Tennstedt Quartier bezogen.

In der Folgezeit erfolgen aus dem Bestand des Regiments immer wieder Abgaben an die Kampfverbände der Waffen-SS, so u.a. zur Auffüllung der 18. SS-Frw.-PzGrenDiv. „Horst Wessel", deren Pz.Gren.Rgt. 40 ursprünglich als Totenkopf-Standarte 10 Weimar-Buchenwald aufgestellt worden war.[66] Mit dem „Leuthen-Aufruf" wurde dann Ende März 1945 das Regiment mit dem Ziel mobilgemacht, aus seinem Bestand drei Abteilungen[67] aufzustellen:

- SS-Kraftf.Ausb.u.Ers.Abt. Stadtroda[68]
- SS-Kraftf.Ausb.u.Ers.Abt. 2 Weimar-Buchenwald
- SS-Kraftf.Ausb.u.Ers.Abt. 3 Bad Tennstedt.[69]

Hierfür erfolgte Ende März 1945 u.a. die Zuführung von zwei Kompanien der SS-Kraftf.Ausb.u.Ers.Abt. 1 Bernau.[70] Hinzu kamen Lehrgangsteilnehmer und Genesende anderer Ersatz- und Ausbildungseinheiten der Waffen-SS sowie nicht mehr benötigtes Personal aus den Ämtern der Waffen-SS.[71] Dies alles erklärt, warum die Feindunterlagen der amerikanischen Truppen vom Eintreffen von 400 Mann des SS-Pz.Gren.Rgt. 3 „Deutschland" der 2. SS-PzDiv „Das Reich" am 5. April 1945 in Bad Tennstedt sprechen und die 18. SS-Frw.-PzGrenDiv. „Horst Wessel" am 6. April 1945 im Abschnitt der 6th US AD gemeldet wird, obwohl diese Verbände an anderen Frontabschnitten im Kampfeinsatz stehen.[72]

Doch tatsächlich kam es auf Grund der geringen Zeitspanne von sechs bis sieben Tagen zwischen dem Mobilmachungsbefehl und dem Eintreffen der ersten amerikanischen Truppen anscheinend nur zur Aufstellung eines Kampfverbandes – der SS-Kraftf.Ausb.u.Ers.Abt. 3 Bad Tennstedt unter SS-Stubaf. Westmann[73]. Eine, als 4. Kp. bezeichnete, Kompanie in Gernewitz bei Stadtroda und die, in Stadtroda, befindliche 3. SS-Köhler-Kp. der „SS-Kraftf.Ausb.u.Ers.Abt. Weimar", die möglicherweise den Kern für die neue SS-Kraftf.Ausb.u.Ers.Abt. Stadtroda bilden sollten, dürften kaum für die Aufstellung gereicht haben. Auch für die SS-Kraftf.Ausb.u.Ers.Abt. 2 Weimar-Buchenwald, die mutmaßlich aus dem verbliebenen Bestand des Lagers Weimar aufgestellt werden sollte, dürfte nicht ausreichend Personal zur Verfügung gestanden haben. Allerdings finden sich später im Gegensatz zur SS-Kraftf.Ausb.u.Ers.Abt. Stadtroda Angehörige dieser Abteilung auf den Suchlisten des DRK in der ČSR, was zumindest auf eine teilweise Aufstellung hinweist.[74] Das SS-Kraftf.Ausb.u.Ers.Rgt., das während der Aufstellung noch dem Stellv. Ob.d.E. und Chef des Ersatzheeres, SS-Ogruf. Hans Jüttner direkt unterstand, war dann dem „K.Kdt. Thüringen", Gen. v. Uckermann zugeteilt worden, der sofort einzelne K.Gr. zur Verstärkung der Werra-Verteidigung zum Einsatz brachte.[75]

Auf dem Gefechtsstand der Div. z.b.V. 469 in Süßenborn bei Weimar, der Uckermann als Fü.Stab für seine Korps.Gr. dient, trifft wahrscheinlich als Resultat des Besuchs des OB der 7. Armee, Gen.d.Inf. v. Obstfelder beim K.Kdt. Erfurt, Oberst Merkel am Vortag Gen.Maj. Eugen Theilacker ein, der zuvor den Div.Kdr. der Div.Nr. 413, Gen.Lt. Siegmund Frhr. v. Schacky auf Schönfeld, des Stellv. XII. AK vertreten hatte. Theilacker soll alle im Raum westlich von Erfurt stehenden Truppen zu einem Div.Vbd. [76] zusammenfassen und die Verteidigung des Vorfeldes der Stadt übernehmen. Nur der Abschnitt des K.Kdt. Erfurt soll weiterhin eigenständig bleiben. Noch am selben Tag hatte er sich nach Erfurt begeben.[77]

Dort laufen auf Befehl des K.Kdt. die Verteidigungsvorbereitungen auf Hochtouren. Merkel will die ehemalige mittelalterliche Festungsstadt an der Via Regia erneut zur Festung machen. Doch dafür fehlen ihm eigentlich die Kräfte. Dennoch unternimmt er alle Bemühungen, um seine Kampfbesatzung aus Wehrmacht, Waffen-SS, Volkssturm und Polizei aufzustocken. So erfolgt an diesem 8. April 1945 die letzte Einberufungswelle des Erfurter Volkssturms[78], der im Januar 1945 auf dem Papier eine Stärke von 36 VS-Btl. mit 146 Kp. hatte und dem Gaustabsführer des Thüringer Volkssturms, Obstlt. Georg Feig unterstellt war.[79] Doch die Masse derer, die sich nicht vor Einberufung entziehen konnten, war bereits zur Front abgerückt. So war das 3. Aufgebot, das aus den Jugendlichen der HJ bestand, am 30. März 1945 auf Befehl der HJ-Gebietsleitung aus Weimar einberufen worden und hatte sich am Ostersonnabend auf der Cyriaksburg melden müssen.[80] Am 4. April 1945 waren sie dann zum Wehrertüchtigungslager Eisenberg abgerückt, um von dort mit anderen Jugendlichen aus Thüringen zum Sondereinsatz als Pz.Jagd.Kdo. zu kommen. Lediglich die Armbinde mit der Aufschrift „Deutscher Volkssturm", auf der HJ-Uniform getragen, soll sie als Kombattanten erkenntlich machen und somit bei einer Gefangennahme unter den Schutz der Genfer Konvention stellen.[81] Der Raum Eisenberg ist vermutlich der geplante Aufstellungsraum für die Pz.Jagd.Div. West, die Mitte April 1945 im Rahmen der 7. Armee zum Einsatz kommen sollte und aus „Freiwilligen" der Wehrmacht und der Hitlerjugend bestand. *„Bei den Freiwilligen handelte es sich um Angehörige aller Waffengattungen, die aus Lazaretten oder Genesenen-Abteilungen kamen oder von Ersatzeinheiten in Marsch gesetzt, auf Grund der Verhältnisse ihre Stammtruppe nicht erreichen konnten... Darüber hinaus befanden sich in einigen Abschnitten geschlossene Panzerjagd-Einheiten der Hitlerjugend. Sie waren taktisch und versorgungsmäßig den Divisionen unterstellt, in deren Raum zu kämpfen."*[82] Doch die Division kam bis Anfang Mai 1945 über die Aufstellungsphase nie hinaus.

Dem Rest des Erfurter Volkssturms hatte man befohlen, sich auf dem Gefechtsstand des Erfurter Volkssturms in der Arnstädter Hohle in der Nähe des Tannenwäldchen zu melden. Und das, obwohl am 8. April 1945 der Gauobmann für Rüstungsindustrie Merkel besucht und ihn aufgefordert hatte, die Betriebe so lange wie möglich weiter produzieren zu lassen, damit die Leute beschäftigt sind und weiter

Waffen geliefert werden.[83] Doch dies gilt jetzt nur noch für Frauen, Invaliden und andere Kriegsuntüchtige. Auch bei der Polizei ist nicht mehr viel zu holen, denn die Masse der Schutzpolizei ist bereits zum Einsatz abgerückt und die verbliebene Gendarmerie und Feuerlöschpolizei sowie der Sicherheits-u. Hilfsdienst SHD werden zur Aufrechterhaltung der Sicherheit und Ordnung in der Stadt benötigt.

Und bei der Wehrmacht sieht es nicht viel besser. Dabei war die alte Garnisonsstadt Erfurt vor dem Krieg geradezu vollgestopft mit Soldaten. Bereits vor der Wiedereinführung der Wehrpflicht, der sogenannten *„Wiedererlangung der Wehrhoheit“*, im Jahr 1935 hatte man 1934 mit dem Neubauten der ersten Kasernen begonnen, um Erfurt nach dem Ende des 1. Weltkriegs erneut zu einem militärischen Großstandort zu machen. War doch nur noch das, seit 1925 in der Alten Jägerkaserne in der Jägerstraße stationierte, R.Rgt. 16 der Reichswehr in der Stadt verblieben, dass man 1934 in R.Rgt. Erfurt umbenannt hatte. In Zuge der umfangreichen Baumaßnahmen entstanden in den Jahren 1934–1938 insgesamt fünf Kasernen, die Löberfeldkaserne (auch Panzerkaserne) in der Wissmannstraße und die Bergkaserne (später Steigerkaserne) am Tannenwäldchen in den Jahren 1934/35, die Gneisenaukaserne in der Kranichfelder Straße 1937/38, die Blumenthalkaserne in der Jenaer Straße 1938 und von 1936–1938 die Artilleriekaserne, auch Henne-Kaserne genannt, auf der „Henne“ im Nissaer Weg. Hinzu kommt das Standortlazarett in der Schützenhausstraße (heute Werner-Seelenbinder-Str.) und das Panzerkasino, neben dem alten Jägerkasino in der Blosenburgstraße. Doch trotzdem sollte der Platz nicht ausreichen und so mussten bis in das Jahr 1939 hinein Behelfsunterkünfte in der Cyriaks-Ersatz-Kaserne und Defensionskaserne auf dem Petersberg genutzt werden, wo sich auch die Sto.Kdtr. Erfurt und das WBK befindet.

Ferner richtete die Militärverwaltung in Erfurt ein Heeresverpflegungshauptamt an der Alacher Chaussee in der Andreasflur und in der Großen Ackerhofgasse und ein Heeresbekleidungsamt in der Moltkestraße, einschließlich eines Nebenamtes in der Hohenwindenstraße, mit eigenen Werkstätten zur Herstellung von Uniformen und Schuhen mit über 1000 Beschäftigten ein, das zukünftig mehrere Divisionen zu versorgen hatte. Hinzu kommt später ein Heeres-Nebenzeugamt des Heereszeugamtes des Feldzeug.Kdo. IX, Kassel und die Heeres-Bezirksabnahmestelle mit dem Heeres-Abnahmeinspizienten Mitte. Nicht zu vergessen die Heeres-Nebenmuna östlich von Egstedt und der StoÜbPl. Drosselberg.

Und so ziehen 1935 die ersten neuen Verbände und Einheiten des W.Kr. IV in die Stadt ein, die ab dem 1. April 1936 dem W.Kr. IX Kassel unterstellt werden. Am 8. Oktober 1935 werden sie mit einer Parade im Zentrum der Stadt durch die Bewohner begrüßt. Ab jetzt beginnt der kontinuierliche Aufwuchs, der Erfurt bis 1938 zu einer der größten Garnisonen des Dritten Reichs machen soll. Den Anfang macht das R.Rgt. Erfurt, das am 15. Oktober 1935 aufgelöst wird, aber aus dessen Stamm die Kradschtz.Btl. 1 Langensalza und 2 Erfurt hervorgehen. Gemeinsam mit dem

Kradschtz.Btl. 1 bezieht als Teil der neu aufgestellten Panzertruppe der Wehrmacht der Stab der Pz.Brig. 1 Erfurt der 1. PzDiv Weimar die alte Jägerkaserne. Ihr Pz.Rgt. 1., das am 1. Oktober 1935 mit zwei Abteilungen aus dem Kraftf.Lehr.Kdo. II Ohrdruf hervorgegangen war, bezieht mit dem Stab und der II./Pz.Rgt. 1 die Löberfeldkaserne und die I./Pz.Rgt. 1 die Bergkaserne.

Ausbildungshalle des Panzerregiment 1 mit Fahrschulpanzern vom Typ PzKpfw I 1939
Foto: Archiv Möller

Am 1. Oktober 1936 erfolgt in Erfurt die Aufstellung der 29. InfDiv, wegen ihres Divisionsabzeichens als „Falke Division" bezeichnet, deren Stab in die 1913/1914 errichtete Cyriak-Ersatz-Kaserne neben der neuen Wache auf dem Petersberg[84] einzieht. Auf dem Petersberg erfolgt auch die Unterbringung des Divisions-Kriegsgerichts. Von der Division werden das InfRgt 71, das Art.Rgt. 29, die Pz.Abw.Abt. 29 und die Inf.Na.Abt. 29 in der Stadt stationiert. Das InfRgt 71 geht am 6. Oktober 1936 aus dem InfRgt 103 hervor, dessen II. Btl. im Herbst 1935 in der Defensionskaserne auf dem Erfurter Petersberg aufgestellt worden war und das jetzt das II./InfRgt 71 bildet. Die Erfurter Stadtväter hatten sich dafür eingesetzt, dass das Regiment die traditionsreiche Nummer des ehemaligen Thüringischen InfRgt Nr. 71 der Kaiserlichen Deutschen Armee erhielt, dessen Standort von 1860 bis 1918 Erfurt war. Bis zur Fertigstellung der Gneisenaukaserne verbleibt das Regiment auf dem Petersberg. Am 12. Oktober 1937 erfolgt dann die Aufstellung des III./InfRgt 71. In der Jägerkaserne erfolgt 1936 die Aufstellung der Divisionstruppen mit der Inf.Na.Abt. 29, später Na.Abt. 29, der Pz.Abw.Abt. 29, die im März 1940 in Pz.Jg.Abt. 29 umbenannt wird, und der Pz.Aufkl.Abt. 29. In der letzten der neu entstandenen Heereskasernen, der Artilleriekaserne, finden die Artillerieeinheiten ihr Quartier. Sie wird zeitweise von der II. Abteilung des Art.Rgt. 29 belegt, das im Oktober 1937mit dem Stab, der I. und II./Art.Rgt. 29 in Erfurt stationiert wurde. Zuvor waren bereits andere Artillerieeinheiten in Erfurt stationiert. Die II./Art.Rgt. 73, die im Oktober 1935 in Erfurt aufgestellt wurde und der 1. PzDiv unterstellt war, wurde jedoch im Herbst 1938 auf den TrÜbPl Ohrdruf verlegt. Die I./Art.Rgt. 74 war bereits im Herbst 1936 nach Meiningen gegangen. Am 1. Oktober 1937 erhält die 29. InfDiv die Bezeichnung 29. InfDiv. (mot.) und im Frühjahr 1938 zieht das InfRgt 71 (mot.) vom Petersberg in die Gneisenaukaserne um. Da sie diese jedoch als zu klein erweist, gehen Teile in die nahe gelegenen Blumenthalkaserne, die ursprünglich nur zur Ergänzung gedacht war.

1939 ändert sich die Situation grundlegend. War die 29. InfDiv (mot.) nach der Teilnahme an der Besetzung des Sudetenlandes im September 1938 und der „Zerschlagung der Rest-Tschechei" im März 1939 stets wie nach einem Manöver in die Stadt zurück gekehrt, verlässt sie diese nach der Mobilmachung am 24. August 1939 für immer. Ab September 1939 kämpft sie in Polen, Luxemburg und Frankreich, bevor sie am Überfall auf die Sowjetunion teilnimmt. Im Januar 1943 wird die Division und mit ihr die Divisionseinheiten im Kessel von Stalingrad vernichtet. Auch das Pz.Rgt. 1 verlässt die Stadt und kämpft ab 1939 im Rahmen der 1. PzDiv in Polen, Luxemburg, Belgien, Frankreich und in der Sowjetunion. Die 1. Pz.Brig. der 1. PzDiv wird am 1. November 1942 aufgelöst und anderen Einheiten zugeteilt. Unmittelbar vor Kriegsbeginn erfolgt in Erfurt außerdem die Aufstellung verschiedener Lds.Schtz.Einheiten. Am 26. August 1939 wird das Lds.Schtz.Rgt. 3/IX aufgestellt, das am 1. April 1940 in Lds.Schtz.Rgt. 93 umbenannt und am 18. September 1940 aufgelöst wird. Mit der Aufstellung des Regiments entstehen die Lds.Schtz.Btl. XI/IX und XII/IX. Das erste wird nach Polen verlegt, während das zweite der Div. z.b.V. 409 unterstellt und in Lds.Schtz.Btl. 612 umbenannt wird. Im August 1941 erfolgt die Verlegung in das Generalgouvernement.

Mit dem Abrücken der Kampfeinheiten zum Kriegseinsatz beginnt die Belegung der verlassenen Erfurter Kasernen mit verschiedenen Ersatzeinheiten und Stäben zur Aufstellung weiterer Truppenteile und Verbände. So erfolgt am 9. Februar 1940 die Aufstellung der 299. InfDiv als Division der 8. Welle in Erfurt und Umgebung durch den W.Kr. IX. Am 26. August 1939 erfolgt die Aufstellung des Inf.Ers.Rgt. (mot.) 29, dessen 13. Inf.Gesch.Ers.Kp. in der Gneisenaukaserne stationiert wird. Das Regiment, das anfangs unter der Führung des Kdr.d.Ers.Tr. IX steht, stellt den Stab für die Ersatzeinheiten der 29. InfDiv. Ab dem 8. Dezember 1939 erfolgt dann die Unterstellung unter die Div.Nr. 159 und ab dem 1. Januar 1940 unter die Div.Nr, 179. Am 1. April 1940 wird der Regimentsstab in den W.Kr. IV verlegt und das Regiment

Oben: Parade auf dem Friedrich-Wilhelm-Platz in Erfurt am Heldengedenktag, 14. März 1938 Quelle: Erfurt Allgemeiner Anzeiger

Unten: Abmarsch an die Front 1939 Foto: Archiv Möller

zum Schtz.Ers.Rgt. 4 umgegliedert. An seiner Stelle erfolgt im Januar 1943 die Aufstellung des Gren.Ers.Rgt. (mot) 29 aus dem Stab des Gren.Ers.Rgt. 52 Kassel, das der Div.Nr 179 unterstellt wird. Am 22. Juli 1943 erfolgt die Umbenennung in Res.Gren.Rgt. (mot) 29. Danach erfolgt die Verlegung unter der Führung der 179. ResPzDiv. zum OB West nach Frankreich. Nach seiner Rückkehr im Jahr 1944 wird es am 15. Juni 1944 aufgelöst. Dem Regiment ist bis zu seiner Auflösung auch das Inf.Ers.Btl. (mot) 71 unterstellt, dass 26. August 1939 in Erfurt aufgestellt wird. Durch Abgaben löst sich das Bataillon bis Dezember 1939 auf und wird am 10. Januar 1940 in Jena erneut aufgestellt. Am 1. Dezember 1940 wird es umbenannt in Inf.Ers.Btl. (mot) 53 und geht nach Wittenberg. Am 1. Dezember 1940 erfolgt in Erfurt die erneute Aufstellung aus dem, nach Erfurt verlegten, Inf.Ers.Btl. 344 durch Umbenennung. Am 7. November 1942 erfolgt die Umbenennung in Gren.Ers.Btl. (mot) 71 und Res.Gren.Btl. (mot) 71 und am 10. April 1943 wird es zum Gren.Ers.u.Ausb.Btl. (mot) 71 vereint. Während des Gren.Ers.Btl. unter die Führung des Kdr.d.Pz.Tr. IX geht, verlegt das Res.Gren.Btl. mit der 179. ResPzDiv nach Frankreich. Am 1. April 1944 wird das Gren.Ers.Btl. zum Gren.Ers.u.Ausb.Btl. (mot) 71 umgebildet und am 1. Dezember 1944 wird aus ihm das Pz.Gren.Ers.u.Ausb.Btl. 71. Bei der Artillerie erfolgt am 26. August 1939 die Aufstellung des Art.Ers.Rgt. 15, das im Dezember 1943 nach Mühlhausen/Thür. geht. Parallel zum Regiment erfolgt die Aufstellung der Art.Ers.Abt. (mot) 29, die am 1. Oktober 1942 in eine Art.Ers.Abt. und eine Art.Ausb.Abt. geteilt wird. Am 6. April 1943 werden sie wiedervereint und ebenfalls nach Mühlhausen verlegt.

Am 26. August 1939 erfolgt in der Löberfeldkaserne die Aufstellung der Pz.Ers.Abt. 1 Erfurt, die am 1. Oktober 1940 aufgelöst wird und in der 1. PzDiv aufgeht. Doch bereits am 1. Dezember 1940 erfolgt die Aufstellung einer Pz.Ers.Abt. und Pz.Ausb.Abt., die am 10. April 1943 miteinander zur Pz.Ers.u.Ausb.Abt. 1 verschmolzen werden. Am 1. August 1943 wird diese in eine Pz.Ers.Abt. und eine Res.Pz.Abt. geteilt. Ab diesem Zeitpunkt erfolgt die Unterstellung der Ers.Abt. unter den Kdr.d.Pz.Tr. IX. Am 15. April 1944 erfolgt dann die Umbenennung der Ers.Abt. in Pz.Ers.u.Ausb.Abt. 1. Der Stabes der Kdr.d.Pz.Tr. IX war am 1. August 1943 in Erfurt zur Führung der Ersatzeinheiten der Panzerwaffe im W.Kr. IX Kassel aufgestellt und am 1. Mai 1944 zum Stab Pz.Gren.Ers.u.Ausb.Rgt. (gp.) 81 umgebildet worden. Ihm unterstehen jetzt die Pz.Ers.u.Ausb.Abt. 1 Erfurt, das Pz.Gren.Ers.u.Ausb.Btl. (gp.) 1 Weimar, das Pz.Gren.Ers.u.Ausb.Btl. 15 Kassel, das Pz.Gren.Ers.u.Ausb.Btl. (gp.) 59 Jena, die Ers.u.Ausb.Kp (mot.) für Regimentseinheiten, das Gren.Ers.u.Ausb.Btl. (mot). 71, die Offz.Nachw.Ers.u.Ausb.Kp. 81, die Pz.Jg.Ers.u.Ausb.Abt. 9 Mühlhausen, die Pz.Aufkl.Ers.u.Ausb.Abt. 9 Meiningen, die Pz.Versuchs.u.Ers.Abt. 300 (Fkl) Eisenach, die Pz.Werkstatt.Kp. 1/IX u. 2/IX Kassel und die Ausb.Lehr.Abt. f. Pz.Gren. Weimar. Als Anfang 1945 der Rgt.Stab in den W.Kr. IV verlegt, gehen die Verbände wieder direkt unter den Kdr.d.Pz.Tr. IX.[85]

Doch Erfurt ist nicht nur ein Heeresstandort, sondern verfügt auch über eine große Luftwaffengarnsion. Bereits am 1. Oktober 1934 erfolgte auf dem Flugplatz Erfurt-Bindersleben die Aufstellung der Fl.H.Kdtr. Erfurt unter der Tarnbezeichnung „Luftverkehr Thüringen AG Erfurt". Doch das änderte sich schnell. Mit der Aufstellung der Wehrmacht entfielen alle Tarnmaßnahmen und am 8. Oktober 1935 übernahm die Luftwaffe den neu erbauten Fliegerhorst Erfurt-Bindersleben, Deckname „Florian". Am 17. März 1936 erfolgte der Einzug der ersten Luftwaffensoldaten und am 1. April 1936 erfolgte die Aufstellung des II./KG 253 mit Stab in Gotha. Noch im gleichen Jahr wurde dem Verband zur Erinnerung an den ersten Chef des Gen.Stabs der Luftwaffe, Gen.Lt. Walther Wever, der am 3. Juni 1936 in Dresden mit seinem Flugzeug kurz nach dem Start abgestürzt und ums Leben gekommen war, der Traditionsname „General Wever" verliehen. Am 1. Mai 1939 wird durch Umbenennung aus der II./KG 253 die II/KG 4, dessen Geschwaderstab in der Zwischenzeit von Gotha nach Erfurt-Bindersleben verlegt hatte. Der Stab und die II./KG 4 verlassen Erfurt am 25. August 1939 für den Polenfeldzug, von dem sie nur kurz nach Erfurt zurückkommen, bevor sie die Stadt endgültig verlassen. Parallel zum Kampfgeschwader nutzt die Flugzeugführerschule Weimar-Nohra vom 1. August 1937 bis 31. Oktober 1938 den Fliegerhorst für Ausbildungszwecke. In Vorbereitung des bevorstehenden Krieges erfolgt 1939 die Aufstellung des Flughafen-Bereichs.Kdo. Erfurt in Cottbus. Mit seinem Eintreffen in Erfurt am 1. Juli 1939 übernimmt es die Führung der Fl.H.Kdtr. Erfurt, Gotha, Langensalza, Nordhausen, Wenigenlupnitz und Esperstedt und der zugehörigen Flugplatz-Kdos., darunter das Flugplatz-Kdo. A 33/IV Erfurt. Am 30. März 1941 wird es in Flughafen-Bereichs.Kdo. Koflug 4/IV umbenannt und dem Luftgau.Kdo IV unterstellt. Während der Platz vom April 1941 bis Juli 1942 durch die Flugzeugführerschule Jena-Rödigen für Ausbildungszwecke genutzt wird, kommt es ab Kriegsbeginn immer wieder zu kurzzeitigen Belegungen durch Kampfverbände, so vom 25. Oktober bis 2. November 1939 durch die I./KG 2 und auch die II./KG 4 macht vom 22. Dezember 1940 bis 10. Januar 1941 und vom 30. Mai bis 10. Juni 1941 Halt auf dem Platz. Im Februar 1943 trifft das Flughafen-Bereichs.Kdo. Koflug 5/III des Luftgau-Kdo. III von Weimar-Nohra kommend in Erfurt ein und übernimmt die Führung vom Flughafen-Bereichs.Kdo. Koflug 4/IV, das zum 20. Februar 1943 aufgelöst wird, bis Kriegsende. Im Dezember 1944 geht es aus der Unterstellung unter das Luftgau-Kdo. III zum Luftgau-Kdo. XVI, wo es bis zum 24. Januar 1945 verbleibt.

Ab August 1943 erfolgt in Erfurt und Brandis die Aufstellung der IV/NJG 5, die Ende 1943/Anfang 1944 in Erfurt zusammengezogen und dem Jagdfliegerführer Mitteldeutschland unterstellt wird. Im Juni 1944 wird sie nach Mainz verlegt. Im August 1943 macht dann die III./JG 3 einen kurzer Zwischenstopp auf dem Platz. Am 1. April 1944 geht durch Umbenennung aus dem Flugplatz-Kdo. A 33/IV die Fl.H.Kdtr. A (o) 31/III hervor, die ab dem 14. November 1944 unter der Führung von Obstlt. Hans Löw steht.

Oben Kampfflugzeug Dornier Do-17 auf dem Flugplatz Erfurt-Bindersleben, unten Übung der Luftnachrichtenschule 5 Erfurt auf dem Steiger Fotos: Archiv Möller

Im Rahmen der Verlegung der Schlechtwettergeschwader nach Mitteldeutschland erfolgt Ende August 1944 die kurzzeitige Stationierung des Stabes des JG 300 „Wilde Sau“ in Erfurt-Bindersleben, der am 26. September 1944 wieder Erfurt verlässt. Mit ihm erfolgt vom 28. August bis 26. September 1944 die Stationierung der Sturmgruppe II (St.)/JG 300 in Erfurt-Bindersleben. Auch die I./JG 10 macht vom 1. bis 5. September 1944 Halt auf dem Platz. Ebenfalls nur wenige Tage, vom 20. bis 25. September 1944, nutzt das, mit dem ersten Strahltriebflugzeug der Welt, der Me-262 ausgerüstete, Erprobungskommando Wegmann unter Oblt. Günther Wegmann, das zum neu aufzustellenden Kdo. Nowontny, III./JG 6, gehört, den Platz. Vom 4. Oktober bis 2. November 1944 macht die I./JG 3 „Udet“ und vom 20. bis 26. November 1944 die III./JG 4 in Erfurt-Bindersleben Halt. In der zweiten Hälfte des Januar 1945 trifft die III./NJG 5 von Langensalza kommend in Erfurt-Bindersleben ein, die Ende Januar 1945 nach Kölleda verlegt. Und Anfang Februar 1945 erreicht das I./NJG 5 von Parchim kommend den Platz, bevor es am 27./28. Februar 1945 weiter nach Altenburg verlegt. Als letzter fliegender Verband macht die JGr. 10, die von Rechlin kommt, Anfang März 1945 Halt in Erfurt, bevor sie Ende März nach Bayern verlegt. Sie war bereits im Herbst 1944 schon einmal mit einigen Staffeln im Rahmen der Einsatzerprobung auf dem Fliegerhorst Erfurt-Bindersleben stationiert. Sie war auf dem Fliegerhorst Parchim Anfang August 1944 aus dem Erprobungskommando 25 hervorgegangen und diente der frontmäßigen Erprobung von Waffen und Kampfverfahren zur Abwehr der bei Tage einfliegenden alliierten Bomberverbände in Zusammenarbeit mit den Erprobungsstellen der Luftwaffe in Rechlin und Tarnewitz. Während des gesamten Zeitraums erfolgt die Überwachung des Flugbetriebs durch das Flugwachkommando Fluko Erfurt, für das die 21. Mittlere Flugmelde-Leit.Kp. Mötzelbach des III./Ln.Rgt. 231 mit der Stellung „Rieke“ bei Rudolstadt zuständig war.

Neben den fliegenden Verbänden befanden sich in Erfurt-Bindersleben auch Verbände der Luftnachrichtentruppe. 1941 erfolgte hier die Aufstellung der Luftflotten-Na.S. 5, die 1943 in LnS 5 Erfurt umbenannt wird und bis 1944 in Erfurt-Bindersleben verbleibt. Zu ihr gehört auch eine Nebenstelle auf dem Flugplatz Erfurt-Nord, der im Oktober 1939 mit dem Deckname „Franken“ von der Luftwaffe übernommen wurde und hauptsächlich zu Übungszwecken und als Ausweichplatz dient. Die Ausbildung erfolgte auf den Gebieten Bordfunker und Peiler. Die fliegende Abteilung der Schule bildet den Grundstock für die neu aufzustellende Luftkriegsschule 11, die Ende 1944 als Behelfs-Luftkriegsschule 1 in die Flugzeugführerschule A 121 Straubing eingegliedert wird.[86] Zusätzlich zu den Luftwaffeneinheiten auf dem Flugplatz Erfurt-Bindersleben und Erfurt-Nord befanden sich Teile der Lw.LS-Abt. 52 des LS-Rgt. 4 in Erfurt, die für den Feuerlöschdienst in Erfurt und Gotha zuständig war.

Doch von allen denen ist nur noch ein Bruchteil in den Kasernen der Stadt verblieben, auch die Masse der Ersatzeinheiten ist Richtung Front abgerückt.[87] Hitzfeld, der auf Grund widersprüchlicher Befehlsgebung zur Trennungslinie zwischen der 11. und 7. Armee durch Kesselring zeitweilig davon ausgegangen war, dass die Linie Erfurt – Weimar – Jena die Trennungslinie ist und ihm die Verteidigung dieser Städte zu teil kommt, schreibt: *„Die Städte Erfurt – Weimar – Jena besitzen Kampfkommandanten – ihre Besatzungen sind so schwach, dass sie zu einem hinhaltenden Kampf kaum geeignet sind.“*[88]

Aber Merkel lässt sich nicht beirren. Auf seinem Gefechtsstand in den Kasematten unter dem ehemaligen Divisionsgebäude der Zitadelle Petersberg plant er gemeinsam mit seinem Fü.Stab die sinnlose Verteidigung der Stadt. Hierfür hat er sich als Führungsgehilfe Ia Hptm.i.G. Andreas, als Feindlageoffizier Ic Hptm Wlokka, als Leiter der Quartiermeister.Abt. Ib Obstlt. v. Breitenbach., als Personaloffizier IIa Maj.d.R. Saywisch[89], als Leiter der Na.Abt. Oberinspekteur Watubke und als Kdt. Stabsquartier Hptm. Wollenschläger ausgesucht. Zu seiner persönlichen Verfügung stehen als 1. Ordonnanzoffizier Lt.d.R. Hoppe und als 2. Ordonnanzoffizier Lt. Kubitzek. Um die medizinischen Belange soll sich Oberarzt Dr. Kroll[90] vom WBK kümmern, der von Maj. Schäfer und einen Oberarzt unterstützt wird.[91] Unabhängig davon verbleibt OFA Dr. Horn als Sto.Arzt Erfurt. Als Kdt. der Zitadelle und damit des Kampfabschnittes Zentrum wird Obstlt. Wachsmuth, der im WBK Erfurt für die Musterung zuständig war, eingeteilt. Außerdem befiehlt er am 9. April 1945 die Bildung eines Standgericht als Reaktion auf die einsetzenden Plünderungen.[92] Von diesem Stab aus ergehen jetzt die Befehle zur Sprengung der drei Eisenbahnbrücken über die Gera zwischen Bindersleben und Hochheim, die Sprengung der Wegeunterführung der Bahn bei Azmannsdorf und eines Kreuzungsbauwerkes am Güterbahnhof. Die Sprengung der Schmidtstedter Brücke kann nur dadurch verhindert werden, dass der zuständige Feuerwerker des Flugamtes Erfurt, Hans Heyne und ein Pionierfeldwebel den Befehl nicht ausführen. Da nicht ausreichend Sprengstoff zur Verfügung steht, hatten sie den Befehl erhalten, die Ladung von zwei Eisenbahnwaggons mit Flakmunition, Wurfgeschossen und 250kg Bomben, die bei Stotternheim stehen, abzuholen, um damit Brücke und Bahnunterführung zu sprengen. Doch anstatt dorthin zu fahren, hatten sie dem K.Kdt. gemeldet, dass sie die Waggons nicht gefunden hätten. Und für andere Maßnahmen ist es bereits zu spät. Die Waggons werden später voll beladen von den Amerikanern gesichert.[93]

Während Merkel weiter die Verteidigung von Erfurt vorantreibt, hat der Thüringer Reichsstatthalter und Gauleiter Sauckel, der als Generalbevollmächtigter für den Arbeitseinsatz bereits am 15. März 1945 eine Anweisung an alle Dienststellen der Partei, des Staates und der Wirtschaft erlassen hatte, Appelle zur Stärkung des „Widerstandswillen“ durchzuführen und noch am 5. April 1945 die Einrichtung von 18 Standgerichten in Thüringen befohlen hatte, um mit Deserteuren und Volksverrätern, die ihre Heimat nicht verteidigen würden, kurzen Prozess zum machen, selbst zum zweiten und letzten Mal seine Dienstvilla in der Windmühlenstraße 19 in Weimar verlassen. Bereits beim amerikanischen Vorstoß auf Gotha hatte er am 2. April 1945 allen höheren Parteiführern und Behördenleitern sowie der Staatspolizeistelle befohlen, Weimar zu verlassen. Er selber hatte die Stadt einen Tag später verlassen. Als jedoch der amerikanische Vormarsch im Raum Gotha zum Halten gekommen war, war er noch einmal für einige Tage zurückgekehrt.[94]

Geheime Tagesberichte der Deutschen Wehrmachtsführung vom 9. April 1945:

OB West, 11. Armee, LXVII. AK: *Aus Mühlhausen drang der Gegner bis hart südlich Worbis vor. Im Raum Ebeleben, Greußen und östlich Langensalza ist die Lage unklar.*

H.Gr. G, 7. Armee, LXXXV. AK: *Im Raum Friedrichroda kämpfen vom Gegner eingeschlossene Kräfte. Aus Ohrdruf drang der Feind 4 km nach Süden vor.*

Am **Montag**, dem **9. April 1945**, bereitet sich im Abschnitt der 1st US Army die 9th US AD des V. US Corps auf den Angriff durch die Infanteriedivisionen am kommenden Tag vor. Die 2nd und 69th US InfDiv des V. US Corps rücken gegen leichten Widerstand nach Osten vor. Die 69th US InfDiv besetzt Heiligenstadt und stellt den Kontakt zur 6th US AD des XX. US Corps der 3rd US Army her.

Damit nähert sich für Patton's 3rd US Army das Ende des erzwungenen Stillstandes an der vorläufigen Haltelinie und sofort beginnen die Stäbe mit den letzten Planungen für die Wiederaufnahme des Angriffs nach Osten. Im Bereich des XX. US Corps nehmen die Divisionen ihre Ausgangstellungen für den Großangriff zur alliierten Haltelinie an der Mulde ein. Am Mittag erhalten die Infanteriedivisionen mit der Operations Instructions No. 83 des XX. US Corps den Befehl, welcher den Beginn des Vorrücken der 76th US InfDiv an der Linken und der 80th US InfDiv an der Rechten des Corps zur Phasenlinie „D“ entlang der Eisenbahnlinie Straußfurt – Kühnhausen – Westrand Erfurt – RAB Gotha – Erfurt für den 10. April 1945, 07.00 Uhr (B) festlegt. Die 6th US AD erhält den Auftrag, in ihrem Abschnitt bis zur Ablösung durch Einheiten des V. US Corps der 1st US Army zu verbleiben und die linke Flanke des Corps ausschließlich mit Aufklärungskräften zu sichern. Danach soll die Division in kleinen Marschverbänden in den Raum Mühlhausen verlegen und sich versammeln. Ab 12.00 Uhr (B) kehrt das CCR wieder unter die Kontrolle der 6th US AD zurück und 18.00 Uhr (B) erfolgt der Unterstellungswechsel der 4th US AD im Raum Gotha unter das XX. US Corps.

Bei der 6th US AD versammelt sich das CCB im Tagesverlauf unter Belassung eines Sicherungsschleiers entlang der Linie Toba – Ebeleben – Abtsbessingen im Raum Schlotheim und Thamsbrück und die unterstellte 86th CavRcnSq im Raum Großengottern. Dort erhält die 86th CavRcnSq den Auftrag, die Nordflanke der 76th US InfDiv bei deren Vorrücken am 10. April ab 07.00 Uhr (B) zur Phasenlinie „D" zu sichern. Beim CCA verbleibt das CT 9 in Henningsleben, wo es Kontakt mit dem 317th InfRgt, 80th US InfDiv hält, bis es durch dieses um 10.30 Uhr (B) südöstlich von Langensalza an den Straßensperren abgelöst wird. Dann versammelt sich das CT 9 mit dem CT 15 im Raum Langensalza – Henningsleben. Das CCR kehrt um 12.00 Uhr (B) aus der Unterstellung unter die 76th US InfDiv zur Division zurück. Der Div.CP der 6th US AD eröffnet in Langensalza.

Die 76th US InfDiv erhält den Auftrag, sich auf das Vorrücken zur Phasenlinie „D" Straußfurt – Gispersleben vorzubereiten. Doch bis dahin setzt sie die Säuberung der Wälder und Orte im Abschnitt der Division mit Unterstützung durch das unterstellte CCR fort, das um 12.00 Uhr (B) zur 6th US AD zurückkehrt. Das RCT 304 an der Linken und das RCT 385 an der Rechten der Division halten ihre Verteidigungsstellungen entlang der Phasenlinie „B" von Burgtonna bis Ballstädt und entsenden Patrouillen, um die vorderen Stellungen der deutschen Truppen zu erkunden. Das RCT 304 sichert ohne das 3./304 mit dem 2./304 im losen Anschluss an das CCB der 6th US AD die linke Flanke der 3rd US Army im Abschnitt nördlich Langensalza und mit dem 1./304 den Abschnitt Klettstedt – Gräfentonna. Die Co. C, 1./304 erreicht um 15.00 Uhr (B) Flarchheim. Patrouillen werden nach Döllstädt und Großvargula entsandt. Das 3./304 beginnt im Tagesverlauf mit der Verlegung in den Regimentsabschnitt. Das RCT 385 setzt den Aufmarsch an der rechten Flanke der Division südöstlich von Langensalza fort und löst den 80th Rcn Tp. und das 2./317 der 80th US InfDiv im Bereich der Fahnerschen Höhe ab. Das 1./385 (mot.) erreicht um 11.15 Uhr (B) Ballstädt und bis 18.30 Uhr (B) wird das RCT 317 in Kleinfahner, Gierstädt und Eschenbergen abgelöst. Die Co. B erreicht um 18.50 Uhr (B) Eschenbergen und die Co. C Kleinfahner. Das 2./385 (mot.) geht nach Burgtonna, von wo aus es bis 17.10 Uhr (B) Großfahner und Döllstädt besetzt. Die Co. F verlegt nach Burgtonna. Das 3./385 trifft um 12.30 Uhr (B) in Illeben ein. Der Regtl.CP erreicht 11.30 Uhr (B) Aschara. Das RCT 417 setzt in Verbindung mit der 3rd CavGp weiter im rückwärtigen Raum der Division den Schutz der hintere Nordflanke des Corps fort. Der Div.CP eröffnet um 16.10 Uhr (B) in Langensalza.

Die 3rd CavGp erhält am Abend in Bad Sooden der Befehl des XX. US Corps, sich darauf vorzubereiten, nach der Einnahme von Erfurt durch die Linien der 80th und 76th US InfDiv hindurchzugehen und zur Linie Buttelstedt – Weimar vorzurücken. Hierzu soll sich die 3rd CavGp im Raum Ballstädt, nordöstlich von Gotha, versammeln.

Die 80th US InfDiv baut weiter ihre Ausgangsstellungen für den Angriff aus. Beim RCT 317, das durch die Co. A, 702nd Tk Bn, Co. A, 811th TD Bn, Co. A, 305th Engr C Bn, Co. A, 305th Med Bn, Btry. D, 633rd AAA AW Bn, 313th FA Bn und einen Platoon der Co. A, 81st Cml Mort Bn unterstützt wird, verlässt das 1./317 in der

Regtl.Res. um 07.00 Uhr (B) Remstädt und geht an die linke Flanke des Regiments mit dem CP nach Hausen, nördlich Pfullendorf, von wo aus es alle Straßen, die von Nordwesten, Norden und Nordosten in den Abschnitt führen, blockiert. Um 11.30 Uhr (B) stellt es den Kontakt zur 76th US InfDiv her und um 11.45 Uhr (B) werden die Co. A in Westhausen, die Co. B in Ballstädt und die Co. C in Bufleben gemeldet. Um 19.45 Uhr (B) hat das 1./317 den Abschnitt des 2./317 an der Trennungslinie zur 76th US InfDiv übernommen und steht mit der Co. A weiter in Westhausen, die Co. B sichert den Südrand der Fahnerschen Höhe nördlich von Eschenbergen, die Co. C bleibt in Bufleben und die Co. D übernimmt die Sicherung der Straßenkreuzung an der Bienstädter Warte.

Das 2./317, das den Auftrag erhalten hat, gemeinsam mit den Aufklärern des 80th Rcn Tp. den Bereich der Fahnerschen Höhe nach den gemeldeten deutschen Truppen zu durchsuchen, beginnt vor Tagesanbruch mit den Vorbereitungen. Während das 313th FA Bn ab 04.40 Uhr (B) die Fahnersche Höhe unter Beschuss nimmt, verlassen die Panzer des 1st und 2nd Plat. Co. A, 702nd Tk Bn, die dem 2./317 unterstellt wurden, um 05.30 Uhr (B) Warza und vereinen sich in Eschenbergen mit den Infanteristen der Co. E und G, die um 05.30 Uhr (B) Ballstädt und Molschleben verlassen und bis 06.30 Uhr (B) den Ort erreicht haben. Dort triff auch ein Platoon Panzerjäger der Co. A, 811th TD Bn ein. Gemeinsam mit den Aufklärern des 1st Plat. 80th Rcn Tp., der am Vortag den Ort gesichert hatte, und dem 3rd Plat. 80th Rcn Tp. rücken die Infanteristen jetzt gefolgt von den Panzern und Panzerjägern nach Norden auf die Wälder der Fahnerschen Höhe vor, wo die Aufklärer des 2nd Plat. 80th Rcn Tp. bereits von Nordwesten her mit der Säuberung begonnen haben. Ausgefächert in Kompaniekolonne nähert sich die Co. G, 2./317 auf der Linken, von der Straße Eschenbergen – Ballstädt aus, angelehnt an die Co. E auf der Rechten über das freie Feld gegen 06.45 Uhr (B) den Waldrändern. Dann dringen sie um 08.00 Uhr (B) gegen leichten Widerstand ohne eigene Verluste in das Waldgebiet der Fahnerschen Höhe ein. Um 08.20 Uhr (B) säubert die Co. G den Kamm der Höhe im Bereich des Grenzpunktes 405 und die umliegenden Wälder nach Osten während die Co. E rechts der Co. G die Wälder durchkämmt. Südlich davon rückt um 08.05 Uhr (B) die Co. F, 2./317 von Molschleben aus nach Nordosten Richtung Bienstädter Warte vor, nachdem die Artillerie Bienstädt unter Beschuss genommen hat, von wo am Vortag Aufklärungspatrouillen Gewehrfeuer gemeldet hatten. Gegen 08.50 Uhr (B) erreichen die Infanteristen an der Bienstädter Warte die Kreuzung der Straße von Molschleben mit der Straße Bienstädt – Gierstädt.

Zum gleichen Zeitpunkt erfolgt die zeitweise Unterstellung des 80th Rcn Tp., dessen CP weiter in Ballstädt verbleibt, unter das 2./317, nachdem die Aufklärer vor den Linien der Co. G und E die entscheidenden Punkte Weiße Hütte, Abtsberg (Höhe 410) und Wingfer Horn gesichert hatten. Dabei vernichten die Aufklärer des 1st und 3rd Plat., 80th Rcn Tp. eine Gruppe 17 bis 18jähriger Offiziersanwärter des

Pz.Gren.Ausb.Btl. 12 Coburg[95], die ihre, am Morgen bezogene, Stellung am Abtsberg auf der Fahnerschen Höhe nördlich von Eschenbergen, auch als Eschenberger Plan bezeichnet, fanatisch verteidigen. Sieben von ihnen kommen dabei ums Leben. Als sie Tage später von Einwohnern aus Eschenbergen gefunden werden, entscheidet man sich, sie wegen dem fortgeschrittenen Grad der Verwesung an Ort und Stelle beizusetzen.[96]

Gräber der sieben gefallenen deutschen Soldaten auf der Fahnerschen Höhe
Foto: Mit freundlicher Genehmigung von Heinz Winter, Eschenbergen

Der jüngste von ihnen ist der 17jährige Claus Jürgen Vogt. Ein achter, der schwerverwundet überlebt hatte, stirbt beim Abtransport zu einem amerikanischen Verbandsplatz und wird auf dem Soldatenfriedhof Hötzelsroda bei Eisenach begraben. Einer der Überlebenden, der 17jährige Panzergrenadier Alfons Güttler, berichtet später über die unheilvollen Ereignisse: *„Wir fuhren auf der Autobahn am 8.4.1945 Richtung Gotha. In Höhe Eschenbergen (falsch d.A.) gerieten wir 20 Mann in einen Jabo-Angriff und unser LKW brannte völlig aus. Dies war der Grund, dass wir uns in Richtung Eschenbergen in Marsch setzten, wo wir auch übernachteten. Frühmorgens am 9.4.1945 marschierten wir auf die Fahner Höhe und dort, wo jetzt der Grabstein steht, begannen wir eine Stellung zu bauen. Plötzlich waren die Amerikaner da, mit Panzern und Jeeps und es erfolgte ein kurzer, aber harter Kampf. Sieben meiner Kameraden fielen – wobei ich selbst durch meine verlorenen Papiere als tot erklärt wurde. Sechs Mann, darunter ich, gerieten unverletzt in Gefangenschaft, sowie ein Schwerverletzter, Wolfgang Molsberger... Sieben Kameraden waren beim Jabo-Angriff schon gefallen.“* Erst später, als Güttler vor seinem eigenen Grab steht, stellte sich heraus, dass es sich bei dem Gefallenen in seinem Grab um den, als vermisst geltenden, Lothar Dittrich handelt.[97] Auf amerikanischer Seite wird Sgt. Edward Kammrath, der Plat.Sgt. des 3rd Plat. durch einen Kopfschuss getötet.[98] Jetzt schwenkt die Co. G, 2./317 nach Osten und rückt gemeinsam mit den Aufklärern des 1st und 3rd Plat. 80th Rcn Tp. durch die Wälder der Fahnerschen Höhe Richtung Gierstädt vor, während die Co. E. mit dem 2nd Plat. 80th Rcn Tp. den Bereich Abtsberg sichert.

Während der 1st Plat. 80th Rcn Tp. entlang des Fahner Höhenweges zur Straße Gierstädt – Bienstädt vorgeht, durchkämmen die Infanteristen der Co. G gemeinsam mit dem 3rd Plat. 80th Rcn Tp die Nordhänge des Höhenzuges. Gegen 09.20 Uhr (B) nähern sich die unterstellten Panzerjäger der Co. B, 811th TD Bn, die auf Grund des Geländes die Infanteristen der Co. G nicht direkt begleiten können und zum Schutz vor Hinterhalten vom 3rd Plat. 80th Rcn Tp gesichert werden, durch den Hirschgrund Gierstädt. Der 1st Plat. 80th Rcn Tp erreicht um 10.30 Uhr (B) gegen leichten Widerstand die Spitzkehre der Straße südlich von Gierstädt.[99] Gegen 11.45 Uhr (B) dringen die Infanteristen der Co. G in Gierstädt ein, wo es zu Feuergefechten kommt, die bis 13.00 Uhr (B) anhalten. Dann wird der Ort gesichert. In der Zwischenzeit nähern sich die Co. F Kleinfahner und die Co. E Bienstädt.

Bienstädt, das seit dem Vorabend durch die Artillerie beschossen wurde, wird kampflos durch die Infanterie besetzt, die auf *„drei Panzer aufgesessen"* einrückt. Kurz darauf kommt es nordwestlich des Ortes zu einer Schießerei. Zwei deutsche Soldaten ergeben sich, wovon einer an den Beinen verwundet wird. Später stoßen die Bewohner von Bienstädt auf die Opfer eines schrecklichen Ereignisses, über das keine weiteren Erkenntnisse vorliegen. *„Tage später wurden im Walde nahe der Funkstelle an der Gierstädter Straße zwei junge Soldaten aufgefunden. Sie waren beide an einen Baum gebunden und erschossen. Ihre Ruhestätte fanden sie auf dem Bienstädter Friedhof in der Ecke zum Schulgarten. In der Wasserzisterne auf der Funkstelle wurden drei Männer in Zivil gefesselt tot aufgefunden."*[100] Der Ort des Geschehens ist ein Fliegerleitsender auf der Bienstädter Warte, der über Kabel mit dem Flugplatz Erfurt-Bindersleben verbunden ist und dessen Anlage durch Brunnen im Ilmtal gekühlt werden.[101] Genauer gesagt handelt es sich um das Funkfeuer „Dora", dessen Lage bis dato nicht genau bekannt war.[102]

Kleinfahner wird durch die Infanterie aus den Wäldern heraus kampflos besetzt, während die begleitenden Panzerjäger aus Richtung Gierstädt den Ort erreichen.[103] In Kleinfahner erfahren die Infanteristen, dass sich eine Dienststelle des OKW, die seit Januar im Ort untergebracht war, am 31. März 1945 in Richtung Harz abgesetzt hatte. *„Dazu gehörten ein Generalmajor, ein Oberstleutnant, ein Oberzahlmeister und zehn Mann... (es) gehörten auch Chemiker und Physiker dazu, (befassten sich d.A.) mit der Entwicklung einer neuen Waffe."*[104] Doch welche, blieb geheim. Ein leichter deutscher Gegenangriff im Bereich der nördlichen Waldränder wird durch den 2nd Plat. 80th Rcn Tp. abgewehrt. Mehrere Deutsche werden verwundet.[105] Um 13.10 Uhr (B) wird Gierstädt gemeinsam von den Infanteristen der Co. G und den Aufklärern des 1st und 3rd Plat. 80th Rcn Tp. mit Unterstützung der Panzerjäger genommen, wobei die Aufklärer des 1st Plat. 80th Rcn Tp. vier Deutsche töten. Damit erhöht sich die Zahl der gefallenen Deutschen auf acht, denn der Ort war bereits mehrere Tage zuvor immer wieder durch amerikanische Artillerie beschossen worden.[106] Hier trifft auch der 2nd Plat. 80th Rcn Tp. ein, der sich versammelt. Um 15.15 Uhr (B) sichern die Infanteristen der Co. G gemeinsam mit den Aufklärern des 1st und 3rd Plat. Großfahner, wo der Landwirt Fritz Brill mit Unterstützung durch Olga Nöthlich ein weißes Betttuch an der Kirchturmspitze angebracht hat.[107] Im Ort und der Umgebung ergeben sich 19 deutsche Soldaten, die nach den amerikanischen Angaben mit neuster Ausrüstung ausgestattet waren. Dann ist die Operation des 2./317 abgeschlossen und das Bataillon bereitet sich auf seinen nächsten Einsatz vor. Hierzu befiehlt der CO 2./317 um 19.10 Uhr (B), dass die Co. E mit den unterstellten Panzerjägern in die Bn.Res. geht und die Panzer der Co. F und G zugeteilt werden. Wenig später ist das Bataillon durch das RCT 385 abgelöst und versammelt sich im Raum Bienstädt – Molschleben.

Das 3./317, dessen Co. I bereits am Vortag bis nach Pferdingsleben vorgerückt war, entsendet in der Nacht von dort Patrouillen in die Dörfer vor der Frontlinie. Eine Patrouille des 3./317, die sich gegen 02.40 Uhr (B) Ermstädt nähert, rückt nicht weiter vor, da die Umgebung unter Artilleriebeschuss liegt.[108] Am Morgen fährt das Bataillon um 05.40 Uhr (B) von Remstädt mit dem 3rd Plat. Co. A, 702nd Tk Bn nach Eschenbergen und geht dann über Molschleben nach Friemar. Dort teilt sich die Kolonne und die Co. L geht weiter nach Tröchtelborn, wo sie den Vorposten der Co. F, 2./317 ablöst, bevor sie am Nachmittag nach Zimmernsupra weitergeht. Als sie sich dem Ort nähert, trifft sie auf Gewehrfeuer und meldet, dass sie auf 20 bis 30 Mann gestoßen ist, die nach dem Abrücken der amerikanischen Patrouille am Vorabend anscheinend in den Ort zurückgekehrt waren. Daraufhin entsendet das Bataillon um 16.00 Uhr (B) einige Panzerjäger vom Südflügel bei Gamstädt über Ermstädt nach Zimmernsupra. Doch dort haben sich in der Zwischenzeit die meisten Verteidiger bereits ergeben oder sind geflohen. Der Ort wird ohne weiteren Widerstand endgültig gesichert. Die Gefangenen gehören zur Alarm.Kp./Fl.Ers.Btl. IV der Luftwaffe.[109] Die Co. K geht mit einem Plat. Panzerjäger der Co. A, 811th TD Bn, gefolgt vom Bn.CP nach Pferdingsleben. Dort hat die Co. I bereits mit dem Vormarsch an der rechten Flanke des Regiments begonnen. Gegen 07.15 Uhr (B) treffen die Infanteristen der Co. I zwischen Pferdingsleben und Nottleben auf Gewehr-, MG- und Panzerfaustfeuer und werden eine Stunde aufgehalten. Daraufhin wird der Ort unter Artilleriebeschuss genommen, wobei neun Einwohner, darunter drei Kinder, getötet, 12 Gehöfte werden zerstört bzw. beschädigt werden.[110] Dann wird der Ort besetzt. In Pferdingsleben stößt in der Zwischenzeit der Bn.CP 3./317 beim Quartiermachen auf Sprengfallen, sogenannte „Booby traps“, und ruft die Pioniere zur Hilfe, um sie zu entschärfen. Um 11.40 Uhr (B) können die Pioniere Entwarnung geben. Alle Sprengfallen sind entschärft. Bis 11.45 Uhr (B) hat die Co. I Gamstädt gesichert und Vorauskräfte nach Frienstedt entsandt. In Gamstädt hatte sich eine, zuvor gemeldete, deutsche 15-Mann-Patrouille, die am Vorabend von Kleinklettbach gekommen war, rechtzeitig zurückgezogen. Am Abend kommt es dann in Gamstädt zum Kontakt mit der Co. G, 2./318.

Der Regtl.CP verlegt bis 11.00 Uhr (B) von Remstädt nach Bufleben, wohin auch der CP des 313th FA Bn geht, bevor er noch am gleichen Tag nach Friemar weiterfährt. Um 14.25 Uhr (B) erhält das RCT 317 die Nachricht, dass es im Nordabschnitt durch das 385th InfRgt der 76th US InfDiv abgelöst werden soll und die Aufklärer aus der zeitweiligen Unterstellung gehen. Um 17.25 Uhr (B) erfolgt als erstes die Ablösung des 2nd Plat. 80th Rcn Tp. in Döllstädt durch das 2./385. Wenig später sind alle Platoon des 80th Rcn Tp. abgelöst und der Troop versammelt sich in Ballstädt, wo er aus der Unterstellung unter das 2./317 geht. Am Abend gehen die Aufklärer nach Gotha in die Div.Res. Die Ablösung des RCT 317 ist bis 19.00 Uhr (B) abgeschlossen. Im Tagesergebnis meldet das Regiment einen Gefallenen, drei Verwundete und 24 Gefangene.

Das RCT 318, das den Auftrag erhält, bis zu einer Linie von der R 7 bei Gamstädt bis Sülzenbrücken vorzurücken, versetzt um 11.08 Uhr (B) seine Bataillone für 13.00 Uhr (B) in Angriffsbereitschaft. Um 13.15 Uhr (B) beginnt das unterstellte 314th FA Bn mit Unterstützung durch das 204th FA Bn mit der Feuervorbereitung auf erkannte Ziele. Dann beginnt der Angriff. Das 2./318 unter Lt.Col. John P. Wood mit Bn.CP und Co. E und H in Seebergen und Co. G und F in Tüttleben, beginnt um 13.15 Uhr (B) mit dem Vorrücken nach Osten. Die Co. G, 2./318 von Capt. Gabriel R. Martinez, die an der Rechten auf Grabsleben vorrückt, wird um 14.07 Uhr (B) 500 Meter westlich des Ortes gemeldet und um 14.22 Uhr (B) ist der Ort gesichert. Hier hält sie und bezieht Sicherungsstellungen. Um 18.50 Uhr (B) stellen Patrouillen bei Gamstädt den Kontakt zum 3./317 her. Die Co. F, 2./318 unter Capt. John R. Singleton, die parallel zur Co. G gestartet ist, rückt querfeldein nach Südosten auf Cobstädt vor, das sie bis 14.05 Uhr (B) erreicht. Dann folgt sie von dort der Co. E, die den Ort bereits gesichert hat, nach Großrettbach, wo sie 14.36 Uhr (B) gemeldet wird und anhält. Die Co. E, 2./318 von 1st Lt. Walter P. Carr nähert sich an der Linken über Cobstädt Großrettbach, das um 13.53 Uhr (B) erreicht wird. Dann geht es ohne Halt weiter nach Kleinrettbach. Aber ab jetzt ist äußerste Vorsicht geboten. Eine Patrouille, die sich zuvor dem Ort genähert hatte, hatte sich durch gesichtete weiße Fahnen täuschen lassen und war ohne Sicherung hineingefahren. Sie hatte jedoch nicht mitbekommen, dass die weißen Fahnen auf Befehl deutscher Soldaten, die in der Nacht den Ort erreicht hatten, in diesem Moment wieder eingezogen worden waren. Kaum im Ort angekommen, waren sie unter Beschuss geraten und konnten nur knapp entkommen.[111] Doch jetzt verläuft die Besetzung reibungslos und gegen 15.00 Uhr (B) hat ein Platoon den Ort sichert. Gegen 19.00 Uhr (B) kommt es erneut zu einem Vorfall, als plötzlich ein P-47 „Thunderbolt"-Jagdbomber der Luftunterstützung über ihren Linien erscheint und zum Angriff übergeht. Da die Infanteristen kein Lufterkennungszeichen ausgelegt haben, besteht große Gefahr, dass er sie für Deutsche hält und unter Beschuss nimmt. Beobachter außerhalb des Ortes, die den Anflug beobachten, melden sofort einen Luftangriff auf eigene Truppen. Aber zum Glück haben sie unrecht. Der Pilot, der die Situation richtig erkannte hatte, feuert auf erkannte Ziele vor ihren Linien. Nur wenige 100 Meter vor den Vorposten schlagen die Geschosse der Bordwaffen ein. Im nahen Großrettbach läuft gegen 17.00 Uhr (B) eine deutsche Vier-Mann-Patrouille in die Arme der amerikanischen Infanteristen. Einer der Gefangenen, der zur 2. Kp./Marsch.Btl. z.b.V. 405 des III./Rgt. Opitz gehört, gibt im Verhör an, dass sie am Morgen in Bischleben losmarschiert waren und seine Kompanie aus 140 bis 160 Mann Infanterie besteht, die über keine schweren Waffen verfügt. Die Co. H, 2./318 von Capt. Tandy E. Jackson verbleibt während des Tages beim Bn.CP in Seebergen.

Das 1./318 verlässt um 13.30 Uhr (B) Wechmar und rückt auf Wandersleben vor, das um 15.15 Uhr (B) durch die Co. B, gefolgt von der Co. A, ohne Widerstand besetzt wird. Eine Patrouille war noch in der Nacht um 01.10 Uhr (B) auf Abwehrfeuer getroffen.[112] Eine, westlich des Ortes befindliche, Straßensperre wird ohne Probleme überwunden. Unter Zurücklassung der Co. A zur Sicherung des Ortes geht die Co. B um 14.00 Uhr (B) weiter nach Apfelstädt, dass gegen leichten Widerstand bis 17.45 Uhr (B) genommen wird. Nordwestlich von Wandersleben stoßen sie auf sechs zerstörte deutsche Panzerfahrzeuge, die zu den acht, von der Artillerie um 13.00 Uhr (B) nördlich Neudietendorf, bei Wandersleben und auf der Straße Wandersleben – Seebergen beschossenen und als zerstört gemeldeten, gehören. Sie gehören sehr wahrscheinlich zu einer Gruppe von Panzerfahrzeugen, die man in der Nacht vom 7./8. April 1945 bei Neudietendorf gemeldet hatte. Wie zur Bestätigung nimmt die Artillerie um 21.30 Uhr (B) erneut drei Panzer nördlich Neudietendorf unter Beschuss.[113] Der I&R Plat. 318 meldet deutsche Sicherungen am Eingang nach Neudietendorf an der Gothaer Straße und bei Ingersleben.[114] Um 19.15 Uhr (B) stellt die Co. B Kontakt zum linken Nachbarn, der Co. E, 2./318, her. Die Co. C, die mit einer Patrouille um 13.20 Uhr (B) den Kontakt zum 355th InfRgt der 89th US InfDiv in Mühlberg herstellt, verlässt den Röhnberg und nimmt mit einem Platoon um 17.45 Uhr (B) Sülzenbrücken gegen leichten Widerstand. Die Co. D, 1./318 verbleibt mit dem Bn.CP in Wechmar. Das 3./318, das sich weiter in der Regtl.Res. befindet, verlegt gegen 15.00 Uhr (B) von Siebleben nach Seebergen, wo es sich um 15.45 Uhr (B) versammelt hat. Dorthin folgt auch die Cn Co. 318, die Gotha um 16.45 Uhr (B) verlässt und 17.00 Uhr (B) in Seebergen eintrifft. Im Versammlungsraum wird das 3./318 um 22.00 Uhr (B) informiert, dass es im Weiteren durch das 1./318 hindurch gehen und deren Panzer und Panzerjäger übernehmen soll. Die Co. B, 305th Med Bn verbleibt in Siebleben. Das RCT 318 meldet 18 Kriegsgefangene und einen eigenen Gefallenen.

Das RCT 319 setzt die Sicherung des Stadtgebietes von Gotha fort. Die Co. K, 3./319 von Capt. Edward B. Smith entsendet um 08.45 Uhr (B) zwei Platoon nach Uelleben, die Straßensperren nach Süden und Südwesten errichten. Am Abend wird in Gotha Alarm ausgelöst, nachdem das 305th Med Bn Schüsse im Krankenhaus gemeldet hatte. Eine eintreffende Patrouille findet jedoch nichts.[115] Um 18.00 Uhr

(B) erhalten die Regimenter der 80th US InfDiv die Field Order No. 2 für die Wiederaufnahme des Angriffs der 3rd US Army nach Osten. Darin erhält das RCT 317 den Auftrag, an der Nordflanke der Division an Erfurt vorbeizugehen, während das RCT 318 an der Südflanke der Division die Stadt angreifen soll. Nachdem dann das RCT 319 aus der Reservestellung heraus nachgerückt ist und Erfurt im Süden umgangen hat, so dass die Stadt eingekreist ist, soll das RCT 318 Erfurt nehmen. Zu diesem Zeitpunkt sollen dann das RCT 317 und RCT 319 bereits von Norden und Süden her das nächste große Ziel Weimar angreifen. Dabei gilt es im Norden Kontakt zur 76th US InfDiv und im Süden zum VIII. US Corps zu halten. Auch die Panzerdivisionen erhalten ihre Aufträge. Während die 6th US AD durch die Reihen der 76th US InfDiv hindurch nördlich an Erfurt – Weimar vorbei zur Saale durchbrechen soll, hat sich die 4th US AD darauf vorzubereiten, durch die Linien der 80th US InfDiv zu gehen und entlang der RAB Gotha – Jena Richtung Saale anzugreifen.

Die 4th US AD verbleibt nach der Unterstellung unter das XX. US Corps in ihren bisherigen Stellungen im Raum Gotha, wo sie mit Aufklärungskräften die Südflanke des Corps sichert und die Einheiten die Gelegenheit für Ausbildung, Instandhaltung und Erholung nutzen. Seit langem haben sie wieder einmal Zeit, das Clubmobil des amerikanischen „Red Cross" zu besuchen und am Abend Filme anzusehen. Mehrere Einheiten senden Offiziere und Soldaten zur Besichtigung des KZ-AL Espenfeld bei Ohrdruf, damit sich diese ein eigenes Bild von der Grausamkeit des Feindes machen können. Ein Umstand, der in den Tagen danach mehrfach Ursache für die völkerrechtswidrige Behandlung Kriegsgefangener sein wird, insbesondere von Angerhörigen der SS und Waffen-SS. Am Abend lädt der CG alle Offiziere des Divisionsstabs und der Stäbe der Bataillone ein, um nach den Wochen anhaltender Kämpfe die Ruhepause vor dem Sturm zu nutzen und eine gemeinsame Offiziersparty zu feiern. Dabei nutzt er die Gelegenheit, um Capt. Abraham J. Baum vom 10th AIB nach dessen Rückkehr aus deutscher Gefangenschaft in den eigenen Reihen zu begrüßen. Baum war CO einer Task Force der 4th US AD, die aus dem Raum Aschaffenburg am Main quer durch den Spessart bis nach Hammelburg an der Fränkischen Saale tief ins Hinterland des Feindes vorgedrungen war, um auf Befehl von Gen. Patton das dortige Kriegsgefangenenlager Oflag XIII-B zu befreien, in dem sich auch Patton's Schwiegersohn Lt.Col. John K. Waters befand. Doch der Versuch war misslungen und die Task Force war durch einen schnell herangeführten deutschen Angriffsverband zerschlagen worden. Von den 296 Mann der Task Force wurden 32 verwundet, neun getötet und 16 galten seitdem als vermisst. 239 Mann gingen in deutsche Kriegsgefangenschaft, darunter auch Baum, der mehrfach verwundet wurde. Doch während Baum einen Tag nach der Begrüßungsfeier von Patton für seine heldenhafte Tat mit dem Distinguished Service Cross ausgezeichnet und zum Major befördert werden sollte, hatte Patton von Eisenhower einen Verweis wegen des eigenmächtigen Handelns erhalten. Die ganze Geschichte wurde im Anschluss danach für TOP SECRET erklärt und sollte erst viel später nach dem Krieg publik werden. Der ganzen Geschichte jenes, als „Hammelburg Raid“ bekannt gewordenen Unternehmens der TF Baum nimmt sich das Buch „Alarm! Die Panzerspitze kommt!“ von Peter Domes und Martin Heinlein[116] an, an dessen Entstehung Abraham „Abe“ Baum noch selber beteiligt war.

Als Teil der Vorbereitungen zur Fortsetzung des Angriffs erfolgt auch die Festlegung der Unterstützungsleistungen für die Angriffsdivisionen durch die Corpstruppen. So legt die XX. CorpsArty folgende Unterstützungsaufträge fest:

- Das 7th FA Observer Bn unter Lt.Col. J. P. Schwartz unterstützt mit Vorgeschobenen Artilleriebeobachtern im Abschnitt der 76th und 80th US InfDiv.
- Die 5th FA Gp unter Col. J. E. Theimer unterstützt mit dem 58th AFA Bn (105mm Haubitze) von Maj. S. W. Wood, dem 177th FA Bn (155mm Haubitze) von Lt.Col. J. S. Billups und dem 943rd FA Bn (155mm Haubitze) von Lt.Col. L. J. Conway die DivArty der 4th US AD von Col. Alexander Graham.
- Die 204th FA Gp unter Col. C. A. Pyle unterstützt mit dem 204th FA Bn (155mm Haubitze) von Lt.Col. N. L. Yuille, dem 241st FA Bn (105mm Haubitze) von Lt.Col. M. Deal und dem 662nd FA Bn (8inch Haubitze) von Lt.Col. J. Lockett die DivArty der 80th US InfDiv von Brig.Gen. Jay W. MacKelvie.
- Die 416th FA Gp unter Col. F. B. Porter unterstützt mit dem 284th FA Bn (105mm Haubitze) von Lt.Col. H. L. Sanders die 3rd CavGp, mit dem 736th FA Bn (8inch Haubitze) von Lt.Col. E. A. Peach und dem 752nd FA Bn (155mm Haubitze) von Lt.Col. F. G. Stritzinger die 76th US InfDiv und dem 733rd FA Bn (155mm Kanone) von Lt.Col. C. C. Seavey und dem 744th FA Bn (8inch Haubitze) in der gesamten Corpszone.[117]

Während die Vorbereitungen beim XX. US Corps laufen, verlassen die letzten Teile der 65th US InfDiv des südlich stehenden VIII. US Corps den Raum Mühlhausen. Damit hat die 65th US InfDiv endgültig den Abschnitt des XX. US Corps verlassen. Das 353rd InfRgt säubert das Gebiet an der linken Flanke der 89th US InfDiv, während das verstärkte 354th InfRgt Georgenthal und Finsterbergen im Thüringer Wald besetzt. Das CT-5 schirmt weiter die Front von Ohrdruf bis Wölfis ab. Ihr 2./355 nimmt bis zum Mittag Crawinkel und die Co. F besetzt Gräfenhain. Die 87th US InfDiv erreicht mit dem 345th und 347th InfRgt auf der Linken die Umgebung von Stutzhaus und auf der Rechten den Raum Schneekopf – Großer Beerberg am Kamm des Thüringer Waldes. Das 346th InfRgt geht nach Nordosten, um die Nordflanke der Division zu schützen und den Kontakt zur 89th US InfDiv aufrechtzuhalten.

Bei den deutschen Truppen übernimmt im Abschnitt der 11. Armee das LXVII. AK den linken Flügel der Armee bis zur Linie Mühlhausen – Heldrungen – Querfurt als Trennungslinie zur 7. Armee und bis zum Saale-Abschnitt im Rücken. Der Korpsgefechtsstand verlegt nach Steinthaleben[118] bei Sondershausen, wo er jedoch nicht lange verbleibt, bevor er weiter in den Harz verlegen muss. Der OB West verlegt mit seinem Befehlszug von Blankenburg im Harz in den Raum Jena.[119]

Bei der 7. Armee gehen im Abschnitt des LXXXV. AK im Thüringer Wald die Kämpfe weiter. In Weimar, wo an diesem Tag das XC. AK unter Gen.d.Inf. Petersen die Führung der Korps.Gr. Uckermann Thüringen übernehmen sollte, trifft am Morgen nur das Vorauskommando ein. Der Rest des Stabes war durch die alliierte Luftüberlegenheit und fehlenden Treibstoff aufgehalten worden und soll erst am 10. April 1945 Süßenborn bei Weimar erreichen. So behält Uckermann vorläufig weiter das Kommando. Das Gen.Kdo. XC. AK war am 7. April 1945 auf Befehl der H.Gr. G aus der Front der 1. Armee im Raum Pforzheim herausgelöst worden, um *„mit den, im dortigen Raum (Erfurt-Weimar d.A.) stehenden Truppen die Lücke zwischen 11. und 7. Armee vom Südrand des Harzes bis zum Nordrand des Thüringer Waldes zu schließen, den Widerstand zu organisieren und das Feindvorgehen Richtung Saale zum Halt zu bringen."*[120] Westlich von Erfurt versucht der, ebenfalls frisch eingetroffene, Gen.Maj. Theilacker im Tagesverlauf die Kampfführung entlang der Linie Gispersleben – Kiliani – Erfurt – Möbisburg – Molsdorf zu übernehmen. Doch dies gestaltet sich mehr als kompliziert, denn es herrscht Befehlschaos. Welche Truppen kann er eigentlich übernehmen? Da sind zum einen die Reste der Div. z.b.V. 469, die den Grundstock für seinen Div.Vbd. bilden sollen. Doch von denen ist nach den Rückzugskämpfen kaum noch etwas übrig. Dann stehen westlich von Erfurt die Kräfte der Lw.Feld.K.Gr. und südlich der Stadt das Rgt. Bertheau des K.Kdt. Erfurt, doch diese benötigt Merkel zur Verteidigung der Stadt. So bleiben nur noch die, ebenfalls in seinem Abschnitt stehenden, Teile des Pz.Gren.Rgt. Opitz des Pz.Vbd. Feller, der den neuen Auftrag hat, den Raum nördlich von Erfurt entlang der Linie Blankenburg – Bad Tennstedt – Herbsleben bis ostwärts Walschleben zu verteidigen.[121]

Das Rgt. Opitz unter dem Ritterkreuzträger Obstlt. Heinz-Eberhard Opitz war Ende März 1945 als eines von zwei Regimentern aus dem Rgt. Bertheau in Erfurt hervorgegangen und mit eintreffenden Einheiten und Versprengten aufgefüllt worden, um so das Pz.Gren.Rgt. des Pz.Vbd. Feller zu bilden. Maj. Bertheau, der nach der Mobilmachung und dem Abmarsch des Pz.Gren.Ausb.Btl. 71 des Kdr.d.Pz.Tr. IX Erfurt zum Pz.Ausb.Vbd. „Thüringen" und der Übernahme der Aufstellung eines Pz.Vbd. durch den Kdr.d.Pz.Tr. IX Feller die Führung des verbliebenen Pz.Gren.Ers.Btl. 71 übernommen hatte und dem zusätzlich die zurückgebliebenen, selbstständigen Regimentseinheiten des ehemaligen Pz.Gren.Ers.u.Ausb.Rgt. 81 in Erfurt unterstellt worden waren, hatte auf Befehl des K.Kdt. Erfurt, Oberst Merkel mit dem Stab des Pz.Gren.Ers.Btl. 71 begonnen, aus 18 Kompanien[122] neben dem, sich bereits in der Aufstellung befindlichen, Rgt. Opitz des Pz.Vbd. Feller ein weiteres Regiment zu formieren, das danach als Rgt. Bertheau unter seiner Führung verbleiben sollte.[123] Dieses wurde dann wegen des hohen Anteils an Einheiten des ehemaligen Pz.Gren.Ers.u.Ausb.Rgt. (gp) 81 auch als Pz.Gren.Ers.u.Ausb.Rgt. 81 bezeichnet, obwohl dieses zu diesem Zeitpunkt bereits aufgelöst und aus der Truppenliste gestrichen war.[124]

Problematisch hatte sich dabei der Umstand dargestellt, dass sowohl das Pz.Gren.Ers.Btl. 71, als auch die selbstständigen Regimentseinheiten des ehemaligen Pz.Gren.Ers.u.Ausb.Rgt. 81 im Standort Erfurt bis dahin dem Kdr.d.Pz.Tr. W.Kr. IX, also Gen. Feller unterstanden. Und dieser hatte nunmehr den Auftrag, eine neue Panzerdivision aufzustellen. So ist es nicht verwunderlich, dass er sich anfangs große Teile der wenigen verfügbaren Truppen, die ja bisher ihm direkt unterstanden, für die Aufstellung seines, von Opitz geführten, Pz.Gren.Rgt. *„unter den Nagel gerissen"* hatte. Ein Grund, warum das Rgt. Opitz vereinzelt auch als Pz.Gren.Ers.u.Ausb.Rgt. 71 bezeichnet wurde, obwohl es ein solches Regiment in der Wehrmachtsnomenklatur nie gab. Erst massive Beschwerden von Oberst Merkel und das Eingreifen von Gen. v. Uckermann, der Feller jegliche Befehlsgewalt über die Truppen in Erfurt entzogen hatte, sowie die Truppenverschiebungen nördlich von Erfurt beendeten das Tauziehen um jeden verfügbaren Mann in der Stadt.[125] Während der Pz.Vbd. Feller aus diesen Querelen gestärkt hervorging, hatte Oberst Merkel einen erheblichen Teil seiner Kräfte verloren. Lediglich das verbliebene, Rgt. Bertheau, dessen genaue Gliederung unbekannt ist, eine Lw.Feld.K.Gr. des Kdr. der Luftwaffe in Erfurt, Oberst Hans Loew[126], die SS-K.Gr. aus dem Alarm.Btl. des SS-Kraftf.Ausb.u.Ers.Rgt. Bad Tennstedt, eine Lds.Schtz.Kp. unter dem Kommando des Hptm.d.Lw. Klein, eine Polizei.Kp. der Stadt Erfurt und 12 unzureichend ausgerüstete VS-Btl'e sind unter seiner Führung verblieben. Hinzu kommen 12 Sturmgeschütze und sechs 8,8cm Flak, die Feller auf Befehl Uckermann's an Merkel abgegeben musste und die Einheit Memminger aus 70 deutschen Ausbildern des Kgl. Ung. Inf.Btl. 88/V, das an die Oder verlegt worden war.

Die Lw.Feld.K.Gr. verfügt über zwei K.Gr., von der eine als K.Gr. Bindersleben unter Führung von Maj. Lorenz und seinem Stellvertreter Maj. Schulz steht[127] und zu der die Alarm.Kp. Bindersleben unter Hptm Heid gehört[128] und die K.Gr. Maj. Vogt[129]. Beide verfügen im Wesentlichen über Angehörige der Flugplatzbetriebs.Kp. 124 und der Ln.Einheiten des Standortes Erfurt sowie über eine Alarm.Kp. des Fl.Ers.Btl. IV. Oberst Merkel bezeichnet die K.Gr. als Lw-Boden-Btl. mit drei Kompanien.

Für Theilacker bleiben also nicht mehr viele Kräfte übrig und so übernimmt er im Wesentlichen nur die Einheiten des III./Rgt. Opitz, das westlich von Erfurt steht. Doch aus welchen Kräften besteht dieses Bataillon? Auf Grund fehlender deutscher Unterlagen konnte in Auswertung der vorliegenden amerikanischen Kriegsgefangenenbefragungen folgende Gliederung des Rgt. Opitz rekonstruiert werden:

- das I. Btl. unter Hptm Schweiger mit 1. Kp. Lt. Mazinha, 2. Kp. Lt. Zehnig, 3. Kp. Lt. Eger, 4. Kp. Lt. Schaller und 14. (schw.) Kp. Lt. Estenfeld
- das II. Btl. unter Hptm Schneeberger mit 5. Kp. Oblt. Platte, 6. Kp. Oblt. Gottschalk, 7. Kp. Lt. Otto, 8. Kp. Lt. Taschemer und 10. Kp. Oblt. Henschel

- das III. Btl. unter Hptm. Ritter mit K.Gr. Oblt. Nagel aus 9. und 12. Kp, K.Gr. Hptm Klatt mit 13. Kp.[130] und unterstellter Gen.Kp. 413[131] (als 11. Kp) sowie K.Gr. Hptm. Georg Grau der Offz.Nachw.Kp. Erfurt. Außerdem unterstand dem III. Btl. die K.Gr. Mang, Marsch.Btl. z.b.V. 405[132], in Stärke von zwei gleichstarken Kompanien.[133]

Hptm Klatt war mit einer Einheit des Pz.Aufkl.Ers.u.Ausb.Abt. 55 Glatz/Kłodzko, am 28. März 1945 als Personalersatz für die Pz.Aufkl.Abt. 11 der 11. PzDiv in Marsch gesetzt worden und hatte am 2. April 1945 Erfurt erreicht, wo man sie wegen der unklaren Lage im Raum Eisenach angehalten und kurzerhand in die Verteidigung eingegliedert hatte.[134]

Diese Untergliederung dürfte jedoch den meisten Regimentsangehörigen nicht bekannt gewesen sein, was auch für den Unterstellungswechsel gilt. Sie gehen auch weiterhin als Angehörige des Rgt. Opitz des Pz.Vbd. Feller in Kriegsgefangenschaft. Fraglich bleibt außerdem, ob es Theilacker an diesem Tag überhaupt gelungen ist, die Führung westlich von Erfurt zu übernehmen, denn es steht ihm weder ein Stab noch Führungsmittel zur Verfügung. Hinzu kommt, dass es im Tagesverlauf zu Einbrüchen in die Vorgeschobene Stellung, die entlang der Linie Bruchstedt – Urleben – Großvargula – Bienstedt – Bindersleben – Molsdorf verläuft, kommt.[135] Somit ist sein neuer Verband nicht mehr als ein weiterer „Papiertiger“ auf der Generalstabskarte der 7. Armee, der lediglich die Anzahl der Divisionen aber nicht die Kampfkraft erhöht. Und er verringert durch die Übernahme der III./Rgt. Opitz die Kampfkraft des, durch die Kämpfe nördlich von Erfurt geschwächten, Pz.Vbd. Feller. Feller, der wegen fehlender Führungsmittel kaum noch in der Lage ist, seine verstreuten Einheiten zu führen, unternimmt daraufhin einen letzten Schritt und löst zur Straffung der Führungsstruktur seinen kaum noch existierenden gepanzerten Verband auf und setzt dessen Kommandeur Obstlt. v. Petersdorff[136] als Chef des Stabes ein.[137] Doch nicht nur in Thüringen wird verzweifelt versucht, die Front zu stabilisieren. Das LXXXII. AK, das an der Südflanke der 7. Armee durch den strikten Befehl des OKW zum Halten der „Festung Schweinfurt“ immer weiter zurückhängt, wird an die 1. Armee abgegeben.

* * *

[1] „Im Gasthof der Brüdergemeine Angriff geplant“ v. Horst Benneckenstein, TLZ, 08.05.2009, siehe auch „Mein Jahr fünfundvierzig“, hier Bericht Benneckenstein und Herman Anders Krüger.

[2] Diese Thematik wird gesondert in dem geplanten Buch von Jürgen Möller „Der Kampf um die Thüringer Pforte April 1945“ behandelt.

[3] Vereinzelt wird auch die Schreibweise Worgitzki verwendet, was jedoch falsch ist. Worgitzky ging 1946 in Westdeutschland zur Organisation Gehlen und war von 1957–1967 Vizepräsident des BND der BRD.

[4] Benannt nach den Blue Ridge Mountain, einem Gebirgszug der Appalachen im Osten der USA.

[5] History XX. Corps Artillery, S. 45.

[6] Es wird sowohl die Bezeichnung „Fahner Höhe“, als auch „Fahnersche Höhe“ verwendet.

[7] G-2 Journal 317th InfRgt.

[8] G-2 Journal 80th InfDiv.

[9] Ebenda.

[10] Ebenda.

[11] G-2 Journal 4th AD.

[12] Schriftsteller, Bibliothekar, Landtagsabgeordneter der Deutschen Demokratischen Partei DDP und bis 1925 Direktor der Gothaer Landesbibliothek.

[13] „Im Gasthof der Brüdergemeine Angriff geplant“ v. Horst Benneckenstein, TLZ, 08.05.2009.

[14] Angabe des Ortes zwischen Apfelstädt und Dietendorf nur im G-2 Journal 80th InfDiv. Der genaue Ort ist nicht überliefert.

[15] TUSA – Third US Army, HQ 3rd US Army, After Action Report Command Group.

[16] “G-2 Intelligence for Patton”, O. W. Koch, R. G. Hays, Atglen, 2004, S. 126ff.

[17] „Im Gasthof der Brüdergemeine Angriff geplant“ v. Horst Benneckenstein, TLZ, 08.05.2009.

[18] “Combat History 4th AD”, siehe auch AAR 35th Tk Bn und „Mein Jahr fünfundvierzig“, Bericht Krüger zum Jagdbomberangriff.

[19] S-2 Journal 317th InfRgt.

[20] “Unit History 81st Chemical Mortar Battalion”

[21] G-2 Journal 80th InfDiv.

[22] „Patton's Problemlöser“.

[23] Operations Instructions #80, XX. US Corps v. 6.4.45.

[24] B-568-9, NARA, Gen.d.Art. Fretter-Pico.

[25] „Das Jahr 1945. Die letzten Tage des 2. Weltkrieges“, Nachlass Merkel, StAEF, 5/190 23, S. 9/10.

[26] „Das Jahr 1945. Die letzten Tage des 2. Weltkrieges“, Nachlass Merkel, StAEF, 5/190 23, S. 14/15.

[27] „Der kommunale Führer – Stadtoberhäupter im Porträt: Wie Kießling die Hitlerschen Ideale umsetzte“, TA/AA v. 28.03.2006.

[28] „Das Jahr 1945. Die letzten Tage des 2. Weltkrieges", Nachlass Merkel, StAEF, 5/190 23, S. 9. 1806 rückten die französischen Truppen kampflos in Erfurt ein, da sich die Stadt verteidigt hatte.

[29] „Der Kampf um Erfurt", A. Buresch, Sutton-Verlag, 2016, S. 38.

[30] „Erfurt unterm Sternenbanner", Mohr, Ranglack, Riesterer, Erfurt, 1995, S. 33.

[31] „Das Jahr 1945. Die letzten Tage des 2. Weltkrieges", Nachlass Merkel, StAEF, 5/190 23, S. 15.

[32] „Kriegsende in Deutschland 1945", MGFA, Oldenbourg Verlag München, 2002, S. 121.

[33] „Die Wehrmachtsjustiz 1933–1945", M. Messerschmidt, Ferdinand, Schöningh, Paderborn, 2005, S. 417, Anmerkung 75, OKW/OKH Vortragsnotiz Chef Abt. Wes., BA-MA, RH 13/1.

[34] Ebenda, S. 417.

[35] „Nur vorwärts".

[36] „Der Kampf um Ufhoven und Langensalza 1945", H. Rockstuhl, Verlag Rockstuhl Bad Langensalza, 1. Auflage 2005, S. 117.

[37] S-2 Journal 317th InfRgt.

[38] G-2 Journal 80th InfDiv.

[39] S-2 Journal 317th InfRgt.

[40] G-2 Journal 4th AD.

[41] G-2 Journal 80th InfDiv, S-2 Journal 317th InfRgt.

[42] G-2 Periodic Report 80th InfDiv.

[43] G-2 Journal 80th InfDiv.

[44] S-2 Journal 319th InfRgt, Eintrag 10.4.45.

[45] S-2 Periodic Report 318th InfRgt; G-2 Periodic Report 80th InfDiv.

[46] S-2 Periodic Report 318th InfRgt. Gem. S-2 Journal 319th InfRgt, Eintrag 10.4.45, kamen sechs Sturmgeschütze nach Neudietendorf und zwei nach Schmira.

[47] G-2 Periodic Report 80th InfDiv.

[48] „Mein Jahr fünfundvierzig", Bericht Krüger.

[49] Wikipedia-Eintrag Neudietendorf.

[50] Wikipedia-Eintrag Ingersleben.

[51] Bericht Otto Keil, mit freundlicher Unterstützung durch Thilo v. Seebach.

[52] Ebenda.

[53] „Klaus Wittich auf den Spuren des 2. Weltkriegs" v. Heiko Stasjulevics, TA v. 30.06.2012.

[54] Bericht Otto Keil, mit freundlicher Unterstützung durch Thilo v. Seebach.

[55] „Das Ende", I. Kershaw, Pantheon Verlag, 1. Auflage 2013, S. 133.

[56] Bericht Otto Keil, mit freundlicher Unterstützung durch Thilo v. Seebach.

[57] Militärische Bezeichnung für den irrtümlicher Beschuss durch eigene Truppen.

[58] G-3 Journal 80th US InfDiv; siehe auch AAR 811th TD Bn. Wahrscheinlich liegt ein Schreibfehler vor und es ist 7,5cm gemeint.

[59] Dem K.Kdt. Erfurt wurden am 26. März 1945 22 Jagdpanzer 38 (t) und drei Bergepanzer 38 (t) ab Heereszeugamt als Nachschub OB West zugeführt.

[60] Gersdorff nennt den Pz.Vbd. Feller mit einem verstärkten Rgt. mit 800 Mann aus Erfurt und eine kleine gepanzerte Gruppe Übungsfahrzeuge. Hitzfeld nennt eine Pz.Abt. des Kdr.d.Pz.Tr. IX.

[61] Das G-2 Journal der 80th US InfDiv berichtet von einer Kompaniestärke von 75 Mann.

[62] Gem. G-2 Periodic Report XX. Corps v. 9.4. u. 15.4.45 wird Westmann als Rgt.Kdr. genannt. Was mit dem eigentlichen Kdr. SS-Ostuf. Schäffer ist, ist unbekannt.

[63] „Ereignisse zum Kriegsende 1945 in Bad Tennstedt" – Angaben von Fr. Mäder, aufgeschrieben von Peter Florian, Mitteilungsblatt April 1945; Saft berichtet in seinem Buch „Krieg in der Heimat..." von einem 3. SS-Kraftf.Ausb.u.Ers.Btl. in Sömmerda, wobei es sich um die Reste der SS-Kraftf.Ausb.u.Ers.Abt. gehandelt haben muss. Gem. der Stellenbesetzungsliste von Charles Trang war der letzte Abteilungskommandeur SS-Hstuf. Schubert.

[64] Gem. Stellenbesetzung nach Charles Trang.

[65] Gem. Keilig Weimar-Berlstedt.

[66] Gem. Schleichardt, Erfurt.

[67] Gem. Tessin drei Regimenter.

[68] Gem. Tessin ohne Nummer.

[69] Gem. Tessin.

[70] G-2 Periodic Report XX. Corps. Gem. Schleichardt befand sich nach Auswertung des DRK-Suchdienstes Angehörige der SS-Kraftf.Ausb.u.Ers.Abt. 1 Bernau bei Berlin im Einsatz, was erklärt, warum nur zwei Kompanien nach Bad Tennstedt verlegt wurden. Das würde auch erklären, warum die SS-Kraftf.Ausb.u.Ers.Abt. Stadtroda nicht die Nummer 1 erhalten hat.

[71] Gem. Zeitzeugensammlung Schleichardt, Erfurt.

[72] G-2 Periodic Report 80th US InfDiv und der 3rd US Army.

[73] Gem. Stellenbesetzung nach Charles Trang. Gem. G-2 Periodic Report XX. Corps v. 9.4.45 SS-Stubaf. Wemmueller, wobei es sich aber nur um eine falsche Schreibweise handelt.

[74] Sie könnten in die SS-K.Gr. des Polizeipräsidenten von Weimar, SS-Stafü. Walter Schmidt eingegliedert worden sein, der Weimar verteidigen sollte und sich mit seiner K.Gr. am 11. April 1945 nach Osten zurückgezogen hatte.

[75] Gem. Zeitzeugensammlung Schleichardt, Erfurt. Siehe auch G-2 Periodic Report XX. Corps v. 9.4.45.

[76] Der Verband wird als Div.Vbd. Theilacker bezeichnet. Gen.d.Inf. Petersen spricht von K.Gr. Theilacker, Div.St. z.b.V. 469, Gersdorff nennt ihn den „ad hoc Verband Theilacker". Gem. G-2 Report 3rd Army v. 15.4.45 Div. 469 mit Stab in Weimar unter Kdo. Theilacker.

[77] Merkel nennt Theilacker erstmals am 7.4.45.

[78] „Erfurt im Luftkrieg", H. Wolf, Heinrich-Jung-Verlagsgesellschaft mbH Zella-Mehlis, 2013, S. 215/216.

[79] Ebenda, S. 204.

[80] Ebenda, S. 207/208.

[81] Ebenda, S. 215/216.

[82] B-Series, NARA, Obstlt. i.G. Klimke, Panzer-Jagd-Division West.

[83] „Das Jahr 1945. Die letzten Tage des 2. Weltkrieges", Nachlass Merkel, StAEF, 5/190 23, S.16.

[84] „Die preußisch-deutsche Garnison Erfurt 1860–1918", B. Könnig, Erfurt, 2012, S. 33.

[85] Gem. Tessin; siehe auch „Erfurt im Luftkrieg", H. Wolf, Heinrich-Jung-Verlagsgesellschaft mbH Zella-Mehlis, 2013, S. 207.

[86] „Flugplätze der Luftwaffe 1934–1945 Band 3 Thüringen", J. Zapf, VDM, 1. Auflage 2003, S. 45ff; siehe auch „Luftwaffe in Erfurt – Fliegerhorst Erfurt-Bindersleben", www.luftfahrt-erfurt.de.

[87] „Erfurt im Luftkrieg", H. Wolf, Heinrich-Jung-Verlagsgesellschaft mbH Zella-Mehlis, 2013, S. 207.

[88] B-309, NARA, Gen.d.Inf. Hitzfeld, LXVII. AK, S. 23. Da Hitzfeld seinen Bericht erst nach Kriegsende schrieb, nannte er auch einen K.Kdt. Jena, den es zu diesem Zeitpunkt noch nicht gab.

[89] Auch Saynisch. Der G-2 Periodic Report 80th InfDiv nennt Hptm Waschke.

[90] Auch Karoll.

[91] „Das Jahr 1945. Die letzten Tage des 2. Weltkrieges", Nachlass Merkel, StAEF, 5/190 23, S. 37/38.

[92] Ebenda, S. 18.

[93] „Erfurt im Luftkrieg", H. Wolf, Heinrich-Jung-Verlagsgesellschaft mbH Zella-Mehlis, 2013, S. 225/226.

[94] „Mitteldeutschland im Frühjahr 1945", V. Wahl, Das neue Heimatbuch 1995/96, Heinrich-Jung-Verlagsgesell. mbH Zella-Mehlis.

[95] Gem. Seebach kamen die Offz.Bewerber vom Pz.Gren.Rgt. 12 Coburg und sollten Gotha verteidigen. Es muss sich daher um das Pz.Gren.Ausb.Btl. 12 gehandelt haben, das im April 1945 mobil gemacht wurde.

[96] „Die sieben Soldatengräber auf den Fahner Höhen", Fahner Höhe Kurier Nr. 09/05; siehe auch „Sieben Gräber – was war da geschehen?", Projektpräsentation der Stiftung Demokratische Jugend, Hrsg. VG Nesseaue Friemar, 2006, S. 12–15.

[97] Bericht Otto Keil, mit freundlicher Unterstützung durch Thilo v. Seebach.

[98] "Troop History 80th Rcn Tp.".

[99] Ebenda.

[100] Bienstädter Heimatgeschichte, 9. Teil: Zeitzeugenberichte 1945, Lothar Dingelstedt, Jahrgang 1932. Möglicherweise stehen die toten Zivilisten im Zusammenhang mit der Meldung über die Entführung eines Bürgermeisters durch die SS.

[101] Bienstädter Heimatgeschichte 2. Teil: Was unter den Antennen der Warte wirklich geschah. (ein Interview von Uwe Riedel, Bienstädt mit dem Postoberinspektor i.R. Horst Reimann, Molschleben).

[102] In „Luftkrieg über Mitteldeutschland 1944–1945", H.-J. Blankenburg, G. Sinnecker, Verlag Rockstuhl, 2007, S. 37 findet sich die Karte der Bodenorganisation der Großraum-Nachtjagd der Luftflotte Reich mit dem Funkfeuer zwischen Bindersleben und Langensalza.

[103] Bericht Otto Keil, mit freundlicher Unterstützung durch Thilo v. Seebach.

[104] Ebenda.

[105] "Troop History 80th Rcn Tp.".

[106] Otto Keil spricht von acht Todesopfern in Gierstädt.

[107] „Das Kriegsende 1945 in Großfahner", Verein f. Heimatgeschichte Großfahner e.V., www.heimat-grossfahner.de.

[108] G-2 Journal 80th InfDiv.

[109] Ebenda.

[110] www.linkfang.de.

[111] G-2 Periodic Report XX. Corps.

[112] G-2 Journal 80th InfDiv.

[113] Ebenda.

[114] S-2 Periodic Report 318th InfRgt.

[115] G-3 Journal 80th US InfDiv.

[116] Verlag G. H. Hofmann, Gemünden am Main.

[117] History XX. Corps Artillery, S. 47 u. 77.

[118] Steinthaleben wird auf alten Karten aus den 1930/40iger Jahren teilweise Steinthalleben geschrieben.

[119] Wohin genau ist unbekannt.

[120] NARA, B-507, Gen.d.Inf. Erich Petersen, XC. AK, S. 10–13.

[121] Ebenda, S. 11.

[122] „Das Jahr 1945. Die letzten Tage des 2. Weltkrieges", Nachlass Merkel, StAEF, 5/190 23.

[123] G-2 Periodic Report XX. Corps v. 12.4.45.

[124] G-2 Report 3rd Army v. 17.4.45.

[125] „Das Jahr 1945. Die letzten Tage des 2. Weltkrieges", Nachlass Merkel, StAEF, 5/190 23.

[126] Loew war bis Dezember 1944 Kdt. Fl.H.Kdtr. 31/III Erfurt.

[127] G-2 Periodic Report 80th InfDiv v. 12./13.4.45. Über die Herkunft der beiden Offiziere liegen keine Angaben vor.

[128] G-2 Periodic Report 80th InfDiv v. 11.4.45.

[129] Vogt soll Kdt. des Flugplatzes Erfurt-Bindersleben gewesen sein, also der Fl.H.Kdtr. Dann müsste er der Nachfolger von Loew gewesen sein, der wahrscheinlich zum Flughafen-Bereichs.Kdo. gewechselt ist. Gemäß den Listen der Luftwaffe war Oberst Willy

Asmussen Kdr. Flughafen-Bereichs.Kdo. 5/III. Sein Name taucht jedoch im April 1945 in Erfurt nicht auf.

130 Gem. eines vorliegenden Soldbuches gab es die 13. Kp. Rgt. Opitz. Die Zuordnung zur K.Gr. Klatt wird angenommen, ist jedoch nicht belegt. In den US Unterlagen findet sie sich nicht, aber die Gen.Kp. 413 wird als Teil der K.Gr. Klapp (? Klatt) genannt und war mit Teilen der K.Gr. Grau im Einsatz.

131 Pz.Gren.Ers.Btl. 413 Hartha/Chemnitz o. Res.Pz.Gren.Btl. 413 aus Dänemark.

132 G-2 Journal 80th InfDiv v. 12.4.45. Div. z.b.V. 405, W.Kr. V, Heilbronn.

133 Gem. G-2 Periodic Report XX. Corps v. 9./10.4.45 drei Btl. mit je fünf Kp. zu 60–100 Mann, Ausb.Rgt. 71 mit drei Btl. in Gesamtstärke von 800 Mann. Die Angaben zu den Offizieren stammen aus dem G-2 Periodic Report 76th US InfDiv v. 11./12.4.45 und stützen sich auf Gefangenenbefragungen. Es ist davon auszugehen, dass die genannten Kp.Führer nicht zwingend identisch mit den tatsächlichen Kp.Führern dieser Kp. sind bzw. nur während einer begrenzten Zeit als solche eingesetzt waren. Auch die richtige Schreibweise der Namen ist auf Grund der amerikanischen Umschrift fraglich.

134 G-2 Periodic Report XX. Corps v. 12.4.45.

135 B-507, NARA, Gen.d.Inf. Erich Petersen, XC. AK, S. 11.

136 Auch Petersdorf. Möglicherweise handelt es sich um Obstlt. Georg v. Petersdorff-Campen, der gemäß der Offiziersrangliste bis 31.1.45 Major bei der II./Pz.Rgt. 1 war. Keilig nennt Petersdorff als z.Verf. OKH. Da der bisherige C.d.S. des Pz.Vbd. Hptm Dr. Strölow auch als Kdr. I. u. III./gem. Pz.Rgt. genannt wird, könnte dieser ab dem 9.4.45 die Führung der Restteile des aufgelösten Pz.Rgt. übernommen haben.

137 Gem. G-2 Report 3rd Army v. 17.4.45 wird das Rgt. aufgelöst, als Petersdorf am 9.4. zum Div.Stab geht.

III. Der Angriffsstoß des XX. Corps zur Saale

Geheime Tagesberichte der Deutschen Wehrmachtsführung vom 10. April 1945:

OB West, 11. Armee, LXVII. AK: *Südöstlich Nordhausen drang der Gegner bis hart südwestlich Heringen vor. Im Angriff auf breiter Front nach Osten aus dem Raum Mühlhausen – Langensalza nahm der Gegner Greußen, Bad Tennstedt, Straußfurt, drang bis hart westlich Gebesee vor, stieß südlich der Stadt auf einer Pontonbrücke über die Gera bei Haßleben, erreichte über Dachwig, Andisleben, nahm Witterda und drang bis an den Westrand von Erfurt vor.*

OB West, 7. Armee, XC. AK: *Entlang der Autobahn stießen Feindkräfte bis in den Steigerwald vor.*

OB West, 7. Armee, LXXXV. AK: *Aus Arnstadt nach Nordosten vordringend, nahm der Feind Elxleben und erreichte nördlich des Ortes die Autobahn. Crawinkel ging verloren.*

Am **Dienstag**, dem **10. April 1945**, beginnt für die 1st US Army der Kampf um Nordthüringen. Nördlich der Trennungslinie zwischen der 1st und 3rd US Army hat im Angriffsstreifen des V. US Corps die 9th US AD aus ihrer Bereitstellung heraus den Angriff durch die Linien der 2nd und 69th US InfDiv zur Phasenlinie Hain – Sondershausen – Westerengel – Greußen bis nördlich Straußfurt begonnen. Nachdem die Panzerkolonnen der 9th US AD durch die Linien der Infanteriedivisionen gegangen sind, folgen die 2nd und 69th US InfDiv und säubern das Gebiet hinter den Panzern von umgangenen Feindkräften. Am Ende des Tages hat die 1st US Army an der linken Flanke der 3rd US Army aufgeschlossen und die Ausgangslinie für den letzten großen Stoß nach Osten erreicht. Damit erhält die 3rd US Army endlich die Erlaubnis zur Fortsetzung des Angriffs nach Osten.

Im Abschnitt der 3rd US Army beginnen beim XX. US Corps die letzten Vorbereitungen für die Aufnahme des Großangriffs am kommenden Tag. Die 6th und 4th US AD werden von ihrem Überwachungsauftrag an den Flanken entbunden und bereiteten sich auf ihren Angriff Seite an Seite nach Osten durch die Linien der 76th und 80th US InfDiv hindurch vor. Die letzten Verbände der 6th US AD, die sich innerhalb des Streifens der 1st US Army befinden, werden im Tagesverlauf von den Truppen des V. US Corps entlastet und schließen sich der Versammlung der 6th US AD an. Die Infanteriedivisionen starten gemäß dem Befehl des XX. US Corps am Morgen mit ihrem Angriff nach Osten und bereiten sich auf das Passieren ihrer Linien durch die Panzer am kommenden Tag vor. Die 80th US InfDiv beginnt mit der Einschließung von Erfurt. Die 3rd CavGp versammelt sich nördlich von Gotha mit dem Auftrag, die Sicherung der linken und rechten Flanke des Corps von den Panzerdivisionen zu übernehmen. Bei der 6th US AD schirmt die 86th CavRcnSq, die weiter dem CCB unterstellt ist, bis Mittag die Nordflanke des Corps ab und geht am Abend unter die Kontrolle der Division zurück. Der CP des CCB bezieht um 17.00 Uhr (B) in Thamsbrück Quartier. Das CCA, 6th US AD verbleibt im Versammlungsraum Langensalza – Henningsleben. Sein CT 9 stellt die Verbindung zum 385th InfRgt der 76th US InfDiv her und bleibt über Nacht in Henningsleben, Grumbach und Wiegleben. Das CCR fährt in einen Versammlungsraum südöstlich von Mühlhausen.

Die 76th US InfDiv beginnt im nördlichen Abschnitt des XX. US Corps um 07.00 Uhr (B) mit den RCT 304 auf der Linken und dem RCT 385 auf der Rechten einen begrenzten Angriff und rückt mit kleineren Schwierigkeiten drei Meilen zu den zugeteilten Zielen an der Phasenlinie „D“, der Eisenbahnlinie Straußfurt – Kühnhausen vor. Das RCT 304, das im Tagesverlauf in die Div.Res. gehen soll und das die Vorankündigung erhält, eine Task Force zur 6th US AD abzustellen, erhält den Befehl mit Erreichen der Phasenlinie auf die Ablösung durch das nachfolgende RCT 417 zu warten.

Das 1./304 verlässt um 05.00 Uhr (B) Nägelstedt und beginnt nach dem Erreichen von Großvargula um 08.30 Uhr (B) den Angriff auf Herbsleben. Doch noch bevor die ersten Infanteristen den Ort erreichen, kommt ihnen eine Abordnung der Einwohner von Herbsleben mit der weißen Fahne entgegen. Bis 10.00 Uhr (B) ist das Dorf besetzt. Südöstlich des Dorfes kommt es dann doch noch zum Kampf. An der Höhe 178 treffen die Infanteristen auf anrückende deutsche Soldaten. Bei dem nachfolgenden Feuergefecht werden zehn bis zwölf deutsche Soldaten getötet.[1] 22 Mann gehen in Gefangenschaft.[2] Der Rest flieht in Richtung Gebesee. Als sie die dortige Brücke über die Gera passiert haben, zündet die deutsche Brückensicherung die vorbereiteten Sprengladungen.[3] Das ist das Verhängnis für den Ort. Kaum das sich die Detonationswolke verzogen hat, nehmen amerikanische Granatwerfer und 57mm Geschütze Gebesee unter Beschuss. Dann dringen die Infanteristen der Co. A, 1./304 vorsichtig in den Ort ein, während die Co. B in Sichtweite hält.[4] Doch es gibt keinen Widerstand und um 14.28 Uhr (B) wird Gebesee als besetzt gemeldet. Da die Brücken über die Gera zerstört sind, geht das Bataillon weiter nach Ringleben, wo die dortige Brücke intakt gesichert wird.[5] Die Co. A und Co. C überqueren den Fluss und rücken nach Norden auf Henschleben vor, das gegen 18.00 Uhr (B) erreicht wird.[6] Dann wird eine Verteidigungsstellung in Anlehnung an das 2./304 zwischen Haßleben und Werningshausen bezogen.

Das 2./304 versammelt sich in der Nacht vom 9./10. April 1945 in Klettstedt, um am Morgen den Angriff in Richtung Bad Tennstedt aufzunehmen. Nach einzelnen Feuergefechten wird Bad Tennstedt eingenommen. Von dort setzt die Co. G den Vormarsch über Ballhausen nach Straußfurt fort, das eigentlich die Co. F einnehmen sollte, die jedoch der Co. E in Schwerstedt zur Hilfe kommen muss. Vorbei an den Panzern, die mit den Infanteristen der Co. F zurück nach Schwerstedt rollen, erreicht die Co. G Straußfurt. Dort kommt ihnen der Schmiedemeister Klehm aus Straußfurt mit der weißen Fahne entgegen, um den, seiner Meinung nach, unverteidigten Ort zu übergeben.[7] Doch als die ersten Infanteristen in den Ort einrücken, treffen sie auf den Widerstand einiger Volkssturmmänner. Aber es ist nicht der Volkssturm aus Straußfurt, der durch die örtlichen Volkssturmführer nach Hause geschickt wurde. Es ist eine Kompanie Volkssturm aus Sömmerda, die der Landrat dorthin in Marsch gesetzt hatte. Und so kommt es zum Gefecht. Als Straußfurt gegen 17.00 Uhr (B) besetzt ist, brennen mehrere Gebäude im Ort. In der Zwischenzeit ist auch die Co. E, die Schwerstedt im Kampf genommen hat, in Straußfurt eingetroffen, doch sie wird nicht mehr benötigt und folgt der Co. F nach Vehra. Die Co. F, 2./304, die den Angriff an der Südflanke des RCT 304 führt, schwenkt in Klettstedt nach Süden und sichert Kleinvargula. Dann stößt sie südlich an Bad Tennstedt vorbei nach Klein- und Großballhausen. Um 13.30 Uhr (B) sind die Orte besetzt. Dort kommt über Funk der Befehl zur Unterstützung der Co. E bei der Einnahme von Schwerstedt. Der Ort wird gemeinsam mit der Co. E bis 15.25 Uhr (B) in Haus-zu-Haus-Kämpfen genommen. Nach der Einnahme von Schwerstedt marschiert die Co. F nach Vehra, das nach einem kurzen Feuergefecht genommen wird. In der Abenddämmerung wird der Angriff auf Werningshausen fortgesetzt, das gegen leichten Widerstand besetzt wird.[8] Die Co. E, 2./304 marschiert nach der Einnahme von Schwerstedt nach Straußfurt, das bereits von der Co. G eingenommen wurde. Weiter führt der Vorstoß nach Vehra und Henschleben. Das 3./304 erreicht den Raum Langensalza und kehrt unter die Kontrolle des RCT 304 zurück. Noch während die beiden vorderen Bataillone dabei sind, die erreichte Linie zu sichern, wird das RCT 304 um 17.25 Uhr (B) alarmiert, dass das RCT 417 in seinem Rücken aufschließt, um das Regiment abzulösen. Bereits wenig später erfolgt die Ablösung. Dann versammelt sich das RCT mit dem 1./304 in Herbsleben, dem 2./304 in Bad Tennstedt und dem 3./304 bei Ballhausen. Der Regtl.CP des 304th InfRgt geht erneut nach Nägelstedt. Im Versammlungsraum erfolgt die Umgliederung und das RCT 304 geht mit dem 1. und 2./304 in die Div.Res., während das 3./304 einen Überwachungsauftrag in Langensalza erhält.

Südlich des RCT 304 setzt beim RCT 385 das 2./385 im Nordabschnitt des Regiments am Morgen den Angriff gegen starken Widerstand nach Osten fort. Die Co. F, die um 05.30 Uhr (B) von Großfahner aus nach Dachwig marschiert, nimmt den Ort nach Haus-zu-Haus-Kämpfen. Um 15.30 Uhr (B) besetzen die Infanteristen des 2./385 die Höhe 208 westlich von Walschleben und rücken weiter auf Andisleben und Walschleben vor. Als sie sich Andisleben nähern, weht auf dem Kirchturm die weiße Fahne.[9] Um 18.30 Uhr (B) wird das benachbarte Walschleben besetzt. Das 1./385 setzt den Angriff um 07.00 Uhr (B) von Kleinfahner aus nach Osten fort und nimmt nach einem Feuergefecht bis 12.10 Uhr (B) Witterda.[10] Dann geht der Vormarsch des 1./385 in zwei Kolonnen weiter, um die Brücken über den Fluss Gera in Elxleben und Kühnhausen zu sichern. Um 16.00 Uhr (B) nähert sich die nördliche Kolonne Elxleben und trifft auf Widerstand von Wehrmacht und Waffen-SS. Daraufhin nehmen Granatwerfer den Ort unter Beschuss. Erst jetzt sprengen die deutschen Truppen die große Gera-Brücke und ziehen sich zurück.[11] Bis 18.00 (B) ist der Widerstand überwunden und der Ort besetzt. Die Südkolonne des 1./385, die bis 15.00 Uhr (B) die Höhe 224 südöstlich von Witterda sichert und bis 16.00 Uhr (B) Friedrichsdorf besetzt, nähert sich um 17.30 Uhr (B) nördlich an der Ortschaft Tiefthal, die die linke Grenze zur 80th US InfDiv bildet, vorbeigehend, Kühnhausen. Ohne auf Widerstand zu treffen, rücken sie in Kühnhausen ein, das zuvor mit starkem Artilleriefeuer belegt wurde. Bis 18.30 Uhr (B) ist der Ort vollständig besetzt, doch die Brücke ist auch hier gesprengt. So entschließt man sich, sofort mit Hilfe der Pioniere mit dem Bau einer Fußbrücke zu beginnen, über die dann Teile des Bataillons die Gera überqueren und an der Straße östlich Kühnhausen Verteidigungsstellung beziehen. Das 3./385, das sich in der Regtl.Res. befindet, fährt am Nachmittag in den neuen Versammlungsraum Dachwig. Dort erhält es den Auftrag, am nächsten Tag, den Angriff durch die Linien des 2./385 aufzunehmen. Der Regtl.CP verlegt von Aschara nach Großfahner. Das RCT 417, welches von seinem bisherigen Auftrag zum Schutz der linken Flanke des Corps entbunden wurde, um das RCT 304 im linken Divisionsabschnitt entlang der Bahnlinie Straußfurt – Kühnhausen. abzulösen, erreicht gegen 16.00 Uhr (B) seinen vorgeschobenen Sammelraum bei Schwerstedt – Gebesee und beginnt am Abend mit der Ablösung. Am nächsten Tag soll es den Angriff aufnehmen und die Straßen für die 6th US AD freimachen. Das 1./417 verlegt in die Umgebung von Altengottern und geht am Abend in die Regtl.Res. Das 2./417 fährt nach Haßleben, wo es in der Nacht die Stellungen des RCT 304 übernimmt und das 3./417 fährt in die Umgebung von Altengottern, von wo es in seinen neuen Abschnitt vorrückt. Der Div.CP verlegt nach Döllstädt. Dort trifft in der Nacht der Befehl ein, sofort den Angriff wieder aufzunehmen, um auf der gesamten Divisionsbreite Brückenköpfe östlich der Gera zu bilden.

Südlich der 76th US InfDiv setzt auch die 80th US InfDiv, deren Tagesziel ebenfalls die Phasenlinie „D“ ist, die hier entlang des Längengrades von Tiefthal über Salomonsborn, Bindersleben, westlich an Schmira vorbei nach Süden bis Thörey verläuft, den Angriff fort. Da man mit einem zügigen Vorankommen rechnet, wird kurz nach Mitternacht das Ziel noch einmal präzisiert und über die Phasenlinie „E“ hinaus erweitert, aber ausdrücklich befohlen, nicht über die Phasenlinie „F“ von Gispersleben über Marbach, westlich Hochheim, Bischleben, östlich an Molsdorf vorbei bis Ichtershausen hinaus vorzugehen.

Das RCT 317, das an der Nordflanke der 80th US InfDiv den Auftrag hat, aggressiv bis zur Phasenlinie „D“ vorzurücken und dann Aufklärung nach Erfurt hinein zu starten, nimmt um 07.00 Uhr (B) mit dem 2. und 3./317 den Angriff auf. Das 2./317, das am Vorabend in Raum Gierstädt – Kleinfahner vom 1./385 abgelöst wurde und sich im Raum Bienstädt – Molschleben versammelt hat, erhält den Auftrag, die Dörfer Schaderode und Salomonsborn auf der strategisch wichtigen Alacher Höhe, von der aus man ganz Erfurt übersehen kann, zu besetzen und dann Gispersleben und die dort befindlichen Brücken über die Gera zu sichern. Um 07.00 Uhr (B) geht das Bataillon mit der Co. F voraus nach Töttelstädt, auf das die Co. A, 81st Cml Mort Bn am Vortag ihre erste Salve östlich des Rheins abgefeuert hatte.[12] Hier soll sich die Kolonne teilen und der weitere Vormarsch mit der Co. G an der Linken, gefolgt von der Co. F, und der Co. E auf der Rechten erfolgen. Um 07.45 Uhr (B) erreicht die Spitze der Kolonne Töttelstädt, das 08.00 Uhr (B) von zwei Platoon der Co. F ohne Widerstand gesichert wird, während die Co. G ohne Halt hindurchgeht.

Die Co. G erreicht mit den Panzern des 1st Plat. Co. A, 702nd Tk Bn und einem Plat. Panzerjäger der Co. A, 811th TD Bn von Capt. Henry J. Cronin gegen vereinzelten Widerstand Schaderode. Dabei trifft sie 1,5 km östlich von Töttelstädt an der Waldecke auf deutsche Truppen, die sich gerade eingraben wollen.[13] Als die deutschen Soldaten die Amerikaner entdecken, fliehen sie. Dann nähert sie sich durch das Weißbachtal vorgehend gegen 11.00 Uhr (B) Tiefthal, wo sich ein heftiges Gefecht entwickelt. Bis 12.47 Uhr (B) haben die Infanteristen der Co. G 60 Gefangene gemacht. Um 12.45 Uhr (B) fordert der CO 2./317 wegen des hohen Munitionsverbrauchs bei der Co. G und E Nachschub und Panzerunterstützung an. Der Feind soll sich ihren Angaben nach *„bis zum letzten Mann"* verteidigen.[14] Bis 13.05 Uhr (B) ist Tiefthal endlich gesäubert. Der Gefechtsstand des Rgt. Opitz und der Stab des III./Rgt. Opitz unter Hptm Ritter, das jetzt der Div.K.Gr. Theilacker untersteht, können sich im letzten Moment absetzen.[15] Die nachfolgende Co. F erreicht um 11.50 Uhr (B) Schaderode. In dieser Situation erhält das 2./317 den Befehl, mit Erreichen der Phasenlinie „D" nicht anzuhalten., sondern weiterzugehen.

Die Co. E, 2./317, die unterstützt von den Panzern des 2nd Plat. Co. A, 702nd Tk Bn auf Salomonsborn vorrückt, trifft gegen 11.00 Uhr (B) nordwestlich von Alach auf Gewehrfeuer, das nach der Feuererwiderung schnell verstummt. Dann nähern sie sich dem kleinen Dorf Salomonsborn, das schnell die Aufmerksamkeit auf sich zieht, denn südlich des Dorfes sind militärische Anlagen zu erkennen. Es sind die Einrichtungen der Reichsluftverteidigung, die aus einem Radargerät „Würzburg-Riese" und zwei Frühwarnradargeräten „Freya" bestehen.[16] Als dann noch eines der Artilleriebeobachtungsflugzeuge deutsche Truppenbewegungen östlich des Ortes meldet und auf den Feldern Abstellboxen für Flugzeuge gesichtet werden, die zum Auflockerungs- und Abstellbereich des Flugplatzes Erfurt-Bindersleben gehören, scheint die Sache klar zu sein.[17] Es ist mit Widerstand zu rechnen. Auf Feueranforderung eröffnet der 2nd Plat. Co. A, 81st Cml Mort Bn den Beschuss auf den Ort. Insgesamt 200 Schuss WP-Granaten[18] setzen den Ort in Brand.[19] *„Um 11.00 Uhr begann die Beschießung des Dorfes mit Phosphorgranaten und bald brannte es an mehreren Stellen. Die eingesetzte Feuerwehr war machtlos."*[20] Erst als beherzte Bürger in einer Feuerpause die weiße Fahne auf dem Kirchturm hissen, wird der Beschuss eingestellt. Durch den Beschuss und die ausgelösten Brände werden mehrere Gebäude zerstört. Gegen 14.25 Uhr (B) ist Salomonsborn von der Co. E kampflos besetzt. Die gemeldete Truppenbewegung war eine, sich Richtung Gispersleben absetzende, Einheit Volkssturm, die den Ort nicht verteidigen wollte. Was so im ersten Moment als Glücksfall für Salomonsborn schien, war dem Ort tragischer weise zum Verhängnis geworden. Dennoch hat der Ort Glück im Unglück. Zeitzeugen berichten später: *„Menschenleben waren durch Gottes gnädigen Schutz nicht zu beklagen.“*[21] Im Ort ergeben sich nach amerikanischen Angaben zwei Deutsche, sechs Gefallene werden in der Umgebung des Dorfs registriert. Die Besatzung der Radaranlagen ergibt sich später widerstandslos der nachfolgenden Co. B, 1./317.

Während die Co. G an der offenen Nordflanke der Division in Tiefthal hält, bis die 76th US InfDiv nördlich davon aufschließt, beginnen die Co. F und E in Begleitung einiger Panzer und Panzerjäger und der sechs, zu einem Platoon zusammengefassten, 105mm-Sturmgeschütze M4A3 Sherman des 702nd Tk Bn[22] mit dem Angriff auf Gispersleben. Um 15.15 Uhr (B) nähern sie sich dem Ort und treffen auf Widerstand von eingegrabener deutscher Infanterie, die durch zwei Flakgeschütze unterstützt wird. Es kommt zu einem lang anhaltenden Gefecht. Dabei wird der S-3 Offizier des 2./317, der sich ein Bild von der Lage machen will und vor die Front der Infanteristen gerät, durch mehrere Kugeln verwundet. Nur unter größter Gefahr gelingt es Tec 5 Jesse M. Dunnaway von der HQ Co. 2./317 ihn aus der Gefahrenzone zu bergen. Ihm wird dafür der Silver Star verliehen.[23] Der „Silver Star“ ist die vierthöchste Auszeichnung, der US-Streitkräfte und die dritthöchste Auszeichnung, die für „Tapferkeit im Kampfeinsatz“ verliehen werden kann. Erst um 19.15 Uhr (B) dringen die Infanteristen der Co. E und F unter Verlust eines Panzers endlich in den Ort ein und beginnen mit der Säuberung des westlich der Gera liegenden Ortsteils Kiliani.[24]

In der Zwischenzeit hat auch die Co. G den Angriff wieder aufgenommen, nachdem sich das 1./385 von Westen her Kühnhausen nähert. Um 18.00 Uhr (B) werden die Infanteristen der Co. G jedoch östlich von Tiefthal durch Gewehr- und MG-Feuer aus dem Bereich der Schwellenburg, westlich von Kühnhausen, aufgehalten, das erst endet, als das 1./385 den Ort nimmt. Erst dann rückt sie weiter nach Gispersleben vor. Als um 21.50 Uhr (B) der G-3 der Division durchgibt, dass die 4th US AD am Morgen in Gispersleben über die Gera gehen soll, sind alle Kompanien des 2./317 in der Stadt. Doch eine Anfrage wegen möglicher Brückenübergänge fällt negativ aus. Zwar wird im Ort die Brücke der Gubener Straße, die die beiden Ortsteile von Gispersleben Kiliani und Viti verbindet, gesichert, aber sie ist so beschädigt, das sie nicht von Panzern und Fahrzeugen benutzt werden kann. Sie war, wie die Eisenbahnbrücke für die Kohlezüge, die das Elektrizitätswerk Gispersleben versorgen, am Morgen um 03.00 Uhr gesprengt worden, aber auf Grund von Sabotage an der Sprengladung hatte die Explosion nur ein Loch in die Fahrbahn gerissen.[25] Um 22.35 Uhr (B) meldet der Bn.CP, der in der Zwischenzeit Gispersleben erreicht hat, das sie etwa 100 Gefangene haben. Dann beziehen die Infanteristen Sicherung für die Nacht.

Beim 3./317 verläuft die vorangehende Nacht verhältnismäßig ruhig. Dann setzen die

Ausschnitt aus einer Luftaufnahme der USAAF von Erfurt-Gispersleben vom 4. Juni 1945
Luftbild Nr. 7017, Luftbilddatenbank Ingenieurbüro Dr. Carls, Estenfeld

Kampfkompanien begleitet von den Panzern des 3rd Plat. Co. A, 702nd Tk Bn am Morgen von Zimmernsupra und Gamstädt aus den Angriff nach Osten fort, um die Alacher Höhendörfer Alach, Marbach und Bindersleben und den Flugplatz Erfurt-Bindersleben zu sichern. Lediglich an der Linken des Bataillons endet bei der Co. L, 3./317 in Zimmernsupra die nächtliche Ruhe früher, als es um 04.50 Uhr (B) in der Nähe des Ortes zu einem Schusswechsel zwischen einem Vorposten und einer deutschen Aufklärungspatrouille in Stärke von 15 Mann kommt.[26] Dann beginnt sie mit dem Angriff Richtung Alach. Dabei entdecken vorgeschobene Artilleriebeobachter der Co. A, 81st Cml Mort Bn, das sich eine Gruppe von 50 Deutschen dem kleinen Dörfchen Ermstedt nähert, das noch nicht besetzt ist. Sofort eröffnen die 4,2inch Werfer des 1st Plat. Co. A, 81st Cml Mort Bn, die das RCT 317 unterstützen, aus einer Entfernung von 675 Yard[27] das Feuer und töten und verwunden 15 Deutsche, der

Rest ergibt sich wenig später widerstandslos den Infanteristen der Co. I, die von Gamstädt aus den Ort erreichen.[28] Durch den Beschuss werden acht Scheunen, ein Haus und mehrere Stallungen zerstört.[29] Nördlich Gottstedt – Alach, zwischen dem Mollbach und der Höhe 301, stossen sie auf einen Scheinflugplatz mit Splitterschutzboxen und 13 Flugzeugattrappen, die Teil des Maßnahmenpaketes zum Schutz des Flugplatz Erfurt-Bindersleben vor Luftangriffen sind.[30]

Ausschnitt aus einer Luftaufnahme der USAAF von Erfurt-Bindersleben vom 4. Juni 1945
Mit dem Flugplatz und den Abstellboxen nördlich des Platzes
Luftbild Nr. 7017, Luftbilddatenbank Ingenieurbüro Dr. Carls, Estenfeld

Und Schutz war in den letzten Tagen noch notwendiger als zuvor geworden, nachdem man die le.Flak.Bttr. z.b.V. 6516 Anfang April aus Erfurt-Bindersleben abgezogen hatte, um den Schutz des Flugplatzes Brandis-Waldpolenz zu übernehmen. Die schwere Flak hatte man bereits vorher abgezogen. Obwohl erst 1941 mit dem Aufbau des Flakschutzes für Erfurt und die dortigen Rüstungsbetriebe begonnen worden war, war er bereits 1942 wieder auf einige wenige Stellungen reduziert worden, da Thüringen bis auf wenige Ausnahmen wie die Stadt Jena oder die Saale-Talsperren nicht zu den luftgefährdeten Gebieten gehörte. Zurückgeblieben waren nur der leichte Flakschutz und einige Batterien der schweren Heimatflak. Über eine starke Heimatflak verfügte z.B. das Reparaturwerk Erfurt. Neben Arbeitern der Erfurter Betriebe, die die Masse der Geschützbedienungen stellten, kam hier eine große Anzahl an Luftwaffenhelfern aus Thüringen zum Einsatz. Sie unterstanden der Heimatflak-Dienststelle in der Neuerschule (heute Cyriaksburg), die für die Flakstellungen Cyriaksburg, Flugplatz Erfurt-Nord, Erfurt-Hbf., Bindersleben Landstraße und Petersberg zuständig war.[31] Aber auch bei den wenigen schweren Heimatflakbatterien kommt es mit Beginn der alliierten Luftoffensive gegen die deutsche Treibstoffindustrie im Mai 1944 zu weiteren Reduzierungen. Als die 8th USAAF im Oktober 1944 zu einem Aufklärungsflug über Erfurt startet, meldet sie nur noch auf dem Ringelberg und südwestlich von Marbach besetzte schwere Flakstellung. Die Flakstellung am Roten Berg in der Nähe des Reparaturwerks, die im Sommer 1944 noch besetzt war, ist verlassen. Die Stellung, die bei dem Luftangriff vom 20. Juli 1944 schwer in Mitleidenschaft gezogen wurde, wurde aufgegeben. Außerdem melden die Aufklärer nur noch sieben leichte Flakstellungen, darunter die nur zeitweise besetzten Stellungen der leichten 2cm und 3,7cm Flak auf dem Petersberg, auf der Reichsbahndirektion, in den Olympia Büromaschinenwerken und auf dem Herrenberg. Zwei der leichten Batterien waren zuvor ebenfalls zum Schutz der Saale-Talsperren abgezogen worden. Mit der Verlegung des Flak.Rgt. 140 Thüringen im Februar 1945 an die Ostfront endete dann faktisch die Luftverteidigung der Stadt.[32] Jetzt stehen nur noch einige leichte Flakgeschütze zum Schutz des Flugplatzes Erfurt-Bindersleben und am äußeren Stadtgürtel zur Verfügung, um sich gegen die allgegenwärtigen Tiefflieger zu wehren. Eine Chance haben sie nicht. Nur noch im Erdeinsatz stellen sie für die amerikanischen Bodentruppen eine Gefahr dar. Die letzten verfügbaren 8,8cm Flakgeschütze kommen auf Behelfslafette mit provisorischer Erdzieleinrichtung gemeinsam mit einigen 8,8cm Flakgeschützen der Heeresflak westlich von Erfurt als Ersatz für die fehlende Panzerabwehr zum Einsatz.

Um 10.40 Uhr (B) treffen die amerikanischen Infanteristen nordwestlich von Alach auf ersten Widerstand in Form von Gewehrfeuer. Sie sind auf den äußeren Verteidigungsgürtel von Erfurt gestoßen. „*Auf den Höhen bei Schmira und Alach würde fieberhaft geschanzt*“ hatte der Wehrmachtspfarrer Dr. Siegfried Hotzel am 9. April 1945 in Erfurt in sein Tagebuch geschrieben.[33] Dann schlagen auch Artilleriegranaten ein. Um so näher sie dem Ort kommen, um so stärker wird das Abwehrfeuer und um 11.50 Uhr (B) meldet die Kompanie, dass sie auf eine Gruppe *„fanatischer deutscher Soldaten in Stärke von zirka 30 Mann getroffen ist, die Unterstützung durch mindestens ein 8,8cm Flakgeschütz südlich des Ortes und zwei Sturmgeschütze"* erhält.[34] Um 13.40 Uhr (B) meldet die unterstellte Co. A, 811th TD Bn die Zerstörung eines Munitionslagers nördlich von Alach und bis 15.45 Uhr (B) ist die Hälfte des Ortes eingenommen. Aber der Widerstand hält an, obwohl sich zu diesem Zeitpunkt bereits zirka 100 Deutsche ergeben haben. Gegen 16.45 Uhr (B) melden die unterstellten Panzerjäger der Co. A, 811th TD Bn, das sie das deutsche 8,8cm Flakgeschütz südlich von Alach zerstört haben, das die Verteidiger unterstützt und auch das Vordringen auf den Flugplatz Erfurt-Bindersleben behindert hatte.[35] Auch am späten Abend gehen die Kämpfe weiter, obwohl der Ort bereits umgangen ist.

Die Co. I, 3./317 wird um 02.05 Uhr (B) in der Nacht in Gamstädt das Ziel eines Feuerüberfalls. Sechs bis sieben Granatwerfergeschosse schlagen im Ortsbereich ein. Dabei wird ein einheimisches Ehepaar getötet. Wenig später stören Fahrzeuggeräusche auf der R 7 die nächtliche Ruhe. Offenbar setzen die Deutschen mindesten ein Fahrzeug mit eingeschalteter Sirene ein, um die amerikanischen Truppen zu verunsichern. Doch weiter geschieht nichts. Am Morgen beginnt die Kompanie von Gamstädt aus nach Frienstedt vorzurücken, das bereits am Vorabend von Vorauskräften erreicht, aber nicht besetzt wurde. Hier trifft sie auf eine deutsche K.Gr. in Stärke von 60 bis 70 Mann, die in der Nacht den Ort erreicht und sich am westlichen Ortsrand eingegraben hatte.[36] Sie besteht aus Fahnenjunkern des Gren.Ers.u.Ausb.Btl. 71, des Pz.Gren.Ers.u.Ausb.Btl. 59 Jena und des Pz.Gren.Ers.u.Ausb.Btl. 1 Weimar, die unter Führung von Lt. Buchert in einer der drei Offiziersanwärter-Kompanien der K.Gr. Grau zusammengefasst worden waren.[37] Während der sich entwickelnden Kämpfe trifft die Nachricht ein, dass auch in Ermstedt deutsche Truppen gemeldet wurden, obwohl die Panzerjäger am Vortag bei ihrer Fahrt von Gamstädt nach Zimmernsupra um 16.20 Uhr (B) den Ort als feindfrei gemeldet hatten. So wird ein Platoon zur Sicherung des Ortes entsendet. Dort ergeben sich ihnen, anders als in Frienstedt, gegen 08.10 Uhr (B) die deutschen Soldaten nach dem vorhergehenden Werferbeschuss kampflos. In Frienstedt halten hingegen die heftigen Kämpfe bis nach 16.40 Uhr (B) an, bevor der Ort mit Unterstützung der Panzer gesichert ist. Bei den Kämpfen wird Pfc. Walter W. Champion von der Co. M, der mit seinem schweren MG den Angriff unterstützt, durch die Kugel eines Scharfschützen getötet, nachdem er unter Beschuss zu einer exponierten Position vorgerückt war und von dort aus die deutschen Stellungen unter Beschuss genommen hatte. Dafür wird ihm postum der Silver Star verliehen.[38] In der Zwischenzeit haben Teile der Kompanie gegen 15.15 Uhr (B) die Höhen östlich des Ortes besetzt. Nach den Kämpfen werden in der Frienstedter Flur sechs namentlich bekannte und zwei unbekannte deutsche Soldaten geborgen, die ihre letzte Ruhestätte auf der Kirchhof des Ortes finden. Unter den Gefallenen auch der Führer der Einheit, Oblt. Buchert.[39] Der Fahnenjunker Wolfgang Heid gilt seit den

Kämpfen als vermisst.[40] Während eine Sicherungsbesatzung nach der Säuberung für die Nacht in Frienstedt verbleibt, erreichen die anderen Teile der Co. I am Abend Bindersleben.

Die Co. K, 3./317, die von Pferdingsleben aus zu den beiden vorderen Kompanien aufschließt, meldet um 09.25 Uhr (B), dass sie in Ermstedt durch die Linien der Co. I gehen will, doch der Ort ist noch nicht gesichert. So macht die Co. K einen nördlichen Schwenk über die Höhe 301 und um 11.50 Uhr (B) werden ihre Spitzen in Gottstedt gemeldet. Ein deutsches Sturmgeschütz, das zuvor südöstlich des Ortes gemeldet wurde, hat sich zum Flugplatz zurückgezogen.[41] Eine 15-köpfige deutsche Patrouille, die gegen 14.45 Uhr (B) nach Gottstedt vorfühlt, wird zerstreut.[42] Dann rückt die Co. K weiter auf Bindersleben vor. Luftwaffensoldaten der Lw.Feld.K.Gr., die sich an der Straße Gottstedt – Bindersleben und westlich des Flugplatzes eingegraben haben, leisten nur kurzen Widerstand und ziehen sich zwischen 13.00 und 14.00 Uhr (B) nach Südwesten zurück.[43] Auch das Sturmgeschütz versucht sich weiter nach Süden abzusetzen.[44] Bei den Abwehrkämpfen zwischen Gottstedt und Bindersleben verlieren fünf deutsche und zwei litauische Soldaten ihr Leben. Sie werden nach den Kämpfen geborgen und auf dem Kirchhof Gottstedt beerdigt.[45] Um 16.00 Uhr (B) dringt die Co. K in Bindersleben ein und besetzt den Großteil des Ortes. Aber der Widerstand ist noch nicht erloschen. Ein 8,8cm Geschütz feuert gegen 16.50 Uhr (B) vom nordwestlichen Rand des Flugplatzes 12 Granaten auf die amerikanischen Truppen im Ort, bevor es von den Panzerjägern zum Schweigen gebracht wird und die Infanterie seine Position überrennt.[46] Es gehört zu insgesamt drei Geschützen, die im Bereich der heutigen Neuen Alacher Chaussee in Stellung gebracht worden waren, um das III./Rgt. Opitz zwischen Schmira und Bindersleben zu unterstützen.[47]

Zurückgelassene zerstörte Flugzeuge auf dem Flugplatz Erfurt-Bindersleben
Foto: National Archives, 342-FH-3A20014-76649AC (fold.3.com)

Bis 17.21 Uhr (B) wird der Flugplatz und der Fliegerhorst Erfurt-Bindersleben gesichert, der in den Tagen zuvor ständiges Angriffsziel der amerikanischen Tiefflieger war. Die wichtigsten Anlagen und die, noch auf dem Platz befindlichen, Flugzeuge, die dabei nicht zerstört wurden, hatten die deutschen Verteidiger vor ihrem Abzug gesprengt. Auf dem Platz, auf dem bereits zwei Wochen zuvor der letzte Start einer deutschen Maschine, einer Messerschmitt Me-262 aus dem Bestand der Gothaer Flugzeugproduktion, stattfand, die den Fliegerhorst in Richtung Neuruppin verlies, finden sie 60 ausgeschlachtete bzw. ausgebrannte Flugzeuge der Luftwaffe, unter ihnen 18 Focke-Wulf FW-190, 26 Messerschmitt Me-109 und vier Messerschmitt Me-262.[48] 25 Deutsche fallen, 80 gehen in Gefangenschaft. Zwölf der Toten finden später ihre Grabstätte auf dem Friedhof Bindersleben. Bereits am 14. April 1945 wird der Platz durch die 15th TacRcnSq der USAAF wieder genutzt. Doch noch kommt es in Bindersleben und im Umfeld des Flugplatzes immer wieder zu Schusswechseln mit versprengten deutschen Truppen.

Der Regtl.CP 317 erreicht am Morgen Bufleben und geht dann über Töttelstädt, wo er um 11.00 Uhr (B) gemeldet wird, um 19.00 Uhr (B) nach Tiefthal. Das 1./317 folgt in der Regtl.Res. nach Salomonsborn und bezieht Rundumverteidigung. Der Bn.CP des 313th FA Bn geht von Friemar nach Ermstedt. Um 18.15 Uhr (B) erreicht das 241st FA Bn der 204th FA Gp, das mit seinem Feuer die DivArty der 80th US InfDiv unterstützt, den Raum nordwestlich von Alach und bezieht Feuerstellung. Das RCT 317 meldet am Abend acht 2cm Flak der 5. le.Flak.Bttr/s.Flak.Abt. 334[49], zwei Sturmgeschütze, bei denen es sich um die bei Alach und Gottstedt/Bindersleben genannten handeln dürfte, und 600 Gefangene. Die s.Flak.Abt. 334 bildete den Kern der K.Gr. Gmünd[50], die als Ersatz für die fehlende Panzerabwehr dem K.Kdt. Erfurt zugeführt worden war.[51] Im Tagesergebnis meldet das Regiment neun Gefallene, 15 Verwundete, einen Vermissten und 74 Gefangene. Noch in der Nacht wird festgelegt, dass das 1./317 am nächsten Morgen in Gispersleben über die Gera in den Nordteil von Erfurt gehen soll, wo man stärkere deutsche Kräfte vermutet.

Beim RCT 318, dass um 04.45 Uhr (B) seinen Angriffsplan auf Erfurt an den Div.CP gemeldet hatte, beginnt gegen 07.00 Uhr (B) mit dem Angriff auf die Stadt. Der Plan sieht vor, mit dem 2./318 die Höhen südlich der Stadt zu nehmen und dann von dort in die Stadt vorzurücken, während das 3./318 über die Höhe nach Osten gehen soll, um die stadtauswärts führenden Straßen nach Südosten zu sperren. Zur Feuerunterstützung wird dem 314th FA Bn die Co. B, 81st Cml Mort Bn unterstellt, das bisher dem 905th FA Bn von Lt.Col. John W. Browning zugeteilt war. An der Linken des Regiments rückt das 2./318 ab 07.00 Uhr (B) aus dem Raum Grabsleben – Großrettbach mit der Co. G und E parallel vorgehend, auf Erfurt vor. Die Co. F, die in der Regtl.Res. bleibt, folgt ab Mittag. Dabei gilt äußerste Vorsicht, denn in der Nacht hatten eigene und Patrouillen des benachbarten 317th InfRgt mehrfach deutsche Panzerbewegungen vor der Front gemeldet. Die Co. G, 2./318 erreicht am Nordflügel des Regiments von Grabsleben aus entlang der R 7 Gotha – Erfurt vorgehend um 07.45 Uhr (B) den Gasthof Fürstenhof an der Kreuzung mit der Straße nach Ingersleben, südlich von Frienstedt. Dort kommt die Co. G zum Halt, weil die Co. I./3./317 in Frienstedt im Kampf mit Wehrmacht und Waffen-SS steht. Auch die, südlich davon, von Kleinrettbach aus, vorgehende, Co. E, 2./318, die um 07.47 Uhr (B) die Straße Frienstedt – Neudietendorf erreicht, stoppt, damit der Kontakt untereinander nicht verloren geht. Aber der Halt ist nur kurz, nachdem klar ist, das sich der Widerstand im Abschnitt des RCT 317 befindet. Außerdem lautet der ausdrückliche Auftrag des CG an das 318th InfRgt, Schmira zu nehmen. Da der Abschnitt Frienstedt – Schmira der R 7 auf Grund vorliegender Feindlagemeldung als *„mit Baumsperren und Schützengräben zur Verteidigung ausgebaut"* gemeldet wurde[52], rücken die Infanteristen jetzt weit ausgefächert südlich der Straße in Schützenkette über die offenen Felder auf Schmira vor.

Ohne Widerstand nähern sich die amerikanischen Infanteristen langsam dem Ort. Vorgeschobene deutsche Sicherungsposten werden einfach überrannt und zwölf Angehörige der 1. Kp. ergeben sich widerstandslos. Sie gehören zu einer K.Gr., die aus der 1. und 2. Kp./III./ Pz.Gren.Ers.u.Ausb.Rgt. 71 (Rgt. Opitz) und Angehörigen der K.Gr. Vogt der Lw.Feld.K.Gr. Loew, Erfurt besteht, die nach den vorliegenden Feindberichten über mindestens eine 2cm Flak und zwei Sturmgeschütze mit 7,5cm Kurzrohrkanone, die südöstlich des Ortes etwa 100 Meter ostwärts der Straße Schmira – Bischleben getarnt in Stellung gegangen sind, verfügt und den Ort als Stützpunkt in der H.K.L. des K.Kdt. Erfurt verteidigen soll.[53] Doch die Sturmgeschütze sind zu diesem Zeitpunkt bereits nicht mehr in ihrer Position, denn es handelt sich wahrscheinlich um jene zwei Sturmgeschütze, die bei Gottstedt und Alach zum Einsatz kommen und durch das RCT 317 vernichtet werden.

Um 09.00 Uhr (B) erreichen die Vorauskräfte der Co. G den Bereich östlich der Höhe 314, 1,5 Kilometer westlich des Ortes und kommen in das Sichtfeld der deutschen Verteidiger in Schmira. Jetzt schlägt ihnen heftiges Abwehrfeuer entgegen und zwingt die Infanteristen in Deckung. In der Zwischenzeit nähert sich auch der linke Flügel der Co. E um 09.20 Uhr (B) von Südwesten her bis auf 500 Meter dem Ort und gerät ebenfalls unter Beschuss. Versuche, weiter auf den Ort vorzurücken, bleiben im Abwehrfeuer liegen. Es kommt zu ersten Verlusten. Dabei wird auch Pfc. Patsy A. Aiezza Jr. getötet, dem für seine gezeigte Tapferkeit posthum das Distinguished Service Cross verliehen wird.[54] Das „Distinguished Service Cross" ist eine Auszeichnung, die nur vom US-Präsidenten an Personen der US Army verliehen werden kann, die sich durch besondere Tapferkeit ausgezeichnet haben, trotzdem aber nicht die höchste Auszeichnung, die „Medal of Honor", verdienen. Sie ist somit die zweithöchste Auszeichnung der US Army. So entscheidet sich der Bn.CO, die Co. G, die sich nicht mehr einfach vom Feind lösen kann, mit der alleinigen Einnahme des Objekt zu beauftragen, während die Co. E den Befehl erhält, sich zu lösen und mit allen Teilen den Angriff auf Bischleben aufzunehmen.

Zu diesem Zeitpunkt hat sich westlich von Schmira bereits ein heftiges Gefecht entwickelt, über dessen Intensität die Begründungstexte der verliehenen amerikanischen Tapferkeitsauszeichnungen Auskunft geben. Nachdem die Granatwerfer der Co. H, 2./318 die deutschen Stellungen unter Beschuss genommen haben, nehmen die Infanteristen der Co. G den Angriff erneut auf und stürmen auf die Stellungen der deutschen Verteidiger vor dem Ort zu. Doch sofort setzt heftiges MG-Feuer und Granatwerferbeschuss ein. Zwei deutsche MG-Stellungen zwingen sie mit Kreuzfeuer zu Boden. Um 10.30 Uhr (B) liegen die Infanteristen noch immer westlich des Ortsrandes. In dieser Situation entschließt sich 2nd Lt. August A. Storkman mit seinem Platoon unter Führung des Plat.Sgt. T/Sgt Woodrow Bugg, die MG-Nester zu umgehen und aus der Flanke anzugreifen. Gemeinsam stürmen Storkman und Bugg, gefolgt von ihren Männern, aus der Hüfte feuernd über eine Distanz von knapp 30 Metern über offenes Feld auf das erste MG-Nest zu. Trotz heftigen Abwehrfeuers gelingt es ihnen, das MG auszuschalten. Dabei wird der BAR-Schütze Pfc. Claude E. Evans tödlich getroffen. Dem, dabei schwer verwundeten, T/Sgt Bugg gelingt es, sich mit letzter Kraft aufzuraffen und mit seinen Männern auch das zweite MG-Nest auszuschalten, bevor auch er zusammenbricht und stirbt. An dieser Stelle übernimmt der Squad Leader Sgt. George Scharff Bugg's Kommando und führt den Rest des Platoons auf eine nahegelegene Höhe, um von dort die Stellungen der deutschen Infanterie auszuschalten. Als er völlig außer Atem vor seinen Leuten die Höhe erreicht, gerät er sofort unter Beschuss. Es gelingt ihm noch zwei deutsche Soldaten auszuschalten, bevor er von einer Kugel tödlich getroffen wird. Als die deutsche Stellung endlich überrannt ist, hat Storkman's Platoon einen hohen Preis bezahlt. Neben Bugg, Scharff und Evans fällt auch Pfc. Ervin L. Eickelberger aus Paoli, Orange County, Indiana. Auch die Männer von 1st Lt. Firman L. Cunnigham Weapons Plat. der Co. H, 3./318, die den Angriff der Co. G mit ihren schweren MG unterstützen, verlieren ihren Plat.Sgt. T/Sgt Werner C. Hoff. Hoff wird bei der Erstürmung eines der MG-Nester schwer verwundet und stirbt wenig später. Für ihre gezeigte Tapferkeit werden von der Co. G Storkman, Bugg und SSgt. Elmer D. Tener durch General Patton mit dem Distinguished Service Cross ausgezeichnet. Cpl. Stanley G. Gendron von der Co. G und Cunningham erhalten den Silver Star, der ebenfalls postum an Evans, Scharff und Hoff verliehen wird.[55]

Erst jetzt können die Infanteristen mit Unterstützung einiger Panzer und Panzerjäger zum Ortsrand vorrücken, wobei eines der begleitenden Fahrzeuge bewegungsunfähig geschossen wird und liegen bleibt.[56] Um 10.45 Uhr (B) ist die Co. G endlich im Ort, wo es vereinzelt zu Haus-zu-Haus-Kämpfen und Scharfschützenfeuer kommt. Nur langsam kommen die Infanteristen voran. Als eine Gruppe ein Haus erstürmen will, schlägt ihnen starkes Feuer entgegen. Daraufhin stürmt SSgt. Norman P. Park unter

Feuerschutz seiner Gruppe im feindlichen Kugelhagel mit zwei Handgranaten auf das Haus zu und wirft sie durch die Fenster. Durch die Explosion werden drei Deutsche getötet und vier verwundet. Acht ergeben sich. Für diese Tat erhält Park am 25. Mai 1945 den Silver Star verliehen.[57] Damit erreicht das 2./318 für die Kämpfe um Schmira die wohl höchste Auszeichnungsdichte der US Army für den Monat April 1945. Nachdem um 11.48 Uhr (B) erst ein Straßenblock des Ortes gesichert ist, wird die Co. F in Kleinrettbach im Marsch gesetzt, um die Co. G in Schmira zu unterstützen. Doch bis zu deren Eintreffen dauert es. Bis 12.33 Uhr (B) meldet die Co. G 25 Gefangene, von denen 23 Mann der 2. Kp. angehören. Als sich die Co. F gegen 13.20 Uhr (B) bis auf wenige hundert Meter Schmira genähert hat, sind zwei Drittel des Ortes besetzt und der Widerstand ist fast erloschen. Damit es nicht zu Vermischungen kommt, hält die Co. F vor dem Ort, der wenig später durch die Co. G vollständig gesichert ist. Im Ort erbeuten die Infanteristen einen 12cm Granatwerfer und eine 2cm Flak. Außerdem finden sie ein Lager voll mit Schuhen, das zum Heeresbekleidungsamt Erfurt gehört.[58] Im Gasthaus „Willkommen" ergibt sich ihnen widerstandslos die Besatzung der Wetterbeobachtungswarte des Flugplatzes Erfurt-Bindersleben, die hier ihre Ausweichstelle eingerichtet hatte.[59]

Damit endet der Kampf um Schmira. Ob es neben den Genannten zu weiteren Verlusten auf amerikanischer Seite kam, ist nicht bekannt. Auf deutscher Seite verliert u.a. der 18jährige Soldat Josef Tschetsch sein Leben. Eine Kugel trifft ihn tödlich im Schützengraben.[60] Er findet später als einziger der gefallenen deutschen Soldaten von Schmira sein Grab auf dem dortigen Friedhof. Die anderen deutschen Gefallenen wurden möglicherweise auf dem zeitweiligen Soldatenfriedhof Stromberg bei Bad Kreuznach beigesetzt. Nach den Angaben der 80th US InfDiv wurden im April 1945 66 amerikanische und 103 deutsche dorthin gebracht und beigesetzt.

Während die Amerikaner gemäß dem Grundsatz, dass kein amerikanischer Soldat in Feindesland zurückgelassen wird, nach Kriegsende durch den American Graves Registration Service auf die großen Soldatenfriedhöfe in den Niederlanden, Belgien, Luxemburg und Frankreich, die man 1947 der American Battle Monuments Commission ABMC unterstellt, oder in die Heimat umgebettet werden, erfolgt die Umbettung der Deutschen von Stromberg auf die Kriegsgräberstätte im Lohrer Wald bei Bad Kreuznach. Woodrow Bugg aus Boyle County, Kentucky und George Scharff aus Brooklyn, Kings Conty, New York finden ihr endgültiges Grab auf dem amerikanischen Soldatenfriedhof Margraten.[61] Der Bestattungsort der anderen Amerikaner ist nicht überliefert. Die, bis zum 15. April 1945 in Stromberg operierende, 3042nd Qm Graves Registration Co. unter Capt. Graydon C. Kays wird am 16. April 1945 Erfurt erreichen und von dort den Abtransport der Gefallenen übernehmen. Am 23. April 1945 erreicht dann die 607th Qm Graves Registration Co. unter 1st Lt. John A. Liddle Thüringen und eröffnet den Soldatenfriedhof Eisenach (heute Kriegsgräberstätte Hötzelsroda), wo bis zum 8. Mai 1945 alle weiteren Gefallenen beigesetzt werden.

Dorthin erfolgt auch der Abtransport von Gefallenen aus den Sammelstellen der Kompanie in Pößneck und Querfurt.[62]

Während die Co. F südlich am Ort vorbei geht und der Co. E nach Bischleben folgt, wird Schmira bis 15.15 Uhr (B) gesäubert. Um 15.55 Uhr (B) erreicht der Bn.CP 2./318 den Ort und bezieht Quartier. In der Zwischenzeit hat der Südflügel der Co. E gegen 12.00 Uhr (B) die Bahnlinie zwischen Bischleben und Stedten erreicht und bis 17.08 Uhr (B) Bischleben besetzt. Die, am 8. April 1945 gemeldeten, Verteidiger haben sich abgesetzt. Immerhin hatten die Feindmeldungen von einer Straßensperre aus Steinen in der Bahnstraße gesprochen, die von 20 bis 30 eingegrabenen Fallschirmjägern[63] mit Panzerfäusten gesichert wird. Verstärkung sollten diese durch 100 Mann Volkssturm erhalten, die sich im Ort verschanzt hätten. Zurückgeblieben sind jedoch nur die Steinsperre und mehrere Sperren aus gefällten Straßenbäumen.[64] Und die gesprengte Straßenbrücke über die Gera. Lediglich die Eisenbahnbrücke ist noch intakt. Die Verteidiger haben sich abgesetzt. Die Co. F erreicht, ohne auf Widerstand zu treffen, den Raum nördlich von Bischleben. Bis 19.00 Uhr (B) haben die beiden Kompanien das östliche Gera-Ufer gesichert und suchen nach Möglichkeiten die Panzer und Panzerjäger über den Fluss zu bringen. Doch eine benötigte 100-Fuss-Pionierbrücke steht nicht zur Verfügung. So erhält das Bataillon um 19.50 Uhr (B) den Befehl, die intakte Gera-Brücke bei Möbisburg zu nutzen. Bischleben ist glimpflich davon gekommen. Erst am 10. Mai 1945, zwei Tage nach der Kapitulation, trifft den Ort das Schicksal, als ein Eisenbahnzug mit Munition der amerikanischen Truppen im Bahnhof explodiert, wobei es zu zwei Toten und Gebäudeschäden kommt.[65]

In Schmira wird derweil die Co. G von der Co. H abgelöst, die Straßensperren an der Straße nach Hochheim errichtet. Um 20.05 Uhr (B) kommt es im Bereich des alten Chausseehauses an der R 7 zwischen Schmira und Bindersleben (heute IKEA Erfurt) zu einem deutschen Gegenangriff von 70 bis 80 Mann, die ohne Unterstützung von schweren Waffen mit einigen 2cm Flak einen verzweifelten Versuch unternehmen, den, für die Verteidigung wichtigen, Abschnitt doch noch zu sperren.[66] Doch sie haben keine Chance und der Angriff wird bis 21.00 Uhr (B) durch die Co. F zurückgeschlagen. Unterstützung erhalten die Infanteristen dabei durch die 4.2inch Werfer der Co. B, 81st Cml Mort Bn. Sofort nach dem Erhalt von Meldungen über eine deutsche Gruppierung, die sich für einen Gegenangriff bei Hochheim bereitstellt, lenkt das vorgeschobene Beobachterteam der Co. B, 81st Cml Mort Bn unter Lt. Bartley Cranston eine Feuerkonzentration auf die Gruppierung, die zu hohen Verlusten auf deutscher Seite führt. Nach amerikanischen Angaben soll es 100 Tote gegeben haben.[67] Der Rest flieht oder ergibt sich. Unter den Gefangenen werden Angehörige der Gen.Kp. des III./Opitz gemeldet.[68]

Das 3./318 von Lt.Col. Paul E. Jackson, das sich am Vortag in der Regtl.Res. in Seebergen versammelt hatte, verlässt im Morgengrauen den Ort und erreicht um 06.00 Uhr (B) südlich der RAB Apfelstädt, wo es die Panzer und Panzerjäger vom 1./318 übernimmt und mit der Vorbereitung beginnt, um den Angriff von der Linie Apfelstädt – Sülzenbrücken aus anzuführen. Um 07.45 Uhr (B) beginnt der Angriff mit der Co. K, 3./318 an der Linken, der Co. I an der Rechten und der Co. L in der Reserve. Um 09.00 Uhr (B) haben alle Teile der Co. I, 3./318 von Apfelstädt aus unter vereinzeltem Granatwerfer- und Gewehrbeschuss Kornhochheim erreicht, das zuvor von der Artillerie beschossen wurde, wobei auch die Turmhaube der Kirche zerstört wurde. Dann rücken sie auf Thörey vor, das bis 10.45 Uhr (B) ohne Widerstand genommen wird. Es gilt besondere Vorsicht, damit es nicht zu „friendly fire" kommt, denn im nahegelegenen Ichtershausen wird um 11.30 Uhr (B) das 1./355 der 89th US Inf-Div des VIII. US Corps gemeldet. Die nachfolgende Co. L, 3./318 erreicht gegen 12.00 Uhr (B) Kornhochheim, wo sie bis gegen 14.30 Uhr (B) hält.

Die Co. K, 3./318, die noch vor 09.00 Uhr (B) mit dem Angriff begonnen hat, erreicht auf der Straße Apfelstädt – Dietendorf einen Punkt 400 Meter östlich von Apfelstädt, wo sie durch Granatwerfer- und Handwaffenfeuer aufgehalten wird. Deutsche Infanterie leistet an der Bahnlinie Widerstand. Aber den Verteidigern fehlen schwere Waffen, denn zu diesem Zeitpunkt haben die letzten deutschen Panzer und Sturmgeschütze bereits den Ort Richtung Osten verlassen.[69] So wird der Widerstand schnell überwunden und die Artillerie kommt vorerst nicht zum Einsatz. Aber das scheinbare Glück für Neudietendorf hält nicht lange an. Wenig später schlägt den Infanteristen aus dem Neudietendorfer Park hinter der Apfelstädt erneut Gewehrfeuer entgegen. Im Schutz der Parkbäume feuern Nacheinheiten auf die Kolonne. *„Sogar in unserem Park kämpfen... deutsche Soldaten. Verluste hatten sie bei der guten Deckung nicht"* schreibt der Zeitzeuge Krüger. Dennoch fällt ein Großteil der Bäume dem darauf folgenden Beschuss zum Opfer. 70 Granateinschläge werden nach den Kämpfen gezählt.[70] Bis 10.30 Uhr (B) ist der Widerstand überwunden und die Kompanie nimmt Dietendorf.[71] Dabei werden Capt. Marion C. Chitwood, der S-3 Offizier des 3./318, der nach vorne gekommen war, um der Co. K bei der Fortsetzung des Angriffs zu unterstützen, und der Chef der Co. K während der darauffolgenden Haus-zu-Haus-Kämpfe verwundet. Chitwood, der sich trotz einer eigenen Verwundung um den CO der Co. K und andere Verwundete kümmert, erhält für seine Tapferkeit den Silver Star verliehen.[72]

Aus dem Ort wird aber weiter Widerstand gemeldet. Im Bereich der Bahnanlagen der Stecke Gotha – Erfurt haben sich die letzten Nacheinheiten des III./Rgt. Opitz aus Wehrmachtsangehörigen und Waffen-SS erneut verschanzt, um den Rückzug der Reste ihrer Einheit in Richtung Ingersleben zu decken.[73] Dass sie sich dorthin zurückgezogen haben, gibt den Einwohnern von Neudietendorf zu mindestens die Chance, etwas gegen den weiteren Granatbeschuss des Ortskerns zu unternehmen. Trotz großer Gefahr für das eigene Leben macht sich der Lehrer Johannes Meissel nach Rücksprache mit Bgm. Kliemann gemeinsam mit dem 1. Saaldiener der Brüdergemeinde Fritz Bethel auf den Weg, die weiße Fahne auf dem Kirchturm zu hissen.

Und die Gefahr ist mehr als real, denn genau in diesem Moment kommen fliehende SS-Männer an der Kirche vorbei. Doch zum Glück für Meissel und Bethel haben diese keine Zeit, sich um die Männer zu kümmern, denn direkt hinter ihnen folgen bereits die ersten amerikanischen Panzer. Wenig später weht wie bereits auf der Thüringer Bauernschule auch auf der Kirche die weiße Fahne.[74] Zwar wird daraufhin der Beschuss des Ortes eingestellt, aber es dauert noch bis 17.00 Uhr (B), bis der letzte Widerstand an den Bahnanlagen durch die Co. K beseitigt wird. Eine Zeitzeugin erinnert sich: *„Ein schöner sonniger Frühlingstag... Das starke Schießen hielt an... Gegen ½ 5 nachmittags erfolgte der letzte schwere Einschlag. Er traf unseren Bahnhof, der lichterloh brannte... Nach diesem Einschlag wurde das Schießen schwächer. Die 160 Deutschen, die Neudietendorf verteidigt hatten, zogen sich zurück und ½ 6 Uhr abends fuhren die Amerikaner im Ort ein.“*[75] Doch der Beschuss der Stadt durch die amerikanische Artillerie und Panzer, der seit dem 7. April 1945 angehalten und seinen Höhepunkt in der Nacht vom 8./9. April 1945 erreicht hatte, hat Spuren der Zerstörung hinterlassen. *„Nach der Einstellung der Kampfhandlungen zählte man 80 zerschossene oder beschädigte Häuser. Auch in Ingersleben gab es erhebliche Schäden, der Kirchturm wurde getroffen und mehrere Zivilpersonen, darunter mehrere Kinder, verloren ihr Leben. In Kornhochheim wurden mehrere Häuser beschädigt... und eine Einwohnerin wurde durch Granatsplitter tödlich verletzt.“*[76]

In Neudietendorf werden eine Fabrik zur Herstellung von Handfeuerwaffen und zum Bau von Segelflugzeugen erbeutet.[77] Und noch etwas fällt den Amerikanern in Neudietendorf in die Hände. In den Kellern der Riebeck Brauerei, Niederlage Neudietendorf, finden die Panzerjäger des 811th TD Bn am nächsten Tag verschlossene Kisten mit wertvollem Inhalt. Kein Gold oder ähnlich wertvolles, sondern amerikanische Hollerith-Maschinen, Vorläufer der heutigen Computer. Der Amerikaner Herman Hollerith hatte 1884 ein Verfahren entwickelt, Daten in Form von Lochkarten zu speichern, das bereits 1889 patentiert worden war. Damit war erstmals die Möglichkeit entstanden, große Datenmengen ohne großen Platzaufwand zu speichern. Schnell waren diese Maschinen weltweit zum wichtigen Planungsinstrument für viele Bereiche der Industrie und des öffentlichen Lebens geworden, so auch im Dritten Reich. Und sie wurden noch vor Kriegsbeginn völlig legal auf der Basis von Lieferverträgen mit der USA bei dem amerikanischen IBM-Konzern eingekauft. So auch vom Reichsministerium für Rüstung und Bewaffnung. Als Berlin immer stärker in den Fokus der alliierten Bomberverbände geriet, hatte man sich im Februar 1945 im Ministerium entschlossen, die Hollerith-Maschinen.Abt., auch als Lochkartenmaschinen.Abt. bezeichnet, auszulagern und in Sicherheit zu bringen. Am 15. März 1945 erreichten so die Maschinen unter Aufsicht von Maj. Schlegel Neudietendorf, während der Leiter der Abteilung, Obstlt. Passel, in Berlin verblieben war. In Neudietendorf angekommen, wurden die Maschinen nicht einmal ausgepackt, obwohl der Maschinenverantwortliche Dr. Fehrmann später äußerte: *„Der Verlust der Ausrüstung setzte das Reichsministerium vollständig außer Kraft.“* War es ohne sie doch nicht mehr möglich, zentral auf die Rüstungsproduktionsdaten zurückzugreifen. Dass sie nicht im letzten Moment zerstört wurden, sondern intakt in die Hände der Amerikaner vielen, ist dem Umstand zu verdanken, dass Schlegel den ausdrücklichen Befehl aus Berlin hatte, diese unversehrt an die Amerikaner zurückzugeben. Eine Vereinbarung, die bereits beim Kauf getroffen und trotz aller späteren Ereignisse tatsächlich eingehalten wurde. So hatte sich Maj. Schlegel nach der Meldung, dass die Amerikaner im Raum Gotha stehen, aufgemacht und diesen mitgeteilt, was sich in Neudietendorf befindet. Nun, nach der Einnahme der Stadt, werden die Maschinen sofort sichergestellt.[78] Neben den wertvollen Maschinen finden sie 35 bis 40 neue italienische Schreibmaschinen.[79]

In der Zwischenzeit setzen die anderen beiden Kompanien ihren Vormarsch fort. Die Co. I überquert bis 17.07 Uhr (B) die Gera in Ichtershausen und rückt entlang des Ostufers des Flusses nach Norden vor. Dann schwenkt sie nach Eischleben, wo sie um 18.55 Uhr (B) gemeldet wird. Die Co. L erreicht Thörey. Zur gleichen Zeit erreicht die Co. K, die nach der Einnahme von Neudietendorf dem Bataillon folgt, Kornhochheim. Um 19.53 Uhr (B) ist die Co. I auf dem Weg nach Rockhausen, die Co. L hat Eischleben erreicht und die Co. K ist auf dem Weg von Thörey nach Eischleben. Um 20.55 Uhr (B) hat die Co. I, 3./318 Rockhausen gesichert, während die Co. L rechts dahinter folgt und um 22.35 Uhr (B) ist die Co. I auf dem Weg von Bechstedt-Wagd nach Egstedt, das sie bis 00.00 Uhr (B) erreicht und ohne Widerstand sichert.[80] Die Co. L erreicht um 22.35 Uhr (B) Bechstedt-Wagd, wo sie Sicherungsstellung bezieht. Zwischen beiden Orten wird auf der Autobahn eine Sperre errichtet. Die Co. K sichert Rockhausen

Das 1./318, das im Raum Apfelstädt – Sülzenbrücken in der Regtl.Res. hält, entsendet in der Nacht eine Patrouille nach Neudietendorf, die um 00.20 Uhr (B) feindliche Fahrzeugbewegungen Richtung Osten meldet. Sonst bleibt es ruhig. Nachdem am Morgen das 3./318 durch seine Linien gegangen ist, erhält es den Befehl, sich darauf vorzubereiten, um den beiden vorderen Bataillonen zu folgen und dann durch deren Linien hindurch den Angriff auf Erfurt im Zentrum des Regiments zu führen. Am frühen Nachmittag verlässt das Bataillon in zwei Kolonnen den Raum Apfelstädt – Sülzenbrücken. Während die Co. A in Neudietendorf durch die Linien des Co. K, 3./318 geht und auf Ingersleben vorgeht, rücken die Hauptkräfte mit der Co. B und C über Kornhochheim vor. Ohne auf Widerstand zu treffen nähern sich die Hauptkräfte Molsdorf, dass auf Anforderung des 3./318 um 16.09 Uhr (B) mit zwei Artilleriesalven belegt wurde, um mögliche Feindangriffe in die Flanke zu verhindern. Um 18.05 Uhr (B) hat die Co. C an der Spitze des 1./318 Molsdorf erreicht und bis 18.55 Uhr (B) ist der Ort gesichert. Lediglich ostwärts des Ortes kommt es zu einer Schießerei mit deutschen Truppen, die von der Höhe aus auf die Amerikaner feuern. Dann hält sie kurzzeitig an, um auf die Einnahme von Ingersleben durch die Co. A zu warten. Die Co. A, 1./318 von Capt. Raymond G. Ray erreicht 19.00 Uhr (B) Ingersleben und säubert bis 20.24 Uhr (B) den Ort, wo auf dem Kirchturm zeitweise sogar die weiße Fahne geweht hatte, die vom Bürgermeister gehisst wurde, als sich die Amerikaner Tage zuvor zum ersten Mal dem Ort näherten. Doch sie war schnell wieder heruntergeholt worden, nachdem die Wehrmacht den Ort erreicht hatte. In den Tagen danach bis zur Besetzung war es dann zu erheblichen Schäden durch den amerikanischen Artilleriebeschuss gekommen.[81]

Durch den Angriff des 1./318 werden die 9. und 12. Kp. des III./Rgt. Opitz zerschlagen. 18 Angehörige der beiden Kompanien, darunter ein Kp.Führer, gehen bei Molsdorf in Gefangenschaft. Sie hatten den Befehl, sich von Dietendorf nach Erfurt abzusetzen.[82] Auch die Offiziersbewerber der K.Gr. Grau, die bei den Kämpfen schwere Verluste erlitten haben, ziehen sich dorthin zurück.. *„Am 10. April plötzlicher Angriff der Amerikaner in der Nacht. Verteidigung, Nahkampf. Die Offiziersbewerberkompanie wird aufgerieben, viele Kameraden werden getötet und verletzt, der größte Teil wird gefangengenommen. Mit 17 Mann gelingt mir die Flucht. Rückzug über die Höhen längs der Autobahn...“* schreibt der Fahnenjunker Döring-Ernst v. Gottberg. Gottberg gehörte als Offiziersbewerber der 1. Kp./Pz.Gren.Ers. u.Ausb.Btl. 1 Weimar an und war ab dem 25. März 1945 mit den anderen Offiziersbewerbern der Offz.Nachw.Kp. Erfurt unter Hptm. Grau unterstellt worden. Die Offiziersbewerber hatten nach einem Fußmarsch Erfurt erreicht und zuerst bei Bechstedt-Wagd als Panzerjagdkommandos an der RAB Erfurt – Weimar Stellung bezogen, bevor man sie in den Raum Neudietendorf vorgezogen hatte.[83]

Döring Ernst v. Gottberg
Foto: privat

Zum Zeitpunkt der Einnahme von Ingersleben hat die Co. C, 1./318 auf Befehl des Bataillons den Vormarsch wieder aufgenommen und rückt von Molsdorf aus nach Norden über die intakte Marienthalbrücke am Zusammenfluss der Apfelstädt mit der Gera und durch die Bahnunterführung auf Möbisburg vor. Eine Panzersperre auf der Molsdorfer Straße wird ohne Widerstand überwunden, nachdem die Artillerie einige Granaten auf den Ort abgefeuert hat, die zu Beschädigungen an mehreren Gebäuden führen. Sowohl die Eisenbahnunterführung, als auch die Brücke über die Gera werden intakt gesichert. Dann wird der Ort durch die Co. C kampflos genommen. Doch die Infanteristen kümmern sich nicht weiter um den Ort und rücken sofort weiter vor. Um 20.40 Uhr (B) erreicht die Co. C an der Spitze des 1./318 Waltersleben, wo sie hält und im Anschluss an das 3./318 Stellungen bezieht.[84]

Erst am 12. April 1945 entdeckt man bei Waltersleben in unmittelbarer Nähe der Häuser sechs Tunnel. Die Amerikaner sind auf die Anlagen des Deutschen Nachrichtenbüros DNB, der offiziellen Presseagentur des Deutschen Reiches, gestoßen. Ende

Januar 1945 hatte Propagandaminister Goebbels die Weisung zur Auslagerung von Teilen des DNB aus dem Sitz in der Berliner Charlottenstraße nach Erfurt erteilt. Unter Leitung von DNB-Chefingenieur Edgar F. Scholz sollen die Geräte und Einrichtungen in ein sicheres Behelfsquartier nach Waltersleben verbracht werden. Anfang März 1945 waren dann fünf Tonnen technisches Gerät wie Hellschreiber, Fernschreibgeräte, Sende- und Empfangsanlagen, Röhren, Kabel usw. nach Waltersleben verbracht worden. Doch noch bevor die Ausweichstelle ihre Arbeit aufnehmen kann, haben die Amerikaner den kleinen Ort erreicht. Die Einrichtung, die sofort unter Bewachung gestellt wird, wird am 1. Mai 1945 durch 1st Lt. Russel J. Bowen von der 2nd Mobile Radio Broadcasting Co. (MRCB) beschlagnahmt und unter Begleitung von Scholz, der bei der Anlage verblieben war, nach Bad Nauheim abtransportiert.[85]

Die Co. A, die von Ingersleben aus nach Osten vorrückt, wird gegen 20.40 Uhr (B) in ein Feuergefecht mit deutschen Soldaten im Bereich westlich des Zusammenflusses von Apfelstädt und Gera verwickelt und folgt bis Mitternacht in den Raum zwischen Möbisburg und Waltersleben. Die Co. B, 1./318, die der Co. C folgt, verliert in der Nacht zeitweise den Kontakt zum Bataillon und erreicht bis 02.30 Uhr (B) von Molsdorf kommend Möbisburg.

Die Cn Co. 318 verlässt Seebergen und fährt durch Kleinklettbach nach Frienstedt, wo sie um 12.30 Uhr (B) eintrifft. Die Co. B, 305th Med Bn erreicht Großrettbach, wo auch der CP des 314th FA Bn um 13.45 Uhr (B) eintrifft. Die Co. B, 81st Cml Mort Bn wird am Abend dem 314th FA Bn zur Unterstützung des RCT 318 unterstellt. Der Regtl.CP 318 verlegt am Vormittag von Siebleben nach Großrettbach, wo das Regiment um 17.30 Uhr (B) die Information erhält, dass es den Alleinauftrag zur Einnahme des Stadtzentrums von Erfurt erhält, während das 317th InfRgt das Stadtzentrum im Norden umgehen und das 319th InfRgt den Abschnitt südlich der Stadt übernehmen soll, wenn das 318th InfRgt dort ihre Ziele erreicht hat. Bis Mitternacht sind alle Orte im Abschnitt des RCT 318 gesäubert und das Regiment hat 91 Gefangene gemacht. Außerdem meldet es fünf zerstörte Panzer, zwei Artilleriegeschütze und zwei Munitionsfahrzeuge. Auf eigener Seite werden 19 Gefallene und 52 Verwundete registriert.

Das RCT 319, das um 07.45 Uhr (B) durch den CG 80th US InfDiv, Maj.Gen. McBride alarmiert wird und den Befehl erhält, Gotha an die 4th US AD zurück zu übergeben und Marschbereitschaft herzustellen, erhält um 11.55 Uhr (B) den Befehl des CoS Col. Samuel P. Walker, in den vorgeschobenen Versammlungsraum Ermstedt – Gamstädt – Frienstedt – Kleinrettbach zu verlegen. Um 12.40 Uhr (B) beginnt als erstes das 1./319 mit dem Fußmarsch, gefolgt vom 2./319 und dem 3./319 um 13.35 Uhr (B). Um 14.45 Uhr (B) passiert das 1./319 Friemar und um 16.05 Uhr (B) erreicht es Ermstedt. Das 2./319, das nach Frienstedt marschiert, wird um 14.45 Uhr (B) angehalten, weil dort noch Teile der Co. I, 3./317 mit der Säuberung der Ortschaft von deutschen Truppen beschäftigt sind. Aber bereits zehn Minuten später erhält es den Befehl, den Marsch fortzusetzen und selber nachzusehen, ob Frienstedt inzwischen feindfrei ist. Um 16.10 Uhr (B) wird es nördlich von Grabsleben am Abzweig der R 7 nach Neudietendorf gemeldet und 16.45 Uhr (B) steht es westlich von Gamstädt. Es dauert bis 18.15 Uhr (B), bis das Bataillon in Frienstedt einrücken kann und um 18.45 Uhr (B) haben die letzten Teile der Kompanie des RCT 317 den Ort verlassen. Das 3./319 erreicht mit den motorisierten Teilen des Bataillons um 15.50 Uhr (B) Kleinrettbach und um 16.05 Uhr (B) mit dem Fußteilen Großrettbach. Bis 17.40 Uhr (B) haben auch die letzten Teile Kleinrettbach erreicht und bis 18.15 Uhr (B) ist das RCT 319 vollständig versammelt. Der Regtl.CP entfaltet von Gotha kommend, das er um 17.30 Uhr (B) verlassen hat, in Gamstädt. Dort erhält das Regiment den Befehl, nach der Einnahme von Egstedt und Bechstedt-Wagd durch das RCT 318 durch diese Orte nach Osten zu gehen und Weimar von Süden her zu nehmen. Um 19.00 Uhr (B) versammelt der CO 319th InfRgt seine Kommandeure und erteilt ihnen den Befehl, mit dem 1./319 um 20.30 Uhr (B), dem 2./319 um 20.45 Uhr (B) und dem 3./319 um 21.00 Uhr (B) mit dem Marsch zu beginnen. Um 21.45 Uhr (B) erreicht der Fwd CP Molsdorf und um 22.40 Uhr (B) trifft das 3./319 in Eischleben ein. Das 2./319, das vom I&R Plat. durch Neudietendorf geführt wird, nachdem die Aufklärer die Marschstrecke von Gamstädt zur Autobahn erkundet und als, für Fußtruppen geeignet gemeldet hatten, erreicht über Kornhochheim nach Osten gehend um 23.00 Uhr (B) Molsdorf, wo bis 00.15 Uhr (B) auch das 1./319 eintrifft. Damit hat das Regiment seinen neuen vorgeschobenen Versammlungsraum erreicht, von dem aus es am nächsten Morgen um 09.00 Uhr (B) die Ablauflinie für den Angriff nach Osten passieren soll. Die Deckung der Südflanke soll der 80th Rcn Tp. und die Co. D von Lt.Col. James W. Bidell's 704th TD Bn übernehmen, die vorgewarnt werden, dass um 09.00 Uhr (B) am kommenden Tag die Panzer der 4th US AD ihre Linien passieren. Auch das 319th InfRgt erhält den Befehl, das die Panzer absolute Priorität haben.

Als Maßnahme in Vorbereitung des direkten Angriffs auf Erfurt verlegt der CP der DivArty, der vom 7. bis zum 10. April 1945 in Gotha Quartier bezogen hatte, am Abend nach Gamstädt. Auch das 315th FA Bn verlässt Gotha und geht nach Pferdingsleben, wo die HQ Btry. den Bn.CP entfaltet, während die Feuerbatterien in Ermstedt Stellung beziehen. Außerdem beantragt die Division um 16.05 Uhr (B) beim XX. US Corps die Bombardierung von ausgewählten Zielen in Erfurt, von denen man bei der Erstürmung der Stadt Widerstand erwartet bzw. die lebenswichtig für die Verteidiger sind, durch die taktischen Bomberverbände der 9th USAAF. Im Gegensatz zu den strategischen Bomberverbänden der RAF und 8th USAAF sieht man in diesen eine geringere Gefahr für die Bodentruppen, die sich bereits der Stadt genähert haben. Als das Allied Bomber Command am 3./4. April 1945 die Bombardierung von Nordhausen und Erfurt befohlen hatte, hatte man diesen Befehl für Erfurt aus Sorge um die eigenen Truppen im Raum Gotha zurückgewiesen. Es wäre nicht das erste Mal gewesen, dass die Bomber nicht nur ihr Ziel verfehlt, sondern auch die falsche Stadt bombardiert hätten.

An diesem Tag stossen Angehörige der 80th US InfDiv auf Dr. Bela Fabian, den Präsidenten der Ungarischen Unabhängigen Demokratischen Partei und ehemaligen Führer der politischen Opposition im Parlament der Horthy-Regierung, der als Jude nach Auschwitz deportiert wurde und von dort über das KZ Oranienburg in das KZ-AL Espenfeld bei Ohrdruf gelangt war, wo ihm letztendlich die Flucht gelang. Noch am gleichen Tag gibt Fabian mit Unterstützung durch den amerikanischen IPW-Offizier Lt. Theodore „Ted" Gutman[86], einem, 1936 aus Gotha ausgewanderten Juden, und Sgt. Siegmund Fuld als Dolmetscher drei Pressekorrespondenten ein Interview. Darin teilt er mit, dass in Auschwitz fünf Millionen Juden von den Deutschen ermordet wurden. Bereits am nächsten Tag geht die, von der Nachrichtenagentur AP verbreitete, Nachricht, die großes Entsetzen, aber auch Unglauben auslöst, um die Welt.[87]

Hinter der 80th US InfDiv schließt die 4th US AD im Raum Gotha die letzten Vorbereitungen für die Fortsetzung des Angriff ab. Doch niemand rechnet damit, dass dieser bereits am kommenden Tag beginnen soll, zumal die Division gerade wieder die Verantwortung für Gotha vom 319th InfRgt übernommen hat. Und so entscheidet sich der CO des 8th Tk Bn, Maj. Albert, „Al" F. Irzyk, am Abend ebenfalls nach langer Zeit eine Party mit seinen Männern zu feiern, doch nicht ohne sich vorher noch einmal zu vergewissern, dass auch wirklich nichts geplant ist. *„Kurz nachdem der Colonel gegangen war, gab Al bekannt, dass diese Nacht Party-Zeit wäre. Er forderte alle Offiziere des Bataillons auf, sich am Gefechtsstand bei Getränken und einem Imbiss zu versammeln. So begann die Bataillons-Party, als die Abenddämmerung anfing und die Sonne hinter dem Horizont verschwand."* Doch kaum hat die Feier begonnen, kommt um 22.00 Uhr (B) über Funk der Befehl an alle Verbände und Einheiten der Division, sofort Verbindungsoffiziere zu den nächst höheren Stäben zu entsenden und Marschbereitschaft für den nächsten Morgen herzustellen. Was keiner ahnen konnte, um 19.30 Uhr (B) hatten die Verbände des XX. US Corps vom Corps.CP in Treffurt den Befehl erhalten, der als Angriffsbeginn für die breit angelegte Großoffensive den 11. April 1945, 07.00 Uhr (B) festlegt. Irzyk schreibt später: *„So schwierig wie es ist, eine Jungfrau im Bordell zu finden, so schwierig war es, einen nüchternen Soldaten im Bataillon zu finden."* Und bei einigen Feiern waren einige nicht nur angetrunken sondern sturzbesoffen. *„Es gab keine ‚restliche Nacht' oder den nächste Morgen, um auszuschlafen. Diese Jungs mussten jetzt losgehen und ihren Job machen."*[88]

Während überall betriebsame Hektik ausbricht, versammeln sich im Div.HQ um 23.00 Uhr (B) die CO der Combat Commands und erhalten die Befehle für den Angriff. Der Plan sieht vor, mit dem CCB im Norden und dem CCA im Süden des Angriffsstreifens Seite an Seite, gefolgt vom CCR, vorzurücken, durch die Linien der 80th US InfDiv hindurch zu gehen und parallel zur 6th US AD im Nordabschnitt des Corps unter Umgehung der Städte Erfurt, Weimar und Jena und möglicher Widerstandsherde zur Saale vorzustoßen. Um diese soll sich die nachfolgende 80th US InfDiv kümmern. Hierzu sollen sich die Combat Commands wie folgt gliedern:

CCA 8th Tk Bn, 51st AIB, Tp. A, 25th CavRcnSq, Co. B, 704th TD Bn, Co. C, 24th Armd Engr Bn, Btry. D, 489th AAA AW Bn, 66th AFA Bn, 943rd FA Bn, Co. A, 4th Armd Med Bn, Co. A, 126th Armd Ord Maint Bn

CCB 37th Tk Bn, 10th AIB, Tp. D, 25th CavRcnSq, Co. C, 704th TD Bn, Co. B, 24th Armd Engr Bn, Btry. C, 489th AAA AW Bn, 22nd AFA Bn, 177th FA Bn, Co. B, 4th Armd Med Bn, Co. B, 126th Armd Ord Maint Bn,

CCR 35th Tk Bn, 53rd AIB, Co. A, 704th TD Bn, Co. A, 24th Armd Engr Bn, Btry. B, 489th AAA AW Bn, 94th AFA Bn, 58th FA Bn

Die 3rd CavGp verlegt in ihren neuen Versammlungsraum Ballstädt, wo der CO 3rd CavGp den Befehl erhält, auf Grund des geringen Widerstandes, auf den die Infanteriedivisionen bisher getroffen sind, erst dann mit dem Vormarsch zu beginnen, wenn die Hauptkräfte des Corps die Linie Weimar – Buttstädt passiert haben. Am frühen Abend trifft dann der Befehl ein, mit der 3rd CavRcnSq die Nordflanke des Corps zu sichern und den Kontakt zum V. US Corps zu halten, während die 43rd CavRcnSq die Sicherung der Südflanke übernehmen soll. Noch in der Nacht stellt der Tp. B, 3rd CavRcnSq den Kontakt zur 6th US AD und 76th US InfDiv und der Tp. B, 43rd CavRcnSq zur 80th US InfDiv her.

Beim VIII. US Corps erreicht die 89th US InfDiv mit dem CT-5, 355th InfRgt auf der linken und dem 354th InfRgt auf der rechten Seite bei Rudisleben, Arnstadt und östlich von Espenfeld den Fluss Gera. Das CT-5 setzt am Morgen den Angriff nach Osten fort und ihr 1./355 sichert gegen schwachen Widerstand bis 12.00 Uhr (B) Mühlberg, Röhrensee, Holzhausen und Rehestädt. Das 2./355, das am Vorabend ostlich von Ohrdruf durch das 2./354 abgelöst wurde, geht als Regtl.Res. in den Abschnitt nordöstlich von Ohrdruf. Das 3./355 greift an der Rechten von Ohrdruf aus ostwärts an und nimmt Bittstädt. Am Mittag verhandelt es die Übergabe von Arnstadt und bei Anbruch der Nacht ist die Stadt besetzt. Bei der 87th US InfDiv nimmt das 345th InfRgt Stutzhaus und rückt weiter in die Umgebung von Crawinkel vor. Das 347th InfRgt erreicht auf der Rechten Geraberg. Die TF Sundt der Division bereitet sich darauf vor, als Speerspitze der Division am kommenden Tag zur Saale zu fahren. Ihr soll das 3./346 motorisiert folgten, während sich der Rest des 346th InfRgt auf den Angriff durch das 345th InfRgt hindurch vorbereitet. Die 65th US InfDiv verlässt den Versammlungsraum bei Berka.

Während bei den amerikanischen Truppen der Aufmarsch für den letzten großen Angriff abgeschlossen ist, setzt sich die Auflösung der deutschen Front weiter fort. Die Kräfte der Div.K.Gr. Theilacker werden westlich und südwestlich von Erfurt auf die Hauptstellung zurückgedrängt, während die Front des Rgt. Opitz des Pz.Vbd. Feller nördlich von Erfurt bis auf Höhe Straußfurt durchbrochen wird. Lediglich nördlich der Linie Bad Tennstedt – Straußfurt können letzte Teile des gepanzerten Verbandes, dessen Nordflügel in der Luft hängt, ihre Stellungen halten, da dort noch keine amerikanischen Truppen auf die Front drücken. Die Situation der Korps.Gr. von General v. Uckermann, der noch immer auf das Eintreffen des Stabes des XC. AK wartet, um das Kommando an Petersen zu übergeben, ist hoffnungslos. Daran ändert sich auch nichts, als an diesem Tag die Stämme anderer Ersatzbataillone des ehemaligen Pz.Gren.Ers.u.Ausb.Rgt. (gp.) 81 im Raum Erfurt eintreffen, deren Ausbildungsbataillone ebenfalls im Rahmen des „Leuthen-Aufrufs" mobil gemacht wurden. Sie werden sofort in die Front eingegliedert. Das eingetroffene Pz.Gren.Ers.u.Ausb.Btl. 1 Weimar unter Führung von Maj.d.R. Tornow wird dem K.Kdt. Erfurt unterstellt[89] und das Pz.Gren.Ers.u.Ausb.Btl. 59 Jena geht als K.Gr. Zaak zur Div.K.Gr. Theilacker. Dort tritt die K.Gr. Zaak, die aus drei Kompanien[90] zu je 140 Mann besteht, südlich von Erfurt unter die Führung der neu gebildeten K.Gr. Grau.[91] Neu, weil die Offz.Nachw.Kp. Erfurt, deren Kp.Chef Hptm Grau war, am 28. März 1945 im Rahmen der Aufstellung des Rgt. Bertheau aus den Offiziersbewerbern der 1. Kp./Pz.Gren.Ers.u.Ausb.Btl. 1 Weimar[92], der Offz.Nachw.Kp. 71 des Pz.Gren.Ers.u.Ausb.Btl. 71, Teilen der Offz.Bew.Schule 1 f. Pz.Gren. Jena[93] und der Offz.Nachw.Ers.u.Ausb.Kp. 81 des Kdr.d.Pz.Tr. IX eine K.Gr. in Stärke von 400–500 Mann gebildet hatte, die bereits zu diesem Zeitpunkt als K.Gr. Grau bezeichnet wurde und in das Rgt. Opitz eingegliedert worden war.[94] Nach der Herauslösung aus dem Rgt. Opitz hatte Grau aus den bisherigen Einheiten des III. Btl.[95], seiner Offz.Nachw.Kp., der Gen.Kp. 413 und dem Marsch.Btl. z.b.V. 405 die K.Gr. Bayer unter Führung von Hptm. Bayer[96] vom Pz.Gren.Ers.u.Ausb.Btl. 71 gebildet. Gemeinsam mit der K.Gr. Zaak bilden die zwei Bataillone in Stärke von zirka 1000 Mann jetzt die Hauptkräfte der Div.K.Gr. Theilacker, die somit nicht mehr als eine Rgt.K.Gr. ist. Das eingetroffene Pz.Gren.Ers.u.Ausb.Btl. 1 Weimar wird dem Rgt. Bertheau unterstellt[97], das zu diesem Zeitpunkt nur aus dem Pz.Gren.Ers.Btl. 71 besteht, dessen Führung Bertheau dem Führer der K.Gr. Hptm Klatt, übertragen hatte.[98]

Mit seinen wenigen Kräften, deren Gesamtstärke einschließlich des Volkssturms auf zirka 1500 Mann geschätzt wird und die für zwei Wochen Vorräte haben,[99] will Merkel versuchen, die Stadt, in der 13.00 Uhr Feindalarm ausgelöst wurde[100], im Zusammenwirken mit dem Rgt. Opitz des Pz.Vbd. Feller und der Div.K.Gr. Theilacker so lange wie möglich zu verteidigen, indem seine Kräfte den Vormarsch des Feindes am westlichen Stadtrand und an den Zugängen der Stadt im Norden und Süden verzögern und sich dann kämpfend auf die innere Verteidigungslinien entlang des Flutgrabens zurückziehen sollen. Dieser soll alleine als natürliches Hindernis den Feind bremsen. Die Brücken über den Flutgraben sollen jedoch nicht gesprengt, sondern lediglich durch Barrikaden aus Fahrzeugen gesperrt werden, um die innerstädtische Versorgung nicht zu unterbrechen. Alleine schon deshalb kein ernstzunehmendes

Hindernis. Wenn auch diese Linie gefallen ist, soll die Festung auf dem Petersberg als letztes Widerstandsnest bis zuletzt verteidigt werden.

Am gleichen Tag erscheint ein letzter, vom „K.Kdt. von Thüringen“, Gen.Lt. v. Uckermann und dem Gauleiter von Thüringen, Sauckel, unterschriebener Aufruf in der Thüringer Gauzeitung (hier der Zeitungskopf vom 31.5.43):

Thüringer Gauzeitung

Mitteldeutsche Zeitung · Erfurter Nachrichten

Amtl. Organ der Gauleitung Thüringen der NSDAP · Amtsblatt aller Behörden im Kreis Erfurt-Weißensee

Montag, 31. Mai — Nr. 139 Jahrgang 1943

„Vergesst keinen Augenblick Eure soldatische Treuepflicht gegenüber dem Führer und dem Volk! Von Eurer Haltung hängt das Schicksal der Heimat, Eurer Frauen und Eurer Kinder ab. Zeigt dem Gegner gerade jetzt Euren immer wieder bewiesenen Widerstandswillen und helft mit, in der jetzigen Entscheidung, den vorgeprellten Gegner zurückzuschlagen und zu vernichten! Dann muss und wird alles gut werden. Zeigt dem Gegner die Stirn! Er ist in den Gebieten, wo er sich aufhält, verzettelt und verstreut, und wenn wir zupacken, alle zupacken, Wehrmacht und Volkssturm und Hitlerjugend, dann werden wir ihn schlagen. Verliert keinen Augenblick das Vertrauen zu unserem Volk und zur Führung! Jetzt gilt nur die Parole: Einstehen für Deutschland! Einstehen für den Führer! Es ruft die Pflicht, und wir alle werden sie erfüllen.“[101]

Auch der NSDAP-Kreisleiter von Erfurt, Theine, ruft in der gleichen Zeitung die Bevölkerung von Erfurt auf: *„Erfurter, werdet nicht mutlos! Für Feiglinge ist kein Platz in unserer Stadt! Je näher der Feind, desto unbeugsamer unsere Haltung!“*[102] Es ist sein letzter Aufruf. Noch am gleichen Tag verlässt er Erfurt, genauso wie Regierungspräsident Dr. Weber. Sie folgen dem Befehl Sauckels, der den wichtigsten Vertreter der NS-Führung das Absetzen nach Ostthüringen in den Raum Klosterlausnitz befohlen hatte. Den Auftrag, ein VS-Btl. aus Erfurt mitzunehmen, kommt Weber jedoch nicht nach. Es war ihm nicht möglich gewesen, aus dem Konglomerat der tatsächlich verfügbaren Volkssturmeinheiten einen geschlossenen Verband zusammenzubringen. Rechtfertigen muss er sich aber nicht gegenüber Sauckel, denn als er in Klosterlausnitz eintrifft, ist dieser bereits nicht mehr dort. Auch der Polizeipräsident von Erfurt, der am Abend das LS-Warn-Kdo. Erfurt auflöst, setzt sich mit einem Stab ab.[103] Zurück lassen sie eine Stadt, in der die Bevölkerung ahnt, was auf sie zukommt. Der Wehrmachtspfarrer Dr. Hotzel schreibt: *„Es ist jetzt also heraus, dass Erfurt bis zum äußersten verteidigt werden soll... Also geht die Sinnlosigkeit weiter. Gegenwärtig herrscht an der Front Ruhe. Auch die Fliegertätigkeit hat fast aufgehört. Es ist eine beinahe unheimliche Stille, die Ruhe vor dem Sturm. Die Natur steht in voller Frühlingspracht. Die Obstbäume blühen. Es grünt und sprießt allenthalben. Wir haben ein sehr zeitiges Frühjahr.*

Aber der Sonnenschein will gar nicht zu unserer Not und Sorge passen. Was werden die nächsten Stunden bringen? Gott helfe uns durch alle Gefahren gnädig hindurch!“[104]

Als ob man es geahnt hätte, hatte man bereits 1941 das beschworen, was jetzt eintrifft, nur siegen wird man nicht.

Nr. 287 · Erfurt · 93. Jahrgang

Dienstag, 2. Dezember 1941
Einzelpreis 15 Rpf.

Thüringer Allgemeine Zeitung

Erfurter Allgemeiner Anzeiger

Verkündungsblatt der Behörden

In weiterem Vordringen gegen Moskau

„Wir können, müssen und werden siegen!“

„Die große Stunde fordert von uns allen das Letzte, bietet der Nation aber auch das Höchste“

Die 7. Armee wechselt an diesem Tag von der Unterstellung unter die H.Gr. G unter die direkte Befehlsgewalt des OB West, GFM Kesselring, dem bereits die 11. und 12. Armee für den Kampf in Mitteldeutschland unterstellt sind und verlegt ihren Gefechtsstand über Lobenstein nach Hummelshain, wo er am Abend eintrifft. Mehrere deutsche Kriegsgefangene melden später die Anwesenheit von Kesselring in Erfurt, wo er einen Durchhaltebefehl erteilt haben soll.[105] Doch dafür gibt es keine Hinweise. Zu mindestens hätte Merkel dies in seinen Erinnerungen festgehalten.

Geheime Tagesberichte der Deutschen Wehrmachtsführung vom 11. April 1945:

OB West, AOK 11, LXVII. AK: *Über Buttstädt stießen Feindkräfte auf Freyburg und Naumburg nach Osten vor. In Kösen, das vom Gegner genommen wurde, fiel die Brücke unversehrt in Feindeshand. (Gauleitermeldung) Nach Meldung des Oberbürgermeisters* von Erfurt ist die Stadt eingeschlossen. Feindliche Panzerspitzen erreichten den Raum *westlich Jena.*

OB West, 7. Armee, XC. AK: *Aus Arnstadt stieß der Feind weiter in östlich-nordöstlicher Richtung vor.*

OB West, 7. Armee, LXXXV. AK: *Aus Ilmenau erzielte der Feind weiterhin Bodengewinn nach Nordosten.*

Am **Mittwoch**, dem **11. April 1945**, beginnt auf breiter Front der Großangriff der 12th AGr in das industrielle Herz Mitteldeutschlands und zur alliierten Haltelinie entlang der Elbe und Mulde und damit die 2. Hälfte der letzten Operation. Im Abschnitt des V. US Corps der 1st US Army setzen an diesem Tag die Panzerkolonnen der 9th US AD zum Stoß zur Saale zwischen Merseburg und Weißenfels an. Am Abend steht die 9th US AD auf der Linie Ringleben – Sachsenburg – Rothenberga – Hardisleben. Die 2nd US InfDiv und die 69th US InfDiv, die das Gebiet hinter den Panzern säubern, schließen langsam auf. Die 2nd US InfDiv erreicht aus dem Raum Duderstadt kommend Sondershausen und die 69th US InfDiv versammelt sich hinter den Panzern östlich und nordöstlich von Kölleda.

Südlich des Abschnitts des V. US Corps setzen die Infanteriedivisionen des XX. US Corps der 3rd US Army in der Nacht befehlsgemäß ihren Angriff zur Sicherung von Brückenköpfen über die Gera fort. Gegen Mittag gehen dann auf der gesamten Frontbreite der 76th und 80th US InfDiv die Panzer der 4th und 6th US AD durch die Linien der Infanterie und führen den Angriff an. Sie haben den ausdrücklichen Befehl des CG 3rd US Army, Gen. Patton und des CG XX. US Corps, Lt.Gen. Walker, sich auf keinen Fall durch feindliche Widerstandsknoten aufhalten zu lassen, diese entweder sofort zu zerschlagen oder sie zügig zu umgehen. Das Aufräumen sollen die Infanteriedivisionen übernehmen. Das Ziel sind die Saale-, Elster- und Mulde-Brücken und nichts anderes zählt. Patton schreibt später, das ihm endlich *„die Fußfesseln abgenommen wurden“*.[106]

Im Nordabschnitt des XX.US Corps geht in der Nacht der Angriff der 76th US InfDiv mit dem RCT 417 an der Linken und dem RCT 385 an der Rechten weiter, bevor am Morgen die Panzerkräfte der 6th US AD durch ihre Linien gehen. Dann folgen die Infanteristen den Panzern. Beim RCT 417, das am späten Abend des Vortages mit seinem 1. und 2./417 an der Linken der Division das RCT 304 in der vorderen Linie abgelöst hat, erreicht in der Nacht auch das 3./417 im Fußmarsch seinen Versammlungsraum. Dann beginnt unmittelbar darauf der Angriff des 2. und 3./417. Das 1./417, das den Auftrag erhält eine Task Force zu bilden, die den Panzern direkt folgen und den Raum hinter ihnen von umgangenen Widerstandsnestern säubern soll, verbleibt vorerst in Schwerstedt. Um 03.15 Uhr (B) beginnt das 3./417 an der Nordflanke der 76th US InfDiv mit dem Angriff und erreicht Wundersleben, das kampflos besetzt wird. Dann werden Tunzenhausen und Schallenburg gesichert, bevor es Sömmerda erreicht. Um 12.15 Uhr (B) ist die Stadt nach vorangegangenen Feuergefechten besetzt und der Vormarsch wird angehalten. Erst nachdem das CT 44 des CCB ihre Linien passiert hat, setzt es seinen Vormarsch über Frohndorf, Orlishausen, Vogelsberg, Kleinneuhausen, Großneuhausen, Ellersleben, Olbersleben, Guthmannshausen und Mannstedt bis in die Umgebung von Buttstädt fort. Das 2./417, das in der Nacht die Stellungen des RCT 304 bei Haßleben übernommen hat, beginnt um 04.00 Uhr (B) an der Rechten den Angriff und besetzt Haßleben, Kranichborn und Schloßvippach, wo es Sicherungsstellung bezieht, bis die Panzer des CT 69 des CCB den Ort passiert haben. Erst dann geht es weiter über Sprötau nach Großbrembach, wo östlich des Ortes die TF Mette, 1./417, auf dem Weg nach Buttstädt die Linien passiert.

Parallel zum RCT 417 setzt das RCT 385 in der Nacht den Angriff nach Osten fort. Das 2./385 marschiert gegen 01.00 Uhr (B) los und überquert die intakte Brücke über die Gera in Walschleben und rückt auf Riethnordhausen vor, wo es zu Feuergefechten kommt. Noch während die Infanteristen die Häuser durchsuchen, erreichen die ersten Panzer der 6th US AD den Ort und setzen sich planmäßig an die Spitze des Angriffs. Südlich von Riethnordhausen trifft die Co E, 2./385 gegen 10.35 Uhr (B) bei Nöda auf hartnäckigen deutschen Widerstand, der überwunden wird. Ab jetzt, der Spur der Panzer folgend, wird Alperstedt besetzt und dann geht es über Kleinrudestedt, Schwansee, Großrudestedt, Eckstedt, Dielsdorf, Markvippach und das, vom später in Ungnade gefallenen Reichsbauernführer Richard Walther Darré zum NS-Musterdorf erklärte, Gut Bachstedt sowie Vippachedelhausen nach Berlstedt, das bis 21.10 Uhr (B) erreicht wird. Das 1./385, das an der Rechten der Division im Raum Kühnhausen steht, startet um 01.00 Uhr (B) und trifft gegen 06.00 Uhr (B) bei Mittelhausen auf Widerstand von Infanterie und Panzern, der bis gegen 09.00 Uhr (B) beseitigt wird. Um 11.35 Uhr (B) erreichen die Infanteristen Stotternheim, wo der Widerstand erneut aufflammt. Bis 14.45 Uhr (B) ist der Ort gesichert. Bei den Kämpfen kommen 13 deutsche Soldaten ums Leben, von denen zehn in Stotternheim beigesetzt werden.

Jetzt vorliegende Auskünfte der Deutsche Dienststelle Berlin ordnen die Gefallenen mit Masse verschiedenen Ersatzeinheiten der Panzertruppe zu, die anscheinend in der Pz.Ers.Abt 1 Erfurt zur K.Gr. Reiser[107] zusammengefasst wurden.[108] Drei veraltete deutsche PzKpfw III und IV mit Kurzrohrkanone werden zerstört. Zu der K.Gr. liegen unterschiedliche Angaben vor, die alleine auf Angaben deutscher Kriegsgefangener beruhen. So wird im G-3 Periodic Report der 3rd US Army vom 17. April 1945 von der Einheit Hptm. Reimer mit zehn PzKpfw III mit 5cm Kanone gesprochen, die wichtige Punkte an den Zugängen nach Erfurt verteidigen sollte und sich am 10. April 1945 mit sieben der zehn Panzer nach Hochheim zurückgezogen haben soll. Im G-2 Periodic Report der 80th US InfDiv vom 11./12. April 1945 wird von 12 PzKpfw III und IV mit Kurzrohrkanone gesprochen, von denen drei bei Stotternheim zerstört wurden.[109]

Um 15.20 Uhr (B) wird Schwerborn genommen, dann geht es weiter nach Udestedt, wo das 1./385 um 17.45 Uhr (B) gemeldet wird. Der Ort Ballstedt, der zuvor von Teilen des CT 9 der 6th US AD ohne Aufenthalt passiert wurde, wird um 18.30 Uhr (B) erreicht. Um 19.00 Uhr (B) haben die Infanteristen Ollendorf besetzt und um 20.00 Uhr (B) melden sich die Infanteristen der Co. C, 1./385 aus Hottelstedt. Ramsla wird durch Infanteristen des 1./385 gesichert. Um 21.10 Uhr (B) sichert das Bataillon

Ottmannshausen, dann Heichelheim, Klein- und Großobringen. Das 3./385, das als einziges Bataillon nicht in der vorderen Linie eingesetzt war, folgt am Nachmittag der 6th US AD und erreicht gegen 19.05 Uhr (B) Neumark. Trotz Verzögerungen durch die Kolonnen der 6th US AD, die ab dem Passieren der Linien die weiteren Bewegungen des RCT 385 stark behindern, erreicht das RCT 385 seine Tagesziele. Das RCT 304, das sich während des Tages in der Div.Res. befindet, verbleibt im Versammlungsraum Henschleben – Werningshausen – Bad Tennstedt in Alarmbereitschaft, dem RCT 417 zu folgen und der Div.CP verbleibt in Döllstädt.

Die 6th US AD beginnt den Angriff mit dem CCB an der Linken und dem CCA an der Rechten, gefolgt vom CCR, in vier parallelen Hauptkolonnen aus je einem Combat Team, die sich bei Bedarf in Zuständigkeit der CO der Combat Teams weiter aufteilen sollen. Das CCB beginnt ab 07.00 Uhr (B) mit dem Vorrücken nach Osten und geht mit dem CT 44 an der Linken gegen 11.00 Uhr (B) östlich Sömmerda durch die Linien des 1./417 der 76th US InfDiv. Von dort geht es über Frohndorf, Orlishausen, Großneuhausen, Kleinneuhausen, Mannstedt, Hardisleben, Herrengosserstedt, Niederholzhausen, Eckartsberga und Hassenhausen nach Bad Kösen, wo es ihm gelingt, die Saalebrücke intakt zu erobern. Das, auf der südlichen Route des CCB vorgehende, CT 69 passiert gegen 12.30 Uhr (B) die Linien des 2./417 in Schloßvippach und führt den Angriff weiter über Vogelsberg, Großbrembach, Buttstädt, Rudersdorf, Gebstedt, Reisdorf und Auerstedt nach Bad Sulza, das 16.30 Uhr erreicht wird.[110] In Bad Sulza befreien die Männer des CT 69 das Kriegsgefangenen-Mannschaftsstammlager Stalag IX-C mit 3000 gefangenen Franzosen, Briten, Kanadiern und Amerikanern. Der Großteil der Gefangenen war zuvor bereits evakuiert worden.[111] Noch während die Stadt und die unzerstörten Ilm-Brücken gesichert werden, rollen die Vorauskräfte des CT 69 weiter zur Saale zwischen Groß- und Kleinheringen, wo gegen 19.00 Uhr (B) die Straßenbrücke über die Saale unzerstört gesichert wird.[112] Bis 22.00 Uhr (B) ist Kleinheringen besetzt und die Mehrheit des CCB der 6th US AD befindet sich auf der östlichen Flussseite.

Bei dem, im rechten Abschnitt der 6th US AD angreifenden, CCA fährt das CT 15 an der Linken über Tonna, Döllstädt, Dachwig und Andisleben nach Walschleben, wo die Gera über eine Treadway Bridge der 76th US InfDiv überquert wird. Von dort geht es nach Riethnordhausen und passiert die vorderen Linien des 2./385. Dann rollen die Panzer über Schwansee, Großrudestedt, Kleinrudestedt, Eckstedt, Markvippach, Vippachedelhausen, Neumark, Buttelstedt, Oberreißen, Willerstedt, Nirmsdorf, Gebstedt und Ködderitzsch nach Rannstedt. Da eine Brücke auf dem Vormarschweg nach Osten als gesprengt gemeldet wird, schwenkt die Kolonne nach Südosten und fährt querfeldein zur Brücke über die Ilm zwischen Wickerstedt und Flurstedt, die intakt gesichert wird. In Obertrebra fällt Ihnen der völlig überraschte Gen.Lt. Horst Frhr. v. Uckermann in die Hände.[113] Während der General sofort zur Befragung abtransportiert wird, rollt die Kolonne weiter nach Schmiedehausen, wo sich Angehörige des, zur Kriegsgefangenenbewachung im W.Kr. IX eingesetzten, Lds.Schtz.Btl. 631 ergeben.[114] Gegen 19.00 Uhr (B) wird Camburg erreicht, das nach kurzem Gefecht besetzt wird. Auch die Straßenbrücke über die Saale wird intakt erbeutet. Als aber die vorausfahrenden leichten Panzer den Fluss überquert haben, zündet ein deutsches Nachkommando die vorbereiteten Sprengsätze. Aber die Ladung erweist sich als zu schwach und die Explosion reißt lediglich eine breite Lücke in den Brückenbelag. Pioniere gelingt es den Schaden mit zwei Segmenten einer Treadway-Bridge zu beheben. Um 20.00 Uhr (B) überspannen sie den zerstörten Teil der Brücke und bis 23.00 Uhr (B) ist die Brücke wieder für Panzer passierbar.[115]

Südlich vom CT 15 rollt um 07.00 Uhr (B) das CT 9 des CCA über Aschara, Burgtonna, Großfahner, Kleinfahner, Witterda und Elxleben bis nach Kühnhausen. Da die Brücke über die Gera zerstört und die leichte Behelfsbrücke für Panzer nicht geeignet ist, fährt die Kolonne zur Treadway Bridge bei Walschleben und geht hinter dem CT 15 nach Riethnordhausen. Der Versuch, den Marsch von dort über Nöda fortzusetzen und so auf die geplante Route zurückzukehren, scheitert jedoch daran, dass dort das 2./385 noch immer im Kampf steht. So schwenkt die Kolonne nach Norden und folgt weiter dem CT 15 über Alperstedt und Schwansee bis Eckstedt, wo es um 12.30 Uhr (B) gemeldet wird. Hier unternimmt der CO des CT 9, 9th AIB, Maj. Morse erneut den Versuch, auf die ursprüngliche Vormarschstrecke an der rechten Flanke des CCA zurückzukehren. Und diesmal klappt es. Das Combat Team schwenkt nach Südosten Richtung Ollendorf. Als sich Flankenkräfte Udestedt nähern, fliehen von dort kleine Gruppen deutscher Soldaten.[116] Ollendorf wird kampflos übergeben.[117] Im Ort teilt sich das CT 9 für die Fortsetzung des Angriffs in zwei Kolonnen.[118] Während die Nordkolonne unter dem Kommando von Maj. Morse über Ballstedt – Berlstedt – Stedten nach Ramsla rollt, fährt die Südkolonne unter Führung des S-3 Offiziers des 9th AIB, Capt. Robert J. Bennett nach Hottelstedt. Dort trifft sie um 15.15 Uhr (B) auf Widerstand, der jedoch schnell beseitigt wird. Nach einem kurzen Gefecht, bei dem auch der Kirchturm unter Beschuss gerät und neun deutsche Soldaten fallen[119], dringen die Panzerinfanteristen in den Ort ein, wo sich ihnen etwa 15 SS-Männer ergeben. Doch als man sie abführen will, werden diese von einer Gruppe Russen aus den angrenzenden Wäldern heraus attackiert. Wie sich schnell herausstellt, handelt es sich um russische Häftlinge des nahegelegenen KZ Buchenwald und bei den SS-Männern um Angehörige der Lagerwache.[120] Später werden zwei SS-Männer, unter ihnen der Angehörige einer SS-Baueinheit, der Tiefbauingenieur und SS-Scharführer Karl Wilhelm Keil, erschlagen aufgefunden und anonym an der Friedhofsmauer begraben. Wessen Opfer sie letztendlich wurden, konnte jedoch nicht geklärt werden.[121]

Die Russen berichten von einem großen Konzentrationslager mit tausenden Häftlingen in den Wäldern des nahegelegenen Ettersberg. Doch Bennett kann seine Task Force nicht nach Buchenwald lenken, da sein Auftrag lautet, den Raum Ettersburg nur dann zu nehmen, wenn es zu keinen Verzögerungen kommt und ihn ansonsten zu umgehen und weiter zur Saale zu stoßen. So entschließt er sich eine Aufklärungspatrouille unter dem Kommando des S-2 Offiziers des 9th AIB, Capt. Frederic Keffer zum Lager zu entsenden. In Begleitung zweier russischer Häftlinge macht sich Keffer's Team, das aus dem S-2 Sgt. Herbert Gottschalk, Sgt. Harry Ward und dem Fahrer des Jeeps Pfc. James Hoyt besteht, auf den Weg, um die Angaben der Russen zu prüfen.[122]

Eine Situation, die bezeichnend ist für die Bodenkämpfe im mitteldeutschen Raum und die ihren Höhepunkt in den kommenden Tagen finden soll, wenn die Panzerspitzen an der Saale und Weißen Elster auf den mitteldeutschen Flakgürtel treffen. Obwohl deren Lage genauso wie der Ort des KZ Buchenwald dem alliierten Oberkommando auf Grund der jahrelangen Luftkriegsoperationen bekannt seien müsste, hat niemand die angreifenden Bodentruppen informiert. Bisher wurde die Hauptursache hierfür darin gesehen, dass Bradley sich kurzfristig entschlossen hatte, die letzte Offensive um zehn Tage vom 14. auf den 4. April 1945 vorzuverlegen und somit den Operationsabteilungen die Zeit fehlte, die Informationen rechtzeitig weiterzugeben.[123]

Schrägflugaufnahme der USAAF vom KZ Buchenwald von Norden mit dem Gustloff-Werk II im Hintergrund
Foto: National Archives, 342-FH-3A19497-91596AC (fold.3.com)

Mittlerweile kann im Rahmen der Fortsetzung der Forschungen nach dem Erscheinen des vorhergehenden Buches „Sturmlauf zur Werra und Saale April 1945" davon ausgegangen werden, dass man sich zu mindestens, was die Lager betrifft, selbst bis auf höchste Führungsebenen nicht über deren Bedeutung im Klaren war. Doch hierzu an späterer Stelle mehr. Hinzu kommt, dass die topografischen Karten, die den amerikanischen Truppen zur Verfügung stehen, auf den deutschen Generalstabskarten der 30iger Jahre basieren, und diese zeigen das Lager noch nicht.

Buchenwald, das zum Zeitpunkt seiner Befreiung das größte Lager Deutschlands ist, war am 15. Juli 1937 eingeweiht worden, nachdem der Gauleiter von Thüringen, Sauckel, 1936 mit einer Anfrage an den Inspekteur der Konzentrationslager und der SS-Totenkopfverbände, SS-Gruf. Theodor Eicke, Ersatz für das, am 2. November 1933 eingerichtete Konzentrationslager in Bad Sulza suchte, dass längst zu klein geworden war. Bereits am 16. Juli 1937 waren dann die ersten 149 Häftlinge im K.L. Ettersberg eingetroffen, dass auf Befehl Himmlers wegen der Verbundenheit des Namens Ettersberg mit Goethe am 28. Juli 1937 in K.L. Buchenwald/Post Weimar[124] umbenannt wurde.[125] In den darauffolgenden Jahren wurde es systematisch vergrößert und bis April 1945 verfügt es über 139 Außenlager und Kommandos. 56 000 Menschen werden in ihm ihr Leben verlieren.

Vorsichtig rollt Keffer's Patrouille nach Osten Richtung Ettersburg, bevor Keffer von seinen Führern auf halber Strecke in einen Waldweg nach Süden dirigiert wird. Durch den Wald nähern sie sich zwischen 16.00 Uhr und 16.30 Uhr (B) von Norden her dem Lager und passieren den durchtrennten Lagerzaun, durch den die Häftlinge das Lager verlassen hatten. Dort werden sie von einer jubelnden Menge empfangen und auf den Schultern herumgetragen. Doch trotz des Freudentaumels behält Keffer einen klaren Kopf, denn er hat einen eindeutigen Auftrag. Unmittelbar nachdem mit Hilfe des deutschsprachigen Gottschalk klar ist, dass die Angaben der Russen stimmen, setzt Keffer zwischen 16.30 Uhr und 17.00 Uhr (B) über Funk die Meldung an Bennett ab, dass sie das Lager erreicht haben, wo sich nach ersten Angaben 21 000 Häftlinge befinden. Ungeachtet dessen wiederholt dieser den Befehl, dass sich Keffer der Kolonne unverzüglich anschließen soll. Nachfolgende Kräfte der Military Government Section sollen sich um das Lager kümmern.[126] Um 17.10 Uhr (B) erfolgt der Eintrag in das Journal des 9th AIB.[127] Nach nicht einmal einer Stunde verlässt Keffer's Team das Lager und folgt Bennett's Kolonne nach Ettersburg.

Bennett's Kolonne vereint sich östlich von Ettersburg mit der Kolonne von Mores, die von Ramsla kommt und um 18.15 Uhr (B) geht das CT 9 geschlossen über Kleinobringen, Großobringen, Sachsenhausen, Liebstedt und Goldbach nach Niederroßla, wo sich einige SS-Angehörige in einem Bauernhof, dem sogenannten Freigut, verschanzt haben. Nach kurzem Gefecht wird der Widerstand überwunden. Der Hof geht in Flammen auf.[128] Dann geht es über Utenbach, Wormstedt, Pfuhlsborn, Obertrebra und Schmiedehausen in den Abschnitt westlich von Camburg, wo das CT

15 bereits die Brücke über die Saale erobert hat, und das CT 9 versammelt sich. Der CP CCA bezieht sein Quartier in Wickerstedt.

Das CCR, das an diesem Tag den Auftrag hat, den beiden Combat Commands zu folgen und die Divisionsflanke zu sichern, versammelt sich bis 12.30 Uhr (B) in der Nähe von Langensalza und beginnt am Nachmittag mit dem Marsch nach Osten. Das CT 68 fährt durch Höngeda, Döllstädt, Witterda, Kleinrudestedt, Hottelstedt, Liebstedt und Pfuhlsborn nach Gosserstedt, wo es auf die anderen Teile der Division trifft, welche sich auf die Überquerung der Saale in Camburg vorbereiteten. Daraufhin versammelt es sich in Vorbereitung auf die Brückenüberquerung. Die anderen Teile des CCR treffen erst am nächsten Morgen im Raum Bad Sulza ein. Die 86th CavRcnSq, die erneut ein eigenständiges Combat Command bildet, marschiert als Flankensicherung, entlang der nördlichen Divisionsflanke nach Hassenhausen. Der Div.CP 6th US AD erreicht um 21.20 Uhr (B) Bad Sulza.

Im Südabschnitt des XX. US Corps nimmt die 80th US InfDiv am Morgen den Angriff zur Einnahme von Erfurt wieder auf, nachdem am Morgen die Panzerkolonnen der 4th US AD nördlich und südlich der Stadt durch ihre Linien gegangen sind. Für die altehrwürdige Domstadt Erfurt beginnt jetzt an der Peripherie der Stadt der *„letzte Kampf"*. Als ob die bisherigen Bombenangriffe, deren die Stadt ausgesetzt war mit ihren zirka 1600 Opfern und den Zerstörungen wichtiger Kulturdenkmäler nicht ausreichen würden, droht der Stadt erneut größtes Unheil.[129]

Beim RCT 317 hält das 2./317 bis zum frühen Morgen in Gispersleben und sichert die beschädigte Eisenbetonbrücke in der Gubener Straße. Da diese die einzige Übergangsstelle für die, um 07.00 Uhr (B) erwarteten, Panzerkolonnen des CCB der 4th US AD ist, suchen die Pioniere des 305th Engr C Bn seit Mitternacht krampfhaft nach Reparaturmöglichkeiten. Doch sie finden kein geeignetes Behelfsmaterial und ein Treadway-Segment, um das Loch in der Brücke zu überspannen, fehlt. Erst nach mehreren Nachfragen bei den übergeordneten Stäben kann das Regiment um 05.50 Uhr (B) melden, dass ein 24-Fuss-Segment bis 06.30 Uhr (B) verfügbar ist.[130]

In dieser Situation erfolgt ein deutscher Gegenangriff auf Gispersleben-Kiliani. Auf Befehl des K.Kdt. Erfurt, Oberst Merkel[131], tritt um 06.00 Uhr (B) aus einer Bereitstellung bei Marbach eine deutsche K.Gr. zum Angriff nach Norden an, um nach dem Verlust der Alacher Höhe und dem Eindringen der Amerikaner in Gispersleben am Vortag eine nördliche Umklammerung von Erfurt zu verhindern. Die gemischte K.Gr., die unter dem Kommando von SS-Ostuf. Kauer steht, besteht im Wesentlichem aus den Hauptkräften des Alarm.Btl. des SS-Kraftf.Ausb.u.Ers.Rgt. Bad Tennstedt, das nach dem Eintreffen in Erfurt verstärkt wurde und somit über drei Kompanien zu je 120 Mann aus 80% SS und 20% Wehrmacht und acht Panzer und Sturmgeschützen, verfügt.[132] Die Sturmgeschütze gehören zur Pz.Jagd.Kp. Keil der Pz.Jg.Ers.u.Ausb.Abt. 17, die am 4. April 1945 nach Erfurt gekommen war, wo sie im

Bereich Niedernissa – Windischholzhausen 20 neue StGesch III mit 7,5cm Kanone übernommen hatte.[133] Die Panzer, bei denen es sich um veraltete PzKpfw IV mit 7,5cm Kurzrohrkanonen gehandelt haben soll, gehören zur Pz.Ers.Abt. 1 Erfurt. Hinzu kommt die, mit leichten Infanteriewaffen ausgerüstete, K.Gr. Wendel aus Wehrmacht, Volkssturm und Angehörigen der Erfurter Polizei in Stärke von 40 Mann, die während des Gegenangriffs Marbach sichern soll. Jetzt treten zirka 300 Mann mit vier Panzern und Sturmgeschützen zum Angriff an.[134] Auszug aus dem Morning Report der Co. H, 2./317 mit der Meldung über den Gegenangriff.

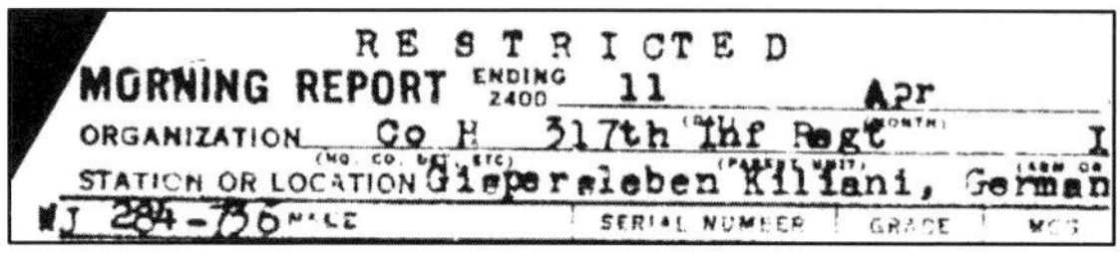

RESTRICTED
MORNING REPORT ENDING 2400 11 Apr
ORGANIZATION Co H 317th Inf Regt I
STATION OR LOCATION Gieperleben Kiliani, German
WJ 284-736 MILE SERIAL NUMBER GRADE

RECORD OF EVENTS
Gieperleben Kiliani, Germany WJ 284-736
Map of Central Europe 1:100,000 Our battali
continued attacking east capturing this tow
1800 10 April 1945 Encounterin small arms
fire - Enemy well dug in - distance marched
approx 1 miles - Enemy made counter attack
0600 11 Apr 1945 against our troops with 4
tanks and 300 enemy. Our forces drove them
back encountering direct fire of MG & small
arms - Weather warm - Morale excellent.

Der Angriff erreicht ohne Widerstand Kiliani und überrascht gegen 06.15 Uhr (B)[135] die amerikanischen Sicherungen der Co. E am Südrand des Ortes.[136] Warum es dazu kommen konnte und die vorhandenen Hinweise auf einen Gegenangriff missachtet wurden, lässt sich nur schwer verstehen und kann nur in einer bereits herrschenden Siegesgewissheit begründet sein, die allerdings noch nicht angebracht ist.

Hatte es doch am 10. April 1945 im Feindlagebericht des XX. US Corps geheißen: *„Achtung! – Wir haben jetzt das Herz des Feindeslandes erreicht. Insbesondere Thüringen ist bekannt als ein Hort fanatischer Nazis. Sie werden nichts unversucht lassen, unsere Truppen und Ausrüstung zu zerstören. Es ist daher von größter Wichtigkeit, dass unsere Truppen alarmiert sind, das sie nicht alleine reisen, insbesondere in der Dunkelheit und das die Ausrüstung gut bewacht vor Sabotage geschützt wird. Aufmerksamkeit heißt am Leben bleiben!“*[137]

Und Hinweise für einen gegnerischen Gegenangriff gab es eine Vielzahl. So hatten bereits am Vortag um 18.15 Uhr (B) amerikanische Luftbeobachter der DivArty der 80th US InfDiv sechs nicht identifizierte Panzer und zirka 50 Mann bei Marbach gemeldet. Eine amerikanische Patrouille, die daraufhin nach Marbach entsandt wurde, war auf deutsche Truppen gestoßen und hatte drei Mann verloren, die von Angehörigen eines deutschen Gefechtstandes gefangengenommen wurden. Zivilisten, die man in der Nähe des Ortes befragt hatte, hatten von 50 bis 75 Mann und Panzern in Marbach berichtet.[138] Um 00.25 Uhr (B) hatte dann eine Patrouille an einer Wegekreuzung nördlich von Marbach deutsche Truppenbewegungen gemeldet und deutsche

Patrouillen hatten an mehreren Stellen südlich des 2./317 vorgefühlt. Als letztes waren um 03.45 Uhr (B) zwei amerikanische Lastwagen beim Passieren der Wegekreuzung nördlich von Marbach beschossen worden.[139] Und dennoch waren keine Maßnahmen eingeleitet worden.

Erst jetzt wird im gesamten Abschnitt des RCT 317 Alarm ausgelöst, denn niemand weiß, wohin der deutsche Gegenangriff zielt und in welcher Gesamtstärke er erfolgt. Am Wahrscheinlichsten scheint es jedoch für die Führung des RCT, dass die Deutschen die Alacher Höhe zurückerobern wollen, zumal noch deutsche Truppen in Alach kämpfen. Und im benachbarten Salomonsborn stehen keine eigenen Truppen mehr, denn das 1./317, das sich in der Regtl.Res. befindet, hatte um 05.00 Uhr (B) planmäßig den Ort verlassen, um nach Gispersleben zu marschieren und ab dort den Angriff nach Osten aufzunehmen. So bleibt dem CO 317th InfRgt, Lt.Col. Henry G. Fisher nichts weiter, als die einzige verfügbare Kompanie, die Co. K, 3./317, die am Flugplatz Erfurt-Bindersleben steht und gemeinsam mit der Co. I, die noch immer letzte Kräfte in Frienstedt hat, Bindersleben von versprengten deutschen Truppen säubert, herauszulösen und nach Nordwesten, Richtung Salomonsborn, in Marsch zu setzen. Sie soll den Angriff westlich der Straße Marbach – Gispersleben flankieren um einen deutschen Durchbruch in Richtung Westen zu verhindern. Die Sicherung des Flugplatzes soll die Co. I übernehmen. Auch die unterstellten Panzerjäger der Co. A, 811th TD Bn werden alarmiert und werden zur Linie Alach und Salomonsborn beordert. Alle sind sich bewusst, dass nicht nur Gefahr für die eigenen Truppen besteht, sondern auch der planmäßige Übergang der Panzer der 4th US AD über die Gera in Gispersleben und somit die Angriffsplanung des Corps gefährdet ist. Viel Zeit bleibt also nicht, denn in weniger als einer Stunde sollen die Spitzen der Panzer eintreffen. Jetzt erweist es sich als Glücksfall, dass das 1./317 bereits kurz vor Gispersleben steht. Es erhält den Befehl, in Kiliani durch das 2./317 hindurch zu gehen und anstatt des geplanten Vorstoßes nach Osten einen Schwenk nach Süden zu machen, was das Bataillon an die rechte Flanke des Gegenangriffs bringen soll.

Lt.Col. Henry G. Fisher
Foto: National Archives

In Kiliani haben in der Zwischenzeit nach einem kurzen Moment der Überraschung die Infanteristen des 2./317 mit Unterstützung der unterstellten Panzer des 1st und 2nd Plat. Co. A, 702nd Tk Bn den Kampf mit den eingedrungenen Deutschen aufgenommen, denen es in einigen Fällen gelungen war, die Infanteristen in ihren Quartieren im Schlaf zu überwältigen. Jetzt entwickeln sich überall im Ort Feuergefechte. Die „Chronik von Gispersleben" von Rudolf Mohr und Klaus Ranglack zitiert den Bericht des CO Co. H, 2./317, Adkins Jr.: *„Eine Gruppe der E-Kompanie war gefangen in einem Haus... Sie beschlossen sich zu ergeben und kamen mit erhobenen Händen heraus. Drei von ihnen hatten Luger-Pistolen am Gürtel, die sie den Deutschen abgenommen hatten, welche sie vor ein paar Tagen gefangen genommen hatten. Die Deutschen fragten gar nicht, sondern jagten ihnen eine Kugel durch den Kopf..."*[140] Der deutsche Zeitzeuge Johannes Sippel, der als Feldwebel für die Materialabnahmestelle der Wehrmacht in einer, aus Litzmannstadt/Polen ausgelagerten, Fabrik zur Herstellung von Zielgeräten für 8,8cm Geschütze in Erfurt-Gispersleben arbeitete und sich in der Nacht in Zivil in Gispersleben versteckt hatte, berichtet unabhängig davon: *„Ein Teil der amerikanischen Soldaten wurde betrunken im Schlaf überrascht und mit Bajonetten und Messern getötet. Ein Offizier soll die Weisung herausgegeben haben, es sollte möglichst nicht geschossen werden."*[141] Ob und was an diesen Aussagen jedoch Wahrheit ist oder aber Rechtfertigungsgrund für spätere Geschehnisse, wird sich allerdings nie wirklich klären lassen.

Auch Teile der HQ Co. 2./317 werden in die Kämpfe verwickelt. Eine Gruppe dieser wenig kampferprobten Stabssoldaten unter SSgt. Stanley R. Loe, die sich in einem Haus verschanzt hat, leistet trotz heftiger Angriffe so lange Widerstand, bis sie durch eigene Infanterie aus der misslichen Lage befreit werden. Für seine, dabei gezeigte, Tapferkeit wird Loe der Silver Star verliehen.[142] Um 07.30 Uhr (B) meldet der CO 2./317, dass der Gegenangriff mit *„insgesamt vier Panzern erfolgt und überall im Ort SS in den Häuser kämpft, die von der Bevölkerung unterstützt wird"*. Dabei kommt es auch zu zivilen Opfern. So sterben im Kraftwerk Gispersleben in der Zittauer Straße zwei unbeteiligte Lehrlinge, die aus einem Fenster das Vorgehen der Amerikaner beobachten und dabei irrtümlich als Kombattanten erschossen werden.[143] Sie werden jedoch die einzigen Opfer des *„Kampfes um das Kraftwerk"* sein, das in der deutschen Nachkriegsgeschichtschreibung zum *„Hauptziel"* und *„Grund"* für den Gegenangriff auf Gispersleben werden sollte. Dafür gibt es aber keinerlei logische Gründe, da eine Zerstörung des Werkes keinen militärischen Wert gehabt hätte und es auch keine ähnlichen Beispiele für derartige Angriffe gibt.[144]

Auch zu Panzerduellen kommt es im Ort. Der Panzerbesatzung des Sherman M 4A3 von SSgt. Lazarus L. Turkoff gelingt es trotz eines Treffers am Turm, der dessen Einschwenken verhindert, mit zwei Schuss seiner 76mm Kanone einen PzKpfw IV zu zerstören. Der Panzer von Sgt. Polin vernichtet ein 7,5cm StGesch. Für ihre Leistungen erhalten später SSgt. Turkoff den Silver Star[145], der Richtschütze Cpl. Marshal O. Hickin, der Ladeschütze Cpl. William F. Whitehead Jr. und der Richtschütze George Penzack den Bronze Star verliehen. Der „Bronze Star" ist eine Auszeichnung der US-Streitkräfte, die für herausragende Leistungen im Kampfeinsatz oder besonders verdiente Pflichterfüllung verliehen wird. Eines dieser beiden Duelle ereignete sich an der Ecke Scheidemantelweg/Am Schlufter. Col. Hayes schreibt: *„Einer unserer Panzer war in Richtung des Kampfes gerichtet, als der deutsche Panzer um die Ecke kam. Er erhielt sofort einen Volltreffer vors Rohr. Bei diesen Kämpfen wurden mehrere Panzer auf beiden Seiten zerstört.“*[146]

Jetzt erreichen auch die Infanteristen der Co. A, 1./317 Gisperleben und greifen in die Kämpfe ein. Dabei wird ein Funk-Jeep der Artillerie intakt erbeutet.[147] Es kommt zu heftigen Kämpfen, bei dem die Infanteristen Verluste erleiden. Der Weapons Plat. der Co. A verliert dabei seinen Offizier, den Plat.Sgt. und die Hälfte der Mannschaften durch Tod und Verwundung. Nur unter größten Mühen gelingt es Sgt. Lowell A. Drudge mit den verbliebenen Männern und einem MG die Deutschen abzuwehren, wofür auch ihm der Silver Star verliehen wird.[148] Doch bereits um 07.50 Uhr (B) kann der CO 2./317 melden, dass der Gegenangriff allem Anschein nach gestoppt wurde und sich die Deutschen nach dem Verlust von zwei Panzern mit den beiden verbliebenen zurückziehen. Man werde jetzt daran gehen, den Südwestteil der Stadt zu säubern. Doch in die Meldung mischt sich auch ein Wermutstropfen, denn ein Panzer der Co. A, 702nd Tk Bn und eine Pak der AT Co. 317 gingen ebenfalls verloren.

Der deutsche Gegenangriff, der von Anfang an zum Scheitern verurteilt war, ist schneller als erwartet abgeschlagen. Aber dennoch hat er die Pläne der Amerikaner durcheinander gebracht. Als um 08.35 Uhr (B) die Vorauskräfte des CCB der 4th US AD Gispersleben erreichen, sind die Gefechte zur Zerschlagung der deutschen Truppen zwar abgeklungen, aber die Kolonne muss trotzdem weiter Halten. Noch läuft die Reparatur der beschädigten Brücke, die durch die Abwehr des deutschen Gegenangriffs zum Stillstand gekommen waren. Es soll bis gegen 10.30 Uhr (B) dauern, bis die Hauptkräfte des CCB mit erheblicher Verspätung die Brücke überquert haben.[149] Trotz der Verzögerung haben das CCB, aber auch das RCT 317, Glück gehabt, denn wäre der deutsche Gegenangriff, wie anfangs erwartet, Richtung Alacher Höhe – Salomonsborn gegangen, hätten die Deutschen die Vormarschroute des CCB der 4th US AD sperren können und deren Vorauskräfte wären in der Annahme, dass sie sich im Hinterland der eigenen Truppen befinden, direkt vor die Rohre der deutschen Panzer gefahren. Und das wäre ohne weiteres möglich gewesen, da die Co. K, 3./317 zwar unmittelbar nach dem Eintreffen der ersten Meldungen über den Gegenangriff alarmiert wurde, um die Lücke bei Salomonsborn zu schließen, aber erst gegen 09.00 Uhr (B) in Bindersleben abgerückt war und gegen 10.10 Uhr (B) in Alach in die anhaltende Säuberungsaktion der Co. L geraten und aufgehalten wurde. Damit hätte sie keine Chance gehabt, um einzugreifen. Aber dazu war es nicht gekommen.

Als um 10.45 Uhr (B) auf dem Regtl.CP 317 der Befehl eingeht, sich auf die Verlegung für den Angriff auf Weimar im Shuttle-Transport einzustellen, erhält die Co. K, 3./317 dennoch den Befehl, weiter nach Salomonsborn zu gehen, wo sie gegen 13.15 Uhr (B) ihren Auftrag beendet. Zur gleichen Zeit durchsucht die Co. L, 3./317, die nach morgendlichen Beschuss durch deutsche Granatwerfer bis 11.30 Uhr (B) den letzten fanatischen deutschen Widerstand in Alach beseitigt hat, noch immer die Keller und Dachböden im Ort nach versteckten deutschen Soldaten. Ein 12cm und zwei 8cm Granatwerfer werden erbeutet. Nordöstlich von Alach finden sie ein 8,8cm Flakgeschütz, zwei 2cm und zwei 3,7cm Flak, die am Vortag den Vormarsch massiv behindert hatten.[150] Der Co. I, 3./317 gelingt es bis 11.00 Uhr (B) endlich Bindersleben vollständig von deutschen Truppen zu säubern.

In Gispersleben-Kiliani geht in der Zwischenzeit die Säuberung durch das eingetroffene 1./317 und das 2./317 weiter. Aber nur noch zersprengte kleine deutsche Gruppen leisten letzten Widerstand, der gegen Mittag endet. Erst jetzt kann der, um 09.50 Uhr (B) befohlene, Tausch der Abschnitte zwischen dem 1. und 2./317 erfolgen.

Infanterie auf dem Weg nach Gispersleben-Viti
Filmausschnitt: Tec 4 Walter E. Cummings, 166th Signal Photo Co., National Archives

Doch während das 1./317 mit Teilen nach Viti, östlich der Gera, geht, wird das 2./317 herausgelöst, um an Stelle des 1./317 den Panzern des CCB über den Roten Berg so weit wie möglich nach Osten zu folgen. Das 3./317 soll dessen Part übernehmen. Um 16.00 Uhr (B) werden die Hauptkräfte des 2./317 am Roten Berg gemeldet. Um 20.45 Uhr (B) wird jedoch der Vormarsch bei Kerspleben gestoppt. Der CG der 80th US InfDiv befiehlt, dass das Bataillon vorerst nördlich von Erfurt halten soll, um bei Bedarf doch noch in Erfurt zum Einsatz zu kommen. So bezieht das Bataillon, dessen Vorhut bereits um 20.00 Uhr (B) Töttleben erreicht hat, um 22.00 Uhr (B) Stellungen im Ort. Teile des Bataillons gehen mit der Co. H, 2./317durch den Abschnitt der 76th US InfDiv über Mittelhausen nach Schwerborn, das um 15.20 Uhr

Infanteristen des 1./317 und Kolonne des CCB, 4th US AD in Gispersleben.
Filmausschnitte: Tec 4 Walter E. Cummings, 166th Signal Photo Co., National Archives

(B) vom 1./385 der 76th US InfDiv genommen wurde und sichern von dort die Nordflanke des Regiments. Dabei queren sie den, zwischen Mittelhausen und Stotternheim, 2,5 Kilometer nördlich des Flugplatzes Erfurt-Nord befindlichen, Scheinflugplatz.[151] Um 21.26 Uhr (B) erreicht ein weiterer Befehl des CG für das Bataillon das Regiment mit dem Auftrag, am nächsten Morgen nach Süden zu gehen und den Bereich bis zur Trennungslinie zu säubern. Wenigen Minuten später wird der Befehl erweitert und angewiesen, dass sich das Bataillon zusätzlich bereit halten soll, Weimar zu übernehmen, sobald die Stadt vom RCT 319 genommen ist.

In Kiliani und Viti, wo das 1./317 die Alleinverantwortung bis zum Eintreffen des 3./317 übernommen hat, geht in der Zwischenzeit das Durchkämmen des Ortes nach versteckten deutschen Soldaten weiter. Dann geschieht das, was eines jener ungeklärten *„Verbrechen"* ist, die während des gesamten Krieges leider auf allen Seiten immer wieder vorkommen – das *„Töten von Kriegsgefangenen"*. Bis zum Ende der Kämpfe hatte man die deutschen Kriegsgefangenen auf dem Amtmann-Kästner-Platz unter Bewachung zusammengetrieben.[152] Die meisten von ihnen sind Angehörige der Waffen-SS, darunter als Ranghöchster der SS-Hstuf. Walter Frhr. v. Maydell. Am Nachmittag werden sie von ihren Bewachern in den heutigen Park an der Gera hinter der Kiliani-Kirche getrieben, wo man sie kurzerhand erschießt und liegen lässt. Doch nicht alle sind sofort tot, aber die Soldaten hindern die Bevölkerung daran, ihnen zu helfen und jagen sie weg. Erst nach Stunden des Leidens werden sie durch vorbeikommende Amerikaner mit Gnadenschüssen erlöst, nachdem Bewohner diese auf das Vorgefallene aufmerksam gemacht hatten.[153] Über die Hintergründe dieser Tat kann man nur spekulieren. Das sich die amerikanischen Soldaten nur von der Last der Gefangenen entledigen wollten, wie es von Col. Hayes nach dem Krieg ins Gespräch gebracht wurde, ist unwahrscheinlich, denn zu viele deutsche Kriegsgefangene wurden in diesen Tagen in ähnlichen Situationen im Sinne des Völkerrechts angemessen behandelt. Wahrscheinlicher ist, dass die Tat als Sühnemaßnahme für – aus amerikanischer Sicht – von den Deutschen und hier insbesondere von der SS, begangener Verbrechen zu sehen ist. Zum Beispiel die nicht auszuschließende Tötung amerikanischer Soldaten nach deren Gefangennahme, wie von Adkins geschildert. Dieser hatte ausgesagt, dass nach dem Ereignis *„keine SS-Angehörigen mehr lebend gefangen genommen wurden"*.[154] Oder die Tatsache, dass einige der Soldaten während des Halts im Raum Gotha das KZ-AL Espenfeld besichtigt und die dortigen Verbrechen gesehen hatten. Eine Entschuldigung gibt es nicht, auch keine Rechtfertigung, aber leider bringt Krieg immer das Schlechteste im Menschen zum Vorschein und Gewalt erzeugt Gewalt. Sönke Neitzel und Harald Welzer schreiben in ihrem Buch „Soldaten", das sich mit dem Denken und Handeln von Soldaten im Krieg beschäftigt: *„Je nach Situation wurden gegnerische Soldaten, die sich gerade ergaben, umstandslos erschossen. Das ist nun alles andere, als spezifisch für die deutsche Wehrmacht und den nationalistischen Krieg. Die Ermordung von Kriegsgefangenen ist ein Phänomen, das bereits in der Antike weit verbreitet war... Bereits im Ersten Weltkrieg wurden Kriegsgefangene entweder*

Grabstätte und Gedenkplatte im Kilianipark Gispersleben hinter der Kiliani-Kirche
Foto: Jürgen Möller, 2016

aus Rache getötet oder aus Neid, weil man selbst weiterkämpfen und sein Leben riskieren musste, während die Kriegsgefangenen in Sicherheit wären.“ [155]

Während die genaue Anzahl der gefallenen Amerikaner in Gispersleben nicht bekannt ist, gibt es über die Gesamtzahl der deutschen Opfer zuverlässige Angaben, da der, für die Bestattung der Toten verantwortliche evangelische Pfarrer Falcke die Personalien der Toten im Sterberegister festhielt. 38 namentlich bekannte und sechs namentlich unbekannte deutsche Soldaten, ein unbekannter Volkssturmmann und zwei Zivilisten werden an der Parkmauer begraben. Der Jüngste von ihnen ist der, am 28. Oktober 1928 geborene, Soldat Werner Opitz. Auch der dänische Freiwillige der Waffen-SS Svend-Gustav Jensen ist unter den Toten. Neben ihnen finden noch zwei amerikanische Soldaten dort ihre vorläufige Grabstelle, bevor sie nach dem Krieg umgebettet werden.[156] Die beiden waren als vermisst gemeldet worden und wurden später von Einwohnern gefunden, die sie neben dem Massengrab im Park beigesetzt hatten.[157] Völlig unklar ist allerdings, wie viele von denen, die in Gispersleben beigesetzt wurden, tatsächlich Opfer der Erschießung an der Gera waren und wie viele bei den Kämpfen getötet wurden.

Das 3./317, das bis zum frühen Nachmittag Alach und Bindersleben endgültig gesäubert hat, versammelt sich mit dem Bn.CP in Salomonsborn im Raum Salomonsborn – Bindersleben, um auf Befehl nach Osten zu verlegen. Da sich aber Marbach als letzter Ort westlich von Erfurt noch immer in deutscher Hand befindet, erhält die Co. K den Befehl, den Ort einzunehmen und zu säubern. Als sich die Kompanie gegen 16.30 Uhr (B) mit einigen Panzerjägern vorsichtig dem Ort nähert, trifft sie auf heftigen Widerstand der K.Gr. Wendel, die nach dem Abzug des deutschen Gefechtsstandes im Ort verblieben war und sich jetzt unter Einbeziehung einer geräumten Flakstellung am Westrand des Ortes verteidigt. Verstärkt wird die gemischte K.Gr. durch *„zwei Sturmgeschütze“*.[158] Durch das Abwehrfeuer werden die Infanteristen am Boden gehalten und kommen nicht weiter. Und Verstärkung ist nicht möglich, da die Hauptkräfte des Bataillons mit der Vorbereitung zur Verlegung begonnen haben. Die Panzerjäger melden um 17.35 Uhr (B) Widerstand im Nordteil und im Zentrum des Ortes.[159] Als um 18.00 Uhr (B) Marbach noch immer nicht genommen ist, befiehlt der Div.CP ungehalten: *„Besetzt alles in eurem Abschnitt. Der CG will Marbach eingenommen haben!“* Und um dies noch einmal zu unterstreichen, erhält das 3./317 vom Regiment nach 18.30 Uhr (B) den Befehl des CG 80th US InfDiv, Maj.Gen. McBride, übermittelt: *„Zerstört und brennt Marbach nieder!“* Nachdem bis 17.00 Uhr (B) auf Grundlage der Auswertung der Kriegsgefangenenbefragungen klar ist, dass der deutsche Gegenangriff am Morgen von Marbach aus erfolgt war und sich dort noch immer deutsche Truppen fanatisch wehren, hatte sich der CG wohl als Sühnemaßnahme zu diesem Schritt entschlossen, ohne sich dabei um das geltende Kriegsrecht zu kümmern. Ergänzend hierzu befiehlt der CG, dass die Kompanie auch nach der Säuberung bis auf weiteres dort verbleiben soll. Als Verstärkung werden jetzt Panzer nach

Marbach beordert, die die Infanteristen unterstützen sollen. Außerdem eröffnet die Artillerie um 19.00 Uhr den Beschuss des Ortes, der bis 21.00 Uhr anhalten soll.[160]

Dann scheinen die Sturmgeschütze, die sich im Ort befunden haben sollen, einen Ausbruchsversuch nach Norden zu machen, denn um 19.05 Uhr (B) meldet das RCT 317 einen *„Gegenangriff von zwei Sturmgeschützen auf Gispersleben"*, die von Jagdbombern angegriffen werden und um 19.30 Uhr (B) wird *„Direktbeschuss und drei Sturmgeschütze in Angriff auf Gispersleben"* gemeldet.[161] Doch ein Gegenangriff ist dies nicht. Daraufhin nehmen auch die zugeteilten Panzer und die schweren Browning 1917 MG des Machine Gun Platoon der Co. M Marbach unter Beschuss. Erst als der Marbacher Schlossermeister Hermann Müller die weiße Fahne auf dem Kirchturm hisst, hört der Beschuss auf und die Infanteristen der Co. K rücken in den Ort ein. Bei den Kämpfen werden etwa 20 deutsche Soldaten und Zivilisten und mindestens ein amerikanischer Soldat getötet. Der Ort steht *„in Flammen"*.[162] Die Co. K hat ihren Auftrag erfüllt. Um 23.45 Uhr (B) meldet die Kompanie 40 Gefangene und einige eigene Verluste. Unter den Gefangenen befinden sich 15 Mann der le.Hei.Flak.Bttr. 24/IV[163] der s.Hei.Flak.Abt. 45/IV des Flak.Rgt. 33, die nach der Unterstellung des Regiments unter die 21. Flak.Brig. im Dezember 1944 in Erfurt verblieben waren. Im nahegelegenen Heeresverpflegungshauptamt in der Andreasflur ergeben sich 21 Beamte und Angestellte.[164] Zu diesem Zeitpunkt haben die anderen Teile das 3./317 bereits mit der Verlegung nach Gispersleben begonnen. Um 20.00 Uhr (B) verlassen die Vorauskräfte der Co. I und L/3./317 den Versammlungsraum und marschieren nach Gispersleben-Kiliani, wo sie gegen 22.55 Uhr (B) mit der Errichtung von Straßensperren beginnen und Sicherungsstellungen für die Nacht beziehen. In Kiliani trifft auch der I&R Plat. 317 ein. Der Regtl.CP 317, der um 15.20 Uhr (B) Kiliani erreicht hat, geht nach Viti. Im Tagesergebnis meldet das Regiment elf Gefallene, 30 Verwundete, vier Vermisste und 1016 Gefangene Der CP des 313th FA Bn verlegt von Ermstedt nach Tiefthal.

Südlich und südwestlich von Erfurt setzt das RCT 318 den Angriff auf die Stadt mit massiver Artillerieunterstützung fort, wobei der Schwerpunkt des Beschusses auf dem Nordteil des Steigerwaldes und den Kasernen am Südrand der Stadt liegt. Diese waren bereits am Vorabend und in der Nacht das Ziel der Artillerie gewesen. *„Der Feind schoss in großen Abständen einzelne Granaten in die Stadt. Eine deutsche Batterie, die am Rande des Steigerwaldes stand, erwiderte das Feuer, wurde aber bald zum Schweigen gebracht."*[165] Diesmal schlagen Granaten auch im Bereich des „Dichterviertels" am Hopfenberg ein. Eine der Granaten löst eine Tragödie aus, als sie eine Waschküche in der Grimmstraße trifft und dabei vier Frauen tötet. Ein Baby *„überlebt wie durch ein Wunder in einer Zinkbadewanne"*.[166]

An der linken Flanke des Regiments rückt die Co. G, 2./318 um 06.00 Uhr (B) von ihren Positionen östlich von Schmira an Hochheim vorbei auf Erfurt vor. Doch sie kommt nur langsam voran. Bis 07.05 Uhr (B) erreicht sie unter Gewehr- und MG-Be-

Eingang zur Waschküche in der Erfurter Grimmstraße heute und Grabsteine der Opfer
Foto: Gottfried Grünzig, Erfurt

schuss einen Punkt einen Kilometer südwestlich von Hochheim. Gegen 11.35 Uhr (B) überraschen sie dabei die Wachmannschaft des Kriegsgefangenenlagers Hochheim III.[167] Drei Offiziere, neun Unteroffiziere und 46 Mannschaften ergeben sich kampflos und marschieren in Gefangenschaft.[168] Dann erreichen sie die Eisenbahnbrücke über die Gera am Kurhaus Hochheim, die bereits am 5. April 1945 gesprengt worden war.[169] Südlich davon beginnt am Morgen in Bischleben der Angriff mit der F, 2./318 an der Linken und der Co. E und an der Rechten von Südwesten und Süden in Richtung des Waldrandes des Steigerwaldes. Dabei geraten sie in starkes deutsches Abwehrfeuer. Sie sind auf die letzte deutsche Verteidigungslinie südwestlich von Erfurt getroffen. *„Gegen Morgen knatterte heftiges Gewehrfeuer im Steigerwald. Also kommt der Feind jetzt auch aus südlicher Richtung...“* schreibt Hotzel.[170] Im Steigerwald verteidigen sich deutsche Truppen in Bataillonsstärke, die nach vorliegenden Meldungen aus Angehörigen der K.Gr. Beyer, ehemals III./Rgt. Opitz und der K.Gr. Zaak des Pz.Gren.Ers.Btl. 59 Jena bestehen und mindestens über sechs sMG verfügen. Unterstützung sollen sie durch drei 8,8cm und mehrere leichte 2cm Flak der Flak.K.Gr. Gmünd und sechs Sturmgeschütze, von denen mindestens fünf am Nachmittag des Vortages im Bereich des Waldhauses Rhoda gemeldet wurden, erhalten.[171] Unter ihnen sind wohl auch die Männer der, am Nachmittag des Vortages von Erfurter Einwohnern beobachteten, *„Kolonne der Waffen-SS mit Panzerfäusten, Maschinengewehren, Maschinenpistolen und Handgranaten“* die *„durch die Innenstadt in Richtung Steigerwald“* zogen *„um dort in Stellung zu gehen“*.[172] Jetzt eröffnen sie mit automatischen Waffen und zwei *„Panzerfahrzeuge(n)“* das Feuer.[173]

Gegen 06.35 Uhr (B) dringen die amerikanischen Infanteristen in Schützenketten in die Wälder ein. Doch der Angriff wird durch starkes MG-Feuer aufgehalten. Einer der unterstützenden Panzerjäger der Co. B, 811th TD Bn zerstört wenig später eine deutsche Pak zwischen Rhoda und dem Waldhaus. Die Panzerjäger hatten nicht sofort mit der Infanterie vorrücken können, da zuerst eine Straßensperre in Bischleben und nördlich des Ortes beseitigt werden musste.[174] Doch der deutsche Widerstand hält an. Innerhalb von zwei Stunden kommen die Infanteristen unter MG- und Gewehrfeuer gerade einmal 300 Meter durch die Wälder nach Nordosten voran. Am Diebstalweg leisten Angehörige der Einheit Behrens der K.Gr. Beyer hartnäckigen Widerstand. Bis 10.30 Uhr (B) werden neun deutsche Gefangene gemacht. Auch nördlich des Waldhaus Rhoda kommt es zu schweren Kämpfen mit deutschen Truppen in Kompaniestärke. Beim weiteren Vorrücken treffen sie immer wieder auf Sperren, die erst von einer Gruppe Pionieren der Co. B, 305th Engr C Bn unter Lt. Frank T. Lembe geräumt werden müssen. Unter Beschuss erreichen Vorauskräfte bis 12.00 Uhr (B) den Bereich des Waldkasinos und die Standort-Schießanlage der Wehrmacht in der Nähe des Forsthauses im Nordteil des Steigerwaldes und um 12.15 Uhr (B) stehen die Infanteristen der Co. E am „Stern“ und die Co. F auf der Arnstädter Straße. Dann verhärtet sich der Widerstand und um 15.35 Uhr (B) wird das 2./318 südlich der Wilhelmshöhe und um 15.40 Uhr (B) mit der Co. E am Waldkasino und der

der Co. F östlich der Gaststätte an der Arnstädter Straße gemeldet. Dabei wird ein deutscher Panzer als zerstört gemeldet, bei dem es sich wahrscheinlich um ein, aus Treibstoffmangel zurückgelassenes, StGesch IV am „Stern“ handelt.[175] Der Wehrmachtspfarrer Dr. Hotzel schreibt: *„Amerikanische Panzer hätten unsere Truppen in den Steigerwald zurückgedrängt, wo sich erbitterte Waldkämpfe abspielten.“*[176] Angesichts des hartnäckigen Widerstandes überlebt nicht jeder deutsche Soldat, der sich ergibt. *„Die Amerikaner, so erinnern sich beide (Zeitzeugen d.A.), wären unerbittlich gewesen. Alle die in Unform entgegentraten, selbst jene, die sich ergeben hatten, seien auf der Stelle erschossen worden. Die Waffen der letzten Gegenwehr wurden an der Steigerbrauerei gestapelt.“*[177] Um 16.00 Uhr (B) wird der Bn.CP am Grenzweg am südlichen Waldrand zwischen Rhodaer Chaussee und Plänchenweg gemeldet.

Um 16.36 Uhr (B) wird im Rücken des 2./318 ein deutsches StGesch III gesichtet, als es versucht, hinter der Brauereigaststätte Waldhaus Rhoda in Deckung zu fahren. Es ist wahrscheinlich eines der beiden Geschütze, über die an anderer Stelle an der Südostecke des Waltersleber Holzes berichtet wird und die jetzt versuchen, sich Richtung Stadt abzusetzen. Außerdem wird deutsche Infanterie in Stärke von 80 Mann in diesem Bereich gemeldet, die versucht, zwischen den Linien der vorrückenden Amerikaner aus dem Südzipfel des Waltersleber Holzes an Rhoda vorbei nach Norden zu entkommen.[178] Um einen, wie von der G-2 Abteilung der Division vermuteten und an das Corps weitergemeldeten, Gegenangriff handelt es sich aber nicht.[179] Dennoch scheint der Bn.CP des 2./318 durch diese Gruppierung direkt bedroht. Doch dessen Kampfkompanien sind in vorderster Front gebunden. Als Antwort auf einen Hilferuf an das Regiment erhält die HQ Co. um 16.50 Uhr (B) die Mitteilung, dass ihnen eine Gefechtspatrouille des I&R Plat. mit 18 Mann unter Führung eines Offiziers zur Hilfe kommen wird. Aber bis 18.00 Uhr (B) geschieht nichts, so dass das 2./318 die Situation selber klärt. Als die Aufklärer gegen 19.30 Uhr (B) endlich eintreffen, ist bereits alles vorbei. Wohl als Strafmaßnahme feuern sie mit ihren schweren MG auf Rhoda, denn der Ort war bereits am Mittag feindfrei gemeldet worden, als die Infanteristen der Co. B, 1./318 bei ihrem Vorrücken aus Richtung Möbisburg den Ort passiert hatten. Dann melden auch die Aufklärer Rhoda als gesäubert.[180] Einige deutsche Soldaten, die sich im Ort versteckt hatten, ergeben sich am nächsten Morgen.[181] Warum es jedoch überhaupt zu einem Hilferuf kam, ist unklar, denn bereits um 15.50 Uhr (B) hatten die Panzerjäger, die nicht mit der Infanterie in die Wälder vorgedrungen waren, südlich von Rhoda zirka 100 deutsche Soldaten gemeldet, die sich unter dem Schutz der weißen Fahne ergeben hatten. Wahrscheinlich jene *„80 Mann, die zu entkommen versuchten“*.[182] Das StGesch III, das sehr wahrscheinlich von der eigenen Besatzung gesprengt wurde, bleibt zerstört in der Nähe des Waldhauses liegen.. Da es niemanden im Weg ist, bleibt es dort stehen, als eine Gruppe von Pionieren der Co. B, 305th Engr C Bn unter SSgt. Edward F. Hofmann zerstörte deutsche Fahrzeuge bei Rhoda von der Straße räumt.[183]

Oben gesprengtes deutsches Sturmgeschütz in der Nähe der Gaststätte „Waldhaus" bei Rhoda, unten zerstörtes Sturmgeschütz am „Stern"   Fotos: Helmut Wolf, Erfurt

In der Zwischenzeit erfolgt gegen 17.30 Uhr (B) jedoch tatsächlich ein deutscher Gegenangriff mit Panzerunterstützung im Abschnitt des 2./318, der die Co. G trifft und den Deutschen gegen 18.50 Uhr (B) einen kurzzeitigen Raumgewinn in Hochheim und am Nordwestrand des Steigerwaldes verschafft. Bis 19.00 Uhr (B) wird Hochheim von den Deutschen zurückerobert. Doch es gelingt den Infanteristen der Co. G den Gegenangriff bis 20.35 Uhr (B) zurückzuschlagen. Bis 20.35 Uhr (B) haben sie die Deutschen wieder aus Hochheim herausgedrückt und um 20.48 Uhr (B) melden die begleitenden Panzerjäger über Funk, dass der Ort gesäubert ist. Zwei 8,8cm Flak der H.Flak.Art.Abt. 271, die den deutschen Gegenangriff bei Hochheim unterstützt hatten, setzen sich im Schutz der Nacht Richtung Erfurter Hauptbahnhof ab. Der Bahnhof, den am 9. April 1945 der letzte Zug Richtung Osten verlassen hat, ist der Sammelpunkt für die Einheiten, die sich im Fall des Eindringens der Amerikaner ins Stadtgebiet nicht zum Petersberg begeben, sondern in Richtung Weimar absetzen sollen.[184] Die H.Flak.Art.Abt. 271 der 13. PzDiv, die sich ab Mitte März 1945 nach den Kämpfen in Ungarn zur Neuaufstellung im Raum Gotha befand und als H.Flak.Art.Abt. „Feldherrnhalle 2" für die PzDiv. „Feldherrnhalle 2" vorgesehen war, hatte sich nach Feuergefechten an der Brücke der Reichsautobahn Eisenach – Gotha bei Leina und hart nördlich Gotha nach Erfurt zurückgezogen.[185] Dort hatten die verbliebenen drei 8,8cm Flak der 1./271, zwei 8,8cm der 2./271 und sechs 2cm Flak der 3./271 unter der Führung von Hptm Wohlboldt die Verteidigung der Stadt verstärkt, die außer den Geschützen der Flak.K.Gr. Gmünd über keine Artillerie verfügt.[186] Auch im Bereich der Co. E, die bis dahin mit der Co. F den Stadtrand von Erfurt erreicht, kommt es an der Wilhelmshöhe zu einem Gegenangriff, der abgewehrt wird. Die meisten Angreifer ergeben sich. Um 19.52 Uhr (B) befiehlt das RCT, den Vormarsch erst dann einzustellen, wenn der Stadtrand erreicht ist. Ohne Widerstand rücken die Infanteristen weiter vor. Nur um 21.13 Uhr (B) melden Sicherungen an der rechten Flanke im Bereich des Tannenwäldchens einen deutschen Panzer und fordern Artilleriebeschuss an. Sonst bleibt es ruhig. Dann bezieht das 2./318 Sicherungsstellungen für die Nacht. Der Bn.CP 2./318 geht nach Hochheim, wo er sich für die Führung der Besetzung von Erfurt einrichtet. Das 2./318 zerstört nach eigenen Angaben an diesem Tag zwei Panzer, die Co. B, 702nd Tk Bn meldet zwei zerstörte deutsche Panzer und die Co. B, 811th TD Bn einen. Wahrscheinlich sind es jedoch insgesamt nur zwei zerstörte deutsche Panzer, da wohl jeder die gleichen Panzer als Resultat des eigenen Einsatzes gemeldet hat. Eine übliche Praxis, die häufig das tatsächliche Ausmaß der Kämpfe verzerrt.

Beim 1./318, wo die Co. B als letzte kurz nach Mitternacht ihr Ziel in Möbisburg erreicht und den Kontakt zu den anderen Kompanien hergestellt hat, säubert bis 04.00 Uhr (B) ein Platoon den Ort, der von den anderen Kompanien am Vortag südlich umgangen worden war. Dann beginnt das 1./318 um 04.30 Uhr (B) im Zentrum des RCT 318 von Möbisburg und Waltersleben nach Nordosten vorgehend mit dem Angriff auf Erfurt. Doch zuvor muss das Waldgebiet des Steigerwaldes gesichert werden, der bis an die südlichen Stadteingänge reicht. Mit der Co. A voraus, gefolgt von der Co. B an der Linken und der Co. C an der Rechten soll der Angriff nach Norden erfolgen. Hierfür soll die Co. C mit Unterstützung der unterstellten Panzer von Waltersleben die Höhe einen Kilometer nördlich von Egstedt nehmen, die als Ausgangsstellung für sie dienen soll. Doch diese ist bereits vom 3./318 gesichert und die Panzer sind noch nicht eingetroffen. Während die Co. C jetzt von Waltersleben aus entlang der Arnstädter Landstraße nach Norden zum Waldschlösschen stößt, dringt die Co. A von Südwesten durch das Walterslebener Holz und den Martinsbusch vor. Der Angriff der Co. B erfolgt von Möbisburg über Rhoda und dann auf der Hubertusstraße in Richtung Jagdschloss Hubertus. In der Zwischenzeit treffen auch die unterstellten Panzer der Co. B, 702nd Tk Bn ein, die den Angriff der Infanteristen unterstützen sollen. Doch für sie gilt äußerste Vorsicht, denn am Nordausgang von Waltersleben nahe eines Steingebäudes hatte man sechs Panzerabwehrminen, sogenannte T-Minen, gefunden und niemand weiß, ob nicht noch weitere verlegt wurden.[187] Als um 08.00 Uhr (B) die vier Panzer von 2nd Lt. Marx M. Larkin's Platoon der Co. B, 702nd Tk Bn den Infanteristen zur Hilfe kommen und von Waltersleben aus Richtung Waldschlösschen nach Norden rollen, erhält der Panzer von Lt. Larkin am Waldrand nördlich des Gänseborn einen Treffer durch eines der 8,8cm Flakgeschütze, das südwestlich des Waldschlösschens am Waldrand Stellung bezogen hat. Das Geschoß, das am Turm des Panzer mit einer solchen Wucht abprallt, dass der Panzer ein Stück rückwärts rollt bevor er stehen bleibt, trifft Larkin in der Kommandantenluke tödlich. Der Rest der Besatzung bleibt unverletzt.[188]

Auch die Infanteristen der Co. C, 1./318 geraten um 08.52 Uhr (B) unter direkten Beschuss, als sie sich der Gabelung Arnstädter Straße/Bechstedter Straße am Waldschlösschen nähern. Drei 2cm Flakgeschütze südöstlich des Jagdschlosses Hubertus am Waldrand des Nonnenholzes, zwei 8,8cm Flak am Waldrand südwestlich des Waldschlösschens und zwei StGesch III an der Waldecke am Waldschlösschen eröffnen gemeinsam mit Infanteristen, die am Egstedter Grenzweg Stellung bezogen haben, das Feuer.[189] Auch in Egstedt schlagen Granaten ein. Es dauert bis 14.00 Uhr (B), bis der Widerstand ausgeschaltet werden kann. Erst jetzt ergeben sich die Verteidiger. Die 80th US InfDiv meldet später im Bereich zwischen Waltersleben und Melchendorf 29 Gefangenen der Flak.K.Gr. Gmünd und am Waldschlösschen 39 Angehörige der s.Flak.Abt. 334 der Flak.KGr. Dann dringt die Co. C in den Bereich des Nonnenholzes vor. Auch die Infanteristen der Co. A kommen von Anfang an nur langsam voran. Bereits bei Vorrücken von der Ortsverbindung Möbisburg – Waltersleben zum Walterslebener Holz geraten sie auf dem ansteigenden Hang unter Beschuss, der die Infanteristen zu Boden zwingt. Der Plat.Leader, 2nd Lt. Donald R. Hannibal, der sich sofort der Gefahr bewusst ist, wenn sie im freien Gelände liegen bleiben würden, zwingt daraufhin seine Männer zum Aufstehen und stürmt ihnen voran auf die Höhe. Überrascht von dem entschlossenen Angriff gelingt es ihnen zwei MG-Besatzungen zu überwältigen. 15 Mann ergeben sich. Hannibal wird dafür mit dem

Silver Star ausgezeichnet.[190] Dann geht es Richtung Forsthaus Eichenberg. Um 09.28 Uhr (B) werden am Südrand des Waltersleber Holzes zwei deutsche StGesch III gemeldet, die versuchen nach Norden auszuweichen.[191] Es dauert bis gegen 14.00 Uhr (B), dass der Widerstand entlang des Bachbettes des Gänseborn, wo sich deutsche Infanterie verteidigt, überwunden ist. Aber die Kämpfe setzen sich auch im Martinsbusch fort. Während die Infanteristen der Co. A gegen 16.00 Uhr (B) dort noch immer mit der Beseitigung von Widerstand südöstlich des Ungeheuer Sumpf beschäftigt sind, erreichen die Infanteristen der Co. B, 1./318 das Jagdschloss Hubertus an der Arnstädter Straße. Gegen 16.00 Uhr (B) wird der Bn.CP am Waldschlösschens gemeldet und um 16.30 Uhr (B) erreichen Elemente der Co. C den Stadtrand von Erfurt im Bereich des Hospitalholzes vor der Bergkaserne. Entlang des Weges zwischen den heutigen Straßen Am Tannenwäldchen und am Nonnenholz fällt ihnen dabei ein provisorisches Munitionslager in die Hände. Bis zum Abend hat sich das 1./318 der Bergkaserne genähert. Die letzten deutschen Truppen setzen sich ab. *„Soeben kam eine müde, fußlahme deutsche Kompanie von der Bergkaserne herunter und an unserem Haus vorbei. Die Soldaten riefen uns zu, sie seien die letzte deutsche Truppe; dicht hinter ihnen kämen die Amerikaner ...“* Teile des OKH, die im Rahmen der Verlegung der Kommandostellen der Wehrmacht Mitte März 1945 in der Kaserne untergekommen waren, haben diese schon lange verlassen. Bis gegen 23.00 Uhr ist die Kaserne besetzt.[192]

Zerstörtes 8,8cm Flakgeschütz am Waldrand südwestlich des Waldschlösschens
Foto: Helmut Wolf, Erfurt

Für seine Leistungen an diesem Tag erhält der CO 1./318, Maj. Charles Gaking den „Oak Leaf Cluster" zum Silver Star verliehen, einem Eichenlaubblatt, dass auf der Ordensspange getragen die mehrmalige Verleihung dieser Auszeichnung an den Träger bekundet.

Das 3./318 rückt nach einer kurzen nächtlichen Pause an der rechten Flanke des Regiments aus dem Raum Egstedt – Bechstedt-Wagd nach Norden vor, um Dittelstedt, Büßleben und Niedernissa zu nehmen und den letzen Ausgang aus Erfurt Richtung Osten, die R 7 Erfurt – Weimar, zu durchtrennen. Bereits um 03.26 Uhr (B) haben die Co. I und L aufgesessen auf Lastwagen mit der Einnahme der Ausgangslinie für die Fortsetzung des Angriffs bei Egstedt begonnen. Um 05.45 Uhr (B) wird die Co. I einen Kilometer nördlich von Egstedt in der Egstedter Flur, die bis *„Egstedter Grenzweg zwischen Waldschlösschen und Straßenmeisterei"* reicht, gemeldet, während die Co. L unmittelbar dahinter steht. Dort kommt es zu einem Gefecht mit einer Gruppe deutscher Soldaten unter Führung von Lt. Hans-Heinrich v. Versen. Unterstützung erhalten sie durch eines der zwei Sturmgeschütze, die sich am Waldschlösschen positioniert hatten und das jetzt *„genau auf dem Abzweig der R 4 und Straße in Richtung Egstedt – Stadtilm"* in Stellung gegangen ist. Bei dem Feuergefecht fallen 15 deutsche Soldaten und ein 17jähriger Volkssturmangehöriger sowie ein amerikanischer Soldat. Über die genauen Umstände des Todes der deutschen Soldaten ist nicht viel bekannt. Bis auf einen der Gefallenen, der auf dem Sturmgeschütz neben einer Kopfschusswunde auch Verletzungen am Brustkorb erlitten hatte, wiesen alle anderen bei ihrer Bergung durch die Dorfbewohner nur Kopfschusswunden auf.[193] Sieben deutsche Soldaten gehen nach amerikanischen Angaben in Kriegsgefangenschaft. Bei ihrer Befragung geben sie an, dass sie zur 1. Kp./Pz.Gren.Ers.Btl. 59 gehören. Sie hatten um 05.00 Uhr (B) Melchendorf verlassen, um sich nur mit leichten MG's und Panzerfäusten bewaffnet den Amerikanern entgegenzustellen.[194] Die überlieferte Geschichte, das Versen mit seinen Leuten nach Egstedt gekommen war und die weiße Fahne auf dem Kirchturm herunterholen lies, woraufhin es zum Beschuss des Ortes kam, kann allerdings nicht stimmen.[195] Zu diesem Zeitpunkt war Egstedt bereits von den Amerikanern besetzt.

Nach der Überwindung des Widerstandes schlägt den amerikanischen Infanteristen beim weiteren Vorrücken nach Norden vereinzelt Gewehrfeuer aus den umliegenden Wäldern entgegen. Doch kaum hat der Vormarsch richtig begonnen, kommt er erneut zum Halt. Jetzt passieren die Panzerkolonnen des CCA aus Richtung Waltersleben kommend die Linien der Infanterie in Egstedt und setzen sich an die Spitze des Angriffs. Ohne Halt rollen die Panzer und Halbkettenfahrzeuge dicht an dicht hintereinander nach Schellroda und Melchendorf weiter. Bis gegen 09.00 Uhr (B) ist an eine Bewegung nicht zu denken. Erst gegen 09.15 Uhr (B) beginnt endlich der Vormarsch nach Norden. Nebeneinander rücken die Co. I und L, 3./318, gefolgt von der Co. K, von Egstedt über den Erfurter StoÜbPl Drosselberg und durch das Zeisig- und

Schöntal am westlichen Rand des Willroder Forstes vor. Dabei geraten sie unter Beschuss durch die deutschen Sturmgeschütze am Waldschlösschen, die jetzt Egstedt und die Straße nach Melchendorf mit ihren Granaten belegen. Auch aus dem Willroder Forst erhalten sie vereinzelten Granatbeschuss.[196] Durch das RCT 318 zur Unterstützung des 2. und 3./318 gegen 10.00 Uhr (B) angeforderte Jagdbomber greifen daraufhin die deutschen Positionen an.[197] Um 12.30 Uhr (B) nähern sich Vorauskräfte des 3./318 Melchendorf und geraten von dort und aus Richtung Windischholzhausen unter MG-Beschuss. Die deutschen Truppen, die in ihren Stellungen ausgeharrt hatten, bis die Panzerkolonne des CCA die Orte ohne Halt passierten, werden bei dem Versuch, sich abzusetzen, überrascht und leisten vereinzelten Widerstand, nachdem Beobachter auf der Hecke und am Biel die erneute Annäherung der Amerikaner gemeldet hatten. Die meisten ergeben sich wenig später kampflos. Während die Co. I gegen 15.00 Uhr (B) Melchendorf ohne weiteren Widerstand nimmt, sichert die Co. L Windischholzhausen und die nachfolgende Co. K geht durch Melchendorf weiter nach Dittelstedt. Auch dort kommt es glücklicherweise nicht zum Kampf, hatte der Ort doch schon genug gelitten, als am 17. März 1945 bei einem Luftangriff mit dem eigentlichen Ziel Güterbahnhof Erfurt durch Fehlabwürfe auf Grund schlechter Sicht 71 Bewohner und vier Zwangsarbeiter getötet und der Ort schwer zerstört wurde.[198] Dann geht es weiter nach Linderbach, während die Co. L den Vormarsch nach Urbich fortsetzt. Gegen 16.40 Uhr (B) erreicht auch der Bn.CP Melchendorf. Bis 17.00 Uhr (B) sind Dittelstedt, Urbich und Büßleben besetzt. Bei dem Vormarsch zerstört das 3./318 zwei Artilleriegeschütze, zwei Munitionsfahrzeuge, einen PzKpfw IV und eine Pak. Die Gefangenenmeldungen der 80th US InfDiv sprechen von zirka 200 Mann des Pz.Gren.Ers.Btl. 59, die im Raum Melchendorf gemacht wurden.[199] An der heutigen Ecke Melchendorfer Straße/Käthe-Kollwitz-Straße wird das ehemalige Erfurter Gestapo-Hauptquartier besetzt, das nach der organisatorischen Umgliederung 1941 in die Hindenburgstraße (heute Arnstädter Straße) umgezogen war.

Um 17.54 Uhr (B) meldet das 3./318, dass es zu einem ersten Telefonkontakt mit Vertretern der Stadt Erfurt gekommen ist. Damit beginnt die Chronologie der Versuche zur Herbeiführung der kampflosen Übergabe der Stadt Erfurt, die letztendlich alle zum Scheitern verurteilt waren. Doch warum? Wahrscheinlich, weil aus Gründen, die aus heutiger Sicht nur schwer nachvollziehbar sind, der K.Kdt. von Erfurt, Oberst Merkel wohl nicht nur aus Angst vor den Folgen einer Befehlsverweigerung beschlossen hatte, seiner Vita mit der Verteidigung der Stadt ein persönliches Ruhmesblatt anzuheften. Denn anders lassen sich die Ereignisse der darauf folgenden Stunden nicht erklären. Merkel scheibt später in seinen Erinnerungen: *„Menschlich gesehen tat mir die Stadt unendlich leid, aber als Soldat konnte ich nicht anders handeln, denn dem Führer hatte ich ja den besonderen Eid geleistet und Erfurt sollte nicht noch einmal einen schlechten Ruf in der deutschen Geschichte erhalten.“* Da in den überlieferten deutschen Zeitzeugenberichten voneinander abweichende Angaben zu Zeiten, beteiligten Personen und deren Aktivitäten vorliegen, soll im Folgenden ein Überblick auf Grundlage der bisherigen Erkenntnisse gegeben werden. Dabei können nicht alle Fragen abschließend behandelt werden, so z.B. wer den ersten Anruf um 17.54 Uhr (B) tätigte. Fest steht jedoch, dass dieser der Ausgangspunkt für die, nunmehr beginnenden, Aktivitäten der Amerikaner ist.

Col. James S. Luckett
Foto: National Archives

Mit dem Erhalt der Meldung des 3./318 setzt der CO 318th InfRgt, Col. James Sawyer Luckett, vom Regtl.CP in Waltersleben aus sofort die deutschsprachigen IPW-Offiziere Lt. Gutman und Capt. Wegman zum 3./318 nach Melchendorf in Marsch, um den Kontakt mit der militärischen Führung in der Stadt aufzunehmen und ein 30minütiges Ultimatum zur Übergabe an einem, vom 3./318 festzulegenden, Punkt zu übermitteln. Parallel hierzu wird die Division informiert.[200] Doch bevor die beiden Offiziere in Melchendorf eintreffen, erhält das 318th InfRgt um 18.19 Uhr (B) durch den G-3 der Division, Col. Augustus G. Elegar den Befehl des CG mit folgendem Wortlaut übermittelt: *„Nehmt einen Bürgermeister aus einem der besetzten Orte und schickt ihn mit einem schriftlichen Ultimatum nach Erfurt. Fordert die vollständige Kapitulation innerhalb von zwei Stunden, wenn nicht, wird die Stadt zerstört. Col. Luckett bestimmt den Zeitpunkt, ab wann die zwei Stunden beginnen. Meldet dem Hauptquartier diesen Zeitpunkt."*

Ungeachtet dessen bleibt Luckett zu mindestens teilweise bei seinem ursprünglichen Entschluss. Um 19.00 Uhr (B) lässt er Lt. Gutman vom Melchendorfer Gasthaus „Eisenhut" aus in Erfurt anrufen, um dem K.Kdt. das Ultimatum zur Kapitulation zu übermitteln. Als sich dort die Vermittlung mit *„Hier spricht 168"* meldet, gibt sich Gutman als Offizier der Wehrmacht aus und bittet um Weiterleitung zum kommandierenden Offizier auf dem Petersberg. Dort nimmt Oberst Merkel persönlich das Gespräch entgegen.[201] Erst jetzt gibt sich Gutman als amerikanischer Offizier zu erkennen, der im Auftrag des befehlshabenden US Generals handelt. Dann liest er dem verdutzten Merkel das zweistündige Ultimatum vor und fordert ihn auf, bis 20.00 Uhr (B)[202] einen Vertreter nach Dittelstedt zu senden, um Erfurt zu übergeben. Da am anderen Ende der Leitung völlige Stille herrscht, fragt Gutman nach, ob er das Ultimatum noch einmal wiederholen soll. Erst jetzt antwortet Merkel mit *„nein"*. Daraufhin informiert Gutman ihn noch, dass man das Ultimatum in Papierform nachreichen werde und legt auf. Merkel schreibt später im seinen Erinnerungen, dass er am Ende des Gesprächs eine Kapitulation entschieden abgelehnt hätte. Doch davon findet sich in den amerikanischen Unterlagen nichts. Es ist allerdings auch unwahrscheinlich, denn wäre dieser Satz tatsächlich gefallen, wären die nachfolgenden Stunden aus amerikanischer Sicht sicher anders verlaufen. Wie angekündigt machen sich nämlich unmittelbar nach dem Telefonat zwei gefangengenommene Melchendorfer Gendarmen mit dem Fahrrad auf den Weg zum Petersberg, um das schriftliche Ultimatum zu übergeben. Um 19.09 Uhr (B) meldet der ExO 318th InfRgt an den G-3 der 80th US InfDiv: *„Wir haben soeben mit dem K.Kdt. der Stadt Schulz (?) gesprochen. Ihm wurden zwei Stunden gegeben ab 19.00 Uhr um herauszukommen und die Stadt an einem, von ihm festzulegenden Platz zu übergeben. Und wenn er nicht kommt, wird die Stadt vernichtet. Der CO 318 hat mit ihm telefoniert und ihm ein Telegramm zur Bestätigung zugesandt.“*[203] Wenig später wird die DivArty informiert, dass unabhängig vom Ultimatum bis auf weiteres mit dem Beschuss erkannter Ziele fortzufahren ist.

Unabhängig von der, sich anbahnenden, Möglichkeit einer Kapitulation, werden von Seiten der Division weiter alle notwendigen Maßnahmen getroffen, um bei einer Ablehnung des Ultimatums sofort handeln zu können. So beantragt der G-3 der Division Craig beim XX. US Corps für diesen Fall den Einsatz mittlerer Bomber und sollten diese nicht verfügbar sein, von Jagdbombern. Die Entscheidung über den Einsatz soll bis 21.00 Uhr (B) fallen. Unabhängig davon lässt Luckett, der zu diesem Zeitpunkt nur über zwei der zugesagten acht FA Bn für den geplanten Beschuss von Erfurt verfügt, der DivArty um 19.40 Uhr (B) mitteilen: *„Ich will, dass alle Artilleriegeschütze des Corps um 21.05 Uhr (B) einen Feuerschlag mit dem Zentrum Schloss St. Petersberg schießen.“* Um 19.45 Uhr (B) wird dies ergänzt durch die Zielangabe *„Biereyestraße – Friedrich-Wilhelmplatz (heute Domplatz)“* als Zentrum der militärischen Führung, also das Areal am Petersberg. Um die Auswirkungen eines Beschusses und Bombardements der Stadt so groß wie möglich ausfallen zu lassen, hatte das RCT 318 bereits gegen 18.00 Uhr (B) den Befehl erhalten alle Wasserleitungen nach Erfurt hinein zu öffnen, um die Stadt von der Wasserzufuhr abzuschneiden, was daraufhin in Rockhausen und Möbisburg erfolgt war. Den gleichen Befehl erhält in der Nacht auch das RCT 317. Ein verheerender Befehl im Falle des Ausbruch von Bränden, hatten doch die Löschwasserbecken der Stadt und das Löschwasser aus der Gera bereits bei den bisherigen Bombenangriffen nicht ausgereicht. Als sich der Zeitpunkt des Ablaufs des Ultimatums nähert, befiehlt um 20.30 Uhr (B) Col. Elegar der DivArty, den Artilleriebeschuss einzustellen und nur noch auf Anforderung zu feuern. Kein Artilleriebeschuss soll eine Annäherung von deutschen Parlamentären gefährden. Unabhängig davon werden die Vorbereitungen für einen erforderlichen Artilleriebeschuss erweitert. Um 20.45 Uhr (B) befiehlt der CG DivArty Gen. McKelvie dem 702nd Tk Bn, das dessen Raketenwerfer-Panzer nur auf seinen ausdrücklichen Befehl einzusetzen sind. Man hatte alle Raketenwerfer-Panzer des 702nd Tk Bn vom Typ T 34 Calliope, mittlere Sherman-Panzer mit zusätzlich aufmontierten Werferrahmen über der Kanone, für den Angriff auf Erfurt unter Führung von Lt. Shore in Möbisburg zu einem Rocket Launcher Plat. zusammengeführt und dem

RCT 319 unterstellt, damit sie so das Feuer der Artillerie verstärken können. Ein Verfahren, dass später auch bei der Besetzung von Gera zum Einsatz kommen soll.

Obwohl das Ende des Ultimatums naht und die Frist für das Eintreffen von Parlamentären um 20.00 Uhr (B) längst verstrichen ist, bleibt es erst einmal ruhig. Erst um 20.45 Uhr (B) kehren die beiden Gendarmen in Begleitung von zwei Vertretern der Stadt mit einem Pkw nach Dittelstedt zurück.[204] Doch sie sind nicht gekommen, um die Stadt zu übergeben oder zu verhandeln. Die beiden Vertreter informieren im Auftrag des Oberbürgermeisters die Anwesenden, dass dieser mit dem K.Kdt. Oberst Merkel gesprochen und ihn aufgefordert habe, mit der Stadt und der Garnison zu kapitulieren, da eine Fortsetzung des Kampfes aussichtslos sei und die Zerstörung der Stadt bedeuten würde, nicht zu sprechen von der Gefahr für die 200 000 Zivilisten in der Stadt. Merkel habe ihn daraufhin aufgefordert, zu den Amerikanern zu gehen, und sie um zwei Stunden Aufschub zu bitten, damit er mit der übergeordneten militärischen Führung in Weimar sprechen kann. Er, der stellvertretende Bürgermeister[205] sei überzeugt, dass es eine positive Antwort von Seiten Merkels geben werde.

Hier beginnen die Unstimmigkeiten. Als erstes sprechen die amerikanischen Unterlagen vom *„stellvertretenden Bürgermeister und einem Stadtrat"*. In den deutschen Berichten werden jedoch die beiden Stadträte Keller und Schmalix genannt, wobei letzterer erst wenige Wochen zuvor von Sauckel als unbezahlter Stadtrat eingesetzt worden war. Die nächste ist die übermittelte Nachricht selber. Gemäß Merkel will dieser nicht nur die Kapitulation bereits während des Telefonats abgelehnt, sondern auch auf das Schreiben, das die Gendarmen, die Merkel als *„Kriegsgefangene"* bezeichnet, ihm überbracht hatten, nicht reagiert haben. Warum sollte er also um Fristverlängerung gebeten haben? Nachweislich hat Merkel unmittelbar nach dem Anruf der Amerikaner den OBgm. der Stadt Erfurt, Kießling zu sich auf den Petersberg bestellt, um ihn über das Ultimatum zu informieren. Über den Zeitpunkt des Zusammentreffens gibt es mehrere Aussagen. Diese liegen zwischen 19.00 Uhr und 19.45 Uhr, wobei 19.00 Uhr durch die amerikanischen Unterlagen belegt ist.[206] Auch über den Ort und die Teilnehmer dieses Treffens gibt es verschiedene Aussagen. Belegbar ist auf Grundlage der Angaben von Merkel und eines unbekannt gebliebenen Zeitzeugens die Anwesenheit von Kießling, der sich in Begleitung von Schmalix und Keller befand und von Maj. Saywisch aus dem Stab von Oberst Merkel als Zeugen der Unterredung im Dienstzimmer des K.Kdt..[207] Dem gegenüber steht die Zeitzeugenaussage von Hptm. Kurt Leisenberg, der sich nach einer Verwundung in Italien auf Genesungsurlaub in seiner Heimatstadt Erfurt befand, wo er in den Stab des K.Kdt. Erfurt eingegliedert wurde. Nach seiner Aussage soll bei dem Treffen im Bunker auf dem Petersberg, das er auf 19.00 Uhr festsetzt, neben Kießling der NSDAP-Kreisleiter Theine und der Komm.Gen. Gen.Lt. Frhr. v. Uckermann[208] anwesend gewesen sein.[209] Allerdings soll nach seinen Angaben das Ultimatum auch erst 21.00 Uhr eingegangen sein, was bekanntermaßen nicht stimmt. Gemäß Leisenberg sollen Kießling und

Theine Merkel aufgefordert haben, von einer Verteidigung Abstand zu nehmen. Er solle doch an die Bevölkerung denken, für die nicht genug Schutzräume zur Verfügung stehen. Doch Merkel sei hart geblieben und die Aufforderung, beim OKH anzurufen, habe er abgelehnt. Da sich Kießling jedoch mit dieser Aussage nicht habe abspeisen lassen, soll Uckermann dazwischen gegangen sein. *„Der General haut mit der Faust auf den Tisch. Erfurt ist zu verteidigen. Bis zum letzten Haus. Bis zur letzten Patrone!“* [210] Doch anscheinend sind bei Leisenberg die Erinnerungen an zwei unterschiedliche Treffen zu einem verschmolzen. So ist der Wutausbruch des *„Generals“* nicht Uckermann am 11. April zuzuschreiben, sondern Gen. Rembe während des Treffens am 7. April 1945 zuzuordnen. Dorthin gehören auch die Teilnehmer. Das belegt die Tatsache, dass Theine bereits am 10. April 1945 die Stadt verlassen hatte.[211] Fest steht jedoch, dass die Bitte des Oberbürgermeisters zur Kapitulation und der Hinweis, er könne doch mit den Truppen aus der Stadt ausbrechen, durch Merkel abgelehnt wurden. Allerdings hätte Merkel erklärt, dass er kein Problem damit hätte, wenn Kießling mit dem Gauleiter sprechen würde.

Da mit dem Ende des Gesprächs zwischen Kießling und Merkel bereits der Zeitpunkt des geforderten Treffens in Dittelsdorf überschritten war, muss hier der Moment angesetzt werden, an dem Kießling Keller und Schmalix den Auftrag erteilte, nach Melchendorf zu fahren, um eine Verlängerung des Ultimatums herbeizuführen, während er versuchen würde, Sauckel zu erreichen. Ob Kießling dabei die Instruktion erteilt hatte, den Amerikanern mitzuteilen, dass der K.Kdt. mit seinen Vorgesetzten sprechen würde, oder ob dies durch den, als äußerst findig beschriebenen, Adolf Schmalix eingebracht wurde, ist nicht überliefert. Da sich Schmalix nach seiner Rückkehr damit brüstete, dass er die Bombardierung von Erfurt verhindert hätte, spricht viel für letzteres. Genauso wird er sich wohl als auch *„stellvertretenden Bürgermeister“* ausgegeben haben, um seinen Aussagen mehr Gewicht zu verleihen.[212] Zu mindestens erreichen sie ihr Ziel. Da Col. Luckett eine Verlängerung des Ultimatums nicht alleine entscheiden kann, nimmt er Rücksprache mit der Division, die diese genehmigt. Sollte Merkel jedoch bis dahin nicht beim 3./318 in Dittelstedt erscheinen, werde *„die gesamte Artillerie sprechen“*. Das S-3 Journal des 318th InfRgt hält unmissverständlich fest: *„Wenn er bis 24.00 Uhr (B) nicht kommt, geht die Show los!“*

Um 22.15 Uhr (B) erhält Luckett auf dem CP des 3./318 die Mitteilung von Col. Elegar, dass sich Col. Snythe vom Div.HQ auf den Weg nach Dittelstedt gemacht hat, um persönlich die erwarteten Übergabeverhandlungen zu führen. Doch Snythe wird Dittelstedt auf Grund *„schlechter Straßenverhältnisse“* in der Nacht nicht erreichen. Um das erwartete Zusammentreffen mit den deutschen Parlamentären nicht zu gefährden, erhält die DivArty um 22.10 Uhr (B) den Befehl, nur auf ausdrückliche Anforderung die Straße nach Dittelstedt unter Beschuss zu nehmen. Aber man glaubt in der Zwischenzeit nicht wirklich an die Kapitulation und so geht um 22.35 Uhr (B) der Befehl an das RCT 318, dass alle Verbände vorläufig auf ihren Positionen verbleiben und alle Zu- und Ausgänge aus der Stadt zu sperren sind. Als um 23.00 Uhr (B) auch das verlängerte Ultimatum verstreicht, ohne dass sich die deutsche Seite gemeldet hat, geht an die DivArty der Befehl: *„Wenn Erfurt nicht kapituliert, feuert auf die Flaktürme und seid bereit, roten Rauch auf die gekennzeichneten Flakstellungen und die anderen Stellungen zu schießen. Drei Squadron Kampfbomber sind verfügbar.“* Am 8. April 1945 hatte die Feindaufklärung auf Grundlage der Angaben eines Zivilisten, der Erfurt am 6. April verlassen hatte, je eine leichte 2cm-Vierlingsflak im Bereich der Cyriaksburg, eine an der Landstraße nach Gotha nördlich der Cyriaksburg und eine im Bereich Langer Berg gemeldet.[213] Eine weitere Meldung hatte von einem hölzernen Flakturm mit drei 2cm Flak zwischen Langen Graben und Nibelungenweg berichtet. Doch es geschieht erst einmal nichts.[214]

Was die Amerikaner nicht wissen können, ist der Umstand, dass sich in der Zwischenzeit die Lage in der Stadt dramatisch zugespitzt hat. Kießling, der mittlerweile der letzte öffentliche Vertreter der Stadt ist, der sich nach dem Absetzen des Regierungspräsidenten und des Kreisleiters noch in Erfurt befindet, hatte nach dem Gespräch mit Merkel mit Unterstützung des Handelskammerpräsident Otto Köberling versucht, Kontakt zu Sauckel aufzunehmen. Doch dieser hatte Weimar bereits verlassen.[215] Am Telefon hatte sich der Leiter des Thüringer Innenministeriums, Staatsekretär und SS-Brigfü. Walter Ortlepp, der in dieser Funktion Bevollmächtigter des Reichsverteidigungskommissars und Leiter des Gaueinsatzstabes der NSDAP ist, gemeldet, der selber gerade Weimar verlassen wollte und Kießling empfohlen, direkt im FüHQ in Berlin anzurufen.[216] Doch Kießling gibt noch nicht auf, erst mit Sauckel zu sprechen und so ruft er seinen Amtskollegen in Weimar an. Um 21.30 Uhr klingelt beim OBgm. von Weimar, Otto Koch, das Telefon. Als sich Koch meldet, teilt ihm Kießling mit, dass Erfurt noch nicht gefallen sei, aber die Lage hoffnungslos ist und die Gauleitung eine Übergabe der Stadt mit dem Verweis auf den Fall von Gotha, wo der K.Kdt. Gadolla standrechtlich erschossen wurde, kategorisch ablehne.[217] Nur noch Sauckel könnte helfen, doch dieser sei nicht erreichbar. Daraufhin verspricht Koch, mit Sauckel Kontakt aufzunehmen und tatsächlich hat er wenig später Sauckel am Apparat. Als er ihm die Bitte Kießlings mitteilt, wird er jedoch von Sauckel energisch darauf hingewiesen, *„...kein Oberbürgermeister sei berechtigt, eine Stadt zu übergeben, dies sei Sache des Kampfkommandanten, der Befehl habe, jede Stadt bis zum äußersten zu verteidigen. Wer dies nicht tue, komme vors Kriegsgericht. Er verwies auf den Befehl von Keitel-Himmler-Bormann, der am gleichen Tag mir bekannt geworden war durch Radio und Funkspruch, wonach jeder Oberbürgermeister, der eine Stadt übergebe, zum Tode verurteilt sei, auch seine Familie verfiele der Ausrottung. Ich solle dies Kießling sagen.“*[218] Damit war auch diese Hoffnung für Kießling erloschen. So hatte sich Kießling schweren Mutes entschlossen, der Empfehlung von Ortlepp zu folgen und im FüHQ anzurufen. Dort hatte man ihn an Gen.Obst. Alfred Jodl, dem Vertreter des OKW verwiesen. Doch Jodl hatte äußert reserviert reagiert, als ihm Kießling die Lage der Zivilisten in der Stadt schilderte und um die Genehmigung zur Kapitulation bat.

An Stelle einer Entscheidung hatte dieser ihn an Merkel zurück verwiesen, der bereits entsprechende Befehle aus Berlin hätte.

Während Kießling noch dabei war, einen Entscheidungsträger an das Telefon zu bekommen, hatte Merkel nach eigenen Angaben einen Anruf von Jodl erhalten, der sich nach der Lage in Erfurt erkundigen wollte. Dabei soll ihn Merkel auf die Aktivitäten des Erfurter Oberbürgermeisters aufmerksam gemacht haben. *„Gen.Oberst Jodl ließ daraufhin durch einen seiner Herren einen Befehl telefonisch durch diktieren (von Major Saynisch unter Zeugen aufgenommen), ... dass ich ermächtigt und beauftragt sei, den Oberbürgermeister Kießling wegen feindlicher Haltung zu verhaften und entweder zu hängen oder zu erschießen."*[219] Gemäß Hptm. Leisenberg soll der Befehl um 03.00 Uhr mit dem folgenden Text eingegangen sein. *„Der OB der Stadt Erfurt, Kießling, ist als Defätist zu verhaften und zu erschießen, gez. Adolf Hitler"*. Kurz darauf soll dann Merkel in einem Anruf von Uckermann mitgeteilt bekommen haben, dass ihm der Führer für seine gezeigte Tapferkeit die Spange zum EK I und II verliehen habe. Um 05.00 Uhr erhält Leisenberg den Befehl, gemeinsam mit Hptm Meyer Kießling in der Stadt aufzusuchen und das Todesurteil zu vollstrecken. Doch beide denken nicht daran, kurz vor Schluss zu Mördern an einem Mann zu werden, der seine Stadt schützen will und so melden sie Merkel, dass Kießling nicht auffindbar ist.[220] Die Ereignisse der kommenden Stunden verhindern jede weitere Bemühung, das Urteil zu vollziehen. Kießling hat Glück, für die Stadt Erfurt beginnt jedoch ein weiterer Tag voller Unheil.

Der Regtl.CP 318 verlegt während des Tages von Großrettbach nach Waltersleben, wo er um 13.50 Uhr (B) eintrifft. Der CP des 314th FA Bn erreicht 09.45 Uhr (B) Ingersleben, die Cn Co. 318 um 10.15 Uhr (B) Schmira und die Co. B, 305th Med Bn Waltersleben. Das Regiment meldet 255 deutsche Gefangene und auf eigener Seite 15 Gefallene, 30 Verwundete und drei Vermisste.

Das RCT 319, das den Auftrag hat, südlich an Erfurt vorbeizugehen und hinter der 4th US AD säubernd entlang der RAB Erfurt – Jena vorzurücken, beginnt aus seinem Versammlungsraum Molsdorf – Eischleben um 07.00 Uhr (B) über Rockhausen mit dem Vorrücken zur Ausgangslinie für den Angriff an der Straße Egstedt – Bechstedt-Wagd. Unterstützt wird es dabei vom 1st Plat. Co. B, 81st Cml Mort Bn. Dort angekommen wird das 1. und 3./319, das nebeneinander Richtung Weimar vorrücken soll, jedoch um 09.00 Uhr (B) erst einmal ausgebremst, denn die Kolonnen des CCA der 4th US AD rollen durch Egstedt, wo auch noch das 3./318 steht, das ebenfalls darauf wartet, seinen Angriff nach Norden Richtung Melchendorf aufzunehmen. Das 3./319 von Lt.Col. Elliott B. Cheston, das den Angriff auf der Linken von Egstedt aus in Schützenkette nach Nordosten durch den Willroder Forst auf Rohda führen soll, muss warten, bis auch die letzten rückwärtigen Teile der Kolonne des CCA Egstedt passiert haben. Erst um 11.30 Uhr (B) verbessert sich die Situation und um 12.35 Uhr (B) beginnen die Infanteristen mit dem Vorrücken. Dabei ergibt sich ihnen zwei Kilometer östlich von Egstedt im Bereich des Forsthauses Willroda eine Gruppe von 46

Deutschen kampflos.[221] Sie geben an, dass sie zur 2. Kp./Pz.Gren.Ers.Btl. 59 gehören und am 10. April 1945 um 19.30 Uhr mit vier Kompanien von Weimar über Troistedt, Hopfgarten, Mönchenholzhausen und dann querfeldein nach Windischholzhausen marschiert waren und in den Wäldern östlich Stellung bezogen hätten. Bei der Annäherung der Amerikaner wären die meisten Richtung Autobahn geflohen.[222] Dann erreicht das 3./319 den östlichen Waldrand südwestlich von Rohda, wo sich die Kompanien wieder vereinigen. Um 15.15 Uhr (B) erreicht die Vorhut den Ort und es kommt zu einem kurzen Feuergefecht mit deutschen Truppen. Diese hatten sich entweder versteckt, als die Kolonne des 51st AIB, CCA, 4th US AD den Ort auf ihrem Weg nach Obernissa passiert hatte, oder sie hatten sich auf ihrer Flucht durch die Wälder hierher zurückgezogen. Bis 15.50 Uhr (B) ist der Rohda genommen und bis 16.00 Uhr (B) sichern die Infanteristen Niedernissa, Mönchenholzhausen und Obernissa. Dann nimmt die Co. L bis 18.00 Uhr (B) Sohnstedt und die Co. I von Capt. Frank E. Reves geht nach Bechstedtstraß, das sie um 19.00 Uhr (B) erreicht. In Sohnstedt erhält der CO Co. L den Befehl, auf die Co. K zu warten und dann mit ihr nach Utzberg, westlich von Weimar, zu gehen. Um 19.40 Uhr (B) erreichen Vorauskräfte den Ort und bis in die Nachtstunden treffen alle Teile der Co. K und L in Utzberg ein. Von dort senden sie Patrouillen nach Nohra und Isseroda.

Das 1./319 unter Lt.Col. Arthur H. Clark, das den Angriff auf der Rechten von Bechstedt-Wagd aus führen soll und nicht durch andere Truppen behindert wird, beginnt um 09.00 Uhr (B) ausgefächert mit zwei Kompanien voraus mit dem Vormarsch und säubert die Wälder des Bechstedter Holzes südlich der RAB bis Schellroda gegen leichten Widerstand. Dort wird es auf Befehl des CO 319th InfRgt um 10.00 Uhr (B) angehalten, um auf Transportraum zu warten, mit dem es den Vormarsch motorisiert auf der RAB fortsetzen soll. Aufgesessen geht es weiter und um 12.55 Uhr (B) wird die Co. A in Klettbach und die Co. B in Hayn gemeldet. Gegen 16.00 Uhr (B) erreicht den Bn.CP zwischen Schellroda und Klettbach die Meldung, dass die vordere Kompanie auf Widerstand gestoßen ist. Am Kiekholz/Nohrholz, südwestlich von Nohra, geraten die Fahrzeuge direkt hinter der Autobahn zwischen Troistedt und Nohra, unter Beschuss. 70 bis 80 von ehemals 120 Luftwaffensoldaten der Flugplatz.Kp. Nohra, die sich nach der Zerstörung der Flugplatzanlagen und der Sprengung der Autobahnbrücke bei Nohra in dem Wäldchen versteckt hatten, eröffnen auf Befehl ihres Kp.Führers Hptm. Königwieser, das Feuer. Es entwickelt sich ein Feuergefecht, dass bis 19.50 Uhr (B) anhält. Dann ergeben sich 49 Soldaten.[223] Sie treten den Weg in die, gerate erst von Bechstedt-Wagd nach Eichelborn vorverlegte, Kriegsgefangenensammelstelle des Regiments an. 19 werden getötet, unter ihnen auch Königwieser. Sie finden ihre Grabstätte in dem Wäldchen. Capt. Walter T. Snoody Jr. vom Medical Detachement des 319th InfRgt, der die Kolonne begleitet und Verwundeten während des Feuergefechts erste Hilfe leistet, wird für seine Tapferkeit mit dem Silver Star ausgezeichnet.[224] Um 20.00 Uhr (B) erreichen die Vorauskräfte Possendorf an der RAB Erfurt – Jena südlich von Weimar. Bis 22.00 Uhr (B) hat sich das 1./319 dort versammelt und Aufklärung fühlt bis nördlich Gelmerode Richtung Weimar vor. Um 18.40 Uhr (B) hatte das Bataillon den Auftrag erhalten, von Possendorf nach Gelmeroda und *„so weit wie sie wollen in Richtung Weimar"* aufzuklären. Kurz nach Mitternacht melden die Aufklärungskräfte Gelmeroda feindfrei, aber östlich des Ortes Granatwerferbeschuss.

Col. Normando A. Costello
Foto: National Archives

Das 2./319 unter Lt.Col. Paul Bandy, das sich in der Regtl.Res. befindet, erhält am Morgen den Auftrag, den anderen beiden Bataillonen nach Bechstedt-Wagd zu folgen und verlässt um 09.30 Uhr (B) Molsdorf. Bis 14.00 Uhr (B) hat das Bataillon sein Ziel erreicht und um 14.30 Uhr (B) erhält es dort den Befehl, sich auf das Weitergehen nach Hayn und Eichelborn vorzubereiten. Um 15.55 Uhr (B) befinden sich die beiden vorderen Kompanien zwischen Isseroda und Troistedt, während die anderen Kräfte um 16.00 Uhr (B) zwischen Bechstedt-Wagd und Egstedt gemeldet werden. Dort erhält der CO 2./319 den Befehl, ab 17.00 Uhr (B) dem 1./319 motorisiert im Pendelverkehr nach Troistedt zu folgen. Um 18.00 Uhr (B) erreicht der 1. Transport Troistedt und 20.00 Uhr (B) ist das Bataillon vollständig eingetroffen. Von dort sendet es befehlsgemäß Patrouillen nach Ober- und Niedergrunstedt. Um 22.00 Uhr (B) halten die Hauptkräfte des Bataillons an der Unterführung der Autobahn nördlich von Troistedt. Der Regtl.CP 319, der am Morgen Gamstädt verlassen und über Kleinrettbach nach Molsdorf gefahren war, hält dort nur kurz, um gegen 10.50 Uhr (B) bei einem Treffen zwischen Gen. McBride und dem CO 319th InfRgt, Col. Normando A. Costello das weitere Vorgehen zu klären, bevor er dem 2./319 nach Bechstedt-Wagd folgt, wo er um 13.50 Uhr (B) eintrifft. Dann geht er weiter über Hayn nach Eichelborn, wo bis 18.30 Uhr (B) auch der CP des 905th FA Bn eintrifft. Von dort meldet das Regiment am Abend einen Gefallenen, drei Verwundete und 173 Gefangene.

Als sich um 20.20 Uhr (B) Col. Elegar bei Costello meldet und ihm den Befehl des CG übermittelt, in Abänderung der Planungen Weimar gemeinsam mit der 4th US AD einzunehmen, da das RCT 317 diesen Auftrag auf Grund der Situation in Erfurt nicht durchführen kann, erreicht er ihn in einer Besprechung mit den CO des 1. und 2./319 auf dem Bn.CP des 2./319 in Troistedt. Wie im Fall Erfurt soll Costello der Stadt zwei Stunden Zeit geben, um zu kapitulieren und wenn nicht mit der vollständigen Zerstörung drohen. Hierzu entschließt man sich, den Bürgermeister von Troistedt, Richard Weyde zu nehmen, der das Ultimatum überbringen soll. Sollte er bis 08.30

Uhr (B) nicht wieder zurück zu sein oder das Ultimatum würde abgelehnt werden, so sollen das 2. und 3./319 die Stadt einnehmen, während das 1./319, dass sich am weitesten ostwärts befindet, den Kolonnen des CCA folgen und umgangene Widerstandsherde bekämpfen soll. Costello äußerst sich später in einem Interview hierzu folgendermaßen: *„Ein besonderer Charakterzug von Col. Sear's beim Einsatz seines CCA war seine Fähigkeit, Dinge zu lassen. Damit meine ich, dass er nicht versuchen würde Widerstandsherde zu vernichten, die ihn zwingen würden seine Panzerinfanteristen absitzen und einsetzen zu lassen und dabei wertvolle Zeit zu verlieren. Er würde den Widerstand umgehen und ihn meiner Infanterie überlassen, um ihn zu beseitigen.“* Für den Beschuss der Stadt kann Costello auf die Artillerie des CCA zurückgreifen, die geleitet durch einen Verbindungsoffizier beim 319th InfRgt bei Bedarf zum Einsatz kommen soll, da sein eigenes 905th FA Bn nicht in der Lage ist, einzugreifen. Der schnelle Vormarsch hatte dazu geführt, dass das Bataillon alle verfügbaren Lastwagen für den Transport der Infanterie abgegeben hatte und nun seine Geschütze nicht nachziehen kann.[225] Um 23.00 Uhr lässt Lt.Col. Bandy von zwei amerikanischen Soldaten Weyde zu Hause abholen. Auf dem CP angekommen erhält er von Bandy den Auftrag, um 06.00 Uhr (B) das nächsten Tages mit dem Fahrrad nach Weimar zu fahren.[226] *„Führen sie den Aufrag richtig aus, dann haben sie etwas für uns getan, aber auch für Deutschland, und es wird ihnen nichts mehr passieren“* sagt er Weyde zum Abschluss, bevor der für die Nacht in Gewahrsam genommen wird.[227].

Der 80th Rcn Tp. erhält um 21.50 Uhr (B) den Befehl, zusammen mit der unterstellten Co. D, 702nd Tk Bn nach Bindersleben zu fahren und dann die Kreuzung der R 7 nordwestlich von Schmira und östlich des Ort zu blockieren. Die DivArty 80th US InfDiv verlegt am Vormittag ihren Fwd CP von Gamstädt nach Möbisburg, wo um 12.05 Uhr (B) eintrifft, während der CP am frühen Nachmittag folgt und dann bis zum 13. April in Möbisburg verbleibt. Das 315th FA Bn, das im Tagesverlauf den vorrückenden Infanteristen von Pferdingsleben über Thörey und Rockhausen nach Schellroda folgt und sie mit seinem Feuer unterstützt, wird Ziel eines Luftangriffs. Eine einzelne FW 190 die die Stellung der Btry. B von Capt. Richard C. Patterson angreift, wird dabei durch die begleitende Flak des 633rd AAA AW Bn abgeschossen.

Die 4th US AD, die im Raum Gotha erst am späten Abend des Vortages den Befehl zum Angriff erhalten hatte, gliedert innerhalb kürzester Zeit ihre Combat Commands für den Angriff um und stellt Marschbereitschaft her. Obwohl die Division seit Tagen auf den Befehl wartet, kommt er überraschend. Und es ist einfacher gesagt als getan, denn innerhalb von wenigen Stunden gilt es nicht nur die Stäbe der Bataillone und Combat Commands in die richtigen Ausgangspositionen zu bringen, sondern auch die Zusammenarbeit zwischen den Panzern und Panzerinfanteristen neu abzustimmen. Die Bataillone waren zum Teil in der neuen Konstellation längere Zeit nicht mehr miteinander im Einsatz gewesen. Diese sieht vor, dass das CCA das 53rd AIB an das CCR abgibt und dafür als Ausgleich das 51st AIB vom CCB unterstellt bekommt, das CCB gibt das 35th Tk Bn an das CCR und das 51st AIB an das CCA ab und erhält das 37th Tk Bn und das 10th AIB vom CCR. Das CCR, das sein 37th Tk Bn und 10th AIB abgibt, erhält das 35th Tk Bn vom CCB und das 53rd AIB vom CCA. So aufgestellt soll die Division getreu ihres Spitznamens „Patton's Vanguard“[228] am Morgen den Angriff mit dem CCB an der Linken und dem CCA an der Rechten, gefolgt vom CCR, im Raum Gotha – Ohrdruf aufnehmen und unter Umgehung von Erfurt und Weimar, das die Infanterie nehmen soll, zur Saale im Raum Jena stossen.

Creighton W. Abrams
hier als 4-Sterne-General und
CoS der US Army im Jahr 1975
Foto: National Archives

Das CCB unter dem Kommando von Lt.Col. Creighton W. Abrams, das den Angriff an der Nordflanke der Division führen soll, startet mit dem 37th Tk Bn und dem 10th AIB aus dem Raum nördlich von Gotha und rückt auf Erfurt – Gispersleben vor, um dort die Linien der 80th US InfDiv passieren. Über Zimmernsupra – Alach geht es nach Schaderode und um 08.35 Uhr (B) nähern sich die Vorauskräfte Gispersleben, wo sie zum Anhalten gezwungen werden, denn dort stehen die Infanteristen des RCT 317 im Abwehrkampf mit deutschen Truppen, die seit 06.00 Uhr (B) Gispersleben angreifen. Schnell staut sich die Kolonne zwischen Schaderode und Gispersleben, doch auch nach Ende der Gefechte können sie nicht weiter. Es dauert bis gegen 10.30 Uhr (B)[229], bis die Hauptkräfte die Brücke in Gispersleben passieren können, die durch die Abwehr des deutschen Gegenangriffs nur mit Verzögerung von den Pionieren repariert werden konnte. Um 12.00 Uhr (B) haben die letzten Teile des CCB den Fluss überquert. In der Zwischenzeit sind die Vorauskräfte bereits auf dem Weg Richtung Kerspleben. Während die Hauptkräfte noch auf die Fertigstellung der Brücke in Gispersleben warten, haben die Panzer und Panzerspähwagen der Aufklärungsgruppe an einer seichten Stelle den Fluss durchwatet und mit der Aufklärung der weiteren Vormarschstrecke begonnen. Von Gispersleben-Viti aus führt sie ihr Weg nach Osten zum Roten Berg. Dort rollt die kleine Kolonne unbehindert durch den Axmanns Hof (heute Erlebnisbauernhof im Erfurter Zoopark[230]) und vorbei an winkenden Zwangsarbeitern über den verlassenen Flugplatz Erfurt-Nord, der erst am nächsten Tag von der nachfolgenden Infanterie gesichert wird. Als sie sich am alten Königlichen Salzwerk Erfurt und dem Stollberg (heute Stollbergsiedlung) vorbei von Südwesten Kerspleben nähern, treffen sie im Bereich des heutigen Gewerbegebiets „Unterm Fichtenwege“ auf Panzerfaustfeuer, woraufhin die Panzer ohne Anzuhalten das Feuer auf das Dorf eröffnen.[231]

Die Panzer des CCB auf dem Weg nach Gispersleben. Oben Halt mit Blick auf Tiefthal
Filmausschnitte: Tec 4 Walter E. Cummings, 166th Signal Photo Co., National Archives

Links: Die Panzer des CCB überqueren die Gera in Gispersleben über die instandgesetzte Brücke, rechts erreichen sie den Roten Berg. Siehe auch nächste Seite.
Filmausschnitte: Tec 4 Walter E. Cummings, 166th Signal Photo Co., National Archives

Weiter durch den Axmanns Hof auf dem Roten Berg
Filmausschnitte: Tec 4 Walter E. Cummings, 166th Signal Photo Co., National Archives

Zwangsarbeiter begrüßen die Panzer auf dem Flugplatz Erfurt-Nord

Filmausschnitte: Tec 4 Walter E. Cummings, 166th Signal Photo Co., National Archives

Die Panzer des CCB erreichen von der Erfurter Saline kommend den Stollberg.
Im Hintergrund die Ringelbergsiedlung
Filmausschnitte: Tec 4 Walter E. Cummings, 166th Signal Photo Co., National Archives

Ohne weiteren Widerstand geht es durch das Dorf nach Töttleben. Dann erreichen sie die Straßenkreuzung südlich von Kleinmölsen, wo sich eine Gruppe aus zwei Panzern und einem Schützenpanzer aus der Kolonne löst und in den Ort fährt. *„In Ortsmitte... postierten sich zwei Panzer entgegengesetzt, also mit dem Geschützrohr nach Norden (Richtung Udestedt) und Süden (Richtung Kreuzung Vieselbach). Ein SPW stellte sich mitten in die Einfahrt zum Gehöft neben den Panzern. Weil alles ruhig war, fuhren sie wenig später weiter in Richtung Süden (also zur Kreuzung zurück).“*[232]

In der Zwischenzeit haben die anderen Aufklärungskräfte, die den Vormarsch fortgesetzt haben, zwischen 10.30 und 11.00 Uhr (B) Ottstedt am Berge erreicht und mit der Erkundung der, auf Grund der Hanglage des Ettersbergs nach Südwesten hin, einzigen zwei möglichen Vormarschstrecken nach Osten begonnen. Der Plan von Lt.Col. Abrams sieht vor, den Ettersberg mit einer kleinen Gruppe von Ottstedt aus über Hottelstedt nördlich zu umfahren, um so den Schutz der Nordflanke der Division zu gewährleisten, während die Hauptkräfte des CCB über Daasdorf südlich am Ettersberg vorbeirollen sollen. Bei Großkromsdorf sollen sich die Kolonnen wieder vereinigen, um dann zügig zur Saale weiterzufahren.[233] Dabei gilt es jedoch zu beachten, dass Hottelstedt bereits im Abschnitt der 6th US AD liegt, und so schwenken die Aufklärer der Nordroute auf halber Distanz zwischen Ottstedt und Hottelstedt nach Osten. Dadurch nähern sie sich gegen 11.00 Uhr (B) über einen Feldweg, der am Nordrand des Hottelstedter Waldes entlang führt, der Hottelstedter Spitze an der Straße Hottelstedt – Buchenwald und damit der Nordwestecke des KZ Buchenwald.[234]

Doch dass sie sich jetzt dem Hauptlager des, bereits von ihnen befreiten, KZ-Außenlagers S III Ohrdruf bei Gotha nähern, ist ihnen nicht bewusst. Wie bei der 6th US AD hat auch sie niemand über dessen Lage informiert und auch ihre Karten zeigen das Lager nicht. Neue Luftaufnahmen, die um 01.00 Uhr (B) für die Vormarschstrecke von Erfurt-Ilversgehofen bis Hohlstedt, zwischen Weimar und Jena, angekündigt worden waren und per Verbindungsoffizier dem CCB überbracht werden sollten, waren entweder nicht mehr rechtzeitig eingetroffen oder wurden nicht mehr ausgewertet, denn sie hätten das Lager zeigen müssen.[235] So kommt es zu einem kurzen Schusswechsel zwischen den überraschten Aufklärern und den noch mehr überraschten Angehörigen der SS-Wachmannschaft, in dessen Ergebnis sich die Aufklärer erst einmal zurückziehen.[236]

Im Lager, wo sich seit dem Morgen hunderte Häftlinge im Nordteil des Lagers versammelt haben und aufmerksam Richtung Westen schauen, von wo der Artilleriedonner immer näher kommt, und wo amerikanische Jagdbomber am Himmel kreisen, löst das nahe Infanteriefeuer stürmische Freude aus.[237] Jetzt können die Amerikaner nicht mehr weit entfernt sein. Doch noch ist die Gefahr für die tausende Häftlinge, die die SS bisher nicht evakuiert hatte, nicht gebannt, und so stellt sich ihnen die Frage, was als nächstes geschieht. Wird die SS noch im letzten Moment ein Massaker anrichten oder nicht? Zwar hatte der Lagerkommandant, SS-Oberf. Hermann Pister, am 3. April 1945 gegenüber dem Lagerältesten Hans Eiden angekündigt, das Lager bei Eintreffen der Alliierten ordnungsgemäß zu übergeben und hatte im Gegenzug von diesem einen Bestätigungsbrief erhalten, der ihn bei Kriegsgefangenschaft entlasten sollte, aber da sind noch andere übergeordnete Entscheidungsträger in Weimar.[238] Und diese haben keineswegs vor, die Häftlinge lebend zu übergeben. Obwohl Himmler trotz seiner Anweisung vom Juni 1944, *„Die Lager sind zu räumen und die Insassen in andere Lager zu bringen. Sollte das unmöglich sein, seien sie zu liquidieren.“*, im März 1945 gegenüber seinem ehemaligen Leibarzt Felix Kersten, der nach Schweden emigriert war und sich dort als Vermittler dem Schwedischen Außenministerium zur Verfügung gestellt hatte, geäußert hatte, die KZ entgegen der mündlichen Weisung Hitlers vom Februar 1945 zur *„Sprengung der Konzentrationslager bei Anmarsch der Alliierten“* dennoch *„bei Annäherung alliierter Truppen zu übergeben“,* ist davon jetzt keine Rede mehr.[239] Aber wer gehört zu jenen Entscheidungsträgern, die über Gedeih und Verderb der Häftlinge entscheiden?

Da ist zum einen der Höhere SS- und Polizeiführer im W.Kr. IX Kassel, SS-Ogruf. u. Gen.d.Waffen-SS, Josias Erbprinz zu Waldeck u. Pyrmont, der am 29. März 1945 seinen Dienstsitz in Kassel fluchtartig verlassen hatte und am 31. März 1945 in Weimar eingetroffen war. Er wird diese *„Absetzbewegung“* später im Buchenwald-Prozess mit den Worten rechtfertigen: *„Meine Anweisung forderte nicht, dass ich mich in der westlichsten Ecke meines Bezirks zu Tode schlagen ließ, sondern, dass ich aus meinem Aufgabengebiet das meiste heraus holte, solange mein Befehlsbereich nicht vollständig besetzt war.“*[240] Gemeinsam mit Pister soll er vom Gauleiter Sauckel aufgefordert worden sein, das Lager vollständig zu evakuieren, sonst würde *„er, Sauckel, es bombardieren lassen“*. Da v. Waldeck und Pyrmont dann am 5. April 1945 auch noch von Himmler persönlich aufgefordert wurde, das Lager bis zum 8. April vollständig zu evakuieren, obwohl dies durch eine Weisung, die besagt, dass bei Feindannäherung die örtlichen Höheren SS- und Polizeiführer (HSSPF) die oberste Befehlsgewalt haben, bereits geregelt ist, ist sehr wahrscheinlich, dass Sauckel Bedenken über die Ausführung des Evakuierungsbefehls hatte und daher Himmler diesbezüglich persönlich kontaktiert hatte.[241] Sauckel, der mit seinen Getreuen erstmals am 3. April 1945 bei der Annäherung der Amerikaner in den Raum Gotha für kurze Zeit aus Weimar geflohen war, wird mit Sicherheit ein großes Interesse daran gehabt haben, dass die Spuren seiner Amtstätigkeit in Thüringen, zu denen auch das Lager gehört, beseitigt werden.

In diesem Zusammenhang lässt sich auch eine Aussage sehen, dass ein Maj. Staupendahl vom Luftgau.Kdo. III[242] einen Antrag zur Bombardierung des Lagers beim Kdt. des Flugplatzes Weimar-Nohra gestellt haben soll.[243] Andere Quellen sprechen davon, dass Pister selber auf dem Flugplatz angerufen hat, um Stukas[244] anzufordern.[245] Im Hinblick auf das Gespräch mit den Häftlingen ist dies jedoch eher unwahrscheinlich und wenn, dann dürfte dies nicht auf Eigeninitiative Pisters, sondern auf Aufforderung durch Waldeck erfolgt sein. Hatten die Häftlinge doch trotz der Zusage Pisters, er würde das Lager ordnungsgemäß übergeben, noch ein weiteres Druckmittel gegen ihn eingesetzt. So soll der Häftling Eugen Kokon aus dem Lager geschmuggelt worden sein, der dann mit einem gefälschten Brief eines Maj. McLeod, der zu einem britischen Fallschirmkommando gehören soll, das sich bereits in der Nähe des Lagers befindet, zurückgekommen war und diesen an Pister übergeben hatte. In dem Brief war mit persönlicher Abrechnung gedroht worden, falls den Häftlingen etwas passiere.[246] Einig sind sich aber alle Quellen darin, dass die Anfrage vom Kdt. des Flugplatzes abgelehnt wurde. Mit Sicherheit nicht aus moralischen Gründen, denn das wäre gefährlich für ihn geworden, wohl eher damit, dass es zu diesem Zeitpunkt weder Flugzeuge noch Piloten dafür gab. Sicher eine Enttäuschung für Waldeck. Eugen Kokon schreibt später in seinem Buch „Der SS-Staat“: *„Waldeck würde Buchenwald in die Luft sprengen.“*[247] Wann die Anfrage bei der Luftwaffe erfolgte, ist leider nicht bekannt. Sie erfolgte jedoch mit großer Wahrscheinlichkeit zwischen dem 5. und 10. April 1945.

Und Pfister scheint seinem Versprechen gegenüber den Häftlingen nachkommen zu wollen, denn obwohl die geforderte Evakuierung am 6. April 1945 mit einem Transport von 3000 Juden beginnt, setzt sie sich in den kommenden Tagen nur zögerlich fort. Am 10. April 1945 war dann Waldeck *„wutschnaubend“* bei Pister erschienen, um ihm *„Beine zu machen“*.[248] Aber Pister scheint klar zu sein, dass jegliche Aktionen gegen die Häftlinge angesichts der unmittelbaren Nähe der amerikanischen Truppen sinnlos sind und die Chancen für ihn und seine Männer, mit dem Leben davonzukommen, verringern. Zwar befinden sich an diesem Tag noch zirka 3000 SS-Angehörige im Lager und den angrenzenden Kasernen[249], und eigentlich sollte noch ein Transport mit Häftlingen in Marsch gesetzt werden, aber dafür ist es ebenfalls zu spät. Und so hatte Pister zwischen 09.00 und 10.30 Uhr den Lagerältesten Hans Eiden zu sich bestellt und ihm mitgeteilt, dass er nach dem Abrücken der SS die Leitung des Lagers übernehmen soll.[250] Aber noch sind die Wachtürme besetzt und die SS ist in Bereitschaft. Mittlerweile ist auch eine größere Anzahl Hitlerjungen aus den Dörfern der Umgebung am Lager eingetroffen. Man hatte sie am Morgen zu einem RAD-Lager am Rand von Weimar befohlen, von wo man sie mit MPi und Feldspaten ausgerüstet zum Lager in Marsch gesetzt hatte.[251] Sie sollen gemäß einer Vereinbarung zwischen dem Chef des SS-Hauptamtes und Stabsführers des Deutschen Volkssturms, SS-Ogruf. u. Gen.d.Waffen-SS Gottlob Berger, dem RFSS Heinrich Himmler und dem Leiter der Partei-Kanzlei der NSDAP Martin Bormann mit Zustimmung Hitlers zum Einsatz des Volkssturms bei der Bewachung *„sämtlicher Kriegsgefangener und Internierter sowie... Kriegsgefangenenlager und Einrichtungen mit Bewachungskräften“* vom Januar 1945 als Ersatz für die Wachmannschaften dienen, die man noch auf Evakuierungstransport schicken wollte.[252]

Neben Sauckel und v. Waldeck u. Pyrmont sind noch weitere Personen eine Bedrohung für die Häftlinge. Denn noch immer arbeiten die Dienststellen der Polizei, der Sipo und des SD. So waren in der Nacht vom 9./10. April 1945 alle Häftlinge in den Arrestzellen des KZ ermordet worden.[253] Und am Morgen erreicht ein Anruf aus dem Polizeipräsidium Weimar das Lager, in dem der Kommandant aufgefordert wird, alle noch lebenden Häftlinge zu töten. Die Sekretärin des Polizeipräsidenten Schmidt, Fr. Schröder, hatte den Befehl übermittelt. Schmidt wird später behaupten, sie habe eigenmächtig und ohne seinen Auftrag gehandelt. Er habe mit seiner K.Gr. Weimar verlassen.[254] Erst gegen 18.00 Uhr will Schmidt im Lager angerufen haben, um einen solchen Befehl zu erteilen, doch da wäre ein Häftling an das Telefon gegangen.[255]

Als zwischen 11.00 und 11.30 Uhr im Lager Panzeralarm ausgelöst wird, macht sich endgültig Unruhe und Nervosität unter den Wachmannschaften breit. Aber noch traut sich keiner zu fliehen und alle bleiben auf ihren Posten.[256] Während die Unruhe weiter wächst und amerikanische Jagdbomber um 11.45 Uhr (B) mehrfach das Lagergelände überfliegen[257], erreicht gegen 12.00 Uhr (B) die Spitze der Hauptkräfte des CCB Ottstedt am Berge. Diese waren ohne Behinderungen dem Weg der Aufklärer nach Kerspleben gefolgt, wobei die Flankensicherung auf den Bahngleisen zwischen der heutigen Stollberg- und Sulzer Siedlung zwei Waggons mit Artilleriemunition entdeckt. Sie werden der 80th US InfDiv gemeldet, die sich um deren Sicherung kümmern soll.

Zu dem Zeitpunkt, als die Spitze der Kolonne des CCB bereits Ottstedt am Berge erreicht hat, kommt es bei Kleinmölsen zu einem Zwischenfall. Aus Richtung des Ortes, der feindfrei gemeldet worden war, wird zwischen 12.00 und 13.00 Uhr (B) plötzlich auf die vorbeifahrende Kolonne gefeuert. Kurz darauf entdeckt ein Team der Vorgeschobenen Artilleriebeobachter des begleitenden 22nd AFA Bn in Kleinmölsen deutsche Geschütze. Als es fast schon so aussah, als ob für Kleinmölsen mit der schnellen gewaltlosen Besetzung der Krieg ohne Schäden vorübergegangen war, hatte, kaum dass die amerikanischen Aufklärer weg waren, eine Gruppe deutscher Panzerfahrzeuge zwischen 11.00 und 12.00 Uhr aus Richtung Schwerborn den Ort erreicht. Jetzt endet für die kleine Gruppe aus Panzern und einigen Panzerabwehrkanonen, über deren genaue Anzahl es unterschiedliche Angaben gibt und bei der es sich wahrscheinlich um die Panzergruppe handelt, die sich aus Stotternheim zurückgezogen hatte, die Flucht. In der Ortschronik wird es später heißen: *„Diese Panzer, die noch ein paar Verzweiflungsschüsse abgaben, wurden dem Dorf zum Unheil.“*[258]

Dann meldet ein herbeigerufener Artillerieluftbeobachter weitere deutsche Panzer in der unmittelbaren Umgebung. Angesichts dieser Bedrohung in der offenen Flanke des CCB und der Gefahr eines Gegenangriff geht sofort der Befehl an Lt.Col. Arthur C. Peterson, den CO des 22nd AFA Bn, die Panzer im Ort unter Beschuss zu nehmen. Außerdem wird Luftunterstützung angefordert. Auf der Straße Kerspleben – Töttleben aufgefahrene M-7 Haubitzen eröffnen das Feuer, während P-47 „Thunderbolt“-

Panzer des CCB halten, während Jagdbomber Kleinmölsen angreifen.
Filmausschnitte: Tec 4 Walter E. Cummings, 166th Signal Photo Co., National Archives

Panzer des CCB feuern auf deutsche Truppen in Kleinmölsen und dringen in den Ort ein.
Ein erbeuteter deutscher PzKpfw III in Kleinmölsen.
Filmausschnitte: Tec 4 Walter E. Cummings, 166th Signal Photo Co., National Archives

Feuergefecht am Nordausgang von Kleinmölsen Richtung Udestedt
Filmausschnitte: Tec 4 Walter E. Cummings, 166th Signal Photo Co., National Archives

Jagdbomber des XIX. TAC die Fahrzeuge angreifen, die teilweise noch versuchen, in Richtung Großmölsen zu entkommen. Parallel hierzu werden die Co. C, 37th Tk Bn und die Co. B, 10th AIB, die sich im hinteren Teil der Kolonne des CCB befinden, alarmiert. Diese halten an und schwenken jetzt auf Kleinmölsen ein. Nachdem die Jagdbomber und die Artillerie ihr Werk beendet haben, rücken die Panzer und Panzerinfanteristen entlang der Straße und über die Felder auf den Ort vor. Als sie ohne Gegenwehr in den Ort eindringen, stossen sie auf sechs PzKpfw III und IV und zwei Zugmaschinen mit Pak. Zwei werden am östlichen Ortsausgang, eines am westlichem Ortsrand und zwei auf der Vieselbacher Straße zwischen Mühlgraben und Linderbach gefunden. Ein Fahrzeug war auf seiner Flucht zwischen Klein- und Großmölsen in der Gramme steckengeblieben. *„Die Mannschaften... flüchteten aus ihren Fahrzeugen in den Luftschutzbunker der Kleinmölsner südlich des Friedhofs. Sie wurde später gefangengenommen und mitgeführt, die Fahrzeuge zerschossen.“*[259] Ein Fahrzeug wird auf der Flucht Richtung Udestedt zirka 150 bis 200 Meter nördlich des Dorfes von Jagdbombern angegriffen und zerstört.[260] Im Resultat jenes sinnlosen Gefechts werden im Ort mehrere Scheunen zerstört, mehrere Wohnhäuser und die Kirche werden beschädigt. Dennoch hat der Ort Glück im Unglück, denn niemand kommt zu Schaden, auch keine deutschen Soldaten. Oder vielleicht doch, wenn auch erst danach. In den 50iger Jahren fand der Kleinmölsner Werner Ketschau bei Ausbesserungsarbeiten in der Brauhausstraße eine, unter dem Dach versteckte, Brieftasche des Angehörigen der Gen.Kp./Pz.Ers.Abt. 15, Paul Warzel, geb. am 22.10.1923 in Benneschau, Krs. Ratibor, einer jener Soldaten, die an diesem Tag nach Kleinmölsen kamen. Die Brieftasche mit 23 persönlichen Bildern, zwei Briefen und der Erkennungsmarke sollte wohl vor der Gefangennahme oder einer Flucht in Zivil auf diese Weise vor Verlust oder Vernichtung bewahrt werden. Abgeholt wurde sie nie. Alle Bemühungen der Kleinmölsener, Verwandte von Warzel zu finden, blieben erfolglos. Laut Mitteilung der Deutschen Dienststelle Berlin, der ehemaligen WASt, gilt Warzel seit dem 5. Mai 1945 offiziell als vermisst. So erinnert die Brieftasche heute in der Heimatstube neben anderen Relikten an jenes düstere Kapitel in der Geschichte des kleinen Dorfes zwischen Erfurt und Weimar.[261]

In der Zwischenzeit hat Lt.Col. Abrams in Ottstedt am Berge zwei Task Forces gebildet, die den Vormarsch des CCB auf den geplanten Strecken anführen sollen.[262] Während die Co. A, 37th Tk Bn und Co. C, 10th AIB von Capt. Kenneth L. Hoffmann gefolgt vom HQ und der HQ Co. CCB unter Capt. Richard R. Irving auf der Hauptstrecke auf Daasdorf und Gaberndorf vorrückt, nimmt die Co. B, 37th Tk Bn und Co. A, 10th AIB unter Capt. Adrian Tessier die Nordroute Richtung Hottelstedt. Die nachfolgenden Co. C, 37th Tk Bn und die Co. B, 10th AIB sowie das 22nd AFA Bn sollen später auf der Hauptstrecke folgen. Über den Panzerkolonnen kreisen die Aufklärungsflugzeuge der DivArty, die seit dem Morgen den Vormarsch begleiten, um sie rechtzeitig vor Überraschungen zu warnen und das Feuer des 22nd AFA Bn und des unterstützenden 177th FA Bn zu leiten.[263] Bis 12.35 Uhr (B) erreicht die Spitze der südlichen Task Force 30 Minuten hinter den Aufklärungskräften ohne Widerstand über Daasdorf den Ortsrand von Gaberndorf. Dann kommt sie zum Halten, denn die Aufklärungskräfte sind südöstlich von Gaberndorf auf deutsches Abwehrfeuer gestoßen. Dort liegende Sicherungskräfte des Lds.Schtz.Ers.Btl. 9 der Div. z.b.V. 469, die in Daasdorf untergebracht waren und eine Flakbatterie der Luftwaffe mit drei Geschützen östlich von Gaberndorf am Südhang des Ettersbergs haben das Feuer eröffnet. Erst gegen 15.00 Uhr fahren die Panzer in den Ort und die abgesessen Panzerinfanteristen beginnen mit der Säuberung des Ortes und der Wälder nördlich davon, während sich die Aufklärer weiter nach Lützendorf vortasten.[264]

Währenddessen nähern sich die ersten zwei Panzer der nördlichen Task Force vorgewarnt durch die Aufklärer gegen 13.00 Uhr (B) vorsichtig der Hottelstedter Spitze an der Straße Hottelstedt – Buchenwald.[265] Doch alles scheint ruhig und so beginnt der Führer der kleinen Vorhut mit der Suche nach einem Weg durch den Ettersberger Forst, denn die, nördlich des Waldgebietes verlaufende, Straße von Hottelstedt nach Ettersburg liegt im Streifen der 6th US AD. Mit dem Erscheinen der Panzer schlägt die bisherige Unruhe unter der Masse der SS-Angehörigen endgültig in Panik um. Bereits um 12.00 Uhr hatte der Rapportführer des Lagers, SS-Osch. Hermann Hofschulte über Lautsprecher durchgegeben: *„Sämtliche SS-Angehörige sofort aus dem Lager“*.[266] Und obwohl die Wachtürme weiter besetzt bleiben, beginnt jetzt die Flucht der SS.[267] Die meisten versuchen durch die Wälder des Ettersberger Forstes in Richtung der SS-Unterführer-Siedlung Kleinobringen, der heutigen Ettersbergsiedlung, zu entkommen. *„...die SS flüchtet zu Fuß mit vielen Hunden in Richtung Großobringen. Sie kamen vom Feldweg von der Einnahme herunter und nahmen die Straßen nach Großobringen.“* heißt es in der Dorfchronik von Kleinobringen.[268] Andere versuchen in Zivil Schutz in den umliegenden Dörfern zu finden, wo viele ihre Familien haben. Auch einige der Hitlerjungen schließen sich der Fluchtbewegung an und sollen so bis in die ČSR gekommen sein.[269] Aber noch werden nicht alle SS-Angehörigen von der eingesetzten Panik ergriffen. So gelingt es dem Lagerkommandanten die SS-Res.Kp., die als Eingreifreserve für Häftlingsrevolten vorgesehen war, zur Nordwestecke in Marsch zu setzen, um sich den amerikanischen Panzern entgegenzustellen. Doch als sie die erreichen, schlägt ihnen MG-Feuer entgegen.[270] Es kommt gegen 14.15 Uhr zu einem kurzen, aber heftigen Gefecht, bei dem die Kompanie vollständig aufgerieben wird.[271] Auch amerikanische Artillerie eröffnet das Feuer.[272] Die Überlebenden versuchen in die Wälder zu entkommen. Jetzt fliehen auch die Besatzungen der Wachttürme im Bereich des Wirtschaftshofs[273], denn in der Zwischenzeit haben gegen 14.00 Uhr (B) die restlichen Panzer der Co. B, 37th Tk Bn der Nordkolonne die Nordwestecke des Lagers erreicht.[274] Doch an dieser Stelle geschieht das für viele unfassbare, die Männer der nördlichen Task Force erkennen immer noch nicht, dass sie es nicht mit einem einfachen Gefangenenlager zu tun haben, wie sie es schon öfters angetroffen hatten, sondern dass es sich um das KZ Buchenwald handelt. Und so folgen sie dem Befehl, sich von nichts aufhalten zu lassen, und setzen ihren Vormarsch fort.

Luftaufnahme der USAAF vom KZ Buchenwald und dem zerstörten Gustloff-Werk II
Foto: National Archives, 342-FH-3A22604-A55125AC (fold.3.com)

Noch während die Schießerei mit der SS an der Nordwestecke des Lagers anhält, rollen die ersten vier Panzer entlang des Lagerzauns bis zur Kläranlage, wo sie um 14.10 Uhr nach Osten Richtung Ettersburger Schloss schwenken. Wenig später folgt ihnen der Rest der Task Force.

Während sie sich in östlicher Richtung vom Lager entfernen, erreichen die ersten Panzer der Vorauskräfte der Hauptkolonne des CCB die Nordwestecke des Lagers. Anhaltender Widerstand östlich von Gaberndorf hatte Lt.Col. Abrams, der mit einem Teil seiner Kräfte in Ottstedt angehalten hatte, veranlasst, seinen Plan kurzfristig zu ändern, um das Vormarschtempo nach den Problemen in Gispersleben und Kleinmölsen nicht erneut zu bremsen. Und so hatte er der Co. A, 37th Tk Bn und der Co. C, 10th AIB den Befehl gegeben, den weiteren Vormarsch bei Gaberndorf einzustellen und nach Ottstedt zurückzukehren. Von hier aus sollen sie, wie die anderen Teile des CCB, die Nordroute nehmen.[275] Ob der angetroffene hartnäckige Widerstand in diesem Abschnitt im Zusammenhang mit dem, am 8. April 1945 in der Lützendorfer Kaserne eingezogenen Nachkommando des SS-FüHA unter SS-Ogruf. u. Gen.d.Waffen-SS Hans Jüttner, dem Stellv. Ob.d.E. und Chef des Ersatzheeres steht, das nach amerikanischen Angaben erst beim Eintreffen der Amerikaner am 11. April 1945 flieht, konnte nicht zweifelsfrei geklärt werden, kann aber nicht ausgeschlossen werden.[276] Teile des SS-FüHA waren Anfang 1945 in der SS-Kaserne auf dem Ettersberg eingezogen, hatten aber bereits ab März 1945 begonnen, diese wieder zu räumen.[277]

Mit dem Erreichen der Straße Hottelstedt – Buchenwald scheinen jedoch dem Führer der Vorauskräfte der Hauptkolonne Zweifel an der weiteren Marschstrecke zu kommen und so folgen die Panzer nicht den Spuren der nördlichen Task Force, sondern schwenken nach Süden, um die Straße zu erreichen, die sie südlich um den Ettersberg herum führen soll. Um 14.30 Uhr kommen sie am SS-Revier vorbei und überrollen nach Häftlingsberichten *„mit geschlossenen Luken"* den Kasernen- und Kommandanturbereich.[278] An dem zerstörten Gustloff-Werk vorbei erreichen sie die, von den Häftlingen erbaute, „Blutstraße" und schwenken nach Osten. Damit setzt die Flucht der letzten verbliebenen SS-Angehörigen ein, der sich auch Grüppchen von Wehrmachtssoldaten anschließen, die vor den amerikanischen Truppen flüchtend aus Richtung des Steinbruchs die SS-Kasernen erreicht hatten und sich noch schnell in der SS-Küche mit Verpflegung versorgt haben.[279] Das sie im Steinbruch an zwei Stollen mit Raubgut aus der Sammelstelle Auschwitz vorbeigekommen sind, nehmen sie auf ihrer Flucht nicht wahr.. Das Raubgut war Ende 1944 nach Buchenwald gebracht worden, wo es in, extra durch SS-Pioniere gebauten, Stollen eingelagert und vergraben wurde. Die Amerikaner sollen es erst später an Hand einer Häftlingszeichnung finden und Anfang Mai 1945 wird es in das Gebäude der Reichsbank nach Frankfurt/Main abtransportiert, bevor es in den Central Collecting Point Wiesbaden umgelagert wird.[280]

Das Eintreffen der amerikanischen Panzer ist der Auslöser für das Internationale Häftlingskomitee, dessen Selbstverteidigungsgruppen nach dem Feuergefecht an der Nordwestecke ihre Waffen aus den Verstecken geholt hatten, mit den geplanten Maßnahmen zur Übernahme des Lagers zu beginnen. Um 14.45 Uhr sprengen die Häftlinge mit zwei Handgranaten des Tor II an der Südwestecke des Lagers auf[281] und ab 15.00 Uhr besetzen die Häftlinge die Türme, nachdem auch die letzten Wachmannschaften diese verlassen haben.[282] Dann weht auf dem Turm über dem Lagerhaupteingang die weiße Fahne.[283] Jetzt beginnen die Häftlinge auch im Kommandanturbereich und den SS-Kasernen, der „Stadt der SS", mit der Jagd nach geflohenen SS-Wachmannschaften.[284] Bereits zuvor hatten Häftlinge nach dem Vorbeimarsch der nördlichen Task Force des CCB ein Loch in den nördlichen Lagerzaun geschnitten und nördlich des Lagers mit der Jagd nach SS-Männern begonnen, wobei sie in Hottelstedt auf die TF Bennett der 6th US AD gestoßen waren. Insgesamt sollen den Häftlingen zwischen 76 und 100 Mann der Wachmannschaften in die Hände fallen. Das aber keine SS-Angehörigen der Rache der Häftlinge zum Opfer gefallen sein sollen, wie es einige von ihnen später berichteten, und alle Gefangenen am 13. April 1945 den Amerikanern übergeben wurden, scheint unter Berücksichtigung aller Umstände mehr als unwahrscheinlich.[285] Zwischen 15.45 Uhr und 16.00 Uhr ist alles vorbei und die Häftlinge haben die vollständige Kontrolle über das Lager und den Kommandanturbereich sowie die SS-Kasernen.[286]

Auch jetzt passieren noch immer fliehende deutsche Soldaten die verlassenen Kasernen. Unter ihnen auch der 15jährige Hitlerjunge Karl Heinrich Hentis, der mit einer Kompanie HJ aus dem Wehrertüchtigungslager Waltershausen kurz zuvor in das thüringische Ranis gekommen war, wo ihn einer der Verantwortlichen, ein Scharführer, nach Hause geschickt hatte. Auf seinem Weg zu Verwandten in Greußen erreicht er die SS-Kasernen. *„Die Kasernen waren verlassen und ich habe Verpflegung gefasst, es war genug da. In den Wäldern waren die KZ'ler unterwegs.“* Unbehelligt kann er seinen Weg fortsetzen.[287]

Und noch etwas geschieht in der Zwischenzeit. Nachdem um 14.30 Uhr die ersten Panzer durch den Kommandanturbereich gerollt sind, folgen gegen 15.40 Uhr weitere.[288] Kurze Zeit später hält gegen 16.00 Uhr ein amerikanischer Aufklärungspanzer vor dem Lager und erkundigt sich bei den, dort versammelten, Häftlingen nach dem Weg nach Osten. Nunmehr hat die Spitze der Hauptkräfte des CCB, angeführt von den Aufklärern der Co. B, 25th CavRcnSq den Kasernen- und Kommandanturbereich erreicht. Danach rollen *„drei Stunden lang“* die Kolonnen ohne Halt nach Südosten.[289] Von dem Lager selber bekommen sie nichts mit. Während dort die Häftlinge glücklich und wahrscheinlich verwundert über die geringe Aufmerksamkeit, die man ihnen schenkt, am Tor stehen, rollen die Kolonnen des CCB weiter. Der Eintrag im After Action Report von Maj. William L. Hunter's 37th Tk Bn lautet nur kurz: *„Sie befreiten ein Kriegsgefangenenlager mit 800–1000 russischen und französischen Gefangenen.“* Die Meldung erreicht zwar am 11. April 1945 auf dem G-2-Kanal die Division und von dort das XX. US Corps, das die Meldung um 18.00 Uhr (B) mit dem Inhalt, dass *„etwa 1000 russische Kriegsgefangene in einem COWC Camp in der Nähe des Ettersbergs befreit wurden“* weitergibt. Aber bei der Vielzahl befreiter Kriegsgefangenenlager mit Russen wird dem keine weitere Aufmerksamkeit beigemessen.[290] Erst in der viel später geschriebenen Combat History der 4th US AD wird es heißen, dass die Kampfgruppe *„das KZ Buchenwald mit zirka 22 000 Häftlingen befreit hat“*. Doch das scheinbare Nichtwahrnehmen des Lagers in seiner vollen Bedeutung ist nicht das einzige Merkwürdige im Zusammenhang mit der 4th US AD an diesem Tag. So hält zwischen 16.30 und 17.00 Uhr ein Jeep der 4th US AD mit dem zweiköpfigen französischen Verbindungsteam aus Lt. Emmanuel Desard und Sgt. Paul Bodot am Hauptlagertor.[291] Im Gegensatz zur Keffer-Patrouille der 6th US AD, die sich zum gleichen Zeitpunkt im Nordteil des Lagers befindet, treffen sie dort auf die Vertreter des Internationalen Häftlingskomitees und während Desard dem 1. Lagerältesten eine schriftliche Vollmacht zur Führung des Lagers bis zum Eintreffen offizieller Vertreter der US Army ausstellt, sieht sich Bodot im Lager um.[292] Nach einer knappen Stunde verlassen sie wieder das Lager. Später werden sie noch berichten, dass sie einen Jeep mit vier Mann Besatzung innerhalb des Lagers gesehen haben, bevor sie abfuhren. Doch merkwürdigerweise versuchen sie keinen Kontakt zur Besatzung des Jeeps herzustellen, bei der es sich nur um Keffer's Patrouille gehandelt haben kann. Und noch etwas Merkwürdiges geschieht. Ihr ausführlicher Bericht über das Vorgefundene soll erst zwei Tage später die offiziellen amerikanischen Stellen erreichen. Aber warum? Die wahren Gründe können nur vermutet werden und dürften im Auftrag der Beiden zu suchen sein. Und der war trotz ihrer späteren Aussage, sie hätte am Morgen Ohrdruf verlassen, um nach dem Lager zu suchen, sehr wahrscheinlich ein anderer.

Warum sonst hätte sie Erfüllung ihres Auftrages erst so spät melden sollen? Es besteht die Vermutung, dass sie im Auftrag der französischen Regierung unter Charles de Gaulle auf der Suche nach speziellen Personen französischer Nationalität waren, die sich in deutschem Gewahrsam befanden, und nachdem sie in Buchenwald nicht fündig wurden, ihre Suche vorerst fortsetzten. Bereits einige Tage zuvor hatte eine ähnliche Patrouille unter Führung des französischen Geheimdienstoffiziers Capt. Louis Pierre Rateau vom HQ French LnO OSS[293], aus dem Abschnitt der 4th US AD bei Gotha heraus versucht, Verwandte des französischen Generals Henri Giraud in Friedrichroda aus deutscher Internierungshaft zu befreien. Giraud war nach seiner Gefangennahme am 19. Mai 1940 am 17. April 1942 auf abenteuerliche Weise aus dem Kriegsgefangenenlager Festung Königstein in Sachsen geflohen und hatte es bis nach Frankreich geschafft, wo er durch die Westalliierten endgültig befreit wurde. Im Gegenzug hatte die Gestapo Familienangehörige von Giraud in Sippenhaft genommen.[294] Und noch ein weiterer Jeep soll an diesem späten Nachmittag das Lager erreicht haben. Im Buchenwald-Report findet sich die Angabe, dass um 17.30 Uhr, ein Jeep mit dem Zivilisten Egon W. Fleck und dem 1st Lt. Edward A. Tenenbaum, der spätere *„Vater der D-Mark"*[295], vom Stab der 12th AGr, Abt. Psychological Warfare Division PWD, das Lager als erstes erreicht haben soll und diese sogar im Lager übernachtet hätten. Ihr Bericht über *„Buchenwald von Innen"*, *„Buchenwald A preliminary Report"* wurde am 24. April 1945 verfasst und stellt die Organisation innerhalb der Häftlinge dar. Doch für Ihre Anwesenheit am 11. April 1945 gibt es keine Beweise und die ersten waren sie auf keinen Fall.[296]

Im Gegensatz zu Desard und Bodot setzt Keffer noch im Lager gegen 17.00 Uhr (B) den ersten Funkspruch an seine Vorgesetzten ab und meldet den Fund des berüchtigten KZ. Mindestens ein weiterer Funkspruch gleichen Inhalts geht um 18.00 Uhr (B) nach der Rückkehr zur Kolonne des 9th AIB an die Division. So geht die Meldung am nächsten Tag um die Welt und bringt der 6th US AD den Ruhm als *„Befreier von*

Buchenwald" ein. Von Desard und Bodot und von den Kolonnen des CCB der 4th US AD hatte Keffer nichts mitbekommen. Deren Nordkolonne war noch vor seinem Eintreffen ohne Halt nördlich am Lagerzaun entlang nach Osten vorbeigerollt. Ihre Panzer sind bereits in den Wäldern des Ettersbergs verschwunden, als sich Keffer dem Lagerzaun nähert. Und auf Grund des Umstandes, dass ihn die begleitenden Russen nicht auf dem Weg Hottelstedt – Buchenwald sondern über die Straße Hottelstedt – Ettersburg zum Lager geführt hatten, war es auch nicht zum Zusammentreffen mit der Hauptkolonne gekommen.[297]

So führte letztendlich das, nach außen als *„stures Voranstürmen"* erscheinende, befehlsgemäße Vorgehen des CCB der 4th US AD, das die bewusste Wahrnehmung des Lagers Buchenwald verhinderte, und ein möglicher Sonderauftrag der zwei Franzosen dazu, dass Keffer und die 6th US AD dank des zufälligen Zusammentreffens mit Häftlingen bei Hottelstedt und dem entscheidenden Funkspruch als die *„Befreier von Buchenwald"* in die Geschichte eingingen. Zwar lagen von Anfang an Zeitzeugenberichte vor, dass vor den beiden Jeeps bereits amerikanische Panzer vor dem Lager aufgetaucht waren, doch es war bisher nicht möglich, deren Zugehörigkeit zu ermitteln. So ging man davon aus, dass sie ebenfalls zur 6th US AD gehörten. Erst jetzt konnte nach fast 70 Jahren mit Hilfe einer Militärhistorischen Rekonstruktion unter Verwendung aller vorhandenen Unterlagen der Einheiten und Verbände der 4th und 6th US AD sowie des XX. US Corps und der 3rd US Army und allen bekannten Häftlingsberichten herausgearbeitet werden, dass diese Panzer zum CCB der 4th US AD gehörten. Und ihre Bedeutung für die Befreiung von Buchenwald ist unumstritten. Auch wenn sich die Angehörigen des CCB der 4th US AD anscheinend zu keinem Zeitpunkt des 11. April 1945 darüber im Klaren waren, dass sie eines der berüchtigtsten Konzentrationslager der Dritten Reiches *„befreit"* hatten, so war der, von ihnen an diesem Tag vorgetragene, Angriff letztendlich der Anfang vom Ende des Lagers. Hätten ihre Panzer nicht vor Keffer und Desard das Lager erreicht und somit die überhastete Flucht der SS und die, damit verbundene, *„Selbstbefreiung"* des Lagers eingeleitet, wäre auch nicht jenen Häftlinge das Verlassen des Lagers möglich gewesen, die dann bei der Jagd auf SS-Angehörige zufällig auf Bennett's Truppen stießen und ihn so erst auf das Lager aufmerksam machen konnten. Und es wäre vielleicht doch noch zu bewaffneten Auseinandersetzungen zwischen den Häftlingen und den Wachen gekommen, was mit Sicherheit zu hohen Verlusten bei den militärisch unterlegenen Häftlingen geführt hätte. Aber auch Desard hätte wahrscheinlich nicht das Lagertor erreicht. Keffer's Patrouille zum Lager und der damit verbundene Funkspruch hingegen sind als Initialzündung für das Einleiten der ersten Maßnahmen zur Versorgung der befreiten Häftlinge zu betrachten, die nach der Besetzung von Weimar durch die Infanteristen der 80th US InfDiv am 12. April 1945 ab dem 13. April 1945 begannen.[298] Damit gebührt der 4th US AD und 6th US AD die gleiche Ehre.

Oben: Vor dem Haupttor des KZ Buchenwald
Unten: Amerikanische Soldaten vor einem Wagen mit Leichen
Bilder: 014.003/014.011, Sammlung Gedenkstätte Buchenwald

Eine, in den Nachkriegsjahren begonnene, und bis heute in den Vereinigten Staaten anhaltende Diskussion über die Auslegung des Begriffs „*Liberators*" ‚hier gemeint der „*Befreier eines Konzentrationslager*", wie sich amerikanische Truppenverbände nennen dürfen, die an der Befreiung eines oder mehrerer Lager beteiligt waren oder dieses innerhalb einer festgelegten Zeitspanne nach der Befreiung betreten haben, soll nicht Bestandteil dieses Buches sein, wenngleich sie aufzeigt, warum eine Aufklärung der Umstände der „*Befreiung der Konzentrationslager*" so wichtig ist. Nähere Informationen finden sich unter dem Titel „ *'Liberators' ohne Ende und ohne Ende 'Liberators'...*" von Ulrich Koch, Berlin, 2006 auf der Webseite „*Zukunft braucht Erinnerung*". Eine andere Diskussion, die im Fall Buchenwald erst mit der Wiedervereinigung Deutschlands öffentlich geführt wurde, kann hingegen beantwortet werden. Es ist die Frage der „*Befreiung*" oder „*Selbstbefreiung*" des Lagers. Hier ist die Antwort in der Zwischenzeit eindeutig – niemand hat das Lager im Kampf „*befreit*". Das Lager wurde nicht von den amerikanischen Truppen und nicht von den Häftlingen befreit. Es war in dem Moment „*befreit*", als die SS-Wachmannschaften flohen. Die vereinzelten Feuergefechte, zu denen es an der Nordwestecke des Lagers kam, kann man nicht als „*Kampf*" betrachten, denn sie beruhten auf zufälligem Zusammentreffen und wurden nicht mit dem Ziel der Einnahme oder Befreiung des Lagers geführt. Und auch kein „*heldenhafter bewaffneter Widerstandskampf*", wie er nach 1945 in der DDR nur zu gerne propagiert wurde, sondern die nackte Angst um das eigene Leben hatte die SS bereits bei der Annäherung der Amerikaner zur Flucht bewogen. Dass schmälert jedoch in keiner Weise die Aktivitäten des Internationalen Häftlingskomitees und der Häftlinge, die bis zum letzten Moment bereit waren, für ihre Freiheit zu kämpfen und zu sterben. Nur im Fall Buchenwald, wie übrigens auch in allen anderen Lagern, war es am Ende nicht mehr nötig. Der viel beschworene Orden der SS hatte es seinem Führer Heinrich Himmler nachgemacht und versucht, sich im Moment des unabwendbaren Untergangs selber zu retten.

Und noch eine Sache gilt es zu korrigieren – die DDR-Legende vom absichtlichen Halt von Patton's 3rd US Army im Raum Gotha – Langensalza – Mühlhausen trotz des Wissens um die geplante Evakuierung und die mögliche Ermordung der Häftlinge im KZ Buchenwald. Wie hatte man in dem Artikel „*Der Sturm bricht los, Buchenwald 8. April 1945*" in der Zeitschrift der Gesellschaft für Sport und Technik der DDR, „*Sport und Technik*" 1979 noch geschrieben: „*Vom 7. bis 10. April werden jedoch 28.185 Häftlinge aus Buchenwald heraus getrieben. All das beobachten die Amerikaner ungerührt aus ihren Aufklärungsflugzeugen heraus. Patton interessierte das Schicksal der Insassen nicht... Zynisch erklärt er später, dass er vor allem daran interessiert war, das Land zu hindern, sich dem Bolschewismus in die Arme zu werfen...*" Um dies zu korrigieren ist es notwendig, die Frage zu beantworten, ob die Befehlshaber der amerikanischen Bodentruppen ausreichende bzw. überhaupt Kenntnisse von der Existenz der Lager hatten. Und diese Frage muss man, so unglaubwürdig dies aus heutiger Sicht ist, mit

„nein" beantworten. Zu mindestens war ihnen nicht wirklich klar, was sich hinter der Bezeichnung „Konzentrationslager" verbarg.

Dafür sprechen eine Vielzahl an Dokumenten und Berichten. So finden sich in den Unterlagen der 12th US AGr und der 3rd US Army am 11. und 12. April 1945 keine Hinweise auf Buchenwald. Lediglich das XX. US Corps meldet am 11. April 1945 auf Grundlage der Meldung der 4th US AD 1000 befreite russische Kriegsgefangene im *„COWC Camp in der Nähe des Ettersbergs"*. Erst am 14. April 1945 erfährt Gen. Patton vom KZ Buchenwald und am nächsten Tag, dem 15. April 1945, trifft Patton dann in Weimar ein, wo er das Lager besichtigt.[299] An diesem Tag erfolgt auch der erste Eintrag im Daily Diary, dem täglichen Tagebuch der 3rd US Army, der Buchenwald, allerdings im Zusammenhang mit dem Eintreffen des 120th Field Hospitals unter Col. W. E. Williams in Weimar. Dort wird auch erstmals oberhalb der Corpsebene die Zahl 21 000 Häftlinge genannt, von denen *„5000 ärztliche Hilfe benötigen"*.[300] Im dem Buch "The US Army Campaigns of WW II, Central Europe" findet sich später nur ein Hinweis auf das zuerst gefundene Lager bei Ohrdruf, nicht jedoch auf Buchenwald. Auch in dem Patton-Buch "Lucky forward" taucht Buchenwald erst im Zusammenhang mit dem Besuch Patton's am 15. April 1945 auf, während es sich ausführlich Ohrdruf widmet.

Nun könnte man davon ausgehen, dass die Tatsache, dass Ohrdruf im Focus des Interesses stand, dafür spricht, dass die Thematik der Lager doch bekannt war. Doch auch das stimmt nicht. Der Besuch von Eisenhower und Bradley in Thüringen am 12. April 1945 galt nämlich nicht Ohrdruf, sondern dem Fund des Goldes der Reichsbank im Kalischacht Merkers bei Vacha. Erst bei dem anschließenden Besuch bei Lt.Gen. Walker in Gotha werden Patton, Eisenhower und Bradley auf Ohrdruf aufmerksam gemacht und so kommt es zu jenem historischen Besuch im *„ersten, von Amerikanern befreiten Konzentrationslager"*.[301] Eisenhower wird am 15. April 1945 Gen. George C. Marshall, den CoS der US Army, in einem Brief berichten: *„Aber der interessanteste, wenn auch grausigste Anblick, auf dieser Reise bot sich mir in einem Internierungslager bei Gotha."*[302] Obwohl Buchenwald seit dem Vortag durch die Meldung der 6th US AD bekannt ist, war nicht einmal Patton von seinem Stab informiert worden. Und in Ohrdruf fällt kein Wort zum Hauptlager Buchenwald. Die einzige Begründung hierfür kann nur die sein – man hielt es für unwichtig. Erst bei Patton's Rückkehr zu seinem Stab am 14. April 1945, erfährt er, das Lt.Gen. Hobart R. Gay, CoS der 3rd US Army, Lt.Col. G. R. Pfann, Sekretär des Gen.Stabs der 3rd US Army und Col. Charles R. Codman an diesem Tag *„ein anderes Sklavenlager nördlich von Weimar besichtigt haben, was noch viel schlimmer als Ohrdruf"* ist. Daraufhin weist Patton an, sofort alle Pressevertreter, die sich zu diesem Zeitpunkt im Armeebereich befinden, nach Buchenwald zu bringen. Noch in der Nacht informiert er Bradley und regt an, in Verbindung mit Eisenhower zusätzlich Pressevertreter und Kongressabgeordnete nach Buchenwald zu schicken.[303] Am nächsten Tag schreibt Patton an Eisenhower und teilt ihm mit, *„wir fanden an einem Ort, vier Meilen nördlich von Weimar, ein ähnliches Lager, nur noch schlimmer"*. Die, im Brief verwendete Wortwahl *„a similar camp, only much worse"* und die erst dann eingeleiteten Maßnahmen sprechen eindeutig dafür, dass Buchenwald nicht als *„das deutsche KZ"* bekannt war. Erst jetzt begibt sich Patton am 15. April 1945 mit Walker nach Buchenwald.[304]

Aufnahmen des amerikanischen Sanitäters T/Sgt. Milton W. Clements Jr., 87th US InfDiv aus dem befreiten Lager

Bilder: ©Wesley Clements, Jr.

Das weder Patton, noch Bradley, noch Eisenhower oder andere Kommandeure der US Army über das Thema „Konzentrationslager“ im Vorfeld von Buchenwald informiert waren, belegt auch der Fall des KZ Dachau bei München. Auch hier erfahren die Angriffsverbände der US Army, in dem Fall die 45th US InfDiv, erst durch entflohene russische Häftlinge, dass sich ein solches Lager in ihrem Angriffsstreifen befindet. Hier leiten sie jedoch ab diesem Moment mit Verweis auf die *„Erfahrungen aus Buchenwald“* alle erforderlichen Maßnahmen ein, bevor sie das Lager erreichen.[305] Als Eisenhower von Dachau erfährt, äußert er gegenüber Marshall: *„Wir haben kürzlich ein weiteres Lager im Süden entdeckt.“*[306] Mehr Belege braucht es wohl nicht, um die DDR-Legende vom *„bewussten Halt der 3rd US Army“* zu wiederlegen. Warum es tatsächlich zum erzwungenen Halt der 3rd US Army kam, wurde bereits ausführlich dargestellt. Und gerade Patton war einer der größten Gegner dieses Halts. Das die 3rd US Army dann beim weiteren Vorstoß an Buchenwald vorbei kam, war natürlich nicht zufällig, wenn dies auch nicht dem Lager geschuldet war. Es lag einfach nur in ihrem Angriffstreifen und man ahnte nichts von seiner Existenz. Daher ist der Teil der DDR-Legende, dass man sich nicht sofort um das Lager gekümmert hat, formal betrachtet nicht von der Hand zu weisen. Trotz der Meldung der 6th US AD dauerte es bis zum nächsten Tag, bis man begann, sich um das Lager kümmerte. Aber nicht, weil man damit den Häftlingen schaden wollte, sondern weil die militärischen Planungen und die Wahrnehmung des Lagers durch die ersten Kampfverbände dies verhinderten. Erst musste Weimar von der nachfolgenden Infanterie gesichert sein, bevor man sich um die *„1000 russischen Kriegsgefangenen“* kümmern konnte, aus denen erst am Tag der Besetzung von Weimar, dem 12. April 1945, die 21 000 Häftlinge geworden waren. So beginnt an diesem 11. April 1945 für die befreiten Häftlinge des KZ Buchenwald nach dem Ende der Zeit des Terrors durch die SS erst einmal die vorübergehende Phase der Selbstverwaltung des Lagers. Am Abend erklärt ein Vertreter des Lagerkomitees gegenüber jüdischen Häftlingen: *„Das ist eigentlich nur eine Panzerspitze der amerikanischen Armee. Aber wir bewachen alles. Wir haben auch Waffen. Auf jeden Fall kommt hier keine SS mehr rein.“*[307]

Für die amerikanischen GI hingegen geht in der Zwischenzeit der Kampf weiter. Die Nordkolonne des CCB der 4th US AD, die durch die Wälder des Ettersberger Forstes rollt, trifft am Ostrand des Waldgebietes südlich der SS-Siedlung unerwartet auf Panzerfaustfeuer, bei dem ein Sherman Panzer der Co. B, 37th Tk Bn getroffen wird.[308] Nach einem kurzen Feuergefecht wird der Widerstand überwunden. Dann hält die Kolonne zwischen der Siedlung und der, ab 1939 erbauten, Mustersiedlung Schöndorf, um auf die Hauptkräfte des CCB zu warten. Hier setzen sich die leichten Panzer der Co. D, 37th Tk Bn und die Sturmgeschütze der HQ Co. an die Spitze der Kolonne und übernehmen die Führung.[309] Über Großobringen geht es nach Südosten nach Großkromsdorf. Bei Denstedt trifft die Spitze erneut auf Widerstand durch Infanterie und Panzerfaustschützen, bevor der Ort mit seiner Burg genommen wird. Durch den Beschuss brennt der Pferdestall des Rittergutes aus.[310] Dann besetzen die Spitzenkräfte Schwabsdorf und halten für die Nacht. Die Co. A, 37th Tk Bn und die Co. C, 10th AIB geht nach Ulrichshalben, die Co. B, 37th Tk Bn und die Co. A, 10th AIB nach Süßenborn und die Co. C, 37th Tk Bn sichert gemeinsam mit der Co. B, 10th AIB die Straße, die von Westen nach Großkromsdorf hineinführt.[311] Deutsche Soldaten, die sich beiderseits der Ilm zwischen Süßenborn und Oßmannstedt eingegraben hatten, haben sich rechtzeitig abgesetzt.[312]

Das CCA beginnt pünktlich um 07.30 Uhr (B) im Südabschnitt der 4th US AD aus der Umgebung von Ohrdruf mit dem Angriff. Trotz der Tatsache, dass mit dem kurzfristigen Angriffsbefehl auch noch die Umgliederung des Combat Commands befohlen wurde, hatten es das 8th Tk Bn und 51st AIB geschafft, sich rechtzeitig aufzustellen.[313] So hatte der CO des 8th Tk Bn, Maj. Irzyk, um 04.45 Uhr (B) seine Chefs zusammengerufen und den Ablaufpunkt festgelegt, den als erstes die Co. C, 8th TK Bn von Capt. Steve Stephenson um 07.00 Uhr (B) passieren sollte. Dann hatte er telefonisch mit dem CO 51st AIB einen Treffpunkt vereinbart, an dem sich die beiden Kolonnen in der Reihenfolge der Kompanien vereinigen sollten. Und es hatte geklappt. *„Weniger als zwei Stunden später, um 06.45 Uhr (B) stand Al auf einem Hügel neben der Straße, den diese überquerte. Es waren noch 15 Minuten bis das der erste Panzer die Ablauflinie passieren sollte und er hörte bis jetzt noch immer nicht den ersten Klang eines Panzermotors auf der Straße hinter sich. Aber Punkt sieben Uhr erreichten Steve Stephensons Panzer den Rücken des Hügel"*[314] Obwohl keiner der Offiziere und Mannschaften geschlafen hatte, vereinen sich wenig später die Kolonnen des 8th Tk Bn und 51st AIB nach dem Reißverschlusssystem. Lt.Col. Dan C. Alanis, der CO 51st AIB hatte seine Halbkettenfahrzeuge mit laufenden Motoren entlang der Straße aufgestellt und sich in der vorgeschriebenen Ordnung in die Kolonne eingereiht. *„Die Co. C des 51st mit der Co C des 8th, immer ein Panzer, eine Halbkettenfahrzeug, ein Panzer, eine Halbkettenfahrzeug. Das gleiche galt für die Co. B der 8th und die Co. B des 51st und die Co. A des 8th und die Co. A des 51st. Fast ohne Zeitverlust und praktisch ohne Verzögerung war das 51st aufgenommen und in die Marschkolonne integriert worden."*[315]

Wenig später rollt die geschlossene Kolonne des CCA auf die RAB Gotha – Erfurt. Doch die Panzer treffen nicht auf den erwarteten Widerstand. Erst bei Molsdorf werden sie durch die gesprengte Brücke der Autobahn über die Gera aufgehalten und gezwungen einen Umweg zu machen. Über eine alternative Route geht der Vormarsch weiter. Die Kolonne schwenkt zuerst nach Süden, nach Ichtershausen, wo ein erneuter Schwenk nach Norden, nach Eischleben, erfolgt. Dann quert die Kolonne die Autobahn und fährt über Waltersleben nach Egstedt, wo die Vorauskräfte die vordere Linie der 80th US InfDiv erreichen. Nachdem klar ist, dass ein geschlossener Vorstoß auf der Autobahn auch weiterhin nicht möglich ist, teilt der CO CCA seine Kolonne auf. Während die TF Irzyk, 8th Tk Bn mit den Hauptkräften den Weg parallel zur Autobahn nimmt, mach die TF Alanis, 51st AIB einen Schwenk nach Norden, um den Willroder Forst nördlich zu umfahren. Zwischen Egstedt und Schellroda treffen die Panzer des 8th Tk Bn das erste Mal auf Widerstand. Zwei 8,8cm Flakgeschütze und Angehörige des Pz.Gren.Ers.Btl. 59 Jena, K.Gr. Zaak, die nahe der Autobahn in Stellung gegangen sind, eröffnen das Feuer. Daraufhin wird Luftunterstützung angefordert und die 105mm Haubitzen von Lt.Col. F. W. Hasselback's 66th AFA Bn, das vom 943rd FA Bn unterstützt wird, eröffnen das Feuer. Bei dem Gefecht werden fünf Mann durch das Feuer von „Heckenschützen" verletzt.[316] Kriegsgefangene bestätigen die bisherigen Informationen, dass die Einheit am Abend des 10. April 1945 in Stärke von zirka 300 Mann aus Jena kommend hier eingetroffen war und Stellungen an der Autobahn verteidigen sollte.[317] Dann fährt die Hauptkolonne wegen der gesprengten Autobahnunterführung der Straßenverbindung Schellroda – Niedernissa und weiterer gesprengter Autobahnbrücken parallel zur Autobahn durch Klettbach, Hayn und Eichelborn nach Bechstedtstraß, wo sie um 12.00 Uhr (B) gemeldet wird. Eine kleine Gruppe deutscher Soldaten und Volkssturm, die sich bei Bechstedtstraß zur Verteidigung einrichten wollte, wurde von der Bevölkerung zum Abzug bewegt und hatte den Ort Richtung Nohra verlassen.[318]

Die TF Alanis macht in Egstedt einen Schwenk nach Norden und fährt über den StoÜbPl Drosselberg zur Straße Melchendorf – Windischholzhausen. Dabei gerät die Kolonne unter direkten Beschuss aus Richtung Waldschlösschen und vom Waldrand östlich davon, wo die Artillerieluftbeobachter deutsche Geschütze und Selbstfahrlafetten melden. Windischholzhausen wird gegen 10.20 Uhr (B) kampflos passiert, nachdem die Panzer mehrere Warnschüsse über den Ort abgefeuert haben. Dabei wird ein Haus am Friedhof getroffen.[319] Einsetzender Beschuss aus den Wäldern südlich des Ortes wird ohne anzuhalten erwidert.[320] Durch Niedernissa geht es weiter über Rhoda-Haarberg, Obernissa Richtung Sohnstedt, wo die Kolonne auf halber Strecke nach Süden schwenkt und sich in Eichelborn wieder der Hauptkolonne anschließt. Diese fährt von Bechstedtstraß aus durch Isseroda nach Troistedt, wobei sie um 13.15 Uhr (B) südöstlich von Nohra gemeldet wird. Über Holzdorf geht es parallel zur Autobahn nach Possendorf, während die Flankensicherung Legefeld besetzt, wo sie ein geräumtes Lazarett vorfinden. Dann geht es über Buchfahrt, Oettern, Mechelroda, Maina, Magdala, Göttern und Bucha zur Saale. Bei Legefeld ergeben sich Angehörige der Pz.Jagd.Kp. Keil und bei Mechelroda Volkssturmmänner der 1. Kp, II. Btl. des VS Weimar. Bei Bucha gehen Angehörige des Stabs der VI. Abt. eines Volks.Art.Korps und der III. Abt./Pz.A.Na.Rgt. 3, die zu einer Gruppe von 500 Mann gehörten, die sich in der Nähe des Ortes versammelt hatten, in Gefangenschaft.[321]

Insbesondere die Anwesenheit der III./Pz.A.Na.Rgt. 3 der 3. PzA, die sich zu diesem Zeitpunkt aus Pommern in den Raum Wismar – Schwerin zurückzieht, deutet darauf hin, dass ein Zufallsfund der amerikanischen Feindaufklärung keine Falschmeldung ist. Am 10. April 1945 enthält das G-2 Journal der 80th US InfDiv die Meldung, das die Aufklärung im Besitz einer Lagekarte ist, die ein deutsches Mädchen an sich genommen hatte, als sie von einem vorbeifahrenden Fahrzeug fiel. Auf ihr eingezeichnet der Aufmarsch des III. PzK, das nach der Offensive am Plattensee/Ungarn zerschlagen wurde und sich in den Raum Steiermark/Österreich zurückgezogen hatte. Die Karte zeigt den Korpsgefechtsstand in Niedergrunstedt bei Weimar, die 11. PzDiv, die zu diesem Zeitpunkt zum LXXXV. AK gehört, mit Gefechtsstand Ettersberg, sowie die 17. PzGrenDiv, die offenbar aus den Resten der 17. InfDiv der H.Gr. Mitte gebildet werden sollte, in Magdala. Und, wie bereits bekannt, die 9. PzDiv, die Feller aufbauen sollte, mit Gefechtsstand in den Wäldern westlich von Weimar, dem Pz.Rgt. 33 in Süßenborn, dem Pz.Gren.Rgt. 10 in Großkromsdorf und dem Pz.Gren.Rgt. 11 in Umpferstedt [322] Offenbar einer der vielen Pläne des OKW, das Ruder doch noch herumzureißen, die schon im Ansatz zum Scheitern verurteilt waren. Aber man hatte tatsächlich mit der Umsetzung begonnen.

Als die Spitze der Kolonne des CCA Bucha erreicht, gerät sie unter Beschuss durch deutsche Flak südwestlich von Jena und bei Lobeda. Die Flak eröffnet ein unkontrolliert geschossenen Sperrfeuer, dass durch vorgeschobene Beobachter ausgelöst wurde, die mit Hilfe des noch intakten örtlichen Telefonnetzes mit der Flak in Verbindung stehen. Doch weder verfügen die Beobachter über die notwendige Erfahrung für die Feuerleitung im Erdeinsatz, noch verfügt die Flak über die erforderliche Munition. So verpufft das Sperrfeuer annähernd wirkungslos. Eine der Stellungen ist die, nach Gefangenenbefragungen des CIC um 02.25 Uhr (B) und 12.25 Uhr (B) gemeldete, Stellung mit acht schweren Flakgeschützen zwischen Nensdorf und Coppanz.[323] Bei Lobeda sind es einzelne Flakgeschütze.[324] Daraufhin hält die Kolonne und während die begleitende Artillerie Stellung bezieht, um das Feuer zu erwidern und Jagdbomber angefordert werden, befiehlt der CO CCA die Endsendung von gemischten Trupps aus Aufklärern des Tp. A, 25th CavRcnSq und Panzerinfanteristen des 51st AIB in Begleitung der leichten Panzer der Co. D, 8th Tk Bn zur Erkundung von Brückenübergängen über die Saale südlich von Jena.

Während die Artillerie sich ein einstündiges Feuerduell mit der Flak liefert und Jagdbomber die Stellung Coppanz angreifen, wo es zu Toten kommt, beginnen die Aufklärungstrupps mit dem Vorrücken nach Osten.[325] Als sich der nördliche Trupp von Oßmaritz über den Eselsweg, der heutigen Oßmaritzer Straße, Winzerla nähert, eröffnet ein einzelnes 8.8cm Flakgeschütz das Feuer auf die amerikanischen Truppen. Doch die Granate explodiert nicht. Die Besatzung aus Freiwilligen, die als einzige mit ihrem Geschütz am Südwestrand der geräumten Flakstellung in Feuerposition gegangen war, hatte die Granate ohne den erforderlichen Aufschlagzünder für den Erdeinsatz abgefeuert. Da nicht erkennbar ist, ob sich weitere Geschütze in den Stellungen befinden, hält der Trupp und angeforderte Jagdbomber schießen die Stellung zusammen. Dann fahren die Fahrzeuge links neben der Straße auf, um noch vorhandenen Widerstand auszulöschen, doch es rührt sich nichts mehr. Das Himmelfahrtsunternehmen kostet sechs deutschen Soldaten das Leben.[326] Dann rollt der Trupp ohne weiteren Widerstand nach Winzerla hinein.

Luftaufnahme der Flakstellung Jena-Winzerla vom 8. April 1945
Luftbild Nr. 2087, Luftbilddatenbank Ingenieurbüro Dr. Carls, Estenfeld

Dort hat der örtliche Kompanieführer des Volkssturms Hugo Schulz bereits den Rest seiner kleinen Truppe die Waffen vergraben lassen und sie nach Hause geschickt. Die anderen waren zuvor abgerückt und im Rahmen der Saale-Verteidigung am Ostufer am Zugang zum Pennickental in Stellung gegangen.[327]

Südlich davon findet ein anderer Trupp, der sich von Oßmaritz aus Göschwitz nähert, die Saaletalbücke der RAB Erfurt – Dresden zerstört vor. Deutsche Sprengkommandos hatten kurz zuvor zwei der Brückenbögen der, zwischen 1937 und 1941 erbauten, mit 794 Metern längsten, Gewölbereihenrücke Deutschlands gesprengt.[328] Auch die nördlich gelegene Eisenbahnbrücke über die Saale[329] und die alte hölzerne Straßenbrücke bei Maua ist zerstört.[330] Als sie sich den Brücken nähern, schlägt ihnen Abwehrfeuer vom Ostufer entgegen. Jetzt feuern die einzelnen deutschen Flakgeschütze bei Lobeda auf den Trupp, so dass sich dieser erst einmal zurückziehen muss. Amerikanische Artillerie erwidert das Feuer.[331] Mit dem Vorstoß in den Raum südlich von Jena wird jetzt in der Stadt Feindalarm ausgelöst. Ein Zeitzeuge schreibt in seinem Tagebuch: *„Um 5 Uhr nachmittags ertönt das fünf Minuten lange Alarmzeichen ‚Feind naht'. Man hört das Artilleriefeuer. Flieger brausen über der Stadt. Das Schießen kommt immer näher...".*[332]

Um 19.55 Uhr (B) erreicht auch die TF Alanis Bucha und hält.[333] Als sich bis 22.00 Uhr (B) die Hauptkräfte des CCA im Raum westlich der Saale südlich von Jena versammelt haben, ist klar, dass es vorerst nicht weitergeht. So entfaltet der CP des CCA gemeinsam mit dem CP des 51st AIB in Bucha, während der Bn.CP 8th Tk Bn in Oßmaritz Quartier bezieht. Um dennoch am nächsten Tag den Angriff fortsetzen zu können, entschließt sich der CO CCA, dem 51st AIB den Befehl zu geben, noch in der Nacht einen Brückenkopf über die Saale bei Maua zu errichten. Um 23.15 Uhr (B) rückt eine kleine Task Force unter persönlicher Führung von Col. Alanis gemeinsam mit einer Pioniereinheit zum Fluss vor und setzt mit Pionierbooten ohne Probleme über. Daraufhin beginnen die Pioniere sofort mit dem Bau einer Brücke. Doch als Col. Alanis den Angriff aus dem kleinen Brückenkopf fortsetzen will, erhält er den Befehl, anzuhalten und zu warten bis die Brücke fertig ist.[334] Parallel hierzu beginnen die Pioniere in der Nacht mit der provisorischen Reparatur der Autobahnbrücke, die bis zum nächsten Morgen abgeschlossen wird. Eine jener wenig bekannten Leistungen, die die Pioniere in diesen Tagen erbringen, um den Vormarsch und vor allem den Nachschub für die Angriffsspitzen zu sichern. Nur die gesprengte Autobahnbrücke bei Mellingen, die vorerst nur für leichte Panzer passierbar gemacht werden kann, kann bis zum nächsten Morgen nicht fertiggestellt werden. Andere zerstörte Brücken sind glücklicherweise umfahrbar, so wie die Autobahnbrücken über die Straße Isseroda – Troistedt, über die R 85 südlich von Weimar und über die Straße Vollersroda – Belvedere, südlich von Weimar.[335] Bis zum Abend schließen die Aufklärer des 25th CavRcnSq zur Angriffsspitze auf, die während des Tages parallel zum CCA die Südflanke der Division abgeschirmt haben.

Das CCR, das sich in der Nacht ebenfalls völlig neu aufstellen muss und dem CCA folgen soll, um die rechte Flanke der Division schützen, hat im Gegensatz zu den beiden anderen Combat Commands mehr Zeit für die Neuorganisation. Erst gegen 14.00 Uhr (B) beginnt es südöstlich von Gotha mit dem Vorrücken zur Ablauflinie und nachdem um 15.00 Uhr (B) der endgültige Marschbefehl eintrifft, setzt sich die Kolonne mit den Aufklärern der Rcn Co. 704th TD Bn von Capt. Thomas J. Dowd voraus in Bewegung. Um 19.30 Uhr (B) haben das 35th Tk Bn von Lt.Col. Delk M. Oden und das 53rd AIB von Lt.Col. George L. Jaques in der Reihenfolge Co. C, 35th Tk Bn, Co. C, 53rd AIB, Co. B, 35th Tk Bn, Co. B, 53rd AIB, Co. A, 35th Tk Bn und Co. A, 53rd AIB hinter den Aufklärern mit allen Teilen Nohra erreicht und bis 22.00 Uhr (B) trifft auch das HQ CCR und die Co. A, 24th Armd Engr Bn ein. Auf dem Kirchturm von Nohra wehrt zum zweiten Mal an diesem Tag die weiße Fahne. Bereits am Vormittag hatten die Einwohner von Nohra nach dem Abzug der Besatzung des nahegelegenen Flugplatzes Weimar-Nohra ein weißes Bettlaken auf dem Kirchturm gehisst, das aber von der Gruppe Soldaten und Volkssturm, die von Bechstedtstraß kommend den Ort erreicht hatten, wieder heruntergeholt worden war. Nachdem man sie bereits dort vertrieben hatte, waren sie jetzt anscheinend gewillt, diese Schmach durch die Verteidigung von Nohra zu tilgen. Doch auch hier sollten sie kein Glück mit ihrem Vorhaben haben. Durch den Bauern Oskar Weise werden sie vom Kirchturm vertrieben und wenig später weht wieder die, von Weise erneut gehisste, weiße Fahne. So bleibt Nohra von möglichem Beschuss verschont und wird vorerst kampflos besetzt.[336] Auch der verlassene Flugplatz Weimar-Nohra wird gesichert. Die Besatzung des Flugplatzes hatte vor dem Eintreffen der Amerikaner die wichtigsten Betriebsanlagen zerstört und den Flugplatz für den Erdeinsatz an der nahegelegenen Autobahn verlassen.

Zerstörte Halle auf dem Flugplatz Nohra

Bild: 166th Signal Photo Company National Archives

Der Flugbetrieb ist zu diesem Zeitpunkt längst eingestellt und die letzten Nutzer des Fliegerhorstes sind abgerückt. Der Fliegerhorst war im Rahmen der Verlagerung der obersten militärischen Dienststellen aus der Reichshauptstadt nach Süden ab dem 23. März 1945 kurzzeitig der Ausweichort für die 2. Abt. Nachrichtenbetrieb des OKL und weitere Abteilungen des OKL, die für die Operative Abteilung des OKL in der nahen Flakkaserne Weimar die Verbindung zur C-Echelon des OKW in Ohrdruf hielten. Teile des OKL waren bereits am 22. Februar 1945 nach Weimar gekommen. Anfang April 1945 waren dann alle gemeinsam mit den anderen Hauptquartieren und Stäben der Wehrmacht, die zeitweise in Thüringen stationiert waren, Richtung Alpen, abgerückt.[337] Der letzte fliegende Verband, die Flugzeugführerdoppelschule A 9 aus Schlesien, die am 21. Januar 1945 nach Nohra gekommen war, hatte sich bis zum 4. Februar 1945 aufgelöst. Mit der Besetzung endet die Tradition der Nutzung durch die deutsche Luftwaffe, die 1916 während des 1. Weltkriegs begonnen hatte. Neben einer eingeschossigen Flugzeughalle entstand ab 1917 der Fliegerhorst Weimar-Nohra mit zwei Kasernengebäuden. Ab dem 1. Januar 1931 wurde dann ein Drittel des ehemaligen Flugplatzes von dem, 1928 gegründeten, nationalistisch, militärisch ausgerichteter Verein Heimatschule Mitteldeutschland e. V. genutzt, der ab 1931 dem Freiwilligen Arbeitsdienst (FAD) beitrat und gemeinsam mit dem „Stahlhelm, Bund deutscher Frontsoldaten“ die vormilitärische Ausbildung von Jugendlichen durchführte. Nach der Machtübernahme durch die Nationalsozialisten am 30. Januar 1933 und der einsetzenden Verhaftungswelle von Kommunisten und Andersgesinnten wurde aus der Heimatschule am 3. März 1933 ein Schutzhaftlager für politische Gefangene, das *„1. KZ des Deutschen Reiches"*. Als das Lager am 12. April 1933 geschlossen wurde, erfolgte die Überführung der Häftlinge, die man nicht entlassen wollte, in das neu errichtete KZ Bad Sulza.[338] Mit der Auflösung des Lagers einher ging die Übernahme der Schule und des Flugplatzgeländes durch die „Fliegerlandesgruppe Thüringen" des Deutschen Luftsportverbandes DLV zur getarnten Ausbildung von Piloten für die später zu schaffende Luftwaffe. Nach der offiziellen Aufstellung der Luftwaffe am 1. März 1935 wurde aus dem Lehrflugplatz die Flieger-Ausbildungs-Stelle Weimar-Nohra und der Fliegerhorst Weimar-Nohra. Am 1. Oktober 1936 erfolgte die Umbenennung in Fl.Ers.Abt. 13. Mit dem Neubau einer Kaserne in Nohra-Süd im Jahr 1937 ging am 1. August 1937 die Aufstellung der Flugzeugführerschule A Weimar-Nohra einher, die zum 1. November 1938 zur Flugzeugführerschule A/B Weimar-Nohra und mit der Zuordnung zum Fl.Ausb.Rgt. 51 am 1. April 1939 zur Flugzeugführerschule A/B 51 wurde. Das Fl.Ausb.Rgt. 51 war am 1. April 1939 aus der Fl.Ers.Abt. 51 hervorgegangen, die man am 1. November 1938 aus der Fl.Ers.Abt. 13 gebildet hatte.

Antreten der 1./Fl.Ers.Abt. 13 zum Exerzieren Foto: Sammlung J. Möller

Ab Kriegsbeginn 1939 dient Nohra neben der Ausbildung auch zur Auffrischung von Verbänden der Luftwaffe. Nach der Verlegung der Schule/Fl.Ausb.Rgt. 51 im Januar 1940 nach Heiligenbeil/Ostpreußen kommt die Schule der fliegenden Aufklärungseinheiten der Nahaufklärer, die Erg.Aufkl.Staffel H des Ob.d.H., nach Nohra. Aus ihr geht der Stab und die 2. und 3./Erg.Aufkl.Gr. Ob.d.H. in Nohra und die 1. in Alperstedt hervor. Im Oktober 1940 kommt dann das Flughafen-Bereichs.Kdo. Koflug 5/III nach Nohra, das bis zum Februar 1943 verbleibt, bevor es nach Erfurt geht. 1941 verlässt das Fl.Ausb.Rgt. 51 Nohra und geht nach Antwerpen. Im Juli 1941 verlassen auch die 2. und 3. Erg.Aufkl.Gr. Ob.d.H. Nohra, während der Stab, der in Nohra verbleibt, am 10. April 1942 zum Stab der neu aufgestellten Erg.Nah.Aufkl.Gr. wird. Parallel hierzu entsteht die 1.-3./Erg.Fern.Aufkl.Gr. Bereits am 16. März 1942 verlässt die 1. Gruppe Nohra. Am 1. August 1943 verlassen dann auch die 2. und 3. Gruppe den Fliegerhorst, bevor im Oktober 1943 der Stab folgt. Im April 1943 treffen Teile der „K.Gr. z.b.V. 9", einer Transportfliegereinheit der Luftwaffe, die im Rahmen der Versorgung der eingeschlossenen deutschen Truppen in Stalingrad und im Kaukasus schwere Verluste erlitten hatte, zur Auffrischung in Nohra ein. Die Hauptkräfte der K.Gr. gehen nach Jena-Rödigen, wo sie bis Mai 1943 zur I./Transportgeschwader 3 umgebildet werden. Mit der Verlegung des Flughafen-Bereichs.Kdo. Koflug 5/III nach Erfurt erfolgt im Februar 1943 die Bildung des Flugplatz-Kdo. A 36/IV, das zum 1. April 1944 in Fl.H.Kdtr. A (o) 33/III Weimar-Nohra umbenannt wird und bis zum Ende des Krieges die Verantwortung für Weimar-Nohra und Jena-Rödigen trägt. Letzter Kdt. wird ab Januar 1945 Obstlt. Heinrich Bauer. Mit dem Verlassen des Platzes durch die Aufklärungseinheiten erfolgt am 5. August 1943 die Stationierung der Flugzeugführerschule A/B 114 in Nohra, die am 15. Oktober 1943 in Flugzeugführerschule A 114 umbenannt wird. Im Januar 1945 stellt sie die Ausbildung ein und verlegt im Februar 1945 nach Warnemünde. Außerdem beherbergt der Fliegerhorst ab dem 10. April 1944 eine außergewöhnliche und einmalige Einheit der Luftwaffe, das Fliegerforstschutzkommando, auch Erprobungskommando 40, zur Schädlingsbekämpfung durch Insektizide und die Wetterdienstschule der Luftwaffe. Über deren Verbleib liegen keine Informationen vor.

Doch jetzt ist der Flugplatz erst einmal verlassen. Allerdings nicht lange, denn die hinterlassenen Schäden sind gering. Schnell gelingt es den Pionieren des 825th Engr Aviation Bn des IX. Engineer Command der 9th USAAF die zerstörten Hallen und Gebäude wieder nutzbar zu machen und am 13. April 1945 starten und landen die ersten amerikanischen Flugzeuge auf dem Platz. Er wird in den nächsten Tagen zum Einsatzflugplatz der 153rd Liason Squadron der 9th USAAF und im Fliegerhorst bezieht das HQ des IX Fighter Command Quartier, um von hieraus die letzten Jagdbomber-Einsätze des Krieges zu leiten.[339]

Völlig friedlich erfolgte die Besetzung von Nohra jedoch nicht. Kurz nach dem Eintreffen der Vorauskräfte kommt es zu einem tragischen Vorfall. Gerade als es so scheint, als ob man bei der amerikanischen Besetzung glimpflich davongekommen sei, stellt sich heraus, dass der kleine Trupp aus sechs Soldaten und Volkssturmmännern, den der Bauer Weise an der Kirche verjagt hatte, den Ort nicht verlassen, sondern sich unbemerkt von der Bevölkerung in der örtlichen Dampfmolkerei an der Landstraße versteckt hatte. Doch das hatten polnische Zwangsarbeiter gesehen, die dies wenig später den Amerikanern melden. Daraufhin wenden sich diese an den Bgm. von Nohra, Günter, und fragen ihn, ob sich deutsche Soldaten im Ort verstecken würden. Im festen Glauben, dass dies nicht zutrifft, antwortet dieser mit „Nein". Als sich daraufhin ein kleiner Trupp unter Führung des CIC-Sgt. Marr[340] in Begleitung einiger Aufklärer des Rcn Plat. 35th Tk Bn unter Führung von Lt. Killien, einer Gruppe Panzerinfanteristen des 53rd AIB sowie einem Sergeant der Militärpolizei aufmacht, um dennoch die Meldung der Zwangsarbeiter zu überprüfen, schließt sich ihnen der Inspektor der Dampfmolkerei Viktor Wünscher, der sich zu diesem Zeitpunkt beim Bürgermeister befand, an, um sie persönlich dorthin zu führen und damit Günters Aussage zu bekräftigen. Warnung, dies nicht besser nicht zu tun, weist er zurück. Er ist sich ebenfalls sicher, dass sich dort niemand befindet. So antwortet er wie Günter überzeugt mit „Nein", als man beim Erreichen der Molkerei noch einmal die Frage nach versteckten Soldaten wiederholt. Ein verhängnisvoller Irrtum. Kaum das die amerikanischen Soldaten mit den Waffen im Anschlag das Gebäude betreten, eröffnet einer der versteckten Deutschen mit seiner MPi das Feuer. CIC-Sgt. Marr wird an der linken Schulter getroffen, Lt. Killien und der MP-Sgt. werden ebenfalls verwundet. Daraufhin nehmen die Aufklärer mit ihrem .50cal MG das Haus unter Beschuss. Phosphorgranaten setzen das Gebäude mit Wünschers Wohnung, dem Büro der Molkerei und die Stallungen im Nebengebäude in Brand. Dabei werden alle sechs deutschen Soldaten getötet.[341] Doch dabei bleibt es nicht. In der Annahme, dass Wünscher sie absichtlich belogen hatte, erschießen sie ihn gemeinsam mit dem, durch die Schießerei alarmierten, Dorfpolizisten Wachtmeister Bartsch, der unglücklicherweise in Uniform mit Dienstwaffe erschienen war, vor der Molkerei *„links vor dem Haus an der Gramme"*. Als Todeszeitpunkt wird 19.30 Uhr festgehalten.[342] Somit kostet die Besetzung von Nohra doch noch acht Menschen das Leben.

Viktor Wünscher
Bild: Sammlung Sochor

Das 94th AFA Bn des CCR von Lt.Col. Robert M. Parker Jr., das vom 58th FA Bn unterstützt wird, bezieht in Obergrunstedt Stellung, um bei Bedarf auf Weimar zu feuern.

In der nahegelegenen thüringischen Gauhauptstadt Weimar heulen an diesem Tag die Sirenen ohne Entwarnung den ganzen Tag „Fliegeralarm“ und lassen schlimmstes vermuten, war die Stadt doch nach einigen kleineren Luftangriffe von 1940 bis 1943 ab 1944 mehrfach das Ziel schwerer Luftangriffe geworden.[343] Dabei galt das Interesse der alliierten Bomberverbände insbesondere den Werken der deutschen Rüstungsindustrie. So am 24. März 1944, als Bomber der 8th USAAF den Bahnhof und das Gustloff-Werk I in Weimar-Nord bombardierten. Das Fritz-Sauckel-Werk Weimar, Gustloff-Werk I, mit Haupteingang in der Kromsdorfer Straße, Ecke Andreasstraße war 1939 aus der bisherigen Waggonfabrik Weimar als Musterbetrieb der, aus der Umwandlung des Betriebsvermögens der Berlin-Suhler Waffen- und Fahrzeugwerke GmbH hervorgegangen, nationalsozialistischen Industriestiftung Gustloff-Werke entstanden. Im Juli 1942 erfolgte dann der Bau des Zweigwerkes Gustloff-Werk II auf den Ettersberg, in dem ab März 1943 Waffen produziert wurden.[344]

Am 24. August 1944 erfolgte eine weiterer Angriff der 1st Bomb Division, 8th USAAF mit 129 Boing B-17 „Flying Fortress“ Bombern auf die Einrichtungen der Deutschen Ausrüstungswerke GmbH DAW und das Gustloff-Werk II auf dem Ettersberg. Dabei wurden auch die benachbarten SS-Kasernen und Teile des KZ getroffen. 388 Häftlinge und 82 SS-Leute sowie 24 Angehörige kommen ums Leben. Auf Gegenwehr treffen die Bomber kaum, denn die Flak ist zu diesem Zeitpunkt bereits abgezogen. Das Jahr 1945 bringt dann den Höhepunkt der Luftangriffe. Am 9. Februar 1945 erfolgt der Angriff von 198 B-17 Bomber der 3rd Bomb Division, 8th USAAF, bei dem 481 Tonnen Bomben mit dem Ziel Fritz-Sauckel-Werk, Gustloff-Werk I und dem Haupt- und Güterbahnhof abgeworfen werfen. Doch auf Grund von Zielfehlern werden große Teile der Innenstadt zerstört. Annähernd 1100 Menschen, darunter 85 Kinder, verlieren ihr Leben. *„Die ‚Thüringer Gauzeitung‘ klagte über einen ‚Schwarzen Tag‘, an dem ‚Luftgeschwader unserer verbrecherischen Feinde ihre Wut an Gau und Stadt ausgelassen‘ hätten.“*[345] Weitere Angriffe waren am 11., 23. und 25. Februar 1945 erfolgt. Als besonders tragisch stellt sich ein Luftangriff am 27. Februar 1945 dar, bei dem die Bomben u.a. eine Kolonne von britischen, amerikanischen und französischen Kriegsgefangenen treffen, 118 töten und 175 zum Teil schwer verletzen. Der letzte gezielte Angriff auf die Rüstungswerke der Stadt erfolgt am 17. März 1945, als 30 amerikanische Bomber erneut das Gustloff-Werk I und die Bahnanlagen bombardieren. Dabei werden auch die Polizeikaserne und die Wilhelmkaserne getroffen. Ein letzter Angriff durch alliierte Bomber erfolgt am 31. März 1945, als 36 B-17 Bomber der 1st Bomb Division, 8th USAAF die Stadt als Ausweichziel angreifen und die Bomben noch einmal 77 Menschen töten.[346] Danach befindet sich die Stadt nur noch im Zielkreuz der allgegenwärtigen Jagdbomber, denen am 5. April 1945 12 Menschen und am 10. April 1945 fünf zum Opfer fallen.[347] Doch jetzt erscheinen keine Bomberverbände über der Stadt. Stattdessen hören die Bewohner ab Mittag nordwestlich und südlich der Stadt das Dröhnen von Panzermotoren und vereinzelten Gefechtslärm, der bis zum Abend immer lauter wird und bis zum Morgen des nächsten Tages anhalten soll.[348] Über Gaberndorf und Nohra stehen die Rauchsäulen von Bränden, während amerikanische Aufklärungsflugzeuge ihre Kreise ziehen und sich immer wieder Jagdbomber auf Ziele am Boden stürzen.

Um 22.00 Uhr (B) erreicht der Div.CP der 4th US AD Bechstedtstraß, wo die Forward Echelon, die um 16.30 Uhr (B) Gotha verlassen hat, seit 20.30 Uhr (B) hält. Von dort meldet die Division als Resultat des Tages 75 getötete Feinde, 60 Verwundete und 286 Gefangene, zwei zerstörte PzKpfw III, sechs nicht näher identifizierte Panzer, sechs 8,8cm Geschütze, 20 Lastwagen, ein Halbkettenfahrzeug, vier 2cm Flak, zehn Kraftfahrzeuge, sechs Pferdefuhrwerke, ein Motorrad und zwei Anhänger. Unter den Kriegsgefangenen befinden sich alleine 12 Offiziere, 124 Soldaten. und 13 Krankenschwestern, die sich dem 94th AFA Bn ergeben hatten. Bei der Durchsuchung der Gefangenen entdecken sie einen Umstand, der zuerst zu einer Fehlinterpretation führt. Viele der Gefangenen, insbesondere Angehörige der Luftwaffe, verfügen sowohl über den Wehrpass, als auch über ihr Soldbuch. Doch die erste Vermutung, dass dies so ist, damit sie untertauchen und den Kampf aus dem Untergrund fortsetzen können, ist falsch. Hatten doch die meisten Kommandeure kurz vor Eintreffen der Amerikaner, ihre Männer damit ausgestattet, damit sie in dem Moment, wo keine Gefahr mehr durch Feldgendarmerie und SS-Jagdkommandos besteht, als *„Entlassen aus der Wehrmacht"* unbehelligt nach Hause gehen können.[349] Doch dies gelingt den wenigsten, sie werden dennoch gefangengenommen. Die eigenen Verluste beziffert die Division auf vier Gefallene und 15 Verwundete.

Während der Angriff der Panzer- und Infanteriedivisionen rollt, übernimmt die 3rd CavGp die Verantwortung für die Sicherung der Corpsflanken mit der 3rd CavRcnSq an der Nordflanke und der 43rd CavRcnSq an der Südflanke. Hierzu löst der Tp. B, 3rd CavRcnSq die 86th CavRcnSq auf der Linie Gangloffsömmern – Schilfa an der Trennungslinie zur 1st US Army ab. Bei Tunzenhausen kommt es erstmals zum Kontakt mit dem RCT 417 der 76th US InfDiv. Dann bewegt sich die 3rd CavRcnSq über Frohndorf, Kölleda und Großneuhausen nach Olbersleben, wobei sie engen Kontakt zur 9th US AD des V. US Corps im Norden und zur 6th US AD hält. Am Abend ist der CP der 3rd CavRcnSq gemeinsam mit dem Tp. A, B und E und der Co. F. in Sömmerda, während der Tp. C, 3rd CavRcnSq in Herrengosserstedt hält. Die 43rd CavRcnSq bewegt sich angelehnt an das CCA der 4th US AD südlich der Autobahn nach Osten und hält den Kontakt zur 89th US InfDiv des VIII. US Corps.

Das 5th Ranger Bn unter Col. Sullivan verlässt Melsungen und erreicht Heyerode, wo es sich darauf vorbereitet, vorübergehend die Aufgaben der Military Government in Gotha, Erfurt, Apolda, Weimar und Jena zu übernehmen, bis dort die vorgesehenen Provisional Military Government Detachements eintreffen. Die Ranger, die seit der Landung in der Normandie gemäß ihrem Leitspruch *„Lead the way, Rangers!"* stets an der vordersten Front im Einsatz waren und erhebliche Verluste hinnehmen mussten, waren am 6. März 1945 aus der Front gezogen worden, um *„ihre Wunden zu heilen"*.

Doch es sollte bis zum 21. April 1945 dauern, bis sie im Rahmen des Angriffs der 3rd US Army Richtung Süddeutschland und dem Alpenraum wieder zum Kampfeinsatz kommen sollten. Am 31. März 1945 hatte man das Bataillon erst einmal nach Friedberg/Hessen verlegt, wo es erstmals die Aufgaben der Military Government übernommen hatte.[350]

Der Corps.CP des XX. US Corps erreicht von Treffurt kommend um 16.00 Uhr (B) Gotha und bezieht im Gebäude der Gothaer Lebensversicherung Quartier, wo er bis zum 13. April 1945 verbleibt. Der CP der XX. CorpsArty geht von Langensalza nach Gräfentonna, wo alle freien Lastwagen des 284th, 752nd und 204th FA Bn sowie des 7th FA Observer Bn an die 76th und 80th US InfDiv abgegeben werden, damit diese ihre Infanteristen motorisieren können, um dem schnellen Vorstoß der Panzer zu folgen.[351] Das 736th FA Bn der 416th FA Gp des XX. US Corps, das bisher die 76th US InfDiv unterstützt hat, geht um 12.15 Uhr (B) nach Leutenthal bei Weimar[352]

Südlich davon erreicht beim VIII. US Corps die 89th US InfDiv die Linie Gutendorf – Tonndorf – Kranichfeld – Witzleben und bildet die TF Crater für einen Vorstoß zur Saale am 12. April 1945. Das 355th InfRgt rückt an der Linken der Division gegen leichten Widerstand nach Osten vor, wobei das 1./355 Haarhausen, Rudisleben, Elxleben, Gügleben, Klettbach und Meckfeld nimmt. Das 3./355 besetzt Dornheim, Alkersleben, Ettischleben, Wülfersleben, Elleben, Hohenfeld und Tonndorf. Das 2./355 Bn folgt dem 3./355 und sichert Arnstadt und Alkersleben, bevor es nördlich Kranichfeld hält. Die 87th US InfDiv rückt an der linken auf Stadtilm und an der rechten Seite auf Bad Blankenburg vor. Die 65th US InfDiv verlegt in einen Versammlungsraum in der Nähe von Waltershausen. Die 28th CavRcnSq der 6th CavGp erhält den Auftrag zum Schutz der Nordflanke des Corps und schließt die Lücke zwischen den 89th und 87th US InfDiv.

Für die 7. und 11. deutsche Armee verschlechtert sich im Verlauf des Tages die Lage dramatisch. Trotz des Befehls der OKW/WFSt vom 5. April 1945, in dem es heißt, dass *„die Zurücknahme ganzer Abschnitte ohne Befehl, um sich dem durchgebrochenen Gegner wieder vorzulegen, ...in der jetzigen Lage als Ungehorsam oder schwere Dienstpflichtverletzung gewertet werden"* muss, befinden sich die deutschen Truppen auf der gesamten Frontbreite auf dem Rückzug.[353] Im Raum südlich von Sangerhausen bis Kölleda weichen die K.Gr. Heydenreich und Ettner des LXVII. AK der 11. Armee vor dem amerikanischen Angriff nach Osten und Nordosten zurück. Lediglich im Südabschnitt des LXVII. AK der 11. Armee befinden sich noch einige deutsche Verbände im Bereich der bewaldeten Höhenzüge der Schmücke und Schrecke. Der Gefechtsstand des Armeekorps verlegt hastig nach Wippra in den Harz, wobei zeitweise die Verbindung zwischen General Hitzfeld und seinem Stab verloren geht. Hitzfeld wird vom Chef des Stabes Obstlt. i.G. Warning für gefangen oder tot gehalten. Die, im Raum zwischen Erfurt – Weimar und Weißensee – Rastenberg stehenden, Kräfte des Pz.Vbd. Feller der 7. Armee werden beim Vorstoß der Panzer zersprengt und

Teile weichen nach Norden in den Bereich der 11. Armee aus. Am nächsten Tag fällt General Feller.[354] Im Tagesverlauf wird sowohl für die 7. Armee, als auch für die 11. Armee, deutlich, dass es nicht möglich ist, eine geschlossene Frontlinie aufzubauen. Der Versuch des 4. Generalstabsoffiziers I d der 7. Armee, persönlich Kontakt mit dem Stab der 11. Armee aufzunehmen, scheitert.[355]

In Süßenborn bei Weimar übernimmt an diesem Tag das Gen.Kdo. XC. AK unter Gen.d.Inf. Erich Petersen das Kommando über die Reste der Korps.Gr. Uckermann der 7. Armee. Aber Petersen ist nur teilweise in der Lage, seinem Auftrag nachzukommen. Der Korpsstab und die Korpstruppen erreichen Weimar wegen Treibstoffmangel nur mit Teilen. Erst am Morgen des 11. April stehen ihm seine Führungsabteilung und ein Teil der Korps.Na.Abt. 490 zur Verfügung. Der Rest soll ihn Tage später über Plauen – Gera – Chemnitz erreichen.[356] So ist seine erste Amtshandlung, den im Raum Erfurt – Weimar kämpfenden Kräften gegen Mittag den Rückzugsbefehl zu erteilen. Gemeinsam mit der Besatzung von Weimar unter dem Oberst der Luftwaffe Steinbrecht[357], dessen Kampfkommandantur auf Befehls Petersen aufgehoben wird, weichen sie hinter die Saale aus. Der Sto.Kdt. Weimar Oberst der Luftwaffe Günther v. Drebber, der den Richterspruch gegen den K.Kdt. von Gotha Gadolla mit seiner Unterschrift bestätigt hatte, taucht unter.[358] Das Herausziehen der Besatzung des K.Kdt. Erfurt ist zu dieser Zeit nicht mehr möglich, da die Stadt bereits eingeschlossen ist. Und von der Ernennung von K.Kdt. für Apolda und Jena scheint Petersen nichts zu wissen. Dann verlegt er mit seinem Stab nach Frauenprießnitz, südlich von Schkölen. Mit der Eingliederung der, im Abschnitt befindlichen, Truppen der Saale-Verteidigung unter dem „Befh. Thüringen Ost“ [359], Gen.Obst. a.D. Hermann Hoth, übernimmt das XC. AK nunmehr die Verantwortung für den gesamten Abschnitt von der Saale-Linie Weißenfels – Naumburg – Camburg – Jena im Westen bis zur Zwickauer Mulde. Dem Gen.Kdo. gelingt es jedoch in den folgenden Tagen nicht, Einfluss auf die Lageentwicklung zu gewinnen. Eine wirkliche Führung über die deutschen Truppen, welche am Abend des 11. April an der Saale stehen, gibt es, außer im Abschnitt der Flak im Raum Weißenfels und Zeitz nicht.[360]

Gen.Lt. Horst Frhr. v. Uckermann, der nach der Übergabe an Petersen Süßenborn verlassen hat, um befehlsgemäß die Reste des Pz.Vbd. Fellers im Raum Apolda – Wiehe zu übernehmen und diese dem LXXXV. AK zuzuführen, wird durch den amerikanischen Vorstoß überrascht und am gleichen Tag in Obertrebra von Angehörigen von Lt.Col. Clarence D. McCurry‘s 603rd TD Bn der 6th US AD gefangengenommen, von wo er in das Kriegsgefangensammellager der Division gebracht wird.[361] Später erfolgt seine Übergabe an die Briten, die ihn bis zu seiner Entlassung am 25. November 1947 im Island Farm Special Camp 11 bei Bridgend/Wales gemeinsam mit weiteren Generälen, Admirälen und höheren Offizieren der Wehrmacht und SS gefangen halten.

* * *

[1] „Da rief in den Keller: Kommt raus, die Amis sind das“, TA v. 15.4.95. „Der Kampf um Ufhoven und Langensalza 1945“, H. Rockstuhl, Verlag Rockstuhl, 2005, S. 136.

[2] G-2 Periodic Report 76th InfDiv v. 10./11.4.45.

[3] Information der Stadt Gebesee, Bgm. Hoffmann.

[4] Zeitzeugenbericht Manfred Kresse.

[5] Gem. G-2 Periodic Report 76th InfDiv v. 10./11.4.45 „Einheit Lutz“. Angaben zur K.Gr. Lutz gem. G-2 Periodic Report XX. Corps v. 12.4.45.

[6] Gem. Dieter Domann erfolgte die Besetzung gegen Mittag.

[7] Gem. Harald Sorber, Straußfurt.

[8] “As it happened to Second Battalion 304th Infantry 76th Division”, Leipzig 1945.

[9] „Chronik der Gemeinde Andisleben in Thüringen 815–2000“, G. Trautmann, Verlag Rockstuhl.

[10] „Die Bauern von Witterda im Wandel der Geschichte“, G. Franke, Eigenverlag, 1993, S. 33ff, Kreisarchiv Sömmerda.

[11] „1000 Jahre Elxleben an der Gera 973–1973“, S. 14ff, Kreisarchiv Sömmerda.

[12] “Unit History 81st Chemical Mortar Battalion”.

[13] S-2 Journal 317th InfRgt.

[14] Ebenda.

[15] Gem. G-2 Periodic Report 80th InfDiv v. 9.4.45 befand sich das III. Btl. in Tiefthal. Der genaue Zeitpunkt des Absetzens ist nicht bekannt.

[16] Gem. Zapf „Flugplätze der Luftwaffe“, Bd. 3 „Thüringen“ gab es zu diesem Zeitpunkt kein „Würzburg-Riese“ und „Freya“-Geräte bei Salomonsborn. Gem. „Info-Born“, 8. Ausgabe, 10. Jahrgang, Oktober 2014, befand sich am Alacher Weg, heute Herrenstraße, ein Würzburg-Gerät. Auch „Erfurt im Luftkrieg“, H. Wolf, S. 148 nennt die zwei „Freya“- und ein „Würzburg“-Gerät.

[17] Siehe auch www.salomonsborn.de.

[18] WP – White Phosphor – Weißer Phosphor.

[19] “Unit History 81st Chemical Mortar Battalion”.

[20] „Der 10. April 1945 – Das Vorrücken der amerikanischen 80. Infanterie-Division im Bergkreis“, 1./2016, www.historie-salomonsborn.com.

[21] Ebenda.

[22] Gem. dem S-3 Journal 317th InfRgt kamen „ 6 big AG“ (Assault Guns) in Gispersleben zum Einsatz. Es handelt sich hierbei um die drei Sturmgeschütze der HQ Co. 702nd Tk Bn und die Sturmgeschütze der Co. A, B und C, 702nd Tk Bn.

[23] Valour.militarytimes.com.

[24] Gem. Morning Report Co. H, 2./317 v. 11.4.45 wurde der Ortsteil bis 18.00 Uhr (B) besetzt. Das G-3 Journal 80th InfDiv meldet um 19.15 Uhr (B) das Eindringen. Angaben zu den Flakgeschützen gem. StAEF, 1-3 Gispersleben-Kiliani, Ablieferung und Meldung von Wehrmachtsgut.

[25] Gem. Zeitzeuge Johannes Sippel, Gispersleben.

[26] S-2 Journal 317th InfRgt.

[27] 1 Yard entspricht 0,9144 Meter.

[28] "Unit History 81st Chemical Mortar Battalion".

[29] www.1225 Jahre-ermstedt.de.

[30] G-2 Periodic Report 80th InfDiv; G-2 Journal 80th InfDiv; S-2 Journal 317th InfRgt.

[31] „Erfurt im Luftkrieg", H. Wolf, Heinrich-Jung-Verlagsgesellschaft mbH Zella-Mehlis, 2013, S. 104/105.

[32] Ebenda, S. 149.

[33] Erfurter Heimatbrief Nr. 13 v. 10. Dezember 1966, Bericht v. Dr. Siegfried Hotzel, Wehrmachtspfarrer, S. 55, Wissenschaftliche Allgemeinbibliothek Erfurt. Siehe auch „Erfurt unterm Sternenbanner", Mohr, Ranglack, Riesterer, Erfurt, 1995, S. 14. Hotzel, der ab 1944 als Wehrmachtspfarrer beim W.Kr. XII Wiesbaden eingesetzt war, war mit der Auflösung des Wehrkreises nach Erfurt entlassen worden, wo er zuvor von 1936 bis Kriegsbeginn als Standortpfarrer tätig wär. Hotzel hat während der gesamten Zeit Tagebuch geführt, so dass sich die Vorgänge in der Stadt, wie nur selten möglich, mit anderen Informationen abgleichen lassen.

[34] G-3 Journal 80th InfDiv; G-2 Periodic Report 80th InfDiv; S-2 Journal 702nd Tk Bn.

[35] S-2 Journal 317th InfRgt.

[36] S-2 Journal 702nd Tk Bn.

[37] Gem. „Das Jahr 1945. Die letzten Tage des 2. Weltkrieges", Nachlass Merkel, StAEF, 5/190 23, S. 19, war die 10. Kp unter Lt. Buchert in Frienstedt im Einsatz. Diese gehörte gem. den amerikanischen Unterlagen zum II./Rgt. Opitz. Im S-2 Journal 319th InfRgt werden auf Grundlage einer IPW-Meldung zwei Züge der 5. Kp./Ers.Btl. 71 mit 50 Mann gemeldet. Diese Angabe beruht wahrscheinlich auf den Einträgen in den Soldbüchern, aus denen jedoch nicht die Zuordnung in die K.Gr. erkennbar ist. Da sich in der Meldung auch Angaben zu einer Offz.Nachw.Kp. mit drei Klassen zu je 50 Mann aus Teilen des Ers.Btl. 71 und der Na.Ers.Abt. 81 finden, bestätigt dies die Anwesenheit der Fahnenjunker. Mit Offz.Nachw.Kp. dürfte die K.Gr. gemeint sein und die drei Klassen sind die drei Kompanien, auch als K.Gr. Mattonet, Buchert und Schneider bezeichnet.

[38] Valour.militarytimes.co.

[39] Wikipedia-Eintrag Frienstedt.

[40] Suchanfrage Kimmich, Stuttgart an den Autor.

[41] S-2 Journal 702nd Tk Bn. Im G-2 Journal 80th InfDiv meldet das RCT 317 zwei StGesch nordöstlich Frienstedt, aber das 811th TD Bn ein StGesch südöstlich Gottstedt.

[42] G-2 Periodic Report 80th InfDiv.

[43] S-2 Periodic Report 318th InfRgt.

[44] S-2 Journal 702nd Tk Bn.

[45] Wikipedia-Eintrag Gottstedt. Bei den Litauern handelt es sich möglicherweise um Freiwillige der Waffen-SS. Da bei einem der beiden toten Litauer kein Geburtsdatum überliefert ist, kann es sich bei ihm um einen der sogenannten „SS-Zöglinge" gehandelt haben, die als Luftwaffenhelfer auch in Thüringen zum Einsatz kamen.

[46] G-2 Journal 80th InfDiv.

[47] S-2 Journal 319th InfRgt.

[48]„Flugplätze der Luftwaffe 1934–1945 Band 3 Thüringen“, J. Zapf, VDM, 1. Auflage 2003, S. 45ff; Siehe auch „Luftwaffe in Erfurt – Fliegerhorst Erfurt-Bindersleben“, www.luftfahrt-erfurt.de.

[49] In der History der 80th US InfDiv wird von der Flak.Bttr. z.b.V. 334 mit insgesamt neun 2cm Flakgeschützen gesprochen. Unter der Bezeichnung 334 gab es aber nur die s.Flak.Abt. 334. Deren 5. Bttr. war aber eine leichte Batterie.

[50] Auch „Gemünden“ genannt.

[51] Da später im Steigerwald gefangengenommene Soldaten einmal als Einheit die K.Gr. Gmünd und zum anderen die Flak.Abt. 334 angeben, sind diese anscheinend identisch. Die Angaben zur Stärke sind jedoch unterschiedlich. Gem. dem G-2 Periodic Report des XX. Corps v. 12.4.45 betrug diese 100 Mann, fünf 8,8cm, zwei 2cm Flak und zwei Flak der s.Flak. 10328 unter Lt. Berger. Gem. dem G-2 Periodic Report der 80th InfDiv v. 11.4.45 bestand sie aus zwei Bttr mit je sechs 8,8cm Flak und einer Kp Versprengter, die bei Gispersleben zum Einsatz kamen. Das G-2 Journal 80th InfDiv v. 11.4.45 meldet neun 2cm Flak der Flak.

[52] G-2 Periodic Report XX. Corps.

[53] G-2 Periodic Report XX. Corps; S-2 Journal 317th InfRgt; S-2 Journal 702nd Tk Bn. Gem. S-3 Journal 319th InfRgt haben Kriegsgefangene angegeben, dass die zwei StGesch mit 7,5cm Kurzrohrkanone zu einer Einheit gehörten, die sechs Geschütze in der Nacht 7./8.4.45 nach Neudietendorf gesandt hat.

[54] Valour.militarytimes.com.

[55] “History Second Battalion 318th Infantry Regiment 80th Division”. Angaben zu den Auszeichnungen aus fieldsofhonor-database.com und velor.militarytimes.com.

[56] „Der Kampf um Erfurt“, A. Buresch, Sutton Verlag Erfurt, 2016, S. 63.

[57] Angaben zu den Auszeichnung aus velor.militarytimes.com. Dort wird jedoch der 11. April 1945 angegeben, was für Schmira nicht zutrifft.

[58] S-2 Periodic Report 318th InfRgt.

[59] „Der Kampf um Erfurt“, A. Buresch, Sutton Verlag Erfurt, 2016, S. 63.

[60] „Harte Minuten am Grab des unbekannten Bruders“, www-all-in.de und der „Friedhof Erfurt-Schmira“, www.denkmalprojekt.org.

[61] Angaben zu den Gräbern aus fieldsofhonor-database.com.

[62] “WW II Medical Research Centre” auf www.med-dept.com.

[63] Wahrscheinlich waren es normale Luftwaffenangehörige im Erdeinsatz.

[64] G-2 Journal 4th AD.

[65] Wikipedia-Eintrag Bischleben.

[66] Unterschiedliche Angaben zur Stärke dieser Kräfte. Andere Quellen sprechen von 60 bis 70 Mann.

[67] “Unit History 81st Chemical Mortar Battalion”. Die Datumsangabe ist falsch, denn es wird der 9.4.45 genannt, was jedoch aus dem gesamten Kontext heraus nicht stimmen kann. Es kommt nur der 10.4.45 in Frage. Auch die Angabe der Opfer dürfte unzutreffend sein.

[68] S-3 Journal 318th InfRgt. Es muss sich um die Gen.Kp. 413 handeln.

[69] S-2 Journal 702nd Tk Bn.
[70] Zitat und Angaben gem. Krüger in „Mein Jahr fünfundvierzig"
[71] Beide Orte wurden 1933 zu einem Ort – Neudietendorf – zusammengelegt.
[72] Valour.militarytimes.com.
[73] S-3 Journal 318th InfRgt.
[74] „Mein Jahr fünfundvierzig", hier Bericht Krüger. Zu Bauernschule siehe „Die Erziehung zum deutschen Menschen – völkische und nationalkonservative Erwachsenenbildung in der Weimarer Republik", P. Ciupka, Essen 2007.
[75] „Im Gasthof der Brüdergemeinde wurde Angriff geplant" v. Horst Benneckenstein, TLZ, 8.4.09.
[76] Ebenda; Krüger gibt in „Mein Jahr fünfundvierzig" an, das 42 Häuser zerstört oder beschädigt wurden. Möglicherweise bezieht er sich nur auf Neudietendorf.
[77] "History 318th InfRgt".
[78] G-2 Periodic Report VIII. Corps, No. 293 v. 6.4.45, Annex 2 Consolidated Interrogation Report.
[79] G-2 Journal 80th InfDiv.
[80] Ebenda.
[81] „Zeitzeugen äußern sich nicht" v. Thomas Rotbahrt, TA v. 9.4.05.
[82] S-3 Journal 318th InfRgt; G-2 Journal 80th InfDiv.
[83] „Eine Jugend in Hitlers Reich", v. Gottberg und Interviews durch den Autor im Mai/Juni 2015.
[84] Anja Buresch schreibt in ihrem Buch „Der Kampf um Erfurt" auf S. 72 unter Bezugnahme auf Matthias König „Die Geschichte Walterslebens. Beiträge aus der Chronik unseres Ortes", Heft 4, Waltersleben 2001, das bei der Besetzung des Ortes ein Panzerfahrzeug durch einen Panzerabwehrtrupp bewegungsunfähig geschossen wurde und sich die Amerikaner nach Möbisburg zurückzogen, bis die Kampfhandlungen durch das Hissen der weiße Fahne auf dem Kirchturm beendet wurden. Hierzu findet sich in den amerikanischen Unterlagen keinerlei Hinweis. Im Gegenteil belegen diese, das die Panzer erst am Morgen des 11.4.45 eintrafen. Da war der Ort schon besetzt. Möglicherweise wurde aber ein amerikanischer Panzer, der ausgefallen war, dorthin geschleppt und man nahm an, er wäre dort zerstört worden. Vielleicht der von Lt. Larkin.
[85] „Telegraphenbüros und Nachrichtenagenturen in Deutschland", J. Wilke, K.G. Sauer München, New York, London, Paris, 1991, S. 271/272.
[86] Geburtsname Theodor Gutmann. Auch Theo Gutman genannt.
[87] "The Racine Journal Times" v. 11.4.45; siehe auch "Biloxi Daily Herald" v. 12.4.45.
[88] „We rode up front for Patton", A. F. Irzyk, Pentland Press 1996, S. 365.
[89] „Das Jahr 1945. Die letzten Tage des 2. Weltkrieges", Nachlass Merkel, StAEF, 5/190 23.
[90] 1. Kp. Lt. Grimm, 2. Kp. Lt. Steinhart gem. IPW-Report v. 11.4.45.
[91] G-2 Periodic Report 80th InfDiv v. 10.4.45.
[92] Gem. Zeitzeugenbericht Gottberg.
[93] G-2 Periodic Report XX. Corps v. 12.4.45 nennt Teile bei Offz.Nachw.Kp. Erfurt.

[94] G-2 Report 3rd Army v. 17.4.45.
[95] G-2 Periodic Report 80th InfDiv v. 10.4.45.
[96] Auch Baier oder Beyer.
[97] G-2 Periodic Report 80th InfDiv v. 12./13.4.45.
[98] Gem. Schleichardt ging Klatt am 12.4.45 in Erfurt als Kdr. des Btl. in die Kriegsgefangenschaft der 80th InfDiv. Andere Quellen nennen Hptm. Hoffmann als Kdr.
[99] G-2 Periodic Report 3rd Army v. 17.4.45.
[100] Erfurter Heimatbrief Nr. 13 v. 10. Dezember 1966, Bericht v. Dr. Siegfried Hotzel, Wehrmachtspfarrer, S. 55, Wissenschaftliche Allgemeinbibliothek Erfurt.
[101] „Erfurt im Luftkrieg 1939–1945“, H. Wolf, Schriften des Vereins für die Geschichte und Altertumskunde von Erfurt, Heinrich-Jung-Verlagsgesellschaft mbH Zella-Mehlis, 2013, S. 223.
[102] „Stadtgeschichte Erfurt“, www.erfurt.de.
[103] „Erfurt im Luftkrieg“, H. Wolf, Heinrich-Jung-Verlagsgesellschaft mbH Zella-Mehlis, 2013, S. 231.
[104] Erfurter Heimatbrief Nr. 13 v. 10. Dezember 1966, Bericht v. Dr. Siegfried Hotzel, Wehrmachtspfarrer, S. 55, Wissenschaftliche Allgemeinbibliothek Erfurt.
[105] G-2 Periodic Report 80th InfDiv v. 12./13.4.45.
[106] "Lucky Forward", Col. Allen, S. 281.
[107] Gem. WASt gehörte einer der Soldaten zur K.Gr. Reiser der Pz.Ers.Abt 1. In den amerikanischen Unterlagen wird auch Reisser bzw. Reimer geschrieben.
[108] Angaben zu der Zugehörigkeit aller Gefallenen liegen dem Autor vor. Dies bestätigt, dass die Aussage, es hätte sich am Angehörige der Waffen-SS gehandelt, die alleine deshalb von den Amerikanern erschossen wurden, nicht zutrifft. Allerdings kann es bedingt durch die schwarze Panzeruniform mit dem Totenkopfabzeichen auf den Kragenspiegeln bei den Angehörigen der Panzertruppe zu einer Verwechselung gekommen sein. Das Teile der Panzersoldaten in Erfurt zu diesem Zeitpunkt noch die schwarze Uniform trugen, die in den Frontverbänden nur noch selten vorkamen, bestätigt der Zeitzeuge Johannes Sippel, der als Feldwebel der Panzertruppe in Erfurt ebenfalls noch diese Uniform trug.
[109] Beim 318th InfRgt wird von der K.Gr. Reisser gesprochen.
[110] Bad Sulzaer Heimathefte Nr. 12, S. 144/145.
[111] In den Listen des Zahlmeisters des Stalag waren gem. Koch über 30 000 Kriegsgefangene registriert. Gem. dem AAR des 69th Tk Bn wurden 300 vorgefunden, was wahrscheinlich ein Schreibfehler ist. Hofmann nennt in seinem Buch „Super Sixth“ 3000 Gefangene. Auch die Funkmeldung an den G-2 der Division nennt 3000 Gefangene.
[112] "The Super Sixth", G. F. Hofmann, Battery Press, 2000.
[113] G-2 Periodic Report XX. Corps v. 12.4.45.
[114] G-2 Periodic Report 3rd Army. Es handelt sich wahrscheinlich um fliehende Angehörige der Lagerwache der Lagers Bad Sulza.
[115] Gem. der Chronik des XX. US Corps erfolgt die Brückensprengung in der Nacht zum 12.04.45. Die Art der Beschädigung deutet auf Fliegerbomben hin, die als Sprengmittel-

ersatz verwendet wurden. Der AAR 25th Armd Engr Bn nennt 20.00 Uhr (B) als Zeitpunkt der Fertigstellung, der AAR CCA 6th US AD nennt 23.00 Uhr (B).

116 Gem. „Ortschronik von Udestedt", C. Scheuermann, 1996, S. 135 kamen die ersten amerikanischen Truppen aus Richtung Kleinrudestedt.

117 „Ollendorf – Beiträge zur Ortsgeschichte", Ollendorf 2006, S. 103 u. 127.

118 "The Super Sixth", G. F. Hofmann, Battery Press, 2000. Hofmann gibt nicht an, wo sich die Kolonne aufgeteilt hat. Auch in den anderen Unterlagen finden sich keine Hinweise. Die geografische Lage spricht jedoch dafür, dass die Teilung an dieser Stelle erfolgt sein muss.

119 „Die SS. Schuld und Verführung….." v. Erika Schlesak, auf schlesak.blog.de.

120 "The Super Sixth", G. F. Hofmann, Battery Press, 2000.

121 „Die SS. Schuld und Verführung….." v. Erika Schlesak, auf schlesak.blog.de. E. Schlesak konnte lediglich ermitteln, dass in den zwei anonymen Gräbern zwei erschlagene SS-Männer liegen, von denen einer der 1917 geborene Keil ist.

122 "The Super Sixth", G. F. Hofmann, Battery Press, 2000.

123 „Die amerikanische Besetzung Deutschlands", K.-D. Henke, R. Oldenbourg Verlag München, 2. Auflage 1996, S. 669.

124 „K.L:" war die offizielle Abkürzung für Konzentrationslager. Umgangssprachlich wird aber seit den 40iger Jahren die Bezeichnung „KZ" verwendet, über deren Herkunft es verschiedene Meinungen gibt. Gemäß „Der SS-Staat", E. Kokon, stammt die Abkürzung von den SS-Wachmannschaften. Andere Quellen führen sie auf die englische Bezeichnung „Concentration Camp", „CC", zurück, die in der Aussprache in „KZ" umgewandelt wurde.

125 „Weimar-Chronik III", G. Günther, 1990, Stadtmuseum Weimar.

126 "The Super Sixth", G. F. Hofmann, Battery Press, 2000.

127 Der Eintrag im handschriftlichen Journal, das in Kopie in der Erfurter Allgemeinen v. 23.10.1999 veröffentlicht wurde, lautet 17.10 Uhr. Bei der später erfolgten Übernahme in den AAR wurde aus 17.10 Uhr der Eintrag 16.00 Uhr. Das lässt sich nur aus der Tatsache erklären, dass zum Zeitpunkt der Abschrift die Informationen vorlag, dass Keffer „gegen 16.00 Uhr" das Lager erreicht hatte. Die ursprüngliche Zeit der Meldung ging so beinahe verloren.

128 „Die amerikanische Besatzungszeit in Apolda", Dr. T. Bahr, Sonderheft Apoldaer Heimat 1996. Siehe auch „Als die Amerikaner nach Apolda kamen" v. Koch.

129 Mit dem Luftkrieg und dessen Folgen beschäftigt sich intensiv das Buch von Helmut Wolf „Erfurt im Luftkrieg 1939–1945".

130 S-3 Journal 317th InfRgt; AAR 305th Engr C Bn.

131 „Das Jahr 1945. Die letzten Tage des 2. Weltkrieges", Nachlass Merkel, StAEF, 5/190 23.

132 G-2 Periodic Report XX. Corps v. 15.4.45. Siehe auch Chronik Gispersleben. Kauer war Kp.Führer der SS-Kraftf.Ausb.u.Ers.Abt. 3. Er wird im G-3 Journal der 80th US InfDiv v. 11.4.45 und dem G-3 Report der 3rd US Army v. 15.4.45 als Führer der gesamten K.Gr. in Stärke von drei Kompanien genannt. Die Gesamtstärke von 300 Mann für

die K.Gr. Kauer deutet daraufhin, dass ein Großteil des Alarm.Btl. unter Führung von Kauer bei Gispersleben zum Einsatz kam. Was aus dem Rest des Alarm.Btl. und dessen Führer, SS-Stubaf. Westmann, wurde, ist bisher ungeklärt.

133 G-2 Report 3rd Army v. 17.4.45.

134 Die Angaben zur Anzahl der beteiligten Panzer schwanken zwischen zwei und vier. Die StGesch III kommen gem. AAR 318th InfRgt von der K.Gr. Keil. Im G-2 Periodic Report 80th InfDiv werden im Raum Niedernissa – Windischholzhausen am 8.4.45 40 Panzer und Sturmgeschütze genannt. Das G-2 Journal der 4th AD verzeichnet bereits am 7.4.45 Panzerbewegungen in Stärke von 40–50 Panzern südlich von Erfurt. Außerdem meldet es am 5.4.45 einen Zug mit 20 StGesch im Bahnhof Erfurt. Die Zahl 40–50, die auf Kriegsgefangenenaussagen beruht, ist wahrscheinlich übertrieben. Der Zeitzeuge Johannes Sippel, der zum Kriegsende als Feldwebel bei Materialprüfkommando in Erfurt war, gab im Interview am 23.04.01 an, dass der Angriff mit drei bis vier PzKpfw. IV mit 7,5cm Kurzrohrkanonen, also dem ältesten Typ, erfolgte. Was mit den Panzern und Sturmgeschützen ist, die nicht in Gispersleben zum Einsatz kamen, ist nicht bekannt. Die Angaben zur K.Gr. Wendel beruhen auf Aussagen von Kriegsgefangenen bei Marbach aus dem G-2 Journal 80th InfDiv.

135 Um 06.15 Uhr (B) meldet als erstes das 1./317 Gefechte beim 2./317.

136 Zeitzeugenbericht Johannes Sippel, damals Feldwebel in Erfurt. Sippel, der sich in der Nacht 10./11.4.45 in Erfurt-Gispersleben aufgehalten haben will, gibt an, dass die Amerikaner im Schlaf überrascht wurden.

137 G-2 Periodic Report XX. Corps.

138 G-2 Periodic Report 80th InfDiv; S-2 Journal 317th InfRgt; siehe auch „Die Ortsgeschichte von Marbach Teil 1 1211–1989“ in Marbacher Bote, Marbach 2011, S. 78ff.

139 G-2 Journal 80th InfDiv.

140 „Chronik von Gispersleben“, Mohr, Ranglack, Erfurt, S. 57/58; siehe auch “You can't closer than this: Combat with Company H, 317th Infantry Regiment, 80th Infantry Division”, A. Z. Adkins Jr., Havertown, 2005.

141 Interview Zeitzeuge Johannes Sippel v. 23.4.01 und 26.6.01.

142 Valour.militarytimes.com.

143 Gem. Schleichardt, Erfurt.

144 Für mehrtägige Kämpfe um das Kraftwerk, von denen vereinzelt berichtet wird, gibt es keinerlei Beweise. Auch für einen Zusammenhang zwischen dem Kraftwerk Gispersleben und dem geplanten Führerhauptquartier im Jonastal bei Arnstadt gibt es keine belastbaren Beweise.

145 Valour.militarytimes.com. Hier wird Turkoff die Tat für den 10. April 1945 zugeschrieben. Zu dem besagten Feuergefecht kam es jedoch erst am 11. April 1945.

146 Zitat der Aussage von Col. Hayes in der „Chronik von Gispersleben“, Mohr, Ranglack, Erfurt, S. 59.

147 S-3 Journal 317th InfRgt. Siehe auch G-2 Journal 80th InfDiv. Die Angabe ist ungenau. Es kann sich nur um einen Jeep der US Artillerie gehandelt haben, der von den Deutschen erbeutet wurde.

[148] Valour.militarytimes.com.

[149] G-2 Journal 4th AD.

[150] S-2 Journal 317th InfRgt.

[151] "You can't closer than this: Combat with Company H, 317th Infantry Regiment, 80th Infantry Division", A. Z. Adkins Jr., Havertown, 2005.

[152] Gem. Interview Sippel v. 23.4.01 wurden diese bis gegen 15.00 Uhr in einer Blechgarage eingesperrt. Dafür gibt es jedoch keine weiteren Beweise.

[153] Eine Erschießung in den „frühen Morgenstunden", wie in einigen Foren diskutiert, gab es nicht, da dies dann am 12.04.45 gewesen sein müsste.

[154] "You can't closer than this: Combat with Company H, 317th Infantry Regiment, 80th Infantry Division", A. Z. Adkins Jr., Havertown, 2005.

[155] „Soldaten", S. Neitzel, Sönke, H. Welzer, Taschenbuch Verlag, 2011, S. 409/410.

[156] „Chronik von Gispersleben", Mohr, Ranglack, Erfurt, S. 60; „Gispersleben – Ein maginaler Eintrag zum 850. Ortsjubiläum" v. Angela u. Hans-Peter Brachmanski, Stadt- u. Regionalbibliothek Erfurt, Heimatkunde Magazin MH-4-2000, 9986; Übersicht der Gefallenen Gispersleben, www.denkmalprojekt.org.

[157] „Der Kampf um Erfurt 1945", A. Buresch, Sutton Verlag, 2016, S. 67/68.

[158] G-2 Journal 80th InfDiv; siehe auch „Die Ortsgeschichte von Marbach Teil 1 1211–1989" in Marbacher Bote, Marbach 2011, S. 78ff. Möglicherweise sind es auch die zwei Panzer, die sich von Gispersleben zurückgezogen haben.

[159] G-2 Journal 80th InfDiv.

[160] „Die Ortsgeschichte von Marbach Teil 1 1211–1989" in Marbacher Bote, Marbach 2011, S. 78ff.

[161] G-2 Journal 80th InfDiv.

[162] „Die Ortsgeschichte von Marbach Teil 1 1211–1989" in Marbacher Bote, Marbach 2011, S. 78ff. Siehe auch www.erfurt-marbach.de.

[163] G-2 Periodic Report 80th InfDiv. Die Auswertung eines Luftbildes vom 6.4.45 deutet daraufhin, dass ein Flakgeschütz in der Stellung westlich von Marbach verblieben war.

[164] S-2 Journal 317th InfRgt.

[165] Erfurter Heimatbrief Nr. 13 v. 10. Dezember 1966, Bericht v. Dr. Siegfried Hotzel, Wehrmachtspfarrer, S. 55, Wissenschaftliche Allgemeinbibliothek Erfurt.

[166] „Thüringer Naturbrief – Denkmale Erfurts" v. Gottfried Grünzig, 11.4.02.

[167] Im StAEF befinden sich unter der Signatur 1-2/036-17 und 1-2/036-13 Unterlagen zu „Kriegsgefangene 3. Franzosen Lager Schulgebäude Hochheim, Zivilarbeiter". Damit könnte das Lager III gemeint sein.

[168] "History Second Battalion 318th Infantry Regiment 80th Division"; Im S-2 Periodic Report 318th InfRgt wird von Infanterie gesprochen. Die Kriegsgefangenenübersicht des G-2 Periodic Reports der 80th InfDiv v. 11./12.4.45 meldet das Kgf.Lager Hochheim III mit 58 Mann. Wahrscheinlich waren die Wachmannschaften Landesschützen.

[169] G-2 Journal 4th AD.; Gem. „Das Jahr 1945. Die letzten Tage des 2. Weltkrieges", Nachlass Merkel, StAEF, 5/190 23, S. 19, wurde die Sprengung am 10.4.45 wiederholt.

[170] „Erfurt unterm Sternenbanner", Mohr, Ranglack, Riesterer, Erfurt, 1995, S. 16.

[171] G-2 Journal 4th AD; G-2 Journal 80th InfDiv; S-2 Journal 317th InfRgt; S-2 Periodic Report 318th InfRgt.

[172] „Erfurt im Luftkrieg", H. Wolf, Heinrich-Jung-Verlagsgesellschaft mbH Zella-Mehlis, 2013, S. 231.

[173] S-3 Periodic Report 318th InfRgt.

[174] Die Co. B, 702nd Tk Bn meldet die Straßensperre in Bischleben, was darauf hindeutet, dass sie eine Behinderung darstellte.

[175] S-3 Journal 318th InfRgt. In dem Artikel „Geopfert fünf vor zwölf" v. Grünzig in der Erfurter Allgemeinen Zeitung v. 11.4.02, wird von einem abgeschossenen Sherman-Panzer auf der Straße zwischen Stern und Forsthaus gesprochen. Dabei kann es sich nur um eine Verwechslung mit dem deutschen Sturmgeschütz handeln. Das die zwei deutsche Soldatengräber hinter dem Waldkasino damit im Zusammenhang stehen, ist unwahrscheinlich.

[176] Erfurter Heimatbrief Nr. 13 v. 10. Dezember 1966, Bericht v. Dr. Siegfried Hotzel, Wehrmachtspfarrer, S. 55, Wissenschaftliche Allgemeinbibliothek Erfurt.

[177] „Erinnerungen an eine Kindheit im Steigerwald Erfurt" v. Hartmut Schwarz, TLZ v. 6.9.12.

[178] S-2 Journal 702nd Tk Bn.

[179] G-2 Periodic Report 3rd Army.

[180] G-2 Journal 80th InfDiv. Im S-3 Journal 318th InfRgt erfolgt erst verspätet um 21.15 Uhr (B) der Eintrag über der MG-Beschuss von Rhoda durch den I&R Plat.

[181] „Das Waldhaus im Krieg" in Stadt u. Geschichte, Zeitschrift für Erfurt, Nr. 25, 01/2005.

[182] G-2 Journal 80th InfDiv.

[183] History Co. B, 305th Engr C Bn.

[184] Angaben zum letzten Zug gem. „Erfurt unterm Sternenbanner", Mohr, Ranglack, Riesterer, Erfurt, 1995, S. 13.

[185] G-2 Journal 80th InfDiv; siehe auch „Mein Feldzug 1942–1945" v. Lorenz Treplin, Westholsteinische Verlagsanstalt Boyens & Co., Heide, 1992, S. 106/107 und Interview mit Autor.

[186] G-2 Periodic Report 80th InfDiv v. 12./13.4.45.

[187] S-2 Journal 317th InfRgt.

[188] Hendrich Diary, Co. B, 702nd Tk Bn; siehe auch Skizze „Der Kampf um Erfurt", A. Buresch, Sutton Verlag, 2016, S. 75/75. Bei dem Panzer handelte es sich nicht um einen M-36 Panzerjäger, sondern einen Sherman-Panzer.

[189] Buresch nennt in „Kampf um Erfurt", S. 73 zwei Flakgeschütze und einen Panzer. In den amerikanischen Meldungen wird einmal von drei 8,8cm Flak und dann von drei 2cm Flak und zwei Sturmgeschützen gesprochen.

[190] Valour.militarytimes.com.

[191] S-2 Journal 317th InfRgt.

[192] Erfurter Heimatbrief Nr. 13 v. 10. Dezember 1966, Bericht v. Dr. Siegfried Hotzel, Wehrmachtspfarrer, S. 56, Wissenschaftliche Allgemeinbibliothek Erfurt.

[193] Alle Angaben beruhen auf der Ausarbeitung von Herbert Daniel, Erfurt „Die Soldatengräber von Egstedt 1945“ und Material, dass von Daniel dem Autor überlassen wurde. Gem. „Der Kampf um Erfurt“, A. Buresch, Sutton Verlag, 2016, S. 75/76 sollen sie durch Jagdbomberangriffe ums Leben gekommen sein, was alleine auf Grund der Verletzungen nicht sein kann. Der Tote auf dem Sturmgeschütz ist mit großer Sicherheit erst bei den Kämpfen am Waldschlösschen gefallen und wurde nach Ende der Kämpfe gemeinsam mit den anderen geborgen und in Egstedt beigesetzt.

[194] G-2 Journal 80th InfDiv.

[195] „Der Kampf um Erfurt“, A. Buresch, Sutton Verlag, 2016, S. 75.

[196] Da keine weiteren Angaben vorliegen, kann es sich nur um die zwei Flakgeschütze gehandelt haben, die beim CCA am Morgen auf dem Weg zwischen Egstedt und Schellroda gemeldet wurden.

[197] Dieser Jagdbomberangriff auf die deutschen Stellungen am Waldschlösschen und die Toten von Egstedt wurden durch A. Buresch als ein Ereignis gewertet, daher ihre Aussage, dass alle Toten in Egstedt bei diesem Luftangriff getötet wurden.

[198] „Glocken gegen das Vergessen“ v. Iris Pelny, TA 17.3.10.

[199] S-3 Periodic Report 318th InfRgt.

[200] S-3 Journal 318th InfRgt.

[201] Gem. „Erfurt unterm Sternenbanner“, Mohr, Ranglack, Riesterer, Erfurt, 1995, S. 34/35, heißt es in einem Augenzeugenbericht, das Merkel selber am Telefon war.

[202] S-3 Journal 318th InfRgt gibt um 20.00 Uhr (B) Dittelstedt als Treffpunkt an.

[203] Der Text weist Abweichungen zu den sonstigen Meldungen auf.

[204] Die amerikanischen Unterlagen sprechen vom „Stellv. Bürgermeister und einem Mitglied des Stadtrates (namens) Alschutt“. In „Erfurt unterm Sternenbanner“, Mohr, Ranglack, Riesterer, Erfurt, 1995, S. 31 werden die Stadträte Keller und Schmalix genannt. Mehr zur Person Schmalix, siehe „Erfurt unterm Sternenbanner“. In „Erfurt im Krieg 1940 und 1944/1945“, Brachmanski, Verlag Rockstuhl, 2015, S. 21 wird der Zeitzeuge A. Nikolai zitiert, der 1995 berichtet hatte, dass die schwarze Limousine des Oberbürgermeisters mit der weißen Fahne Richtung Melchendorf gefahren ist.

[205] Wahrscheinlich Schmalix.

[206] In „Erfurt unterm Sternenbanner“, Mohr, Ranglack, Riesterer, Erfurt, 1995 wird von 19.00 Uhr und 19.30 Uhr gesprochen, Merkel nennt in seinen Erinnerungen 19.45 Uhr.

[207] „Erfurt unterm Sternenbanner“, Mohr, Ranglack, Riesterer, Erfurt, 1995, S. 35.

[208] Uckermann waren gem. Gersdorff auch die K.Kdt. Erfurt und Weimar unterstellt. In „Erfurt unterm Sternenbanner“, Mohr, Ranglack, Riesterer, Erfurt, 1995 wird er irrtümlich als Kleemann genannt.

[209] „Erfurt unterm Sternenbanner“, Mohr, Ranglack, Riesterer, Erfurt, 1995, S. 31. Leisenberg legt das Treffen auf 21.00 Uhr und erwähnt Kießling nicht. Möglicherweise liegt hier eine Verwechselung vor.

[210] Ebenda, S. 31/32.

[211] „Erfurt im Luftkrieg“, H. Wolf, Heinrich-Jung-Verlagsgesellschaft mbH Zella-Mehlis, 2013, S. 231.

[212] „Erfurt unterm Sternenbanner“, Mohr, Ranglack, Riesterer, Erfurt, 1995, S. 33. Die Angabe von Gutman, dass zirka zehn Leute erschienen, ist unwahrscheinlich.

[213] G-2 Journal 4th AD.

[214] “History Second Battalion 318th Infantry Regiment 80th Division”; siehe auch “318th Infantry History” by Murrell sowie AAR S-2 318th InfRgt.

[215] „Erfurt unterm Sternenbanner“, 1995, S. 33.

[216] „Erfurt im Luftkrieg“, H. Wolf, Heinrich-Jung-Verlagsgesellschaft mbH Zella-Mehlis, 2013, S. 235.

[217] „Übergabe oder Untergang – Der Bürgermeister von Troistedt rettet Weimar vor dem Beschuss“, TA v. 8.4.95.

[218] Niederschrift der Vernehmung von Otto Koch am 19.10.1945 im Krankenhaus Weimar, Stadtarchiv Weimar.

[219] „Das Jahr 1945. Die letzten Tage des 2. Weltkrieges“, Nachlass Merkel, StAEF, 5/190 23, S. 22.

[220] „Erfurt unterm Sternenbanner“, Mohr, Ranglack, Riesterer, Erfurt, 1995, S. 31ff; siehe auch „Chronik Gispersleben“, Mohr, Ranglack, S. 56/57. und „Zeitzeugen erinnern sich an die Stunden und Tage nach dem 12. April 1945“ v. Katrin Müller mit Interview des 87jährigen Kurt Leisenberg, TA v. 24.4.1995; siehe auch „Der Kampf um Erfurt“, A. Buresch, Sutton Verlag, 2016, S. 77/78.

[221] History 319th InfRgt.

[222] S-2 Journal 319th InfRgt. Die Gefangenen gaben an, sie würden zum Btl. 59 Weimar gehören, was so falsch ist. Das Btl. 59 war aus Jena. Da aber von vier Kompanien gesprochen wird, das 59ste. aber nur drei Kompanien hatte, waren darunter möglicherweise auch Angehörige einer anderen Kompanie aus Weimar, die mit den Jenaern zum Einsatz kamen.

[223] G-2 Journal 80th InfDiv.

[224] Valours.militarytimes.com. Hier wird von „Nähe Obergrunstedt“ gesprochen.

[225] “319th InfRgt, Drive from Gotha to Chemnitz in coordination with CCA 4th Armored Division”.

[226] „Übergabe oder Untergang – Der Bürgermeister von Troistedt rettet Weimar vor dem Beschuss“, TA v. 8.4.95; siehe auch „Die aufregendste Radtour – Troistedt im Weimarer Land feiert in diesem Jahr das 750jährige Bestehen“ v. Jana Schlütter, TA v. 13.11.00.

[227] „Der 12. April 1945 in Troistedt und Weimar“ v. Volker Wahl, Weimarer Heimat – Blätter für Geschichte und Kultur des Kreises Weimar Land, 15/2001.

[228] „Patton’s Vorhut“.

[229] G-2 Journal 4th AD.

[230] Der Zoopark wurde 1959 gegründet.

[231] „Vor siebzig Jahren besetzten US-Truppen Erfurt und Umgebung“ v. Martin Moll, TLZ.de, 12.4.15. Aussage des Zeitzeugen Rolf Boller, damals Azmannsdorf.

[232] „Kleinmölsen 876–2001, 1125 Jahre Ortsgeschichte“ v. Frank Störzner, Kleinmölsen, 2001, S. 44–46. Unter Verwendung von Zeitzeugenberichten von Erhard Graf u. Werner Ketschau, beide Kleinmölsen 2001.

[233] Battalion Diary HQ 37th Tk Bn.

[234] Im G-3 Periodic Report 4th AD heißt es, dass u.a. Hottelstedt genommen wurde, was jedoch falsch ist. Der Vorstoß ging Richtung Hottelstedt, machte aber vor dem Ort einen Schwenk nach Osten.

[235] G-2 Journal 4th AD v. 11.4.45, 01.00 Uhr (B).

[236] Gem. der Zeittafel der Gedenkstätte Buchenwald war gegen 11.00 Uhr an der Nordwestecke Infanteriefeuer zu hören.

[237] „Der Buchenwald-Report", D. A. Hackett, München, 1996, S. 375; „Das Leben des Buchenwaldhäftlings Alfred Bunzol 738", A. Bunzol, Verlag Rockstuhl Bad Langensalza, 2011, S. 133.

[238] „Der Buchenwald-Report", D. A. Hackett, München, 1996, S. 61/62.

[239] „Das Ende", I. Kershaw, Pantheon Verlag, 1. Auflage 2013, S. 326/327; „Heinrich Himmler", Pantheon Verlag, 2. Auflage 2010, S. 745, 751/752.

[240] „Josias Erbprinz zu Waldeck-Pyrmont", A. Schmeling, S. 111/112.

[241] Ebenda, S. 113. Die Angaben zum 8. April finden sich im „Der Buchenwald-Report", D. A. Hackett, München, 1996, S. 22, siehe auch „Kriegsende in Deutschland 1945", MGFA, Oldenbourg Verlag München, 2002, S. 185. Einen zentralen Räumungsbefehl für die KZ gab es nicht.

[242] Das Luftgau.Kdo. befand sich in Berlin. Zur Person konnte nichts ermittelt werden. Es gab einen Großspediteur Staupendahl in Weimar und es gab den Führer des SS-Totenkopfbann Mittelbau , SS-Hstuf. Staupendahl.

[243] „Der Buchenwald-Report", D. A. Hackett, München, 1996, S. 373.

[244] Üblicher Begriff für Sturzkampfbomber.

[245] „Der Buchenwald-Report", D. A. Hackett, München, 1996, S. 23, siehe auch „Buchenwald. Mahnung und Verpflichtung", W. Bartel, Kongreß-Verlag, 1961, S. 610–617. Dort wird von einem Gerücht gesprochen.

[246] „Der Buchenwald-Report", D. A. Hackett, München, 1996, S. 22.

[247] „Der SS-Staat", E. Kokon, Wilhelm Heyne Verlag München, 10. Ausgabe, 1998 S. 361.

[248] „Der Buchenwald-Report", D. A. Hackett, München, 1996, S.22.

[249] „Das Leben des Buchenwaldhäftlings Alfred Bunzol 738", A. Bunzol, Verlag Rockstuhl Bad Langensalza, 2011, S. 134. Bunzol, der in der Küche der SS-Kdtr. eingesetzt war, nennt für den 11.4.45 eine Verpflegungsstärke von 3000 Mann.

[250] Die Angaben zur Uhrzeit differenzieren erheblich. Die Zeitachse der Gedenkstätte nennt 09.00 Uhr. Im „Der Buchenwald-Report", D. A. Hackett, München, 1996, S. 135, 373 und 375 wird 10.30 Uhr genannt, auf S. 23 jedoch 10.15 Uhr. In dem Buch „Buchenwald und die DDR", M. Overesch, Sammlung Vandenhoeck, 1995, S. 62 wird 10.00 Uhr angegeben.

[251] Zeitzeugenbericht Georg Kürsten, Buttelstedt.

[252]„Deutscher Volkssturm", F. W. Seidler, Weltbildverlag 1999, S. 311.

[253] „Der Buchenwald-Report", D. A. Hackett, München, 1996, S. 23.

[254] „Buchenwald und die DDR", M. Overesch, Sammlung Vandenhoeck, 1995, S. 60/61. Die Büroangestellte Hildegard Wolf hatte ausgesagt, dass der Anruf durch Fr. Schröder erfolgte.

[255] „Der Buchenwald-Report", D. A. Hackett, München, 1996, S. 23.

[256] Die Angaben zum Panzeralarm differieren zwischen 10.00 und 11.30 Uhr. Wahrscheinlich war der Alarm um 10.00 Uhr jedoch ein Fliegeralarm. Da die Aufklärer gegen 11.00 Uhr am Lager erschienen und zur gleichen Zeit die Panzer Ottstedt erreichten, wurde der Panzeralarm sehr wahrscheinlich zwischen 11.00 und 11.30 Uhr ausgelöst. „Der Buchenwald-Report", D. A. Hackett, München, 1996, S. 375 nennt um 10.15 Uhr Fliegeralarm und auf S. 375 um 10.30 Uhr Panzeralarm. Bunzol nennt auf S. 135/138 11.30 Uhr und in dem Buch „Buchenwald und die DDR", M. Overesch wird 12.00 Uhr angegeben.

[257] „Der Buchenwald-Report", D. A. Hackett, München, 1996, S. 375.

[258] „Orts-Chronik für Kleinmölsen (1801–1945)", Handschrift. Hier: zeitnahe Eintragung der Ereignisse 1945 durch Oberpfarrer Gerhard Bley (Pfarrarchiv Kerspleben).

[259] Zeitzeugenberichte Erhard Graf (2001) und Gerald Franke (2007), beide Kleinmölsen. Im S-2 Journal 319th InfRgt findet sich am 11.4.45 die G-2 Meldung des XX. Corps, über sechs zerstörte Panzer bei Kleinmölsen.

[260] „Das Kriegsende in Kleinmölsen" v. Frank Störzner, Erinnerung von Gerald Franke (2007).

[261] „Die Brieftasche des Paul Warzel (1945). Ein besonderes Zeitdokument bereichert nun unsere Heimatstube" v. Frank Störzner, Amtsblatt der VG Gramme-Aue, 23. Jg, (Großrudestedt 2016), Nr. 8. Siehe auch Bildanhang.

[262] Battalion Diary HQ 37th Tk Bn.

[263] Gem. „Der Buchenwald-Report", D. A. Hackett, München, 1996, S. 375 waren am Mittag Luftaufklärer über Niederzimmern, Ottstedt und Ollendorf.

[264] Das G-2 Journal 4th AD meldet die Kolonne um 12.35 Uhr (B) zwischen Daasdorf und Gaberndorf und um 13.00 Uhr (B) meldet der G-2 Report der 3rd US Army die 4th US AD südöstlich von Gaberndorf. Um 13.15 Uhr (B) wird im G-2 Journal 4th US AD das CCB beim Säubern der Wälder und des Ortes gemeldet. Angaben zur Flak aus „Das Dienstsiegel von Denstedt" v. Günther Jung in „Der Traum ist aus – Jugend im Zusammenbruch 1944–1945, 29 Geschichten und Berichte von Zeitzeugen", Bd. 20 der Reihe Zeitgut. Im S-2 Journal 319th InfRgt v. 11.4.45 findet sich auf Grundlage der Feindaufklärung die Meldung über „eine mittlere Flakbatterie mit drei Geschützen" an der angegebenen Stelle und Angehörige des Lds.Schtz.Ers.Btl. 9 in Daasdorf.

[265] Zeitachse Gedenkstätte Buchenwald und „Der Buchenwald-Report", D. A. Hackett, München, 1996, S. 375.

[266] „Der Buchenwald-Report", D. A. Hackett, München, 1996, S. 135 u. 373/375; Siehe auch „Buchenwald und die DDR", M. Overesch, Sammlung Vandenhoeck, 1995, S. 65 und „Das Leben des Buchenwaldhäftlings Alfred Bunzol 738", A. Bunzol, Verlag Rockstuhl Bad Langensalza, 2011, S. 135 u. 138.

[267] „Das Leben des Buchenwaldhäftlings Alfred Bunzol 738“, A. Bunzol, Verlag Rockstuhl Bad Langensalza, 2011, S. 135.

[268] Interessant ist der Verweis auf die Hunde, denn nach anderen Berichten sollte die Hundestaffel bereits vorher abgerückt sein.

[269] Zeitzeugenbericht Georg Kürsten, Buttelstedt.

[270] „Der Buchenwald-Report“, D. A. Hackett, München, 1996, S. 375.

[271] Ebenda, S. 376.

[272] „Buchenwald und die DDR“, M. Overesch, Sammlung Vandenhoeck, 1995, S. 67. Die Auswertung der Luftbilder ergab jedoch nur Einschläge westlich des Steinbruchs. Möglicherweise wurden Richtung Lager fliehende deutsche Truppen beschossen.

[273] „Der Buchenwald-Report“, D. A. Hackett, München, 1996, S. 375.

[274] Zeitachse Gedenkstätte. Siehe auch „Der Buchenwald-Report“, D. A. Hackett, München, 1996, S. 375/376.

[275] Battalion Diary HQ 37th Tk Bn.

[276] G-2 Periodic Report XX. Corps v. 15.4.45.

[277] Gem. Dr. Stein, Gedenkstätte Buchenwald.

[278] „Der Buchenwald-Report“, D. A. Hackett, München, 1996, S. 375; Siehe auch „Das Leben des Buchenwaldhäftlings Alfred Bunzol 738“, A. Bunzol, Verlag Rockstuhl Bad Langensalza, 2011, S. 136 und Zeitachse Gedenkstätte.

[279] „Das Leben des Buchenwaldhäftlings Alfred Bunzol 738“, A. Bunzol, Verlag Rockstuhl Bad Langensalza, 2011, S. 135. Gem. Bunzol waren unter ihnen Soldaten, die von Erfurt bis hierher geflohen waren.

[280] Schatzsucher vermuten noch sechs weitere Stollen. Siehe TA v. 1.11.2011.

[281] In „Buchenwald und die DDR“, M. Overesch, Sammlung Vandenhoeck, 1995, S. 67 wird von zwei Sprengungen berichtet. Gem. Bunzol, der in der SS-Küche tätig war, wurde das Tor II mit zwei Handgranaten aufgesprengt.

[282] „Der Buchenwald-Report“, D. A. Hackett, München, 1996, S. 23, 135, 373. Siehe auch „Buchenwald und die DDR“, M. Overesch, Sammlung Vandenhoeck, 1995, S. 67.

[283] „Der Buchenwald-Report“, D. A. Hackett, München, 1996, S. 376.

[284] „Das Leben des Buchenwaldhäftlings Alfred Bunzol 738“, A. Bunzol, Verlag Rockstuhl Bad Langensalza, 2011, S. 138.

[285] Gem. „Das Leben des Buchenwaldhäftlings Alfred Bunzol 738“, A. Bunzol, Verlag Rockstuhl Bad Langensalza, 2011, S. 138/139. Gem. den Ermittlungen der Gedenkstätte Buchenwald wurden 76 Gefangene gemacht.

[286] „Buchenwald und die DDR“, M. Overesch, Sammlung Vandenhoeck, 1995, S. 67.

[287] Interview Hentis mit dem Autor 29.7.16.

[288] Im „Der Buchenwald-Report“, D. A. Hackett, München, 1996, S. 376 wird um 15.40 Uhr von Panzern gesprochen, die ohne Stopp Richtung Weimar weiterrollten.

[289] „Der Buchenwald-Report“, D. A. Hackett, München, 1996, S. 377. Unklar ist, ob mit den drei Stunden die Zeitspanne ab Eintreffen des ersten Panzers gemeint ist.

[290] S-2 Journal 319th InfRgt. Die Abkürzung COWC ist unklar steht aber nicht für KZ.

[291] „Der Buchenwald-Report“, D. A. Hackett, München, 1996, S. 23, 374, 377 sowie Zeitachse der Gedenkstätte nennen 17.00 Uhr bzw. 17.30 Uhr. Da beide jedoch den Jeep von Keffer gesehen haben wollen, muss es spätestens 17.00 Uhr gewesen sein

[292] Gem. Dr. Harry Stein, Gedenkstätte Buchenwald.

[293] Hauptquartier der französischen Verbindungsoffiziere beim amerikanischen, militärischen Geheimdienst OSS.

[294] G-2 Journal 4th AD. Informationen zu den Verwandten aus „In Hitlers Hand, Sonder- und Ehrenhäftlinge der SS“, V. Koop, Böhlau Verlag Köln Weimar Wien, 2010, S. 147–150.

[295] Tenenbaum schuf als gelernter Ökonom nach Kriegsende die Voraussetzungen der Einführung der D-Mark in Westdeutschland.

[296] „Der Buchenwald-Report“, D. A. Hackett, München, 1996, S. 24.

[297] Der Weg der Keffer-Patrouille von Hottelstedt nach Buchenwald ist nicht verbürgt, wäre Keffer jedoch von Hottelstedt direkt nach Buchenwald gefahren, hätte es zwangsläufig zum Kontakt mit der 4th US AD kommen müssen.

[298] Eine nähere Behandlung dieses Themas ist nicht Inhalt dieser Dokumentation.

[299] “War as I knew it”, Col. Harkins, S. 298.

[300] Daily Diary 3rd Army, S. 354

[301] “War as I knew it”, Col. Harkins, S. 291.

[302] Brief von Eisenhower an Marshall v. 15.4.45, Dwight D. Eisenhower Pre-Presidential Papers, Presidential Library, Museum and Boyhood Home, Abilene, Kansas, NAID #12005711; siehe auch „Der Buchenwald-Report“, D. A. Hackett, München, 1996, S. 30.

[303] “War as I knew it”, Col. Harkins, S. 298. Harkins schreibt irrtümlich, das Patton Eisenhower telefonisch informiert hat.

[304] Brief von Patton an Eisenhower v. 15.4.45, Dwight D. Eisenhower Pre-Presidential Papers, Presidential Library, Museum and Boyhood Home, Abilene, Kansas, NAID#12007734; siehe auch “War as I knew it”, Col. Harkins, S. 299. Harkins schreibt “another slave camp”.

[305] “The Rock of Anzio”, Whitlock, S. 353.

[306] „Der Buchenwald-Report“, D. A. Hackett, München, 1996, S. 33.

[307] „ZehnNullNeunzig in Buchenwald“, R. Kralovitz, Walter Meckenbauer Kreis e.V. Köln, 1996, S. 66.

[308] AAR 10th AIB.

[309] Battalion Diary HQ 37th Tk Bn.

[310] „Das Dienstsiegel von Denstedt“ v. Günther Jung in „Der Traum ist aus – Jugend im Zusammenbruch 1944–1945, 29 Geschichten und Berichte von Zeitzeugen“, Bd. 20 der Reihe Zeitgut.

[311] Ebenda.

[312] Gem. Berbig.

[313] „We rode up front for Patton“, A. F. Irzyk, Pentland Press 1996, S. 366.

[314] Ebenda, S. 366.

[315] Ebenda, S. 366/367.
[316] Ebenda.
[317] G-2 Journal 4th AD.
[318] Sammlung Sochor, Troistedt.
[319] Beiträge zur Ortsgeschichte, Heft 4 auf www.windischholzhausen.de.
[320] S-2 Journal 317th InfRgt.
[321] G-2 Journal 80th InfDiv.
[322] Ebenda.
[323] Das G-2 Journal 4th AD gibt acht Geschütze auf Grundlage von Kriegsgefangenenbefragungen an. Das S-2 Journal 319th InfRgt meldet das gleiche um 13.08 Uhr (B). Nach den Erinnerungen des Amtsrats Clemens Pfeiffer war die Stellung besetzt. Siehe „Traum vom Endsieg geplatzt" v. Frank Döbert, OTZ, 8.5.10.
[324] Es kann sich nur um einzelne Flakgeschütze handeln, die entweder zu einer Heeresflakeinheit gehörten oder ortsfeste Flakgeschütze aus einer Jenaer Stellung, die man mit Behelfslafette mobil gemacht hatte. Luftaufnahmen vom 8.4.45 zeigen keine feste Flakstellung im Raum Lobeda.
[325] „Traum vom Endsieg geplatzt" v. Frank Döbert, OTZ, 8.5.10.
[326] Gem. Bastian, Jena, soll der örtliche Volkssturmführer berichtet haben, dass sich nur noch ein Geschütz in der Stellung befand und dies vermutlich über keine Aufschlagzünder verfügte. Auf einer Luftaufnahme vom 8. April 1945 ist ein Kampfstand erkennbar, der unabhängig von 12 geräumten Kampfständen am Südwestrand der Stellung angelegt wurde.
[327] „70 Jahre Kriegsende und die amerikanische Besatzung in Winzerla" www.winzerla.com, 2016.
[328] „Die Autobahnbrücke über die Saale in Göschwitz – Steckbrief", www.hermsdorf-regional.de. Hier wird 1939–1941 als Bauzeitraum angegeben. In „Architektur 1933–1945", Thüringer Blätter zur Landeskunde, wird 1937–1939 angegeben. Der Zeitzeuge Martin Hilbert aus Jena gibt als Zeitpunkt die Auslösung des Panzeralarms an.
[329] S-2 Journal 317th InfRgt.
[330] Der G-3 Periodic Report 4th AD meldet insgesamt drei zerstörte Brücken beim CCA. Siehe Zeitzeuge Martin Hilbert aus Jena zu Autobahnbrücke.
[331] „Traum vom Endsieg geplatzt" v. Frank Döbert, OTZ, 8.5.2010.
[332] Zitat Zeitzeuge Erich Winkler in „Wie amerikanische Truppen Jena befreiten" v. Frank Döbert, OTZ, 13./14.4.15.
[333] History 51st AIB.
[334] Ebenda.
[335] G-2 Periodic Report 3rd Army.
[336] Sammlung Sochor, Troistedt.
[337] „Ultra and the Myth of the National Redupt", M. L. Meck, 1999. Meldung BT8465 v. 26.3.45, BT8788 v. 29.3.45.
[338] Gem. Kaspaul, Bad Sulza schloss es am 12.4.33, gem. www.fliegerhorst-nohra.de erst im Juli 1933.

[339] Gem. Tessin und Mehner; siehe auch „Flugplätze der Luftwaffe 1934–1945 Band 3 Thüringen“, J. Zapf, VDM, 1. Auflage 2003, S. 191ff. und www.fliegerhorst-nohra.de.

[340] Gem. dem AAR 35th Tk Bn handelte es sich um einen Captain, was falsch ist.

[341] “Combat History 4th Armored Division”. Im AAR 35th Tk Bn finden sich unterschiedliche Angaben zur Combat History. Siehe auch gesammelte Berichte Sochor, Troistedt.

[342] Sammlung Sochor, Troistedt.

[343] „Frühjahr 1945 – Die letzten Tage vor dem Einzug der Amerikaner in Weimar“ v. Hans Riemenschnitter, Weimarbriefe – Dokumente zur Zeitgeschichte.

[344] „Weimar-Chronik III“, G. Günther, 1990, Stadtmuseum Weimar.

[345] Zitiert in „Erfurt im Luftkrieg“, H. Wolf, Heinrich-Jung-Verlagsgesellschaft mbH Zella-Mehlis, 2013, S. 167.

[346] „Weimar im Bombenkrieg“ v. Walter Steiner, Rathauskurier 2/2005, 16. Jahrgang. Steiner gibt als letzten Luftangriff den 10.4.45 an; „Der 9.2.1945 – Warum Weimars Innenstadt bombardiert wurde“, www.history-weimar.de; „Weimar-Chronik III“ v. Gitta Günther, 1990; „Mighty Eight War Diary“, R. A. Freeman, JANE’S, London, New York, Sydney, 1981. Die Angaben über Verluste differenzieren.

[347] „Weimar 1945“ v. Walter Steiner, 1997, S. 10.

[348] „Frühjahr 1945 – Die letzten Tage vor dem Einzug der Amerikaner in Weimar“ v. Hans Riemenschnitter, Weimarbriefe – Dokumente zur Zeitgeschichte.

[349] G-2 Periodic Report XX. Corps.

[350] “Lead the way, Rangers – History of the 5th Ranger Bn”, H. S. Glassman.

[351] History XX. Corps Artillery, S. 45.

[352] AAR 736th FA Bn

[353] BA-MA, RH 2/330, OKW/WMFSt/Op (H) Nr. 88764/45 gKdos v. 5.4.45.

[354] Gen. Feller begab sich von dort möglicherweise auf den Weg zum Stab der 11. Armee in den Harz. Der AAR 38th CavRcnSq meldet am 13.4.45 den Tod eines Gen.Maj. Fuller bei Landgrafroda.

[355] Möglicherweise war der ehemalige Kdr. der 210. InfDiv, Gen.Lt. Dipl. Ing. Karl Hernekamp, der in Gebesee gefangengenommen wurde, jener unbekannte 4. Generalstabsoffizier der 7. Armee.

[356] NARA, B-507, Gen.d.Inf. Erich Petersen, XC. AK, S. 10–13.

[357] G-2 Periodic Report 80th InfDiv v. 12.4.45. Gem. der Offiziersbesetzungslisten gab es 1934 einen Dr. Fritz Steinbrecht beim Wehrmachtsführungsamt Weimar als Hptm, 1942 Obstlt.

[358] Drebber wird später durch die Sowjets in seiner Wohnung gefangengenommen und gilt seitdem als verschollen. Siehe hierzu „Der Fall Gadolla. NS-Unrecht schreibt Justizgeschichte“, TLZ v. 2.4.00.

[359] Gem. NARA, A-893, Gen.Maj. Frhr. v. Gersdorff, 7. Armee ist Hoth „Befh. Thüringen Ost“ und später „Befh. Erzgebirge“. Gem. NARA, B-507, Gen.d.Inf. Erich Petersen, XC. AK, S. 13 ist Hoth „Befh. Ostthüringen“.

[360] Ebenda.

[361] G-2 Periodic Report XX. Corps v. 12.4.45.

IV. Der Kampf um die Saale-Übergänge und die Besetzung von Erfurt, Weimar und Jena

Geheime Tagesberichte der Deutschen Wehrmachtsführung vom 12. April 1945:
OB West, H.Gr. G, 7. Armee, XC. AK: *In Naumburg drang der Feind ein. Kämpfe sind noch im Gange... Nach bisher unbestätigter Meldung stießen Feindkräfte aus Osterfeld nach Süden in den Raum Eisenberg vor. Im Raum 9 km östlich Zeitz sollen sich Feindpanzer befinden. Jena wurde vom Feind genommen, der über Bürgel weiter nach Osten vorstieß.*
OB West, H.Gr. G, 7. Armee, LXXXV. AK: *Blankenhain und Milda (9 km östlich Blankenhain) gingen verloren. Im Raum Magdala sind Kämpfe im Gange. Entlang der Autobahn über Stadtroda nach Osten vorstoßend, erreichte der Feind die Autobahnkreuzung 9 km östlich Stadtroda...*

Am **Donnerstag**, dem **12. April 1945**, erreichen bei der 1st US Army die Panzerspitzen des V. US Corps gefolgt von den Infanteriedivisionen nördlich der 3rd US Army die Saale zwischen Merseburg und Naumburg. Spitzen nähern sich Zeitz und stellen den Kontakt zur 6th US AD des XX. US Corps der 3rd US Army her.

Die 6th US AD erreicht an diesem Tag weit vor den parallel angreifenden Verbänden der 4th US AD des XX. US Corps die Weiße Elster im Raum Zeitz. Nachdem es der Division bereits am Vortag gelungen war, Brückenköpfe über die Saale zu errichten, setzt sie den Angriff wie am Vortag mit zwei parallel vorgehenden Combat Commands voraus, gefolgt vom Reserve Command, fort. An der Südflanke greift das CCA aus dem Raum Camburg an, während das CCB an der Nordflanke den Angriff aus den Brückenköpfen bei Bad Kösen und Kleinheringen beginnt. Das CCR folgt diesen Kräften aus dem Brückenkopf Camburg. An der Nordflanke der 6th US AD geht das CT 44 des CCB aus dem Raum Bad Kösen südlich an Naumburg vorbei nach Osten, überquert die Nord-Süd-Autobahn Berlin – München bei Stössen und erreicht, ohne auf Widerstand zu treffen, Teuchern. Die Kolonne kommt zum Halten, da hart nördlich von Zeitz alle Brücken über die Weiße Elster gesprengt sind. In Absprache mit der 9th US AD erhält das CCB die Genehmigung zur Überquerung der Weißen Elster in der Zone des V. US Corps. Daraufhin schwenkt das CT 44 nach Norden und erreicht die Weiße Elster bei Pegau, wo ihnen eine intakte Brücke in die Hände fällt. Aufklärer des 86th CC stellen dabei bei in Obernessa den Kontakt zu den vorderen Teilen des CCR der 9th US AD her. Das CT 69 an der rechten Flanke des CCB greift aus dem Brückenkopf Kleinheringen heraus nach Osten an und nähert sich über Osterfeld Zeitz. Westlich von Theißen trifft es auf dem Weg zur Weißen Elster auf starken Widerstand und hält.

Beim CCA beginnt das CT 15 am Morgen mit dem Angriff aus dem Brückenkopf Camburg heraus und fährt an Osterfeld vorbei. Nach der Überschreitung der Autobahn erreicht es den Ort Droyßig, wo es auf den äußeren Verteidigungsgürtel von Zeitz stößt und den Vormarsch stoppt. Das CT 9, das am Morgen die Saale bei Camburg überquert hat, stößt an der rechten Flanke des CCA über Rodameuschel nach Frauenprießnitz. Hier hatte erst am Morgen General Petersen mit dem Stab des XC. AK den Ort auf seiner Flucht vor den angreifenden amerikanischen Truppen verlassen und war über Walpernhain und Breitenbach nach Lohma geflohen.[1] Weiter geht es über Thierschneck, Grabsdorf, Schkölen und Zschorgula nach Böhlitz, das wegen einer eine stark verteidigten Straßensperre umgangen werden muss. Dann stoppen quer liegende Bäume den Vormarsch des CT 9 nach Kleinhelmersdorf endgültig. Daraufhin zieht sich die Vorhut zurück und bewegt sich nach Großhelmersdorf.[2] In Großhelmersdorf erhält das CT 9 den Befehl, die Trennungslinie zur südlich angreifenden 4th US AD zu missachten und auf direktem Weg nach Osten vorzugehen. So fährt die Kolonne über Rudelsdorf, Lindau, Stolzenhain und Weißenborn nach Wetterzeube, wo die Panzerinfanteristen die Brücken über den Floßgraben und die Weiße Elster erobern und einen Brückenkopf errichten. Als sich die Panzer der Brücke über die Weiße Elster nähern, gibt es eine Explosion. Eine versteckte Zeitzünderbombe zerstört die Brücke. Patrouillen werden entlang des Flusses nach Süden entsandt, um eine andere intakte Brücke zu finden. Südlich von Wetterzeube stellen die Patrouillen den Kontakt zur 4th US AD her, finden aber keine andere Übergangstelle in ihrem Abschnitt.

Das CCR, welches den Kolonnen des CCA und CCB folgt, wird am Nachmittag in den Brückenköpfen an der Saale durch die 76th US InfDiv abgelöst und erhält um 15.00 Uhr (B) den Befehl zum Vormarsch nach Osterfeld, wo um 19.00 Uhr (B) auch der Div.CP der 6th US AD eröffnet. Das CT 68 überquert die Saale um 13.10 Uhr (B) in Camburg und erreicht den Raum östlich Zeitz, wo bis 24.00 Uhr (B) eine Anzahl Ortschaften mit Hilfe der nachfolgenden Infanteristen des 1./304 der 76th US InfDiv gesäubert werden. Hier trifft nach Mitternacht auch das CT 50 ein, welches als Reserve des CCR dem CT 68 über Osterfeld gefolgt ist und immer wieder durch umgangene deutsche Gruppen aufgehalten wurde.

Bei der 76th US InfDiv erreicht das RCT 304, das aus der Div.Res. kommend am Morgen die Linien des RCT 417 und 385 passiert hat und der 6th US AD motorisiert folgt, auf der Südroute mit dem 1./304 voraus, gefolgt vom 2./304, auf der Marschstrecke des CCA über Camburg den Raum westlich von Zeitz, wo das 1./304 den Angriff des CCR unterstützt. Das 3./304, das auf der Nordroute dem CCB über die Saalebrücke in Kleinheringen nach Osterfeld folgt, erreicht um 24.00 Uhr (B) Döschwitz, westlich von Zeitz. Der Regtl.CP erreicht in der Nacht Osterfeld und quartiert sich ein. Noch in der Nacht macht das RCT 304 Pläne für den koordinierten Angriff auf Zeitz am nächsten Morgen. Lediglich die Co. E und F, 2./304 halten an der Saale und sichern die Brückenübergänge bei Kleinheringen und Camburg. Die Co. E verlegt nach ihrer Ablösung nach Bergsulza, wo sie bis zum nächsten Tag hält. Die Co. F, die den Auftrag hat, Camburg zu sichern, nimmt am späten Abend in der Dunkelheit eine falsche Straße und kommt nach Wormstädt, östlich von Apolda. Dort macht sie kehrt und geht nach Camburg, wo sie für die Nacht hält. Die beiden anderen Regimenter säubern das Gebiet hinter dem Rücken der 6th US AD von verbliebenem Widerstand.

Das RCT 385 unter Col. Onto P. Bragan folgt dem CCA mit dem 2./385 (mot.) an der Linken und dem 1./385 an der Rechten, unterstützt vom 355th FA Bn. Das 2./385 setzt mit dem 2nd Plat. Co. C, 749th Tk Bn den Angriff aus dem Raum Vippachedelshausen fort und überquert am Mittag die Saale bei Camburg. Dann rückt es mit zwei Kolonnen über Schinditz und Rodameuschel nach Osten vor. Nördlich von Rodameuschel treffen die Infanteristen auf leichten Widerstand. Über Sieglitz – Molau, Frauenprießnitz und Thierschneck erreichen die Kolonnen Schkölen, von wo es nach Nordosten weitergeht. Gegen 21.00 Uhr (B) erreichen die Vorauskräfte die Nähe von Unterkaka, östlich der RAB Berlin – München bei Osterfeld. Das 1./385 unter Lt.Col. George C. Clowes beginnt mit der Co. C, 749th Tk Bn von Capt. Hartzell den Vormarsch auf Apolda und erreicht gegen 11.30 Uhr (B) mit den Vorauskräften Niederroßla, wo es am Vortag zu einem Feuergefecht mit der SS gekommen war. Hier hält es, um vor dem Angriff auf die Stadt die Lage zu erkunden.

Die, als Glockenstadt bekannte, thüringische Kleinstadt Apolda war bisher weitestgehend vom Krieg verschont geblieben. Zwar hatte man in den 30iger Jahren eine Anzahl von Rüstungsbetrieben in der Stadt angesiedelt, darunter einen Betrieb zur Herstellung von Fallschirmseide der Spinnhütte AG Celle, aber keine Betriebe von strategischer Bedeutung. Auch die drei großen Bekleidungslager der Marine in der Stadt gehörten nicht zu den wichtigen Zielen.[3] So war Apolda im Gegensatz zu vielen anderen Thüringer Städten auch nur ein einziges Mal Ziel eines Luftangriffs mit größeren Auswirkungen auf die Stadt geworden. Am 21. November 1944 hatten zehn B-17 Bomber der 8th USAAF die Stadt bombardiert, wobei es zu 13 Todesopfern kam.[4] Ein Jagdbomberangriff verursacht dann am 2. April 1945 noch einmal Beschädigungen an mehreren Häusern und tötet ein 15jähriges Mädchen.[5] Bedrohlich war die Sache erst am Vortag, dem 11. April 1945, geworden, als sozusagen *„fünf vor zwölf"*, genau 30 Minuten nach der Auslösung des Feindalarms um 13.30 Uhr[6] der Oblt. Ludwig Edinger auf der LS-Befehlsstelle Apolda, die gleichzeitig als örtlichen Befehlsstelle des Volkssturms dient, im Keller des Rathauses erschienen war und verkündet hatte, dass er im Auftrag des Stabes der Div. z.b.V. 469 in Süßenborn als K.Kdt. die Stadt verteidigen soll. Eine der nachträglich befohlenen Maßnahmen zur Verteidigung der Saale-Linie.[7] Apolda soll gehalten werden, um so die Rückzugstraßen zu den Saale-Übergängen in Camburg und Dornburg für die Truppen der Korps.Gr. Uckermann im Raum nördlich Erfurt – Weimar offen zu halten. Auf

Oblt. Ludwig Edinger
Foto: Hedwig Edinger,
Sammlung Mähler

seine Frage hin, welche Truppen sich in der Stadt befinden, hatte ihm der Kreiswehrführer der Feuerschutzpolizei Paul Franke zur Antwort gegeben, *„etwa 3000 Mann in Fahrstühlen und Krücken, nämlich Schwerstverwundete."*[8] Eine Antwort, die leicht sein Todesurteil hätte seien können, aber er hat Glück, den Edinger gehört nicht zu den nationalsozialistischen Hartlinern. Tatsächlich befinden sich neben den 240 Feuerwehrmännern, die trotz des Befehls, sich mit den Löschfahrzeugen nach Osten abzusetzen, in der Stadt verblieben waren und einigen Versprengten sowie den Verwundeten keinerlei deutsche Truppen in der Stadt. Die Feldschirrmeisterei Apolda ist geräumt. Die letzten instandgesetzten Panzer hatten bereits Anfang April 1945 die Feldschirrmeisterei mit der Bahn verlassen und waren im Raum Eisenach der Wehrmacht zugeführt worden. Die örtliche Polizei war unter Führung eines Hptm.d.Gend. mit ihren Fahrzeugen befehlsgemäß die Stadt Richtung Nürnberg abgerückt. Sie sollte zwar am Abend nach Apolda zurückkehren, nachdem sie auf dem Marsch dorthin in den amerikanischen Panzervorstoß gekommen waren, aber auch sie hätte kaum etwas bewirken können. So bleibt theoretisch nur noch der örtliche Volkssturm zur Verteidigung.[9]

Damit ist Edinger klar, dass eine Verteidigung de facto unmöglich ist. Aber als Soldat fühlt er sich an seinen Befehl gebunden. Doch zum Glück für die Stadt hat es Edinger in Apolda mit solchen Leuten wie Franke zu tun, aber vor allem auch mit dem OBgm. Julius Dietz, der die wesentlichen Entscheidungsträger der Stadt, wie den 2. Bgm. Max Tummler und den örtlichen Volkssturmführer hinter sich und kein anderes Ziel hat, als die Zerstörung seiner Stadt durch eine sinnlose Verteidigung zu verhindern. Die Fanatiker, wie der Apoldaer Zahnarzt und SA-Stafü. Dr. R. sind in der Minderzahl und der NSDAP-Ortsgruppenleiter hält sich zurück. So hatte Dietz im Einvernehmen mit dem Volkssturmführer die Waffen aus dem Waffenlager im Rathaus nicht verteilen lassen, sondern stattdessen deren Entsorgung befohlen. Auch ein Flakgeschütz, das kurzzeitig in der Stadt in Stellung gebracht worden war, war auf sein Drängen hin, wieder abgerückt. Noch während man im Rathauskeller diskutiert, treffen von den Bürgermeistern der kleinen Orte im Umfeld über Telefon die Meldungen über den Vormarsch der amerikanischen Verbände ein. Als dann auch noch der Bürgermeister von Pfuhlsborn Grau meldet, das der Divisionär, der *„mit seinem Stab und 18 Wagen“* gerade erst im Ort eingetroffen war, den Ort *„fluchtartig verlässt und Richtung Camburg davonfährt“* gibt es kein zögern.[10] Und so entschließt sich Edinger trotz der Gefahr, als Feigling und Verräter in die Hände eines SS-Kommandos oder einer Streife der Feldgendarmerie zu fallen, keine Bemühungen zur Verteidigung der Stadt zu unternehmen und sich stattdessen auf den Weg hinter die Saale zu machen. Eine Entscheidung, die die Stadt zwar nicht *„rettet“*, wie es später heißt, weil zu keinem Zeitpunkt die reale Gefahr einer Verteidigung bestand, außer er hätte sich alleine zum Kampf gestellt, aber dennoch eine couragierte, vom gesunden Menschenverstand geleitete, Entscheidung ist, die er damit untermauert, dass er sich überreden lässt, eine Erklärung zu unterschreiben, die den Amerikanern bestätigen soll, dass die Wehrmacht die Stadt nicht verteidigt.[11] Wäre diese Erklärung in die falschen Hände geraten, hätte sie ihm noch im Nachhinein das Leben kosten können.

Was Edinger sicher im Vorfeld seiner Entscheidung aber nicht wusste, aber deren Gefährlichkeit zeigt, ist der Umstand, dass am 6. April 1945 das ad hoc gebildete Standgericht Apolda sechs fahnenflüchtige Soldaten, die von der Wehrmachtsstreife Fr. z.b.V. 5 aufgegriffen wurden, auf einem Sportplatz der Stadt hatte erschießen lassen. Die Leichen, die der Gerichtsanatomie in Jena übergeben werden sollten, hatte man dann aber in Apolda eingeäschert.[12] Im Februar 1945 hatten sowohl der Leiter der Parteikanzlei Bormann, als auch der RFSS Himmler die Bildung von *„Sonderstandgerichten für die Bekämpfung von Auflösungserscheinungen in frontnahen Gebieten“* befohlen, die *„für alle Straftaten (zuständig) sein, durch die die deutsche Kampfkraft oder Kampfentschlossenheit gefährdet wird“*.[13] Und gemäß dem Militärstrafgesetzbuch war *„Feigheit vor dem Feind“* und *„Fahnenflucht“* eine Straftat, die in der Regel mit dem Tod bestraft wurden.[14]

Trotz seiner Entscheidung ist Edinger allerdings nachwievor nicht von der völligen Sinnlosigkeit der Fortsetzung des Kampfes überzeugt. Als er nach dem Verlassen der Stadt mit seinem Fahrrad die deutschen Linien erreicht, schließt er sich sofort den deutschen Truppen des XC. AK an und gerät erst viel später im Rahmen der Kapitulation der deutschen Truppen im deutsch-tschechischen Grenzgebiet in Carlsfeld/Eibenstock in Kriegsgefangenschaft.[15] Zum Glück für ihn hatte der Komm.Gen. des XC. AK am Vortag den Rückzug aller deutschen Truppen, einschließlich der K.Kdt., hinter die Saale-Linie befohlen, so dass niemand nachfragte, warum er sich als K.Kdt. hinter die Saale begeben hatte. Ein Befehl, der ihn allerdings selber nicht mehr erreicht hatte. Die Annahme, *„Apolda sollte Kampfstadt werden! Dem Amerikaner war dies bekannt. Darum fuhr die amerikanische Truppe erst einen Tag später in Apolda ein. Durch einen Luftangriff amerikanischer Bomber sollte dem vorgesehenen Kampfe ein schnelles Ende bereitet werden...“*,[16] die im Zusammenhang mit den Ereignissen um die Übergabe von Apolda zitiert wurde, um die besondere Gefahr für die Stadt hervorzuheben, ist so ebenfalls nur in Teilen richtig. Waren die Panzerspitzen doch am Vortag an der Stadt vorbeigerollt, weil ihr Ziel die Saale-Übergänge waren und die nachfolgende Infanterie von Anfang an den Auftrag hatte, den Rücken der Panzer von umgangenen deutschen Truppen zu säubern. Und für diese deutet nichts darauf hin, dass die Stadt ein Widerstandsknoten ist.

Lt.Col. George C. Clowes
CO 1./385
Foto: 76th Infantry Div. Ass.

Noch während man auf dem CP des 1./385 berät, wie man die Stadt besetzen will, melden die vorderen Sicherungen an der R 87, der Leipziger Straße, im Bereich des Bismarckturms zwei Männer mit weißer Fahne, die die Niederroßlaer Straße hinauf kommen. OBgm. Julius Dietz und der Apoldaer Walter Städtler hatten sich auf den Weg zu den Amerikanern gemacht, um einem möglichen Beschuss der Stadt zuvorzukommen. Unter Bewachung werden sie zum Bn.CP nach Niederroßla gefahren, wo sie auf Maj. Edwin A. Trowbridge vom 385th InfRgt treffen, dem sie die Erklärung von Edinger übergeben. *„An der ersten Kurve der heutigen Einmündung Franz-Liszt-Straße in die Apoldaer Straße stand damals ein Kastanienbaum. Unter diesem Baum, auf der Kühlerhaube eines Jeeps, wurde die Kapitulationsurkunde unterzeichnet.*" berichtet der Zeitzeuge Helmut Kalkoff.[17] Anschließend setzt man die Beiden mit dem Oberbürgermeister vorne in einen Jeep, der in Begleitung von zwei Panzern ungehindert in die Stadt bis vor das Rathaus fährt.[18] Bis 13.35 Uhr (B) haben die Infanteristen der Co. B unter Capt. James W. Miller und Co. C unter Capt. Donald E. Robblee die Stadt ohne Vorfälle besetzt. Dabei finden sie ein Krankenhaus mit 1500 verwundeten Soldaten, das vom Krankenhauspersonal übergeben wird.[19] Am Abend bezieht das 1./385, das für die Nacht in Apolda verbleibt, eine Sicherungslinie nach Südosten im Bereich des Schötener Grundes und geht in die Regtl.Res. Der Bn.CP wird durch die HQ Co. unter Capt. Owsley S. Stone in der Stadt errichtet.

Das 3./385, welches mit dem 3rd Plat. Co. C, 749th Tk Bn aus dem Raum Buttelstedt vorgeht, erreicht um 13.10 Uhr (B) Pfiffelbach. Dann geht es weiter über Niederroßla durch das besetzte Apolda mit einer Kolonne nach Nauendorf – Niedertrebra – Schmiedehausen und einer zweiten Kolonne über Utenbach – Eckolstädt nach Dornburg a. d. Saale, das 18.00 Uhr (B) erreicht wird. Der Regtl.CP verlässt um 10.30 Uhr (B) Eckstedt und fährt über Niederroßla nach Sachsenhausen, wo er um

13.10 Uhr (B) gemeldet wird, und weiter über Niederreißen nach Camburg, wo er um 16.45 Uhr entfaltet.

Das RCT 417 von Col. George E. Bruner folgt mit dem 1st Plat. Co. B, 749th Tk Bn hinter dem RCT 304. Das 1./417 fährt am Mittag bei Buttstädt los und erreicht über Poppel den Ort Hassenhausen, wo es absitzt und den Transportraum an das 3./417 übergibt. Dann marschiert es zu Fuß über Saaleck, Kleinheringen, Lobschütz, Heiligenkreuz, Janisroda in die Nähe von Neidschütz, wo es biwakiert. Der Bn.CP geht nach Janisroda. Das 2./417 geht mit dem 3rd Plat. Co. B, 749th Tk Bn an diesem Tag durch Mannstedt, Buttstädt, Rudersdorf, Thüsdorf, Nirmsdorf, Gebstedt, Ködderitzsch, Neustedt, Rannstedt, Auerstedt, Bad Sulza, Bergsulza, Lachstedt, Schieben, Abtlöbnitz, Leislau, Prießnitz nach Osterfeld. Der Bn.CP verlegt nach Bergsulza. Das 3./417 geht mit dem 2nd Plat. Co. B, 749th Tk Bn über Buttstädt, Teutleben und Herrengosserstedt nach Eckartsberga, wo es motorisiert und zur TF Levy umgebildet wird und den bisherigen Auftrag der TF Mette, 1./417 übernimmt. Die Task Force stellt den Kontakt mit den Teilen der 6th US AD in der Zone der 76th US InfDiv her. Der Regtl.CP schließt in Vogelsberg und fährt über Buttstädt, wo er um 08.20 Uhr (B) gemeldet wird, nach Eckartsberga, wo er 12.00 Uhr (B) ist, nach Bergsulza, das um 16.00 Uhr erreicht wird. Der 76th Rcn Tp. geht nach Tromsdorf, das 301st Engr C Bn nach Bad Sulza und das 778th AAA AW Bn nach Daasdorf. Das 691st TD Bn verlegt mit seinem CP von Großfahner über Gierstädt, Schwerstedt, Buttelstedt, Bergsulza und Molau nach Osterfeld. Die Co. D, 749th Tk Bn und die Svc Co. 749th Tk Bn erreichen am Abend Oberreißen. Der Bn.CP 749th Tk Bn verlegt nach Nirmsdorf. Der Div.CP verlegt ab 13.00 Uhr nach Buttelstedt und entfaltet um Mitternacht in Schkölen.

Südlich der 76th US InfDiv setzt auch die 4th US AD und 80th US InfDiv ihren Vormarsch fort, der im Gegensatz zur 6th US AD und 76th US InfDiv durch fehlende Brückenübergänge über die Saale und die deutlich umfangreicheren Maßnahmen zur Einnahme der wirtschaftlich und politisch wichtigen Städte Erfurt, Weimar und Jena geprägt ist und daher deutlich langsamer erfolgt. Bei der 4th US AD, die den Angriff des südlichen Panzerkeils des XX. US Corps anführt, überquert das CCB im Nordabschnitt um 07.00 Uhr (B) die Ablauflinie bei Ulrichshalben. In der Umgebung von Schwabsdorf trifft die Vorhut das erste Mal auf Widerstand in Form von Gewehrfeuer, bevor es über Hohlstedt weiter nach Isserstedt geht, wo es aus östlicher Richtung durch Flakgeschütze beschossen wird.[20] Während die Panzerinfanteristen der Co. C, 10th AIB im Schutz der Panzer der Co. A, 37th Tk Bn die Wälder durchkämmen, fährt die Hauptkolonne durch Krippendorf nach Lehesten, wo es um 09.25 Uhr (B) erneut zu Direktbeschuss kommt. Einige 8,8cm Flakgeschütze, die nach der Auflösung der 1./s.Flak.Abt. 432 im März 1945 in den Stellungen unmittelbar neben dem Flugplatz Jena-Rödigen auf dem Jägerberg verblieben sind, eröffnen jetzt im direkten Schuss das Feuer auf die anrollende Kolonne, nachdem sie bereits zuvor

Vormarsch des CCB der 4th US AD über das Schlachtfeld von 1806 bei Jena
Foto: 166th Signal Photo Co, National Archives

Die geräumte Flakstellung in der Nähe des Napoleonstein bei Cospeda am 8. April 1945
Luftbild Nr. 1127, Luftbilddatenbank Ingenieurbüro Dr. Carls, Estenfeld

Sperrfeuer Richtung Isserstedt geschossen hatten. Doch die Granaten richten keine großen Schäden an, denn die Flakgeschütze verfügen über keine Erdzielvorrichtungen, so dass die Besatzungen über das Rohr das Ziel anvisieren müssen, nachdem sie die Erdwälle der Stellungen abgetragen hatten, um im 90° Winkel feuern zu können. Und es fehlt an Aufschlagzündern für den Einsatz gegen die Panzer.

Die Flakstellung am Flugplatz ist eine der wenigen Stellungen, die von der einst starken Luftverteidigung der, auf Grund seiner Rüstungsindustriebetriebe als einzigen Stadt in Thüringen bereits 1940 im Rahmen des Luftschutz-Sofortprogramms als Luftschutzort 1. Ordnung eingestuften, Stadt Jena übrig geblieben sind. Bereits am 19. April 1937 war die 1. Bttr. der I./Flak.Rgt. 3 Gotha als Stamm.Bttr. im Fliegerhorst Jena-Rödigen eingetroffen, die 1938 in die neu erbaute Flak-Kaserne Jena-Lichtenhain auf der Ammersbacher Platte umgezogen war. Aus ihr ging im August 1939 die Res.Flak.Abt. 304 hervor, die im Juli 1942 in s.Flak.Abt. 304 (v) umbenannt und nach Sizilien verlegt wurde.[21]

Nach einer Übergangszeit, in der der Flakschutz lediglich durch Heimatflakeinheiten erfolgte, übernimmt ab 1943 das Flak.Rgt. 140 Thüringen der 14. Flak.Div. unter dem Kommando von Oberst Georg v. Dähne und später Oberst Wilhelm Wegener mit Stab in Weimar den Flakschutz für Jena. Hierfür erfolgt im Oktober 1943 in Jena die Stationierung der s.Flak.Abt. 432 (o), die als Flak.UGr. Jena mit Stab, 1., 3. bis 5./432 in Jena verbleibt. Die Leitstelle der Flak bezieht ihren Gefechtsstand in Zwätzen in der heutigen Seniorenresidenz Rosental.[22] Ihr werden die s.Hei.Flak.Bttr. 212/IV und 241/IV, die le.Flak.Abt. 82 und 736, die le.Hei.Flak.Bttr. 4/IV und 5/IV unterstellt. Damit verfügt Jena zu Spitzenzeiten im Jahr 1944 über eine Vielzahl an Stellungen rund um das Stadtgebiet. Bereits Mitte 1943 entsteht mit dem Bau der Flak-Kaserne auf der Ammerbacher Platte eine Flakstellung der s.Hei. 212/IV mit sechs erbeuteten russischen Flakgeschützen 8,5/8,8cm Flak 39 (russ.), die man auf das Kaliber 8,8cm aufgebohrt hatte. Im Dezember des gleichen Jahres wird sie auf den Steiger in unmittelbarer Nachbarschaft zum Napoleonstein am Rande des historischen Schlachtfeldes vom 13. Oktober 1806 verlegt.[23] Die Kaserne wurde anschließend nicht wieder für die Flak verwendet. Nach einer Nutzung für Lehrgänge der Kraftf.Ausb.Abt. 3 der Luftwaffe Jena-Lichtenhain bis 1944[24] erfolgte die Weiternutzung als Lager für Zwangsarbeiter der Jenaer Rüstungsfabriken. Die s.Hei. 241/IV bezieht mit ihren 12 Geschützen Stellung in Jena-Winzerla links der Rudolstädter Straße vor dem Abzweig nach Burgau.[25] Hinzu kommen Teile der le.Hei. 5/IV, der sogenannten Kernberg-Batterie, die auf Stellungen auf der Ammersbacher Platte und der Wilhelmshöhe auf dem Hausberg aufgeteilt wird. Die Stellung auf dem Steiger wird durch die leichten Flakgeschütze der le.Flak.Abt. 82 geschützt, von der Teile 1942 auch Stellung direkt neben der Gaststätte Landgraf beziehen. Auch im Bereich der Sommerlinde oberhalb von Lobeda wird Flak stationiert.[26] Ab März 1944 übernehmen leichte Flakgeschütze der 2./le.Flak.Abt. 736 den Flakschutz gegen mögliche Tieffliegerangriffe aus Stellungen am Zeiss-Südwerk, dem Schott-Werk, auf dem Landgrafen, der Sophienhöhe und am Ehrenhain auf dem heutigen Friedensberg, nachdem die le.Flak.Abt. 82 zur Umbildung zur le.Flak.Abt. 82 (mot) in Russland herangezogen wird. Die le.Hei.5/IV übernimmt ab dann zusätzlich den Schutz der 8,8cm Batterie am Steiger. Auch am Jenzigweg und im hinteren Plateauteil des Jenzig wird leichte Flak stationiert Die schweren Batterien gehen mit der 1./432 nach Jena-Rödigen, der 3./432 nach Coppanz, der 4./432 als Flak.UGr. Jena-Nord nach Jenaprießnitz und der 5./432 mit sechs 8,8cm Geschütze auf das Kernbergplateau.[27] Eine leichte Flakbatterie wird in Lobeda am Drackensdorfer Weg stationiert. Deren Besatzung wird im Cafe der Bäckerei Kalbe am Marktplatz untergebracht.[28] Mit der Flak kommt auch eine große Anzahl an Luftwaffenhelfern nach Jena, die neben den Angehörigen der Heimatflak möglichst viele Luftwaffensoldaten für die Front freimachen sollen. Die Masse von ihnen wird bis März 1945 in den Stellungen verbeiben, bevor sie als letztes Aufgebot zur Wehrmacht einberufen werden. Um sie unterzubringen und zu unterrichten wird u.a. auf das Gut Remderoda zurückgegriffen. An vielen anderen Stellen in der Nähe der Flakstellungen entstehen Barackenunterkünfte.[29] Hinzu kommen einer Vielzahl an Flakscheinwerfer-Stellungen des Flak.Sw.Rgt. 73 und Stellungen für Sperr-Ballone der Lsp.Flak.-Ausb.u.Ers.Abt. 664 des Flak.Ers.Rgt. 1, die im März 1944 dem Flak.Ers.Rgt. 2 unterstellt wird[30], auf den wichtigen Höhen um die Stadt. Sie sollen den Einflug von Flugzeugen in das Saaletal verhindern. Zusätzlich werden in unmittelbarer Nähe zu den wichtigsten Einrichtungen Gruppen der Nebel.Kp. 38 Jena, einer LS-Nebeleinheit, stationiert, um diese bei Feindanflügen zu vernebeln. Ihre Ausrüstung besteht aus Nebelsäurefassgeräten, auch als Tarnnebelfässer bezeichnet, die aus einem Fass, einem Strahlrohr und einer Pressluftflasche bestehen, mit denen Säure versprüht wird, die mit Wasser Nebelsäure bildet. Zur Bedienung dieser höchst gesundheitsschädlichen Geräte kommen hauptsächlich weibliche Zwangsarbeiterinnen zum Einsatz, die auf Grund ihrer Ausrüstung mit Gummischürze, Gummihandschuhen und Gasmaske unter der Bevölkerung auch als „Nebelkrähen"[31] bezeichnet wurden. Doch wirklich viel können all diese Maßnahmen dennoch nicht ausrichten.

Als am 27. Mai 1943 14 britische de Havilland „Mosquito" Mk. IV Schnellbomber der berühmten 105th Squadron der RAF die Zeiss-Werke bei einem Präzisionsangriff im Tiefflug anfliegen, gelingt es der Luftverteidigung lediglich drei von ihnen vom Himmel zu treffen. Die Bomben treffen ungehindert ihr Ziel, die Zeiss-Werke, woraufhin Teile der Produktion nach Saalfeld verlegt werden müssen.[32] Er sollte jedoch neben einem Angriff von vier britischen Bombern im Jahr 1940 bis zum Jahr 1945 der einzige Luftangriff auf Jena bleiben, obwohl die Stadt ab 1942 auf der Zielliste des britischen Bomber Commands stand. [33] Zum Glück für die Stadt, denn zu diesem Zeitpunkt hat sich die Flakdichte um Jena bereits erheblich verringert. Im August 1944 war der Abzug der 5./432 nach Bad Dürrenberg erfolgt[34] und im Januar 1945 hatte man das Stammpersonal und die Geschütze der s.Hei. 212/IV an die

Ostfront verlegt.[35] Nach der, bereits erfolgten, Auflösung der le.Hei. 5/IV Ende September 1944 erfolgt im Dezember 1944 die Verlegung der 2./le.Flak.Abt. 736 zum Flak.Rgt. 90 Leipzig und die Auflösung der le.Hei. 4/IV. Zurück bleiben nur wenige der leichten 2cm und 3,7cm Flakgeschütze. Nachdem im Rahmen der 1944 begonnenen alliierten Treibstoff-Offensive gegen die deutsche Mineralölwirtschaft deutlich geworden war, dass die leichte Flak keinerlei Chancen gegen die hochfliegenden Bomberverbände hat und es kaum zu Tieffliegerangriffen gekommen war, hatte man Ende 1944 begonnen, einen Großteil der leichten Flakeinheiten aus der Reichsluftverteidigung abzuziehen und sie als Erdkampfwaffe gegen die rasant anrückenden feindlichen Bodentruppen einzusetzen. Erst Anfang 1945, als immer häufiger die Jagdbomber der 9th USAAF über den Städten Mitteldeutschlands auftauchen, wird man ihr Fehlen ernsthaft spüren.

Hinzu kommt, dass Jena im Februar 1945 *„industrielles Ausweichziel"* für die Bomber der 8th USAAF wird.[36] Diese beginnt am 9. Februar 1945 mit ihren Luftangriffen auf Jena. Weitere folgen am 23. Februar und 17. März 1945. Der 19. März 1945 bringt dann den Höhepunkt der Angriffe und den *„schwärzesten Tag in der Geschichte Jenas"*[37]. 197 B-17 Bomber werfen 563 Tonnen Brand- und Sprengbomben mit dem Ziel der Rüstungswerke ab. Im Stadtzentrum wird ein Flächenbrand entfacht. Mindestens 140 Menschen finden den Tod.[38] Das es nicht noch zu mehr Opfern kommt, ist einzig und alleine dem Umstand zu verdanken, dass es in der Stadt auf Grund der frühzeitigen Festlegung als LS-Ort 1. Ordnung neben einer Vielzahl an LS-Kellern zehn Hochbunker gibt, in denen die Bevölkerung Zuflucht suchen kann.[39] Trotz der zunehmenden Angriffe auf den mitteldeutschen Raum geht die Reduzierung der Flakverteidigung weiter. Im Februar 1945 erfolgt die Verlegung des Stabes des Flak.Rgt. 140 Thüringen an die Ostfront. Da sich in Thüringen keine der, als unabdingbar eingestuften, Industriebetriebe befinden, erfolgt damit faktisch die Auflösung der Thüringer Luftverteidigung und die Verlegung weiterer Flakbatterien an die Front bzw. in die Stellungen des Flakgürtels um das mitteldeutsche Chemiezentrum. Zurück bleiben lediglich im Raum Jena Rudimente der bisherigen Heimatflak, um zumindest teilweise die dortige Hochtechnologie-Produktion zu sichern, sowie die Sperrballon- und Nebeleinheiten.[40] Mit der Auflösung der 1., 3. und 4./432 erfolgt auch der Abzug der Luftwaffenhelfer. Zurück bleiben bis zum Eintreffen der Amerikaner nur noch die Stellungen der schweren und leichten Flak am Flugplatz Jena-Rödigen, bei Coppanz sowie bei Jenaprießnitz.[41] Am 9. April 1945 erleben die Flakbatterien ihren letzten Luftkampf, als 86 taktische B-26 „Marauder"-Bomber der 9th USAAF Jena als Primärziel angreifen und noch einmal Tod und Zerstörung über die Stadt bringen. Dabei werden das einzige Mal auch die Flakstellungen gezielt angegriffen.[42]

Jetzt stehen die wenigen verbliebenen Flaksoldaten den überlegenen amerikanischen Panzerverbänden gegenüber. Nach einem kurzen Feuergefecht zwischen den amerikanischen Panzern und den schweren Geschützen am Flugplatz sowie einigen leichten Flakgeschützen am Rosental fliehen die Geschützbedienungen oder ergeben sich. Der Flugplatz wird kampflos besetzt. Er war 1937 auf dem Grundstück eines privaten Landeplatzes als Ers.Ln.S. entstanden, nachdem er bereits 1936 zur Fliegerausbildung diente. Am 1. April 1938 erfolgte dann die Umbenennung der bisherigen Fliegerausbildungsstätte Jena-Rödigen in Flugzeugführerschule E (A/B) Jena-Rödigen, die 1939 nach Oschatz ging. Im Januar 1940 erfolgte auf dem Platz die Aufstellung der K.Gr. z.b.V. 9, die als Transportverband für den Skandinavien-Feldzug zum Einsatz kommen sollte. Sie soll erst im März 1943 nach Jena zurückkommen, nachdem man sie nach dem Stalingrad-Einsatz schwer angeschlagen zur Auffrischung herausgelöst hatte. Hier wird sie in die I./Transportgeschwader 3 umgewandelt. Im März 1940 diente der Flugplatz kurzzeitig zur Aufstellung der III./JG 3 „Udet“, die anschließend nach Detmold verlegt wurde. Nach einer Pause findet der Flugplatz, der jetzt zwar als Fliegerhorst eingestuft ist, aber keine eigene Fl.H.Kdtr. erhält und Weimar-Nohra untersteht, ab April 1941 Verwendung als Quartier für die Flugzeugführerschule 122 aus Gutenfeld/Ostpreußen, die im Juli 1942 aufgelöst wurde. Im Juli 1942 und März 1943 erfolgte dann eine Nutzung durch Ausbildungsgruppen der Flugzeugführerschule A/B 33 Altenburg/Thüringen. Hinzu kam im Mai 1943 die I./Transportgeschwader 1, die bereits im Oktober weiter nach Goslar ging. Parallel hierzu erfolgte im Juli 1943 die Abgabe von Teilen des Platzes an die Industrie. Im gleichen Jahr erfolgte die Stationierung der II./Fliegerzielgeschwader 1 auf dem Platz, die für die Ausbildung der Flakeinheiten in Thüringen zum Einsatz kommt und im September 1944 aufgelöst wird. Im September 1944 trifft das schwer angeschlagene KG 6 mit dem Stab und der I./KG 6 in Rödigen ein, um zu einem Jagdgeschwader mit den neuen Strahlenjägern Me-262 umgegliedert zu werden. Doch bereits wenige Tage später geht der Stab nach Röhrensee bei Ohrdruf und die I. Gruppe nach Gerstungen. Letzte bekannte Stationierung ist ein Vorlehrgang des Erg.JG 1, dessen Verbleib Ende März 1945 unbekannt ist.[43]

Ohne sich weiter um den leer stehenden Fliegerhorst zu kümmern, rollen die Panzer den Berg hinunter nach Zwätzen, wo die führenden Panzer der Co. A, 37th Tk Bn unter Lt. John H. Whitehill einen kurzen Halt machen. Dabei entdeckt Whitehall auf dem angrenzenden Friedhof drei deutsche Soldaten, die sich zwischen den Grabsteinen verstecken. Da er vermutet, dass sie sich einfach nur verstecken wollen und er den Friedhof nicht durch eine Panzergranate umpflügen will, greift sich Whitehall einen Karabiner und geht auf sie zu. Doch er hat sich geirrt, denn anstatt sich zu ergeben, eröffnen diese das Feuer. Eine abgefeuerte deutsche Panzerfaust trifft dabei einen Grabstein in seiner Nähe und umherfliegende Splitter verletzten Whitehill am ganzen Körper schwer. Dafür müssen die Verteidiger und der Ort schwer büßen. Jetzt eröffnen auf Befehl von Lt. Nolan, der das Kommando übernimmt, die anderen Panzerbesatzungen mit allen verfügbaren Waffen das Feuer auf den Friedhof und die umliegenden Häuser. Phosphorgranaten setzen 20 Häuser in Brand.[44]

Dann rollen die Panzer weiter und gegen 12.30 Uhr (B) erreicht die Kolonne die Saale in der Umgebung von Kunitz. Doch die alte Holzhausbrücke bei Kunitz ist zerstört und so wird die Co. D, 25th CavRcnSq entlang des Westufers der Saale zur Aufklärung nach Norden bis Dornburg gesandt, um nach weiteren Übergängen zu suchen. Aber alle Brücken sind zerstört. Unabhängig davon wird mit der Bildung eines Brückenkopfes bei Kunitz begonnen. Unter Gewehrfeuer und Panzerfaustbeschuss aus Richtung Kunitz beginnen die Panzerinfanteristen der Co. B und C, 10th AIB mit Hilfe von Pionierschlauchbooten mit dem Übersetzen. Als Antwort auf den Beschuss legen die Panzer des 37th Tk Bn Sperrfeuer auf den Ort, in dessen Schutz es gelingt, das Ostufer zu sichern. Dann wird der Ort gegen anfänglich hartnäckigen Widerstand geräumt. Die Masse der deutschen Soldaten ergibt sich. Es sind Angehörige der kampfunerfahrenen Lsp.Flak.Ausb.u.Ers.Abt. 664 und Nebel.Kp. 38 Jena, die auf Befehl ihrer Vorgesetzten den ungleichen Kampf aufgenommen hatten und jetzt froh sind, überlebt zu haben.[45] Dann wird der verlassene Ort vorsichtig gesäubert. Die meisten Einwohner hatten den Ort angesichts des Beschusses verlassen und in der Umgebung Schutz gesucht. Anschließend sichern die Panzerinfanteristen den, mit 385 Metern höchsten Berg der Umgebung, den Jenzig östlich von Kunitz. Noch während die Gefechte bei Kunitz anhalten beginnt die Co. B von Maj. Donald W. Hatch's 24th Armd Engr Bn mit dem Bau einer 108 Fuß langen Pontonbrücke über die Saale, der bis 19.30 Uhr (B) abgeschlossen wird. Gegen 21.00 Uhr (B) rollen die ersten Fahrzeuge über den Fluss und das CCB errichtet in Laasan Vorposten für die Nacht, während der CP in Rödigen/Lehesten hält.

Hausbrücke mit Nebelfass Foto: Privatsammlung Jena-Kunitz

Angehörige des CCB liefern sich an der Kunitzer Hausbrücke ein Feuergefecht mit deutschen Truppen am Ostufer der Saale
Fotos: 166th Signal Photo Co, National Archives

Pioniere der 4th US AD beim Bau einer Pionierbrücke über die Saale neben den Trümmern der Kunitzer Hausbrücke
Fotos: 166th Signal Photo Co, National Archives

Das CCA, das am Vorabend wegen der gesprengten Brücken bei Göschwitz und Maua aufgehalten wurde und in der Nacht einen kleinen Brückenkopf bei Maua errichtet hatte, erhält gegen 04.00 Uhr (B) Gewehr- und Panzerfaustbeschuss aus den Wäldern, der bis zum Morgen anhält. Aber erst bei Tageslicht beginnen die Panzerinfanteristen des 51st AIB mit der Bekämpfung des Widerstands und der Erweiterung des Brückenkopfs, während die Hauptkräfte des CCA auf die Fertigstellung der Pionierbrücke warten, um den Angriff wieder aufzunehmen. Dabei kommt es gegen 10.28 Uhr (B) zum Beschuss des Brückenkopfs durch deutsche 2cm Flak, die durch sofort einsetzendes Abwehrfeuer zum Schweigen gebracht wird. Aufklärungspatrouillen, die am Vormittag nach Norden entsandt werden, um die Lage südlich von Jena zu erkunden, nähern sich Burgau und müssen mit ansehen, wie die steinerne Saale-Brücke vor ihren Augen durch aufgelegte Fliegerbomben gesprengt wird.[46] Durch die Sprengung werden die Bögen 2, 3 und 4 zerstört. Es kommt zu einem Feuergefecht mit den deutschen Sicherungen am Ostufer, wobei es zu Verlusten auf deutscher Seite kommt, als die Panzer über die Saale feuern.[47]

Aufklärungskräfte des CCA nähern sich Burgau in dem Moment, als die Saale-Brücke gesprengt wird, zu sehen an der Detonationswolke im Hintergrund
Foto: 166th Signal Photo Co., Sammlung Döbert, Jena

Der Ort selber wird kampflos gesichert. Während Burgau Glück hat, bleibt dies einer Gruppe französischer Gefangener verwehrt, die auf dem Gut Burgau zur Zwangsarbeit eingesetzt waren. Sie waren kurz vor Eintreffen der Amerikaner in Richtung Stadtrode in Marsch gesetzt und dann am Straßenrand erschossen worden.[48] Bei ihrer Erkundung entdecken die Aufklärer auch deutsche Flakgeschütze bei Lobeda, die von herbeigerufenen Jagdbombern angegriffen werden.[49] Um 13.00 Uhr (B) ist die Pionierbrücke bei Maua endlich fertiggestellt und Panzer setzen über, um die Brückenkopfsicherung zu verstärken. Erst jetzt können die Panzerinfanteristen die umliegenden Höhen sichern, von denen aus immer wieder auf den Brückenkopf gefeuert wurde. In der Zwischenzeit hat das CCA die Angriffsaufstellung eingenommen und um 14.00 Uhr (B) beginnt der Vormarsch zur Ablauflinien an der Brücke in der bekannten Ordnung mit der TF Irzyk, 8th Tk Bn voraus, gefolgt von der TF Alanis, 51st AIB.

Die TF Alanis, die die nördliche Route des CCA nehmen soll, rückt nach dem Übergang der TF Irzyk aus dem Brückenkopf nach Nordosten auf Rutha vor, wo sie nördlich des Ortes auf die Landstraße nach Osten schwenkt. Während Aufklärungskräfte nach Zöllnitz gehen, wo sich ihnen Angehörige des thüringischen VS-Btl. 34/340 ergeben[50], fährt die Kolonne angeführt von den Panzern der Co. A, 8th Tk Bn unter Capt. Ben Fischler weiter auf der Landstraße nach Ilmnitz, wo ihnen starkes Gewehr- und MG-Feuer entgegenschlägt. Angehörige des Stamms Pz.Gren-Ers.Btl. 59, die sich in Ilmnitz befinden, haben das Feuer auf die Kolonne eröffnet. Dabei wird der CO Co. A, 51st AIB, Capt. Plumley schwer verwundet und muss von den Sanitätern evakuiert werden. Doch die Kolonne hält nicht an, sondern rollt wild um sich schließend weiter, ohne sich um die deutschen Soldaten zu kümmern, die sich in der Umgebung des Ortes befinden.[51] Die später nachfolgenden Infanteristen der 80th US InfDiv sollen sich dem Auftrag gemäß um die umgangenen Widerstandsherde kümmern. Dann geht es weiter nach Schlöben, das wegen der schlechten Erfahrung schon bei der Annäherung unter Beschuss genommen wird. Es kommt zu Bränden im Ort und ein Bewohner wird getötet.[52] Anschließend wird Schöngleina und der nordwestlich des Dorfes befindliche Segelflugzeugplatz, der 1944 durch die Luftwaffe zu Ausbildungszwecken genutzt wurde[53], überrollt und die Task Force versammelt sich in der Umgebung von Beulbar für die Nacht.

Die TF Irzyk, die an der Spitze des CCA aus dem Brückenkopf heraus die südliche Route nimmt, trifft unmittelbar nach Angriffsbeginn auf deutschen Widerstand und verliert einen leichten Panzer durch Panzerfaustfeuer. Dann geht es durch das stark bewaldete Gelände südostwärts, wobei es immer wieder zu Feuergefechten mit deutschen Truppen kommt. Sulza, Klein- und Großbockedra und Obergneus werden gegen vereinzeltes Gewehrfeuer genommen. In Kleinbockedra geraten Angehörige des *„Stabs der K.Gr. Hasse"*, auch als *„Div. Hasse"* gemeldet, in Gefangenschaft. Dabei handelt es sich offenbar um Angehörige des Stabs Oberst Heß des „Befh. Thüringen Ost".[54] Bei Großbockedra, das von einer SS-Einheit verteidigt wird, die im Februar 1945 hierher verlegt wurde, kommt es zu einem Gefecht, bei dem zwölf deutsche Soldaten und zwei Einwohner fallen. Ein Gehöft und zwei Scheunen gehen in Flammen auf.[55] Die SS-Einheit ist wahrscheinlich die 4. Kp. des SS-Kraftf.Ausb.u.Ers.Rgt. Weimar-Buchenwald mit Stationierungsort Gernewitz bei Stadtroda, die zusammen mit der 3. SS-Köhler-Kp. in Stadtroda die SS-Kraftf.Ausb.u.Ers.Abt. Stadtroda bilden sollte.[56]

Dann wird die Task Force gestoppt und erhält den Befehl, nach Norden zu schwenken und in den Raum Bobeck vorzurücken. Nach der Meldung, dass das nördliche

CCB Schwierigkeiten beim Flussübergang nördlich von Jena hat, hatte die Division entschieden, das CCA weiter nördlich als geplant zu positionieren, um notfalls aus dieser Position heraus dem CCB zur Hilfe zu kommen. Also schwenkt die Hauptkolonne in Großbockedra über Rausdorf und Gernewitz nach Norden zur Autobahn, die sie bei Podelsatz überquert. Die Sprengung der Autobahnbrücke war durch mutige Bürger verhindert worden.[57] In Rausdorf erbeuten sie ein Lager mit 260 hoch modernen Luftbildkameras.[58] Die vorderen Teile der Kolonne, die bereits bei Gneus stehen, fahren weiter nach Tröbnitz und nähern sich gegen 18.00 Uhr Stadtroda. Dort haben sich die Masse der deutschen Truppen, darunter die 3. SS-Köhler-Kp. die am Stadtrand der Stadt in einer Schule untergebracht war, und ein Trupp des Wetterdienstes der Wehrmacht am Nachmittag fluchtartig abgesetzt, nachdem um 16.30 Uhr Feindalarm ausgelöst wurde und ihnen bewusst geworden war, dass die Amerikaner nördlich von ihnen durchgebrochen sind.

Die 3. SS-Köhler-Kp. der SS-Kraftf.Ausb.u.Ers.Abt. Weimar-Buchenwald mit Kompanieführung in Stadtroda, die im September 1944 aufgestellt wurde, war für mehrere Meiler im ganz Deutschland zuständig, darunter im nahegelegenen Quirla, und produzierte mit dem Hauptwerk in Stadtroda hauptsächlich Holzkohle und Tankholz für Holzvergaser. Zum ursprünglich vorgesehenen Kampfeinsatz des Stammpersonals als Brückensicherung im Raum Weimar – Jena war es nicht mehr gekommen, denn kurz zuvor hatte der Leiter des RSHA und Stellvertreter des RFSS Himmler, SS-Ogruf. u. Gen.d.Polizei Dr. Ernst Kaltenbrunner den Befehl zum Absetzen erteilt. Der, ohnehin nur mit Beutegewehren ausgerüstete, Teil der Kompanie in Stadtroda wurde daraufhin noch vor Ort aufgelöst. Während die zirka 140 Mann ausländische Arbeiter, hauptsächlich Volksdeutsche, entlassen wurden und in Stadtroda zurückgeblieben waren, waren die 14 SS-Männer des Stammpersonals der Kompanie kurz vor Eintreffen der Amerikaner zu Fuß Richtung Elsterberg – Oelsnitz abgerückt. Sie erreichen Anfang Mai 1945 den Chiemsee in Bayern, wo sie in amerikanische Gefangenschaft gehen.[59]

Amerikanische Jagdbomber, die das Absetzen der deutschen Truppen aus Stadtroda erkennen, greifen daraufhin die Stadt an. Dabei werden durch Bombenabwurf drei Frauen getötet und zwei Kinder verletzt, von dem eines am nächsten Tag stirbt. Aber nicht nur die Jagdbomber sind eine anhaltende Gefahr, denn noch sind versprengte Grüppchen der Wehrmacht, SS und des Volkssturms in der Stadt und Umgebung. Als sich die ersten amerikanischen Fahrzeuge dem Ortseingang nähern, kommt es an der Ziegelei am Steinbruch zu einem kurzen Schusswechsel. Dabei wird der Stadtpolizist Gypser getötet. Doch bevor es auf Grund des Vorfalls zum Beschuss der Stadt kommt, kommt ihnen der Stadtrat und Ortsbauernführer Max Oswald entgegen, um die Stadt zu übergeben. Als ober es geahnt hätte, dass es trotz den Abzugs der SS-Kompanie zu Widerstand kommen könnte, hatte er sich unter größter Gefahr auf den Weg gemacht, um Unheil von der Stadt abzuwenden. Bereits zuvor hatte sich Oswald gegen die sinnlose Verteidigung der Panzersperren an den Einfallstraßen der Stadt ausgesprochen und war deshalb beim Landrat in Ungnade gefallen. Doch bevor dieser ihn wegen Landesverrats zur Rechenschaft ziehen konnte, waren die Amerikaner gekommen.[60] Damit hat er mehr Glück als der Dachdecker Max Nützer aus Stadtroda, der am 2. April 1945 in der Sandgrube vor der Stadt von einem SS-Kdo. erschossen wurde, weil er sich der Einberufung zum Volkssturm widersetzt hatte.[61] Das schlimmste scheint vorbei zu sein. In Begleitung von Oswald erreichen die Amerikaner ungehindert den Marktplatz. Dann fallen erneut Schüsse. Einige Bewaffnete feuern vom Schloss oberhalb des Marktplatzes auf die Soldaten, die Schutz hinter den Fahrzeugen suchen. Der Polizei-Hauptwachtmeister Eger, der offen auf dem Marktplatz stehend durch Zurufe versucht, die Schützen zur Feuereinstellung zu bewegen, wird selber durch eine Kugel getroffen und schwer verletzt. Er stirbt Wochen später an der Verwundung. Erst jetzt hört die Schießerei auf. Nach einer kurzen Wartezeit verlassen alle ihre Deckung und die Panzerinfanteristen beginnen mit der Durchsuchung der Stadt. Damit endet die Besetzung der Stadt gerade noch glimpflich. Selbst die nahe Autobahnbrücke über den Zeitzgrund war vor der geplanten Sprengung gerettet worden.[62]

Als die Panzerinfanteristen die Thüringische Landesheilanstalt Stadtroda besetzen, finden sie unter den Patienten auch den Tec 5 James Holland vom 422nd InfRgt, 106th US InfDiv, der am 19. Dezember 1944 in deutsche Kriegsgefangenschaft geraten war. Er berichtet, das er zusammen mit anderen Kameraden am 11. April 1945 aus dem Stalag IX C in Bad Sulza auf einen Evakuierungsmarsch über Stadtroda nach Hof in Bayern geschickt wurde und hier zurückgeblieben war. Außerdem berichtet er von zirka 300 bis 500 britischen Kriegsgefangenen im Lazarett Schleiz.[63] Was die amerikanischen Truppen zu diesem Zeitpunkt nicht wissen, ist, dass es in der Kinderfachabteilung der Anstalt unter Leitung ihres Direktors Dr. Gerhard Kloss ab 1941 im Rahmen des Euthanasie-Programms zur „Vernichtung unwerten Lebens“, der sogenannten „T-4 Aktion“, zu schweren Verbrechen gekommen war, bei denen eine nicht genau zu beziffernde Anzahl an Kindern getötet wurden.[64]

Nach einem kurzen Halt setzt die Kolonne ihre Fahrt in Richtung Quirla fort. Dann verlangsamt sich die Marschgeschwindigkeit der Hauptkolonne erneut, denn ab jetzt geht es in pechschwarzer Nacht auf schmalen gewundenen Straßen durch stark bewaldetes Gelände. Als klar ist, dass Bobeck nicht planmäßig bis 02.00 Uhr (B) erreicht werden kann, hält die Kolonne für die Nacht in der Umgebung von Scheiditz. Das HQ CCA und die Unterstützungskräfte, die entlang der Autobahn vorgehen, treffen nördlich von Laasdorf auf Widerstand durch eingegrabene Infanterie, der überwunden wird und verlassen bei Hainbucht, nördlich von Stadtroda, die Autobahn.[65] Um 22.30 Uhr (B) erreicht der CP des CCA Schöngleina.

Das CCR, das sich in der Reserve weit hinter den anderen beiden Combat Commands im Raum westlich von Weimar befindet, trifft am Morgen Absprachen mit dem RCT 319, um bei Ablehnung des Ultimatums zur Kapitulation der Stadt Weimar die Infanteristen bei der Einnahme der Stadt zu unterstützen. Doch dazu kommt es nicht, da die Stadt kapituliert. Aber um 07.58 Uhr (B) meldet die Feindaufklärung deutsche Truppen in den Wäldern bei Oettern, südlich der Autobahn. Da nicht klar ist, ob sich diese Richtung Südosten absetzen wollen, oder sich in den Raum nördlich der Autobahn bewegen, wird wenig später eine Task Force aus der Co. C/35th Tk Bn, Co. A und B, 53rd AIB und der Btry. C, 94th AFA Bn unter Führung vom Maj. Havens formiert, die gegen 10.00 Uhr (B) von Nohra aus nach Mellingen fährt und dann nach Norden schwenkt, um den Abschnitt zwischen dem CCB und CCA zu sichern und von umgangenen deutschen Truppen zu säubern. Dabei treffen sie lediglich auf vereinzelten Widerstand, aber eine große Anzahl deutscher Soldaten ergibt sich. So machen alleine die Männer des 94th AFA Bn bereits am Morgen zehn Gefangene und übergeben im Tagesverlauf weitere 85 an das CCR, einschließlich zweier Angehöriger der SS-Lagerwache des KZ Buchenwald. Um 13.00 Uhr (B) wird das HQ und die HQ Co. 35th Tk Bn, die im bisherigen Raum verblieben waren, in Marschbereitschaft versetzt und um 13.45 Uhr (B) setzt sich die Kolonne in Bewegung. Durch Obergrunstedt, Niedergrunstedt, Possendorf und Gelmeroda geht es nach Mellingen, wo sie gegen 15.00 Uhr (B) eintreffen und sich mit der TF Havens vereinigen. Bis 16.00 Uhr (B) hat sich das CCR mit dem CP in Mellingen versammelt und hält für die Nacht.

Während des Tages kommt es zu einem Luftangriff von drei deutschen Flugzeugen auf die Brücke bei Maua, der aber durch das Feuer der Flakgeschütze des 489th AAA AW Bn von Lt.Col. Allen M. Murphy abgewehrt wird. Diese hatten zuvor mit dem Feuer ihrer Flakgeschütze die Panzerinfanteristen bei der Sicherung des Brückenkopfes unterstützt. Die Forward Echelon der 4th US AD verlässt um 15.15 Uhr (B) Bechstedtstraß und erreicht um 17.00 Uhr (B) Göttern. Die, im Verlaufe des Tages den deutschen Truppen zugefügten, Verluste werden auf 14 Tote, 21 Verwundete und 1.075 Gefangene, sechs Lastwagen, ein gepanzertes Fahrzeug, ein Stabsfahrzeug, sechs 8,8cm Flakgeschütze, sieben 2cm Flak, mehrere Pferdefuhrwerke, einen VW-Kübel und einen zerstörten Anhänger beziffert. Die eigenen Verluste betragen vier Tote, 23 Verwundete und einen Vermissten.

Bei der 3rd CavGp, die sich entlang der Corpsflanken bewegt, erreicht im Süden der Tp. E, 43rd CavRcnSq Magdala und errichtet den zeitweiligen CP in der Stadt. Dort erscheint kurz darauf ein ungarischer Offizier mit der weißen Fahne, der sich als Adjutant des Kommandeurs des Kgl.Ung. Rekr.Ausb.Rgt. 88 vorstellt. Er verkündet dem überraschten Amerikanern, dass sein Kommandeur die schnellstmögliche Übergabe seiner Einheit in Stärke von 600 Mann und des V./Kgl.Ung. Rekr.Ausb.Rgt. 99 in Stärke von 500 Mann wünscht. Eine Zahl, die den Kavalleristen selbst nach den letzten Tagen ungewöhnlich hoch erscheint, aber sie lassen ihn laufen. Wenig später kehrt er, gefolgt von einer langen Kolonne ungarischer Soldaten zurück. Wie zur Parade marschieren die Ungarn in Viererreihe kompanieweise, mit den Kompaniechefs an der Spitze jeder Kompanie, gefolgt vom rückwärtigen Tross, dessen Pferdewagen beladen mit persönlichen Dingen und Hausrat sind und den Frauen der Offiziere darauf, vor den CP. Ohne Hast entledigen sie sich ihrer Waffen und Munition, bevor sie in der gleichen Ordnung in Richtung der Kriegsgefangenensammelstelle des 3rd CavGp weitermarschieren. Von dort geht es zum Kriegsgefangenenlager des Corps in Molschleben. Nach Aussagen ihres Kommandeurs hatten sie sich zur Ausbildung in der Nähe von Magdala befunden und sollten der Div. z.b.V. 409 unterstellt werden, aber sie hatten weder einen Auftrag, noch Kontakt zu Vorgesetzten. So hatten sich die Offiziere zur Freude ihrer Soldaten zur Kapitulation entschlossen. Mit *„breitem Grinsen im Gesicht"*, so schreiben später die Kavalleristen, *„marschierten sie in die Gefangenschaft"*.[66]

Für die 80th US InfDiv, die der 4th US AD folgt, ist der 12. April 1945 nach der Anlandung am Utah Beach Strand in der Normandie im August 1944, den darauf folgenden Kämpfen in Frankreich, der Beteiligung an der *„Battle of the Bulge"* im Dezember 1944 und Januar 1945 in den Ardennen, dem Übergang über den Rhein im März 1945 und der Besetzung der großen deutschen Städte Kaiserslautern, Mainz, Wiesbaden und Kassel ein erneuter Höhepunkt, erobert doch das 317th und 318th InfRgt die größte Stadt Thüringens, Erfurt, das 319th InfRgt nimmt die Kapitulation der thüringischen Gauhauptstadt Weimar entgegen und steht unmittelbar vor der Einnahme der thüringischen Industriestadt Jena. Doch vorerst gilt es möglichen Widerstand zu brechen und insbesondere bei Erfurt sieht es zu Beginn des Tages nicht nach einer Kapitulation aus. Immerhin war bereits um 23.00 Uhr (B) des Vortages auch die zweistündige Verlängerung des Ultimatums abgelaufen, ohne das die angekündigten Parlamentäre der Stadt vor den amerikanischen Linien erschienen waren. Als sich um 00.10 Uhr (B) das zuständige 318th InfRgt beim Div.CP meldet und mitteilt, dass der deutsche Kampfkommandant anscheinend nicht zur Übergabe bereit ist, Col. Luckett jedoch davon ausgeht, dass noch alles offen ist, erhält er vom CoS der 80th US InfDiv den Befehl, noch *„einige Minuten"* zu warten. Um 00.30 Uhr (B) teilt der Regtl.CP mit, dass alles, was mögliche Verhandlungen betrifft, bis 01.00 Uhr (B) stattfinden muss, sonst würde man mit dem Beschuss von Erfurt beginnen.

Und auch für Weimar laufen die Vorbereitungen. Hier erhält Col. Costello vom RCT 319 den Auftrag, Weimar unter Artilleriebeschuss zu nehmen, nachdem man sich vergewissert hatte, dass der Befehl der Division umgesetzt worden war, der forderte, um 06.30 Uhr (B) jemanden mit dem Ultimatum für 09.00 Uhr (B) nach Weimar zu entsenden. Bis zu diesem Zeitpunkt sollte die Air Force in der Lage sein, bei Bedarf zum Einsatz zu kommen. Allerdings zeigt sich im Fall von Weimar ein Problem, denn die schwere Artillerie, die zum Einsatz kommen soll, ist nicht verfügbar. Die Artillerie hatte ihre Lastwagen für den Transport der Infanterie bereitgestellt und kann jetzt ihre Geschütze nicht in die Feuerstellung vorziehen. So erhält das RCT

318 um 00.45 Uhr (B) den Befehl, eine Batterie ihres 314th FA Bn bereit zu halten, um auf Anforderung des RCT 319 auf Weimar zu Feuern. Der gleiche Befehl geht an das 315th FA Bn, das mit seinen 155mm Haubitzen generelle Feuerunterstützung für die Division leistet.

Auch sonst ist die Nacht für die Einheiten und Verbände der 80th US InfDiv nicht ruhig. Insbesondere betrifft dies jedoch das RCT 317 und 318, die ihre Angriffsbefehle kurz nach Mitternacht erhalten, nachdem eine Kapitulation von Erfurt immer unwahrscheinlicher wird. Beim RCT 317 stellt sich das 3./317, das am späten Vorabend nach Gispersleben marschiert war und Sicherungsstellungen bezogen hatte, für den Angriff nach Süden, Richtung Stadtzentrum Erfurt, auf und bezieht bis 00.45 Uhr (B) Ausgangstellungen mit der Co. I./3./317 westlich des Roten Berges und mit der Co. L, 3./317 bei Hohenwinden-Salza, nordwestlich des Bahnhofs Erfurt-Ost. Dort werden auf einem Gebäude der Bahnanlagen südlich des Bahnhofs drei Flakgeschütze erbeutet.[67] Das 1./317, dem am Vorabend ein Platoon Panzer der Co. A, 702nd Tk Bn unterstellt wurde, erhält den Befehl, ab 05.00 Uhr (B) in Alarmbereitschaft zu sein und bis dahin Gefechtspatrouillen nach Süden, Richtung Stadt, zu entsenden. Das 2./317, das bei Töttleben gehalten hat, um als einziges Bataillon des Regiments am Morgen nach Weimar zu fahren, wird verstärkt, indem ihm die Cn Co. 317 mit ihren 105mm Geschützen und ein Plat. des 81st Cml Mort Bn zur Feuerunterstützung zugeteilt werden.

Das RCT 318 erhält um 01.15 Uhr (B) den Befehl, sich auf einen Angriff ab 06.30 Uhr (B) vorzubereiten. Parallel hierzu werden die RCT 317 und 318 informiert, dass um 03.00 Uhr (B) die DivArty das Feuer auf Erfurt eröffnen wird. Um mögliche deutsche Ausbruchsversuche zu verhindern geht westlich der Stadt bis 02.17 Uhr (B) der 1st Plat. 80th Rcn Tp. nach Schmira und der 2nd Plat. 80th Rcn Tp. nach Bindersleben. Dann nähert sich der Zeitpunkt des befohlenen Feuerschlags der Artillerie auf Erfurt, der nach mehreren Verschiebungen um 01.15 Uhr (B) endgültig auf 03.00 Uhr (B) festgelegt wurde.[68] Unabhängig davon vergewissert man sich beim Corps Air Support um 02.11 Uhr (B), ob Erfurt auf Anforderung bombardiert werden kann, allerdings lässt die Antwort auf sich warten. So wird der Schwerpunkt auf den Artillerieeinsatz gelegt. Gegen 02.15 Uhr (B) erhält dann auch das RCT 317, wie das RCT 318 zuvor, den Befehl: *„Öffnet alle Wasserleitungen, die in Verbindung mit Erfurt stehen und sich in eurer Hand befinden.“*

Punkt 03.00 Uhr (B) eröffnet das 313th FA Bn, verstärkt durch das 204th, das 241st FA Bn und die Co. A, 81st Cml Mort Bn, das 314th FA Bn verstärkt durch die Co. B, 81st Cml Mort Bn und das 315th FA Bn verstärkt durch das 662nd FA Bn sowie das 905th FA Bn, das wegen der fehlenden Lastwagen noch nicht dem RCT 319 folgen konnte, den Beschuss von Erfurt. Hinzu kommt der Platoon Raketenwerfer-Panzer des 702nd TK Bn und wahrscheinlich das 733rd und 744th FA Bn der 416th FA Gp, die an diesem Tag zur zentralen Unterstützung im Corpsabschnitt im Einsatz sind.

Das Stadtzentrum von Erfurt unter Artilleriebeschuss. Bildmitte Dom und Severikirche
Foto: National Archives

Sie hatten bereits Stunden vorher mit der Vorbereitung begonnen, nachdem Col. Elegar die DivArty nach dem Gespräch mit Luckett um 18.30 Uhr (B) in Feuerbereitschaft versetzt hatte. Drei Stunden lang schlagen jetzt die Granaten und Raketen in Erfurt ein. Bekannt ist, dass alleine der 1st Plat. Co. A, 81st Cml Mort Bn 70 Schuss auf Erfurt abfeuert. Jetzt schlagen überall im Stadtgebiet, wo die Einwohner in den LS-Bunkern und Räumen ausharren und sehnsüchtig auf ein baldiges Ende hoffen, Granaten aller Kaliber ein und führen erneut zu Schäden. Hauptziel ist der Petersberg mit dem gemeldeten Gefechtsstand des K.Kdt. Als sich mit 06.30 Uhr (B) der Zeitpunkt nähert, wo die Infanterie mit dem Angriff auf die Stadt beginnen soll, und niemand mehr an Luftunterstützung glaubt, kommt die Meldung des Corps. *„Hoffen, dass wir um 07.00 Uhr (B) Jagdbomber bekommen“*. Doch zu diesem Zeitpunkt soll der Angriff bereits beginnen. Um in dieser Situation nicht die Bodentruppen durch eigenen Luftangriffe zu gefährden, meldet sich Craig um 06.40 Uhr (B) beim Corps, um klar zu stellen, dass eine koordinierte Jagdbomberunterstützung ausdrücklich gewünscht ist, der Einsatz von mittleren Bomberverbänden jedoch nicht, da bei Bombenabwürfen aus größerer Höhe die Gefahr von Fehlwürfen bedeutend höher ist, als bei Tieffliegereinsätzen. Da der geplante Jagdbombereinsatz vorrangig im Vormarschstreifen des RCT 318 erfolgen soll, wird zur besseren Koordinierung außerdem um 07.05 Uhr (B) beim RCT 318 nachgefragt, welche Ziele nach Meinung der Infanteristen bekämpft werden sollen.

Um 07.00 Uhr (B) beginnt beim RCT 317 das 1./317 und 3./317 mit dem Angriff nach Erfurt hinein. Das 3./317 rückt mit seiner Co. I auf der Rechten und der Co. L auf der Linken von Nordwesten in Richtung Bahnhof Erfurt-Nord und Johannesvorstadt vor, während das 1./317 mit der Co. C auf der Linken und der Co. B auf der Rechten, gefolgt von der Co. A in der Reserve, von Gispersleben-Viti aus in Richtung Rieth vorgeht. Bis 07.40 Uhr (B) erreichen Vorauskräfte des 1./317 im Andreasrieth die Gerabrücke zwischen der Radrennbahn und dem Nordfriedhof. In diesem Bereich kommt ihnen der Chefarzt des Städtischen Krankenhauses, Prof. Dr. Egbert Schwarz mit der weißen Fahne entgegen, der sich ungeachtet der Gefahr für sein eigenes Leben aufgemacht hatte, um trotz der weit sichtbaren Rot-Kreuz-Fahne eine drohende Beschießung des Krankenhauses zu verhindern.[69] Er wird kurzerhand gefangen genommen, jedoch wenig später wieder freigelassen. Um 07.50 Uhr (B) wird der Vormarsch des 1. und 3./317, der jetzt die Stadt erreicht hat, kurz gestoppt, denn noch läuft hier der Lufteinsatz. Um 08.05 Uhr (B) erhalten die beiden Bataillone den Befehl, den Angriff wieder aufzunehmen und so lange fortzusetzen, bis sie auf Widerstand oder die entgegenkommenden Truppen des RCT 318 treffen. Um 09.15 Uhr (B) befinden sich die Infanteristen der Co. I, 3./317 auf dem Weg zu ihrem ersten Ziel, dem Bahnhof Erfurt-Nord und bis 09.30 Uhr (B) haben sie das gesamte Gelände des Flughafen Erfurt-Nord gesichert, dass die Panzer des CCB der 4th US AD am Vortag ohne Halt passiert hatten.

Aufnahme vom Flugplatz Erfurt-Nord während der Besetzung
Filmausschnitt: Tec 4 Walter E. Cummings, 166th Signal Photo Co., National Archives

Der Flugplatz Erfurt-Nord am 4. Juni 1945
Ausschnitt aus Luftbild Nr. 7017, Luftbilddatenbank Ingenieurbüro Dr. Carls, Estenfeld

Der Flughafen war das Ergebnis der Bemühungen der Ortsgruppe Erfurt im Bund Deutscher Flieger e.V. seit 1921 gemeinsam mit dem Magistrat der Stadt den Anschluss von Erfurt an den zivilen Linienflugverkehr zu erreichen. Nach zähem Ringen war es bis Mitte 1924 gelungen alle notwendigen Formalitäten zu klären und das erforderliche Gelände zu erwerben, so dass im letzten Quartal 1924 mit dem Bau begonnen werden konnte. Am 29. März 1925 erfolgte dann die Vertragsunterzeichnung zur Nutzung des Flughafens für den innerdeutschen Linienverkehr zwischen dem Magistrat der Stadt und der Junkers-Luftverkehr AG. Nach der Machtergreifung der Nationalsozialisten erfolgte im August 1933 die Umbenennung des bisherigen Flughafens Erfurt „Roter Berg" nach dem Reichsluftfahrtminister in „Hermann Göring Flughafen Erfurt". Ein geschickter Schachzug, der die drohende Einstellung des planmäßigen Luftverkehrs verhinderte. Mit der Entstehung des Fliegerhorstes Erfurt-Bindersleben erhielt der Flughafen die Bezeichnung Flughafen Erfurt-Nord und am 26.August 1939 erfolgte die Einstellung des zivilen Luftverkehrs. Im Oktober 1939 erfolgte die Übernahme durch die Luftwaffe, die den Platz zu Schulungszwecken für Piloten und Flugschüler des NSFK nutzte und im Nordteil des Flugplatzes eine Ln.Einheit stationierte. Die Führung des Platzes erfolgte ab jetzt durch eine Außenstelle der Fl.H.Kdtr. Erfurt-Bindersleben. Ab dem 2. Oktober 1939 erfolgte die Nutzung des Platzes durch die Flugzeugführerschule A/B Plauen, die am 15. Januar 1940 in Flugzeugführerschule A/B 7 umbenannt wurde und bis 30. Juni 1943 blieb. Ab dem 5. August 1943 erfolgte die Nutzung durch die Flugzeugführerschule A/B 114 Weimar-Nohra, ab Oktober 1943 Flugzeugführerschule A 114, bis zur Einstellung des Schulbetriebs im Februar 1945. Eigentlicher Hauptnutzer des Platzes ist jedoch die Industrie. So nutzt das Reparaturwerk Erfurt, später Mitteldeutsche Metallwerke Erfurt, und die Motorenfabrik Otto Schwade & Co. den Platz während des Krieges für Werkstattflüge.[70]

Die Firma Motorenfabrik Otto Schwade & Co. hatte bis 1929 einen Werksflugplatz am Nordrand des Militärgeländes Drosselberg südöstlich von Melchendorf und das Fluggelände auf dem Drosselberg genutzt um ihre Flugzeuge zu testen. Doch dann war der, für moderne Flugzeuge ungeeignete, Flugplatz geschlossen worden und der Drosselberg wurde nur noch als StoÜbPl verwendet. Als Schwade im Jahr 1935 von der frisch entstandenen Luftwaffe den Auftrag bekam, Reparaturen an Flugmotoren und Schulflugzeugen durchzuführen, war auch das Gelände des bisherigen Werksflugplatzes bereits bebaut. So wurden die Flugzeuge ab 1936 nach der Reparatur zerlegt und mit Lastwagen nach Erfurt-Nord gebracht. Ab 1943 fungierte die Firma als Zulieferer von Teilen für die Gothaer Waggonfabrik, die Bayerischen Flugzeugwerke, die Junkers-Werke Dessau und die Firma Bachmann & Blumenthal. Daneben erfolgte ab 1943 der Neubau des Fieseler Storch Fi 156 und des Versuchsmusters Fi 256 für die Fieseler Werke Kassel. Zur geplanten Produktion des, aus Holz gebauten, „Volksjägers" Heinkel He 162 „Salamander" war es nicht mehr gekommen.[71] Gleiches gilt für die Pläne für einen neuen Zivilflughafen Erfurt-Nord, die bereits für die Zeit nach dem Endsieg in den Schubladen lagen. Sie sahen den neuen Flughafen für Erfurt in Alperstedt vor, um am Roten Berg genügend Platz für weitere Bauvorhaben der Luftwaffe und des Flugzeugwerkes zur Verfügung zu haben.[72]

Neben dem Flugplatz wird das Reparaturwerk Erfurt GmbH, REWE der Mitteldeutschen Metallwerke GmbH zur Reparatur von Flugzeugen gesichert, das 1944 bei einem Bombenangriff schwer beschädigt wurde, und wo mit Unterstützung von Angehörigen der Gothaer Waggonfabrik der, von dem Zwickauer Ingenieur Albert

Kalkert konstruierte, Lastensegler Gotha Ka-430 gebaut wurde, der den bisherigen Lastensegler Gotha Go-242 ablösen sollte. Doch es wurden nur fünf Versuchsmaschinen und sieben Serienmaschinen hergestellt. Zwei der Maschinen konnten Anfang April 1945 noch Richtung Kyffhäuser/Harz in Sicherheit gebracht werden.[73] Auch die ehemalige Berlin-Erfurter Maschinenfabrik Henry Pels & Co. AG an der Straße nach Stotternheim, die 1936 arisiert und der Deutschen Waffen- und Munitionsfabrik zugeschlagen wurde, wird gesichert. Zur Berlin-Erfurter Maschinenfabrik gehört auch die Erfordia, Maschinenbau AG zur Herstellung von Flugabwehrgeschützen.[74]

Die Co. K, 3./317, die zur Säuberung in Marbach verblieben war, erhält um 10.45 Uhr (B) den Befehl, von Westen aus auf Erfurt vorzurücken und den Kontakt zum 1./317 herzustellen. Bis 11.15 Uhr (B) meldet das RCT 317 keinen Widerstand. Viele deutsche Soldaten, darunter auch Angehörige der Waffen-SS, hatten sich im Schutz der Nacht in Zivil aus der Stadt abgesetzt. Um 11.20 Uhr (B) stellen die Co. I und L, 3./317 den Kontakt zueinander her und die begleitenden Panzer werden der Co. I zugeteilt. Beim 1./317 erreichen die Vorauskräfte die Horst-Wessel-Straße (heute Magdeburger Allee), während sich die Co. C an der Linken südlich der Bahngleise der Bahnstrecke Erfurt – Straußfurt bewegt und die Co. B an der Rechten die Schmale Gera überquert.[75] Um 12.00 Uhr (B) verlässt die Co. K Marbach. Aber obwohl es bisher keinen Widerstand gab, kommt das RCT 317 aus Sicht des CG Gen. McBride nicht schnell genug voran und so gibt er um 12.42 Uhr (B) über Funk durch: *„Ihr seid zu langsam!“*. Aber es ist nicht nur die Geschwindigkeit des Angriffs, die McBride beschäftigt, sondern ein Problem, dass sich beim RCT 319 in Weimar auftut. Das Corps will, dass die Division so schnell wie möglich die Verantwortung für das mittlerweile bekannte KZ Buchenwald übernimmt, gleichzeitig soll jedoch das RCT 319, das Weimar gerade erst besetzt hat, den Panzern der 4th US AD nach Osten folgen. Und das 2./317 ist auch noch nicht in Weimar. Außerdem reicht das eine Bataillon nicht, um die Stadt und das Lager zu sichern. Um das Problem zu lösen, befiehlt McBride um 12.48 Uhr (B), das Col. Elegar zum RCT 317 fahren und den Kontakt zum 3./318 in Weimar herstellen soll. Zusätzlich soll das 1./317 bis 16.00 Uhr (B) aus Erfurt herausgezogen werden, um dem 2./317 so schnell wie möglich nach Weimar zu folgen.

Ausgerechnet in dieser Situation trifft die Co. B, 1./317 um 12.55 Uhr (B) im Tiergarten, im Bereich der heutigen Universität, auf Widerstand durch Infanterie und Sturmgeschütze und es entwickelt sich ein Gefecht. Dabei verliert die Co. A, 702nd Tk Bn, die mit drei Panzern den Vormarsch an dieser Stelle begleitet, einen Panzer, der in Flammen aufgeht, ein zweiter wird durch Pak-Treffer beschädigt. 1st Lt. Charles E. Schroeder wird schwer am Hinterkopf und im Gesicht verwundet, als eine deutsche Granate den Turm seines Panzers trifft. Zu Fuß flieht die Besatzung des brennenden Panzer hinter die Linien der Infanterie. Der Vormarsch kommt zum

Halten. Wenig später gelingt es, zwei deutsche 8,8cm Geschütze zu zerstören.[76] Anbetracht des Feindkontaktes wird die Herauslösung erst einmal verschoben. Nur langsam weichen die deutschen Truppen vor dem Angriff zurück und um 14.10 Uhr (B) erreicht die Spitze der Co. B das Nettelbeckufer gegenüber dem Nordpark. Zur gleichen Zeit nähern sich die Spitzen der Co. I, 3./317 durch Ilversgehofen gegen unorganisierten leichten Widerstand und vereinzelten Beschuss durch Heckenschützen vorgehend den Johannesplatz und die Co. L erreicht die Schlachthofstraße (heute Eugen-Richter-Straße).

Luftaufnahme der USAAF von Erfurt-Nord am 4. Juni 1945
Ausschnitt aus Luftbild Nr. 7017, Luftbilddatenbank Ingenieurbüro Dr. Carls, Estenfeld

Am Steintorplatz wird leichter Widerstand schnell überwunden.[77] Bis zu diesem Zeitpunkt verzeichnet das 1./317 225 Gefangene, darunter einen SS-Stubaf. der Waffen-SS, der Angaben macht zum Verbleib von 35 amerikanischen Soldaten, die am Vortag bei dem Gegenangriff auf Gispersleben gefangengenommen wurden.[78] Während die Co. B immer noch auf Widerstand trifft, treffen die Spitzen der Co. C, 1./317 um 14.45 Uhr (B) auf der Horst-Wessel-Straße (heute Magdeburger Allee) im Bereich des Johannesplatzes auf Aufklärungskräfte des 2./318 und stellen in der Blücherstraße (heute Breitscheidstraße) den Kontakt zum 3./317 her.

Die Co. K, 3./317, die von Marbach aus in die Andreasvorstadt einrücken soll, kommt nur langsam gegen anfänglich erheblichen Widerstand voran und steht um 15.10 Uhr (B) ostwärts von Marbach vor der heutigen Hannoverschen Straße. Bis dahin haben sich ihnen eine große Anzahl deutscher Soldaten ergeben. Am Südflügel der Kompanie kommt es zum Kontakt mit den Aufklärern des 2nd Plat. 80th Rcn Tp. Um 15.10 Uhr (B) hat das 3./317 den Flutgraben überschritten und rückt in die Altstadt vor. Da der Widerstand im Abschnitt des RCT 317 zum Erliegen kommt, wird jetzt mir der Herauslösung des 1./317 begonnen, das sich versammelt und darauf wartet, motorisiert zu werden. Um 16.05 Uhr (B) trifft der Befehl ein, dass 1./317 so schnell wie möglich unter Umgehung von Weimar nach Jena zu entsenden und fünf Minuten später wird das Regiment angewiesen, auch das 3./317 herauszulösen, sobald fester Kontakt zum RCT 318 besteht. Um 17.35 Uhr (B) kommt es zu einem ersten Kontakt mit der Co. C, 1./318 und bis 18.30 Uhr (B) hat sich das 3./317 im Bereich der Krämpfervorstadt versammelt.

Das 2./317, das am Vorabend bei Schwerborn – Kerpsleben – Töttleben gehalten hat, setzt am Morgen den Vormarsch nach Weimar fort. Dabei wird Großmölsen besetzt, das am Vortag während des Vorstoßes des CCB der 4th US AD im Zusammenhang mit dem Feuergefecht bei Kleinmölsen unter leichtem Beschuss lag.[79] Die Co. H, 2./317, die die Nordflanke des Regiments in Schwerborn gesichert hat, wird um 06.30 Uhr (B) auf Lastwagen verladen und fährt über Töttleben und Wallichen nach Niederzimmern, wo sie entladen wird und den anderen Kompanien folgt. Auf Grund der Entfernung reißt die Verbindung zum Regtl.CP ab und um 11.15 Uhr (B) wird ein Verbindungsoffizier entsandt, um den Befehl zu übermitteln, ohne Verzögerung und unter Umgehung jeglichen Widerstandes, nach Weimar hinein zu gehen. Über Daasdorf, wo das Bataillon um 12.50 Uhr (B) gemeldet wird, und Gaberndorf geht es weiter. Um 14.20 Uhr (B) erreichen die Vorauskräfte Weimar und um 16.00 Uhr (B) wird der CP des 2./317 in Tröbsdorf, westlich von Weimar gemeldet. Erst später werden in einer Scheune des Ortes Material des „Amt Wissen" des Reichserziehungsministeriums gefunden, die vor Ostern 1945 aus Berlin-Gesundbrunnen ausgelagert und mit Lastwagen nach Eisenach, ins Kloster Roßleben und nach Tröbsdorf verbracht wurden.[80] Am späten Nachmittag erreicht das Bataillon Weimar und löst Teile das 2./319 in der Stadt ab. Damit übernimmt es auch die Verantwortung für die deutschen Kriegsgefangenen, deren Zahl mit denen, die sich dem Bataillons unterwegs ergeben haben, auf 1300 beziffert wird. Doch für eine Übernahme des KZ Buchenwald sind die Kräfte des Bataillons zu schwach.

Und so erhält das 1./317 den Befehl, eine Kompanie zum Lager zu entsenden. Das 1./317 war um 16.30 Uhr (B) in Erfurt auf Lastwagen des 284th FA Bn der CorpsArty verladen worden, um für die bevorstehende Besetzung von Jena nach Kötschau, nordwestlich von Jena, zu fahren. Während die Hauptkolonne von Niederzimmern über Daasdorf weiter nach Osten fährt, trennt sich die Co. A in Niederzimmern von den Hauptkräften und fährt über Ottstedt am Berge zum Ettersberg, um die Sicherung des Lagers zu übernehmen.[81] Der Regtl.CP, verlässt um 15.45 Uhr (B) Erfurt und fährt nach Weimar. Dort erhält der CO um 20.10 Uhr (B) den Befehl, das 3./317 am nächsten Morgen um 06.30 Uhr (B) ebenfalls nach Jena zu verlegen. Bis zum Abmarsch erhält das Bataillon den Befehl: *„Haltet Recht und Ordnung in Erfurt aufrecht!"*[82] Noch während das 1./317 ohne seine Co. A auf dem Marsch nach Kötschau ist, erhält das Regiment um 21.00 Uhr (B) den Befehl, dass das Bataillon erst am nächsten Tag nach Jena hinein gehen soll, wenn das RCT 319 die Stadt gesäubert hat. Das gibt ihm Zeit, sich zu sammeln und regenerieren. Außerdem erhält es den Befehl, die zehn Lastwagen des 284th FA Bn der CorpsArty, die dem 1./317 für den Transport zugeteilt wurden, noch in der Nacht an das RCT 319 abzugeben. Auch alle anderen, nicht mehr benötigten, Transportmittel sind an die Division zu übergeben. Außerdem soll sich das Regiment darauf einstellen, eines seiner Bataillone kurzfristig auf Befehl nach Chemnitz zu entsenden, falls die Panzer der 4th US AD schneller als erwartet durchbrechen würden. Als das 1./317 in der Nacht Kötschau erreicht, ahnen die Infanteristen nicht, dass sich in der nahegelegenen Wasserburg Kapellendorf die eingelagerten Bestände der Erfurter Stadtbücherei und Kunstwerke aus dem Erfurter Dom befinden. Sie hätten sicher das Interesse des ein oder anderen Beutesammlers geweckt. Sie werden später entdeckt und gesichert.[83] Im Tagesergebnis meldet das RCT 317 fünf Verwundete, fünf Vermisste und 254 Gefangene.

Das RCT 318 beginnt um 06.30 Uhr (B) mit dem 1. und 2./318 den koordinierten Angriff zur Einnahme von Erfurt, während das 3./318 die östlichen Stadtausgänge blockiert. Doch kaum hat der Angriff begonnen, wird er auf Befehl der Division gestoppt, nachdem um 07.05 Uhr (B) klar ist, dass die Stadt aus der Luft angegriffen werden soll. Um 07.30 Uhr (B) geht über Funk die Meldung ein: *„Luftschlag auf drei Punkte im Stadtzentrum in wenigen Minuten."* Als kurz darauf die Jagdbomber über der Stadt erscheinen, sind die Zielmarkierungen bereits gesetzt. Erst als diese ihre Last über der Stadt abgeladen haben, geht der Angriff weiter. Beim 2./318 kommt es am frühen Morgen im Abschnitt der Co. E und F am Nordrand des Steigerwaldes zu Gegenangriffen auf die überraschten Infanteristen, die sich gerade auf die Fortsetzung des Angriffs vorbereiten. So gelingt es den Deutschen unter Einsatz von Nebelwurfkörpern zeitweise Teile der Co. F aus ihren Stellungen zu werfen. Nur mit

Luftaufnahme der USAAF vom Stadtzentrum von Erfurt am 4. Juni 1945
Ausschnitt aus Luftbild Nr. 7017, Luftbilddatenbank Ingenieurbüro Dr. Carls, Estenfeld

Mühe gelingt es den Angriff abzuwehren. Für seine, dabei gezeigte Tapferkeit, erhält Sgt. Byron K. Brooks den Silver Star, nachdem er als einziger in einer Stellung verblieben war und den Angriff mit nur zwei Handgranaten und seinem M 1 Gewehr abgewehrt hatte. Dabei tötet er vier Deutsche und verwundet drei weitere. Anschließend führt er seine Gruppe zu einem Gegenstoß, bei dem zwei weitere Deutsche getötet und sieben gefangengenommen wurden.[84] Durch die deutschen Gegenangriffe beginnt der Angriff der Co. E an der Linken und die Co. F an der Rechten, erst um 07.30 Uhr (B). Trotz des abgewehrten Gegenangriffe treffen die Infanteristen der Co. F nördlich des Waldkasino erneut auf anhaltenden Widerstand durch Infanterie, die durch Panzer unterstützt wird. Erst nach erneuten heftigen Kämpfen wird der Widerstand überwunden. In der Erklärung zur Verleihung des Silber Stars an Pfc. Ted D. Christy von der Co. F, 2./318 heißt es: *„An diesem Tag, während des Angriffs auf Erfurt, Deutschland, waren alle Feinde in ihren vorgeschobenen Stellungen getötet oder gefangengenommen worden bis auf Ausnahme eines Offiziers, den Pfc. Christy beobachtete, als er nach hinten wegrannte. Ungeachtet des feindlichen Feuers folgte Pfc. Christy diesem Offizier in ein Gebäude 300 Yards hinter den feindlichen Linien. Nachdem er den Offizier in einem Feuergefecht verwundet hatte, nahm er ihn gefangen und brachte ihn zu den Linien der Kompanie, wo er verhört wurde. Die dabei erhaltenen Informationen machten es der Kompanie möglich eine Umgehung zu machen und 57 Deutsche ohne Verluste gefangen zu nehmen.“*[85] Durch die Kämpfe wird der Vormarsch der beiden Kompanien des 2./318 so behindert, dass es nicht zu einem Halt wegen der Luftangriffe kommt. Als sich ihr Angriff in die Stadt hinein entwickelt, sind diese bereits beendet.

Anders bei der Co. G, die an der linken Flanke der Co. E und F planmäßig um 06.30 Uhr (B) von Hochheim aus Richtung Stadtgebiet von Erfurt vorrückt. Um 07.55 Uhr (B) wird auch ihr Angriff wegen des Jagdbombereinsatzes kurz angehalten. Erst dann geht es weiter und um 08.42 Uhr (B) rücken die Infanteristen auf der Cyriak-Straße (heute Winzerstraße) südlich der Cyriaksburg vor, während Vorauskräfte den Drei-Quellen-Brunnen erreicht haben. Der Volkssturm, der den Abschnitt verteidigen sollte, hat sich aufgelöst. Der verantwortliche Leutnant soll eine Gruppe von 40 Hitlerjungen nach Hause geschickt haben.[86] Dennoch wird auch in diesem Bereich vereinzelt Widerstand geleistet. Eine Zeitzeugin berichtet, dass in der Winzerstraße mit Panzerfäusten auf die vorrückenden amerikanischen Truppen gefeuert wurde, wobei auch ein kleines Mädchen durch einen Granatsplitter am Bein verwundet wurde.[87] Zur gleichen Zeit hat die Co E die Pförtchenbrücke über den Gera-Flutgraben erreicht und steht nach Überwindung von vereinzeltem Widerstand im Dalbergsweg nördlich des Flutgrabens. Dort besetzen sie das Ausweichquartier der NSDAP-Kreisleitung Erfurt-Weißensee im „Haus der Deutschen Arbeitsfront“, die ihr Dienstgebäude neben der Thomaskirche Anfang April 1945 durch Bombentreffer verloren hatte.[88] In der Chamissostraße wird die Hauptvermittlungsstelle der Deutschen Reichspost gesichert. Von dem Breitbandverstärkeramt der Deutschen Reichspost in der Gustav-Freytag-Straße, das zum getarnten System der Nachrichtenfernübertragung des OKH in Zossen gehört und bei einem amerikanischen Luftangriff am 3. April 1945 zerstört worden war, nehmen sie hingegen keine Notiz.[89] Die Co. F erreicht nach Überwindung des Widerstandes den Bereich der Hindenburg-Straße (heute Arnstädter Straße) am Stadtgarten nördlich der Mitteldeutschen Kampfbahn (heute Eissportzentrum) bis zur Nordostecke des Südfriedhofs. In der Hindenburg-Straße sichern sie das ehemalige Dienstgebäude der Preußischen Landesregierung und die, in den Kellerräumen befindliche, LS-Leitstelle des Erfurter

Polizeipräsidenten, dem „Örtlichen LS-Leiter" für Erfurt. Auch die, im Gebäude befindliche, Dienststelle der Erfurter Gestapo wird besetzt. Deren Mitarbeiter hatten sich am 3. April 1945 befehlsgemäß nach Weimar abgesetzt. In der Nähe der Kreuzung Sophienstraße/Herderstraße fährt ihnen ein Kübelwagen mit Rot-Kreuz-Fahne vor die Gewehrläufe. In dem Fahrzeug befinden sich Hptm. Leisenberg, der in der Nacht den Auftrag hatte, den Erfurter Oberbürgermeister wegen Feigheit hinzurichten. Nachdem Merkel gegen 09.00 Uhr den Petersberg verlassen hatte, hatte er beschlossen, sich wegen alter Verwundungen mit zwei seiner Kameraden auf dem Weg Richtung Standortlazarett zu machen, um so weiteren Kämpfen zu entgehen. Ohne Widerstand ergeben sie sich den amerikanischen Infanteristen, froh überlebt zu haben.[90]

Dann schließt die Co. F, 2./318 zum Flutgraben auf, wobei es an den Bunkern an der Daberstedter Schanze (Stadtpark) zu einem kurzen Gefecht kommt. Einige Wehrmachtsangehörige und Volkssturmmänner leisten unter Ausnutzung vorhandener Luftschutzgräben kurzen Widerstand, bevor sie sich ergeben oder fliehen.[91] Eine provisorische Sperre in der Eisenbahnunterführung am Hauptbahnhof hält die Infanteristen von einem Vordringen zum Hauptbahnhof ab. Dafür gelingt es innerhalb von kurzer Zeit die Löberbrücke zu sichern.[92] Die dortigen deutschen Sicherungen ergeben sich kampflos. Ein völlig veralteter PzKpfw I, der an der Ecke Löberstraße/ Thomasstraße aufgefahren war, um die Brücke mit seinen zwei 7,92mm MG 13 zu sichern, war von seiner Besatzung verlassen worden.[93]

Foto: Helmut Wolf, Erfurt

Auch die Victoriabrücke wird kampflos gesichert. Deutsche Kriegsgefangene räumen die Sperre auf der Brücke zur Seite.[94] Wie hatte bereits Hotzel in seinem Tagebuch geschrieben: *„Von Verteidigungsmaßnahmen sehe ich wenig in der Stadt und die wenigen – hier und da ein Geschütz an Straßenkreuzungen und eine Barrikade aus quer-*

gestellten Kraftfahrzeugen – sind kümmerlich...Ich kann mir nicht denken, dass Erfurt wirklich verteidigt werden soll.“[95]

Gemeinsam rücken die Co. E und F zum Zentrum vor. Dabei kommt es immer wieder zu Haus-zu-Haus-Kämpfen. Capt. Robert C. Marshall von der Co. B, 305th Engr C Bn, der mit einer Gruppe Pioniere den Vormarsch der Infanterie begleitet, wird bei der Beseitigung einer Straßensperre von einer Kugel im Oberbauch getroffen. Zum Glück bremsen sein Fernglas und eine Verpflegungsration die Kugel und verhindern so schwere innere Verletzungen.[96] 2nd Lt. Eli Selikoff von der Btry. B, 314th FA Bn von Capt. Nelson W. Curtiss, der mit seinem Team vorgeschobener Beobachter die Infanteristen begleitet, wird durch eine Kugel in die rechte Seite getroffen und stirbt schwer verwundet kurz darauf. Um 10.35 Uhr (B) meldet das Bataillon den Widerstand vor ihren Linien als gebrochen. Um 12.00 Uhr (B) haben die Co. E und F die Lange Brücke über den Walk- und Bergstrom, zweier Nebenarme der Gera, gesichert und stehen am Nordufer. In der Kasinostraße (heute Meister-Eckehart-Straße) wird das Polizeipräsidium besetzt. In der Zwischenzeit nähert sich die Co. G nach der Überwindung einer Straßensperre auf der Regierungsstraße der Brücke.[97] Dabei sichern sie das Stadthalterpalais, den Sitz des Erfurter Regierungspräsidenten. Vor ihnen liegt nun der Stadtkern und der Petersberg. Um 11.52 Uhr (B) befiehlt der CG 80th US InfDiv, das jetzt auch die schweren 8inch Haubitzen des 662nd FA Bn gegen den Petersberg zum Einsatz kommen sollen, der bereits seit dem Vorabend unter Artilleriebeschuss liegt. Dabei war es auch zu massiven Schäden im nahegelegenen Werk der Olympia Büromaschinenwerke AG gekommen.[98] Die Olympia Büromaschinen-Werke AG waren ab 1935 der größte Produzent von Schreibmaschinen in Deutschland und ab 1937 auch an der Herstellung von Rüstungsgütern wie Magazinen für die leichte Flak und Patronengurten für Maschinengewehre beteiligt. Bis 14.00 Uhr (B) haben sich 200 Deutsche ergeben.

Auch die Co. G, die gegen Mittag aus Richtung Luisenpark die Hohenzollernbrücke über den Gera-Flutgraben (heute Alfred-Hess-Straße) gesichert hat, rückt gegen vereinzelten Widerstand nach Norden Richtung Petersberg vor. Jetzt haben die Infanteristen das Zentrum erreicht. An der Hohenzollernbrücke hatten sich die letzten Verteidiger des Rgt. Bertheau beim Anrücken der Amerikaner ergeben und die weiße Fahne gezeigt. Der K.Kdt. von Erfurt, Oberst Merkel gibt später an, dass er während der Besichtigung der Verteidigungsstellungen im Stadtzentrum darüber informiert wurde und sich deshalb in Begleitung von Maj. Hofmann[99] auf den Weg dorthin gemacht hatte. An der Brücke seien sie von den vorrückenden Amerikanern überrascht worden. Ihm sei mit Mühe und Not die Flucht über den Hauptfriedhof nach Tiefthal und Witterda und weiter bis in die Nähe von Walschleben gelungen, wo er später gefangengenommen wurde.[100] Um 16.00 Uhr (B) steht die Co. G am Friedrich-Wilhelmplatz (heute Domplatz), die Co. E in der Mühlgasse vor dem Anger und die Co. F hat das Postscheckamt am Regler-Ring (heute Juri-Gagarin-Ring) besetzt. Noch bevor die Stadt vollständig gesichert ist, erscheint um 16.54 Uhr (B) der CG auf dem CP des RCT 318 und erteilt Col. Luckett den Befehl: *„Ihr übergebt die Stadt (Erfurt d.A.). Wir hoffen, Ranger zu bekommen, die euch ablösen. Ich denke, wir haben morgen Lastwagen für euch. Wenn möglich lasst ein Bataillon hier. Ihr geht im Nordabschnitt der Division durch das 317th. Die schicken im Pendelverkehr ein Bataillon von Ort zu Ort. Wir bringen euch mit Nachschub-Lastwagen nach vorne und teilen sie dann zwischen euch und dem 319th auf. Der 80th Rcn Tp säubert den Nordabschnitt. Euer Auftrag ist es, weiter zu gehen und den Kontakt zu den Panzern (der 4th US AD d.A.) herzustellen."* Bis 18.35 Uhr (B) steht die Co. G, 2./318 in der Brühlervorstadt und sichert den Bereich südlich des Petersbergs. Die Co. E, die gegen leichten Widerstand vom Fischersand Richtung Rathaus vorgerückt war, säubert diesen Bereich der Altstadt und die Co. F, die den Petersberg gegen starken Widerstand genommen hat, diesen Bereich und das Gebiet um den Dom. Auf dem Petersberg ergeben sich die Reste der „Kampfbesatzung", die unter Führung von Obstlt. Wachsmuth standen und aus Wehrmacht, Polizei, Feuerschutzpolizei und Angehörigen des Sicherheits- und Hilfsdienst SHD bestehen.[101]

Das 1./318, dass am Vortag durch das Hospitalholz bis zur Bergkaserne vorgedrungen war, beginnt den Angriff parallel zum 2./318. Um 07.53 Uhr (B) meldet Maj. Gaking, das sie das Standortlazarett Erfurt/Res.Laz. I in der Schützenhausstraße (heute Werner-Seelenbinder-Straße) und das Res.Laz. II genommen haben. 200 bis 300 Krankenschwestern und Angehörige des Lazarettpersonals werden formal gefangengenommen. Das Standortlazarett hatte am Vortag die Anweisung erhalten, sich bei Feindkontakt zu ergeben.[102] Im Res.Laz. I finden sie 759 kranke und verwundete Militärangehörige und im Res.Laz. II 1042. Dabei stossen sie auf Col. Robert S. Allen, TUSA, der einige Tage zuvor bei einem Feuergefecht zwischen Gotha und Erfurt verwundet in deutsche Gefangenschaft geraten war. Bereits am Vortag hatte die 80th US InfDiv um 08.00 Uhr (B) die Meldung erhalten, dass sich im Res.Laz. I ein Colonel aus Louisville befinden soll, der ein Abzeichen der 3rd US Army trägt.[103] Um 08.39 Uhr (B) meldet Gaking: *„Wir haben Col. Allen, er ist o.k. Sie sollen Col. Claybrook und Col. Crotch informieren, das er hier im Reservelazarett ist und auf Befehle wartet. Er bitte darum, eine Sanitätseinheit zum Lazarett zu entsenden, um medizinische Hilfe zu leisten. Er will, dass diese Information sofort an den Stab der 3rd Army geht."* Kurz nach 11.00 Uhr (B) erscheint der Armeearzt der 3rd US Army persönlich auf dem CP der 80th US InfDiv um Col. Allen, der in der Zwischenzeit von der Co. B, 305th Med Bn übernommen wurde, abzuholen. So endet zumindest für Col. Allen die Episode des Feuergefechts bei Apfelstädt glücklich.[104] Unter Zurücklassung von Sicherungen am Lazarett, läuft in der Zwischenzeit der Angriff mit der Co. C auf der Linken und der Co. B auf der Rechten, gefolgt von der Co. A hinter der Co. C weiter. Dabei kommt es im Bereich der Jägerkaserne und Löberfeldkaserne zu Schießereien und der Vormarsch stockt. Doch der Widerstand wird schnell überwunden und die letzten Verteidiger finden sich in der Kriegsgefangenensammelstelle am Panzerkasino wieder.[105] Über die Hermann-Göring-Straße (heute Friedrich-Ebert-Straße) und Melchendorfer Straße/Epinay-Straße (heute Windthorststraße) geht es weiter.[106] Gegen 10.00 Uhr (B) erreicht die Co. C den Nonnenrain im Stadtteil Daberstedt, südlich des Güterbahnhofs, nachdem erste Vorauskräfte bereits um 07.00 Uhr die Weißenburger Straße (heute Holbeinstraße) erreicht hatten.[107] Die Co. B erreicht den Bereich der Rudolstädter Straße an der Grenze zwischen Daberstedt und Dittelstedt und die Co. A steht auf der Skalitzer Straße (heute Wilhelm-Busch-Straße). Eine deutsche Pak, die zuvor am Spielbergtor in Stellung gegangen war, war auf Bitten der Anwohner wieder abgezogen. Eine Zeitzeugin berichtet:*„Direkt vor unserem Haus stellten die Soldaten ein Geschütz auf. Wir gingen hinunter und baten sie, das Geschütz woanders aufzustellen. Denn es war klar, dass – wenn die schießen – wir in unserem Haus dann auch dran waren…“*[108]

Um 11.00 Uhr (B) trifft die Co. C, 1./318 im Bereich der Bahnüberquerung zwischen Hauptbahnhof und Güterbahnhof auf starken Widerstand. MG-Feuer schlägt ihnen entgegen. Zu gleichen Zeit erreicht die Co. B, die unter Scharfschützenbeschuss nur langsam voran kommt, die Weimarische Straße südlich des Güterbahnhofs. Um die, an der Weimarischen Straße liegende, Firma J. A. Topf & Söhne kümmern sie sich nicht. Die Firma erlangt erst nach dem Krieg traurige Bekanntheit, als man erfährt, dass sie der Produzent der Verbrennungsöfen für die Krematorien der Konzentrationslager und das Vernichtungslager Auschwitz-Birkenau war. Auch für den Einbau der Entlüftungsanlagen und der gasdichten Türen der Gaskammern zeichneten Ingenieure der Firma verantwortlich. Heute erinnert eine Dauerausstellung im ehemaligen Verwaltungsgebäude an dieses düstere Kapitel der Firmengeschichte.[109] Bis 11.40 Uhr (B) gelingt es der Co. C den Widerstand an der Bahnüberquerung zu überwinden und sie rückt nach Norden zur Brücke über den Flutgraben vor. Glücklicherweise sind weder die Bahnbrücke noch die Brücke über den Flutgraben zerstört und können intakt gesichert werden. Um 12.45 Uhr (B) melden die begleitenden Panzer deutsche Truppen, die im Bereich des Güterbahnhofs versuchen entlang der Gleise nach Osten durchzubrechen und nehmen sie unter Beschuss. Bis 13.50 Uhr (B) gelingt es die Masse gefangen zu nehmen. Während die Co. B an der Rechten und die nachgerückte Co. A auf der Linken den Bereich des Güterbahnhofs durchkämmen, schwenkt die Co. C nach der Sicherung der Brücken nördlich des Güterbahnhofs nach Osten und sichert bis gegen 16.00 Uhr (B) das Städtische Gaswerk und die Zentrale des Städtischen Elektrizitätswerks in der Radowitzstraße (heute Iderhoffstraße). In diesem Bereich kommt es gegen 17.00 Uhr (B) zum Kontakt mit dem 3./318, das von Osten Patrouillen in die Stadt schickt. Ein 8,8cm Flakgeschütz, das am Vortag am Leipziger Platz in Stellung gebracht wurde, kommt nicht zum Einsatz.[110] In der Zwischenzeit ist die Co. B noch immer mit der Säuberung des Geländes des Güterbahnhofs von versprengten deutschen Soldaten beschäftigt, die versuchen, sich nach Osten abzusetzen. Erst 17.47 Uhr (B) ist der letzte Widerstand überwunden. Alleine SSgt Edward F. Hofmann,

Pfc. Wallace Pender und Pfc. William E. Clifford von der Co. B, 305th Engr C Bn nehmen zwei deutsche Offiziere und 31 Mannschaften gefangen.[111] Nachdem Kriegsgefangene davon berichten, dass als Sammelpunkt für die Waffen-SS der Hauptbahnhof befohlen war, der zwischen dem Angriffsstreifen des 2./318 und 1./318 liegt und noch nicht gesichert wurde, wird auf Befehl des CO 318th InfRgt eine Patrouille des 3./318 dorthin gesandt, um die Lage zu prüfen. Dort kommt es zu einer kurzen Schießerei mit letzten Versprengten, die aber schnell endet.[112]

Beim 3./318, das die Ostausgänge der Stadt blockiert, setzt die Co. K am Morgen ihren Vormarsch nach Norden über die R 7 hinaus fort und sichert gegen 10.00 Uhr (B) mit einem Platoon die Straßenkreuzung westlich von Azmannsdorf, während die Hauptkräfte bis 13.25 Uhr (B) den Ort besetzen und Stellungen im Bereich des heutigen Fichtenwegs einnehmen. Die Co. I, die mit einem Platoon eine Straßensperre auf der Rudolstädter Straße zwischen Dittelstedt und Urbich betreibt, hält mit den Hauptkräften in Melchendorf. Die Co. L sichert bis 10.00 Uhr (B) Hochstedt und macht 16 Gefangene und die Co. M hält in Egstedt. Ob die Infanteristen die zwei deutschen Artilleriegeschütze im Bereich Dittelstedt, die die Aufklärung am Vortag gemeldet hatte, gefunden haben oder ob sich diese rechtzeitig abgesetzt haben, konnte nicht ermittelt werden. Am Nachmittag erhält das 3./318 den Befehl, zwei Patrouillen nach Erfurt zu schicken, die den Kontakt zum 1./318 auf dessen CP in der heutigen Pößnecker Straße in Daberstedt herzustellen. Diese treffen bis 16.00 Uhr (B) im Bereich des Schmidtstedter Ufers auf Kräfte der Co. C, 1./318. Den CP finden sie jedoch nicht. Um 19.10 Uhr (B) meldet das RCT 318, dass der organisierte Widerstand in der Stadt erloschen ist, aber noch einige Stadtgebiete durchsucht werden müssen. Kurz darauf erhält das 1./318 den Auftrag: *„Ihr kontrolliert das Gebiet, wo das 317th InfRgt durchgegangen ist mit Patrouillen entlang der Hauptstraßen nach Norden. Schickt motorisierte und Fußpatrouillen bis zum Nordrand der Stadt, besonders entlang des Ostufers der Gera. Ihr müsst sicher sein, dass dort niemand mehr ist.“* Der Auftrag geht an die Co. B, 1./318, die umgehend alarmiert wird.

Doch nicht nur das RCT 317 und 318 kommen bei der Besetzung der Stadt zum Einsatz. Auch die Aufklärer des 80th Rcn Tp., die bis zum Morgen mit dem CP in Schmira und je einem Platoon bei Schmira und Bindersleben die westlichen Ausgänge der Stadt gesichert haben, rücken am Morgen vorsichtig Richtung Stadt vor. Auf der R 7 Gotha – Erfurt trifft der 1st Plat. auf Höhe der Cyriaksburg, (heute Gartenausstellung EGA) an der Gothaer Straße, um 10.30 Uhr (B) auf eine verteidigte Sperre. MG-Feuer schlägt ihnen entgegen. Bis 12.15 Uhr (B) ist die Sperre überwunden und um 12.40 Uhr (B) nähert sich der Platoon der Kreuzung Gothaer Straße / Heinrich-Straße/ Friedrichstraße (Straße des Friedens) / Rudolfstraße. Der 2nd Plat. steht hingegen um 12.40 Uhr (B) noch immer am Ostrand des Flugplatzes Erfurt-Binderleben auf der Landstraße. Dann beginnt auch er mit dem Vorrücken und bis 14.05 Uhr (B) haben die Aufklärer 40 Gefangene gemacht. Die Aufklärer des 1st Plat.

stellen bis 14.35 Uhr (B) am Benaryplatz den Kontakt zum RCT 318 her. Um 15.20 Uhr (B) meldet der CO 80th Rcn Tp., dass er plant, den 1st und 2nd Plat. im Bereich der großen Gärtnereien westlich des Petersbergs an der Heinrichstraße zu vereinigen. Der 2nd Plat., der auf der Bindersleber Landstraße vorrückt, hat in der Zwischenzeit den Kontakt zur Co. K, 3./317 hergestellt. Gegen 14.50 Uhr (B) geraten die Aufklärer und die begleitenden leichten Panzer der Co. D, 702nd Tk Bn im Bereich des Brühler Herrenbergs unter starken Beschuss. Nach den Meldungen sollen 75 bis 100 Granatwerfer- und 15 bis 20 Schuss Sturmgeschützgranaten in dem Bereich eingeschlagen sein. Bereits 14.00 Uhr (B) hatte eine Salve Hochheim getroffen. In einem letzten Aufbäumen feuern die deutschen Verteidiger mit ihrer letzten Munition auf die amerikanischen Truppen, doch der Beschuss zeigt keinerlei Wirkung. Ohne Widerstand wird der Flakturm im Bereich zwischen Langen Graben und Nibelungenweg, der nach vorliegenden Meldungen über drei leichte Flakgeschütze verfügt haben soll, genommen. Um 15.50 Uhr (B) erhalten die Aufklärer den Befehl, mit der unterstellten Co. D, 702nd Tk Bn durch den Abschnitt des RCT 317 hindurch nach Osten zu gehen. Der 2nd Plat., der den Kontakt zum RCT 317 herstellen soll, kehrt unverrichteter Dinge zurück, denn er findet dessen CP nicht. Dafür ergeben sich ihnen 45 Deutsche. Damit endet der Kampf um Erfurt. Gegen 20.00 Uhr (B) informiert Col. Elegar den CG und Pruett das XX. US Corps: *„Die Kämpfe in Erfurt sind beendet!"* Noch am Mittag hatte der Tägliche Wehrmachtsbericht gesendet: *„Konzentrische Angriffe gegen Erfurt wurden von der Besatzung blutig zurückgeschlagen."*[113]

Während das 1./318 Straßensperren in der Stadt errichtet und wichtige Einrichtungen unter Bewachung stellt, versammelt sich das 2. und 3./318. Jetzt beginnt der schwierigere Teil der Arbeit der Infanterie, denn es gilt innerhalb von kürzester Zeit zum einen die Voraussetzungen für die Übernahme der Verantwortung durch die Military Gouvernement zu schaffen und sich zu anderen auf die Fortsetzung des Angriffs vorzubereiten. Glücklicherweise stehen im Gegensatz zu Kassel, wo die Polizei fast vollständig im Kampfeinsatz stand und in Gefangenschaft ging, dem G-5 der Division in Erfurt zirka 400 Polizisten und die Kräfte der LS-Polizei zur Verfügung, die sich sofort zur Aufrechterhaltung von Ruhe und Ordnung einsetzen lassen. Auch der Oberbürgermeister unterstützt die Aktivitäten bis zu seiner Verhaftung und der Übernahme der Amtsgeschäfte durch seinen Stellvertreter.[114] Gilt es doch vorrangig Fabriken, Warenlager und wichtige Einrichtungen der Stadt vor Plünderungen und Sabotage zu schützen und die Kriegsgefangenen abzutransportieren. Dabei gilt das Augenmerk neben den verschiedenen Lagern der Wehrmacht und dabei insbesondere den Magazinen des HVA in der Blumenstraße und Großen Ackerhofgasse, die Ziel der Plünderungen sind, der Erfurter Maschinen- und Werkzeugfabrik Berthold Geipel GmbH (ERMA) in der Ziethenstraße (heute Rathenaustraße), der Feinmechanischen Werke GmbH (FEIMA) in der Altonaer Straße zur Herstellung von Karabinern und Maschinenpistolen und dem Werk der Telefunken

GmbH Berlin in der Rudolstraße.[115] Bei den Kriegsgefangenen meldet das RCT 318 um 20.35 Uhr (B) zusätzlich zu den 2500 Kriegsgefangenen, die sich während des Tages ergeben haben noch einmal 1500, die aus den Kriegsgefangenensammelstellen an der Pförtchenbrücke, in der Löberfeld- und Artilleriekaserne zu evakuieren sind.[116] Und von überall kommen neue hinzu.

Doch noch etwas beunruhigt viel mehr. Um 21.05 Uhr (B) meldet das RCT 318 auf Grundlage von Gefangenenaussagen, dass sich die Reste von drei Kompanien Waffen-SS in der Stadt befinden, die in Zivil untergetaucht sind. Und niemand weiß, was sie vorhaben. Die Angst vor dem „Werwolf", jener nationalsozialistischen Widerstandsbewegung, die aus dem Untergrund heraus gegen die Besatzer kämpfen soll, ist gegenwärtig. So wird umgehend der CIC angefordert, um entsprechende Gegenmaßnahmen zu ergreifen. Auch nach dem Besatzungswechsel im Juli 1945 wird die Angst vor dem „Werwolf" Opfer fordern. So werden noch im Dezember 1945 in Tüttleben bei Gotha auf Grund von Denunziationen 17 Jugendliche im Alter von 14 bis 18 Jahren wegen angeblicher Werwolf-Zugehörigkeit verhaftet und von der sowjetischen Militäradministration zu Zuchthausstrafen verurteilt. Vier von ihnen verstarben in Haft.[117] Zur besseren Führung dieser Aufgaben verlegt der Regtl.CP 318 um 15.00 Uhr (B) von Waltersleben nach Erfurt. Das 314th FA Bn geht um 13.08 Uhr (B) von Ingersleben nach Bischleben, wo es 13.20 Uhr (B) eintrifft. Die Cn Co. 318 verbleibt in Schmira und die Co. B, 305th Med Bn geht am späten Abend nach Erfurt. Das Regiment meldet als Ergebnis der eigenen Tätigkeit dieses Tages 1690 Gefangene, einen Gefallenen und 24 Verwundete.[118]

Beim RCT 319 beginnen am Morgen befehlsgemäß die Vorbereitung zur Einnahme von Weimar. Nach einigen Schüssen der amerikanischen Artillerie auf die Stadt, die den Willen zur Zerstörung der Stadt demonstrieren sollen, wird pünktlich um 06.00 Uhr (B) der Bürgermeister von Troistedt Weyde, der die Nacht unter amerikanischer Aufsicht verbracht hatte, nach Weimar entsandt, um das Ultimatum zur bedingungslosen Kapitulation der Stadt zu übergeben. Doch fast geht das Unternehmen schief. Weyde verspätet sich, da er auf einen Sicherungsposten der 4th US AD trifft, als er mit seinem Fahrrad und zwei weißen Handtüchern als Parlamentärflagge Richtung Weimar radelt. Da niemand die Posten informiert hatte, geht eine halbe Stunde verloren bis geklärt ist, dass alles seine Richtigkeit hat. So bleibt nichts anderes übrig, als das Ultimatum um eine Stunde zu verlängern.[119] Um 07.00 Uhr (B) meldet das RCT 319: *„Um 06.30 Uhr Ultimatum durch Bürgermeister eines angrenzenden Ortes nach Weimar übermittelt. Die Antwort müsste 08.30 Uhr erfolgen."* Um 06.40 Uhr (B) erfolgt der ergänzende Hinweis, dass das Ultimatum um 09.00 Uhr (B) abläuft und das 315th und 905th FA Bn nach Beendigung des Einsatz in Erfurt jetzt Stellungen beziehen, um auf Anforderung Weimar zu beschießen. An das 1. und 2./319 geht um 08.20 Uhr (B) der Befehl, bereit zu sein, um 09.00 Uhr (B) die Autobahn als Ablauflinie für den Angriff auf Weimar zu passieren, falls die Antwort auf das Ultimatum negativ ausfallen sollte. Parallel dazu soll das 3./319 nach Ulla vorrücken, um von Westen in die Stadt einzudringen. Außerdem werden letzte Absprachen mit dem CCR der 4th US AD getroffen, damit dieses notfalls das RCT 319 unterstützen kann.

Richard Weyde
Foto. Sammlung Sochor, Troistedt

Aber es kommt nicht zum Einsatz. Weyde ist in Begleitung des Oberbürgermeisters von Weimar, den er in seiner Wohnung angetroffen hatte, und Herrn und Frau Dr. Fischer als Dolmetscher nach Troistedt zurückgekehrt. Im Gegensatz zu Kießling in Erfurt musste Otto Koch niemanden mehr überzeugen, die Stadt zu übergeben, denn es war ihm seit dem Vortag nicht gelungen, Kontakt zu militärischen Stellen in der Stadt aufzunehmen. Diese hatten sich befehlsgemäß abgesetzt, jedoch ohne Koch davon in Kenntnis zu setzen, obwohl gemäß Koch der K.Kdt. zuvor mehrfache Bitten, die Kulturstadt Weimar zur offenen Stadt zu erklären energisch abgelehnt hatte. Auch alle Institutionen der NSDAP einschließlich des Ministerpräsidenten von Thüringen Willy Marschler, des Kreisleiters Schößler, als auch des Polizeipräsidenten Schmidt hatten bereits auf Weisung Sauckels, die Stadt Richtung Jena – Eisenberg verlassen.[120] Was Koch nichts wissen konnte und Sauckel anscheinend auch nicht, ist der Umstand, dass Gen.d.Inf. Petersen, der am Vortag in Süßenborn das Kommando über das XC. AK übernommen hat, bereits am Mittag den Rückzug der Truppen des K.Kdt. Weimar und aller Truppen des ehemaligen Korps Uckermann hinter die Saale befohlen hat. Und so waren die letzten Einheiten der Wehrmacht abgerückt.

Das sind im Fall des K.Kdt. Weimar nicht mehr viele. Von der ehemaligen Garnison Weimar ist längst nicht mehr viel übrig. Dabei waren ab Oktober 1935 die Kasernen, einschließlich der erst zuvor erbauten Kasernen in der Lützendorfer Flur links und rechts der Ettersburger Straße und zwischen Jenaer Straße und Wilhelmsallee (heute Leibnitzallee) voll. So befand sich in der Jenaer Straße neben dem Sitz des Sto.Kdt. der Sitz des neu aufgestellten Stabes der 1. PzDiv der Wehrmacht und nachdem dieser mit Kriegsbeginn Weimar verlassen hatte, ab Oktober 1940 der Stab der Div.Nr. 179. Unmittelbar neben dem Stab hatte sich in einem der neu entstandenen Gebäude das Kriegsgericht der 1. PzDiv eingerichtet. Am 5. April 1943 war aus der Div.Nr. 179 die ResPzDiv. 179 hervor gegangen, die am 30. Juli 1943 nach Frankreich verlegt wurde. Neben den Stäben war Weimar auch für diverse andere Truppenteile und Verbände der Wehrmacht Heimatgarnison. So erfolgte hier am 12. September 1935 die Aufstellung der 1. Schtz.Brig., die den Stab für die Schützenverbände der 1. PzDiv bildete und Ende Oktober 1941 wieder aufgelöst wurde. Am 15. Februar 1942 wurde sie erneut aufgestellt. Am 12. September 1939 erfolgte dann die Aufstellung des Schtz.Rgt. 1 der 1. Schtz.Brig. mit dem Stab und II./Schtz.Rgt. in Weimar und dem I. Btl. in Gera. Sie beziehen am 3. Oktober 1935 die Kaserne in Lützendorf am Ettersberg. Anfang 1939 erfolgt auch die Verlegung des I. Btl. nach Weimar. Das Regiment, das nach einem kurzen Kriegseinsatz am 3. Oktober 1939 nach Weimar zurückkehrt, verlässt im November 1939 endgültig die Stadt und geht nach Dortmund. Als erste Einheit der Artillerie entsteht am 15. Oktober 1935 die I./Art.Rgt. 73 der 1. PzDiv in der Kaserne in Lützendorf. Am 6. Oktober 1936 erfolgt die Verlegung des Stabes des Regiments nach Weimar und Ende 1938 trifft die II. Abt. vom TrÜbPl Ohrdruf kommend in Weimar ein. Als Divisionseinheit erfolgt bereits am 1. Oktober 1934 die Aufstellung der Na.Abt. Weimar in der Karl-Alexander-Kaserne in der Wilhelmsallee (heute Leibnitzallee), aus der am 15. Oktober 1935 die Na.Abt. 37 hervorgeht. Unmittelbar vor Kriegsbeginn erfolgt am 26. August 1939 mit Auslösung der Mobilmachung die Aufstellung des Lds.Schtz.Btl. XIV/IX, das erst in Weimar und dann Arnstadt zum Einsatz kommt und am 1. April 1940 in Lds.Schtz.Btl. 613 umbenannt wird. Ab dem November 1940 wird es in Bad Sulza zur Bewachung des Kriegsgefangenenlagers Stalag IX C eingesetzt, bevor es im Winter 1942/1943 mobilgemacht und an die Front verlegt wird.

Wie in der anderen Wehrmachtsstandorten beheimaten die Kasernen nach Kriegsbeginn bis auf die Neuaufstellungen nur noch Ersatzeinheiten. So erfolgt am 26. August 1939 die Aufstellung des Schtz.Ers.Btl. 1. Am 1. August 1942 wird aus ihm durch Umbenennung das Pz.Gren.Ers.Btl. 1, das am 1. Oktober 1942 in das Pz.Gren.Ers.Btl. 1 und das Pz.Gren.Ausb.Btl. 1 geteilt wird. Am 8. April 1943 werden sie zum Pz.Gren.Ers.u.Ausb.Btl. 1 vereint. Bereits am 1. August geht durch erneute Teilung aus ihm das Pz.Gren.Ers.Btl. 1 und das Res.Pz.Gren.Btl. 1 hervor. Während das Res.Pz.Gren.Btl. 1 nach Frankreich verlegt, wird das Ers.Btl. dem Kdr.d.Pz.Tr. IX direkt unterstellt. Am 11. April 1944 wird aus dem Pz.Gren.Ers.Btl. 1 erneut das Pz.Gren.Ers.u.Ausb.Btl. 1. Doch das Bataillon bildet wie alle anderen Ersatzeinheiten der Wehrmacht nicht nur das „Kanonenfutter“ für die Front aus, sondern kommt auch zum Einsatz, um die Folgen von Luftangriffen zu beseitigen. Doch nicht nur zum Trümmerräumen und Bergen von Toten und Verwundeten, sondern auch zur Gefangenenbewachung. So kommen die jungen Rekruten der 1. Kp/Pz.Gren.Ers.u.Ausb.Btl. 1 aus der Kaserne Weimar-Ettersberg nach dem Luftangriff auf das Gustloff-Werk II am 9. Februar 1945 für zwei Nächte zur Bewachung des KZ Buchenwald zum Einsatz.[121] Ein Einsatz, an den sich so mancher von ihnen noch lange erinnern wird. Die, in Lumpen gehüllten und ausgemergelten Häftlinge dürften ihnen nicht entgangen sein. Ende März 1945 erfolgt die Mobilmachung des Pz.Gren.Ausb.Btl. 1 für den Pz.Ausb.Vbd. „Thüringen“, doch nur ein Teil der Männer wird den Verband erreichen. Das verbliebene Pz.Gren.Ers.Btl. 1 wird zuletzt in Marsch gesetzt und unter Führung von Maj.d.R. Tornow ab dem 10. April

1945 dem K.Kdt. Erfurt unterstellt.[122] Die, dem Bataillon angegliederte, Offz.Bew.Schule 2 f. Pz.Gren. Weimar, die 1944 in Weimar aufgestellt wurde, wird ebenfalls im März 1945 mobil gemacht und zum Pz.Ausb.Vbd. „Franken" in Marsch gesetzt. Dort trifft sie jedoch ebenfalls nicht ein und wird mit Teilen in die K.Gr. Wissmann bei Eisenach eingegliedert. Mit der Schule geht auch die Ausb.Lehr.Abt f. Pz.Gren. Weimar, die dem Inspekteur der Panzertruppe direkt untersteht, und in die Werra-Verteidigung des W.Kr. IX eingegliedert wird. Ihre 2. Kp wird Anfang April 1945 bei der SS-K.Gr. Schroeder der K.Gr. Haehnel in Vacha gemeldet.[123]

Ebenfalls mit der Mobilmachung zu Kriegsbeginn 1939 erfolgt die Aufstellung der Na.Ers.Abt. (mot.) 81, dann als Pz.Na.Ers.Abt. 81 bezeichnet, in der Lützendorfer Tannenbergkaserne. Am 1. Oktober 1942 erfolgt die Aufteilung in die Pz.Na.Ers.Abt. 81 und die Pz.Na.Ausb.Abt. 81 des Kdr.d.Na.Tr. IX. Die Pz.Na.Ausb.Abt. 81 wird im März 1945 mobil gemacht und verlässt mit zwei Halbabteilungen Weimar. Die verbliebene Pz.Na.Ers.Abt. 81, die zum Schluss aus 150 Mann Wehrmacht und 110 Angehörigen einer Kgl.Ung. Heimatschutz-Na.Abt. besteht, war über Jena nach Beutnitz bei Golmsdorf abmarschiert. Dabei hatte sich die Masse der Ungarn abgesetzt und sich den Amerikanern ergeben.[124] Den Resten der Abteilung, die in Weimar verblieben waren, hatte man gemeinsam mit dem Personal des Schillerhospital kurz vor Eintreffen der Amerikaner die Wehrpässe ausgehändigt und sie so de facto aus der Wehrmacht entlassen.[125] Damit befinden sich keine Heerestruppen mehr in Weimar.

Nur wenig anders sieht es bei der Luftwaffe aus, obwohl Weimar auch ein nicht unbedeutender Standort der Luftwaffe war. So war am 1. April 1937 in Weimar das Luftgau.Kdo. 8 aufgestellt worden, das im Oktober 1937 in Luftgau.Kdo. IX Weimar umbenannt wurde. Allerdings war es bereits am 1. April 1938 wieder aufgelöst worden und in das Luftgau.Kdo. IV Dresden aufgegangen. Dafür war die Flak neben dem nahegelegenen Flugplatz Weimar-Nohra, der an anderer Stelle behandelt wird, stark vertreten. Bereits am 1. Oktober 1935 erfolgte in der Stadt die Aufstellung des Flak.Rgt. 3, das am 15. Juni 1936 in Flak.Rgt. 11 umbenannt wurde. Im Dezember 1939 erfolgt dann die erneute Aufstellung des Flak.Rgt. 3, das bis Februar 1938 dem Luftkreis III untersteht, dann bis Juli 1938 dem Luftgau.Kdo. IV und von Juli 1938 bis Juni 1939 dem Luftverteidigungs.Kdo. III. Mit Kriegsbeginn wird das Regiment zur Flak.Gr. Weimar, bis es 1941 nach Stettin verlegt. Ihre II./Flak.Rgt. 3, die am 1. Oktober 1936 aufgestellt wurde, wird am 15. November 1938 in le.Flak.Abt. 86 (mot) umbenannt und verlässt 1939 Weimar. Im August 1943 erfolgt dann die Aufstellung des Flak.Rgt. 140 (o) als Flak.Gr. Thüringen der 14. Flak.Div. Leipzig, das bis Februar 1945 mit seinem Stab in Weimar verbleibt und alle Luftwaffen-Flakeinheiten in Thüringen führt. Ende 1944 unterstehen dem Regiment der Stab und die 6.-8./Sw.Ers.Abt. 19 (v), der Stab der s.Flak.Abt. 432 (o), Flak.UGr. Jena, der im Oktober 1943 in Weimar aufgestellt wird, mit der 1., 3.-4./s. Flak.Abt.

432 (o), die s.Hei.Flak.Bttr. 212./IV und 241./IV in Jena, der Stab und die 6.-10./Lsp.Abt. 664 (v), der Stab der le. Flak.Abt. 722 (o) Weimar mit der 7./Lsp.Abt. 104 (o), 3.-4./le.736 (o), 6./le.761 (o) und der Flak.Bttr. z.b.V. 6516 sowie der Stab der le.Flak.Abt. 728 (o) Weimar mit der 3./le. Flak.Abt. 728 (o), 1./le.Flak.Abt. 736 (o), Flak.Bttr. z.b.V. 6516, 6526, le.Hei.Flak.Bttr. 26./IV. Dann erfolgt die Verlegung des Flak.Rgt. 140 (o) zum Erdeinsatz an die Oder. Lediglich die Flak.Ers.Abt. 33, die 1941 von Halle nach Weimar gekommen war und von August 1941 bis Kriegsende dem Flak.Ers.Rgt. 4 untersteht, bleibt bis zum Schluss. Im Juni 1942 war die Abteilung in die Flak.Ers.Abt. 33 und die Flak.Ausb.Abt. 33 geteilt worden und von Dezember 1943 bis April 1944 erfolgte ihr Einsatz unter der Führung des Flak.Rgt. 140. Doch nur die wenigsten der Flakkampfeinheiten waren in Weimar selbst stationiert. Den Schwerpunkt bildet der Industriestandort Jena und die Saale-Talsperren. Nur einige wenige Flakstellungen schützen Weimar. Die letzten von ihnen am Station auf dem Lerchenberg und an der Eisernen Brücke sind im März 1945 ebenfalls geräumt. Nur noch die Flak.Ers.Abt. 33 verbleibt, die mit 50 bis 60 jungen Rekruten der Jahrgänge 1927/28, die am 3. April 1945 eingezogen wurden, am Nachmittag des 11. April 1945 um 15.00 Uhr die Kaserne mit Lastwagen verlässt. In Bürgel müssen die jungen Flaksoldaten absitzen und zu Fuß nach Eisenberg marschieren. Von dort geht es mit dem Zug am nächsten Tag nach Zeitz, wo sie unmittelbar vor den amerikanischen Panzern eintreffen und die Einheit sich auflöst.[126] Wenige Tage zuvor hatte auch die I./Ln.Ausb.Rgt. 4, die neben der fliegenden Truppe und der Flak am 20. September 1944 in Weimar aufgestellt wurde, die Stadt verlassen und war nach Königsgrätz abgerückt.

Auch die anderen Einrichtungen der Wehrmacht in der Stadt wurden geräumt. Das WBK im Marstall und die Wehrersatzinspektion in der Müllerkaserne sind genauso verlassen wie das Wehrmeldeamt, die Wehrwirtschaftsstelle und die Standortverwaltung. Auch die Mackensen-Kaserne am Ettersberg ist leer. Die wenigen vorbereiteten Stellungen der „Kampfbesatzung Weimar“ sind verlassen. Darunter auch die Stellungen einer Lw.K.Gr. aus Erfurt-Bindersleben in der Boelckestraße (heute Damaschkestraße). Die Zeitzeugin Frieda Herbst berichtet, das ihr der Kommandeur der Truppe, ein Hptm., auf die Frage, ob sie wirklich die Stadt verteidigen wollen, antwortete: *„Seien Sie ganz beruhigt, wir haben keine Munition und keine Leute mehr. Ich kann Weimar nicht verteidigen“*.[127] Nicht anders sieht es bei dem Volkssturm aus. Nachdem der kampftüchtigste Teil des Weimarer Volkssturms bereits im Januar 1945 in Bataillonsstärke an die Oderfront im Raum Frankfurt/Oder abgerückt war, wo er zerschlagen wurde,[128] ist auch hier keiner mehr da, der gewillt ist, die Stadt zu verteidigen. Trotzdem erfolgte noch die Sprengung der Kegelbrücke über die Ilm in der Stadt. Als letzte deutsche Einheit war dann am späten Abend eine Wehrmachtskompanie Richtung Jena abgezogen, die am Leutenthaler Windmühlenberg Stellung bezogen hatte.[129]

Doch in Weimar befanden sich nicht nur Einheiten der Wehrmacht, sondern auch der SS. Und davon nicht zu wenig. Aber auch hier ist jetzt keiner mehr da. Die SS-Kasernen am Ettersberg sind seit dem amerikanischen Panzervorstoß am Vortag verlassen. Die SS-Wachmannschaften hatten sich fluchtartig Richtung Osten abgesetzt und die Ausbildungseinheiten waren längst abgerückt. Was übrig war, hatte sich kurz zuvor der SS-K.Gr. Schmidt anschließen müssen, die am Vortag befehlsgemäß Richtung Jena abgerückt war. Sie steht unter Führung des Polizeipräsidenten von Weimar und stellv. Führer des SS-Abschnitts XXVII „Fulda-Werra" mit Sitz in Weimar, SS-Stafü. Walter Schmidt, und soll die unwahrscheinliche Stärke von 1500 Mann aus Versprengten und Polizei gehabt haben.[130] Doch zuvor hatte Schmidt noch alle „notwendigen" Maßnahmen zur Ermordung von Häftlingen in seinem Zuständigkeitsbereich eingeleitet. Bereits am 2. April 1945 hatte er mit Himmler gesprochen, wie man mit BV'lern[131] und Politischen umgehen solle, nachdem ihm diesbezüglich der Kdt. des KZ-AL Ohrdruf, SS-Hstuf. Odeburhuis, gefragt hatte.[132] Dabei ist das Vorgehen bereits geregelt. In den „Richtlinien für die Räumung von Justizvollzugsanstalten im Rahmen der Freimachung bedrohter Reichsgebiete" des Reichsjustizministeriums aus dem Jahr 1945 heißt es sinngemäß, dass Häftlinge, die sich leichter Straftaten schuldig gemacht haben und keine Gefahr für die militärischen Operationen darstellen, bei einer Strafe von ein bis zwei Jahren freigelassen oder mit den schwereren Straftätern nach Westen evakuiert werden können. Dies gilt nicht für Politische Häftlinge. So sollen Häftlinge, die des Hochverrats angeklagt oder schuldig befunden sind, von einer Entlassung prinzipiell ausgeschlossen sein. Ist deren Evakuierung nicht mehr möglich, so sind die schwereren Fälle, und hier hauptsächlich die politischen Gefangenen der Polizei zu übergeben und durch Erschießen *„unschädlich"* zu machen.[133] Doch gilt dies auch für die Häftlinge der KZ? Auch wenn Schmidt nach dem Eintreffen des HSSPF in Weimar nicht mehr alleine für die Beantwortung dieser Frage zuständig ist, so ist seine Antwort dennoch klar. Wie an anderer Stelle beschrieben, versucht er zumindest den Befehl für die Ermordung der Häftlinge im KZ zu geben. Aber nicht nur Schmidt hat aufgeräumt, bevor er sich *„befehlsgemäß"* abgesetzt hatte.

Auch die Gestapo Weimar hat ihre Dienststelle im ehemaliges Großherzoglichen Marstall nahe des Stadtschlosses verlassen. Die Dienststelle, die 1941 mit der Stapo-Stelle Erfurt zusammengelegt worden war und mit ihren Außenstellen ASt. Apolda, Arnstadt, Eisenach, Gera, Gotha, Ichtershausen, Jena, Nordhausen, Sömmerda, Suhl, Schleiz, Schmalkalden und dem Arbeitserziehungslager Römhild ganz Thüringen terrorisiert hatte, war ebenfalls abgerückt.[134] Den Befehl dazu hatte der SS-Ostubaf. und Oberregierungsrat Hans-Helmut Wolff, der ab März 1945 zum neuen Leiter. der Stapo-Leitstelle Weimar und Kdr. des SD Thüringen ernannt worden war und somit auch den SD-Abschnitt Weimar unter Stubaf. Gerhard mit ASt. in Altenburg, Arnstadt, Eisenach, Erfurt/Gotha (Hstuf. Hinzen), Gera,

Heiligenstadt, Jena (Ostuf. Schulze), Bad Langensalza, Meiningen, Rudolstadt und Sonneberg führte, erteilt.[135] Gestapo und Kripo waren als Teile der Sipo gemeinsam mit dem SD 1939 unter die zentrale Führung des RSHA getreten. Doch bevor sie Weimar verlassen hatten, hatten sie sich in der Nacht vom 4./5. April 1945 von 149 Häftlingen aus dem Gestapo-Gefängnis und dem Landgericht Weimar im Waldstück Webicht am östlichen Stadtrand von Weimar unweit der Bahnstrecke Weimar – Jena entledigt.[136] Damit entledigt sie sich nicht nur ihren eigenen Gefangenen, sondern leisten gleichzeitig „Amtshilfe" für die Justizbehörden. Nachdem auf Grundlage des Erlasses klar war, welche Häftlinge der Justiz unter keinen Umständen überleben sollten, hatte sich der Oberstaatsanwalt Weimar an den bisherigen Ltr. Stapo Weimar, den jetzigen Stellvertreter des KdS und Leiter IV der Stapo Weimar, Ostubaf und Oberregierungsrat Wilhelm Schröder betreffs des Umgangs mit den Todeskandidaten gewandt. Und dessen Vorgesetzter Wolff hatte entschieden, dass sie nicht dem Feind in die Hände fallen dürfen. Sollte kein Abtransport in eine andere Justizvollzugsanstalt möglich sein, so sind sie zu erschießen. Gleichzeitig hatte er dem Oberstaatanwalt angeboten, dass dies die Stapo übernehmen würde. Und so wurden 20 Gefangene des Gerichts nach Rücksprache mit dem Generalstaatsanwalt der Stapo übergeben. Hinzu kamen die 120 eigenen Gefangenen aus dem Polizeigefängnis, bei denen es sich nicht nur um Todeskandidaten handelte. Sie werden alle von Krim.Rat Rudolf Fischer übernommen und liquidiert. Zu der Todesliste kommen außerdem sechs deutsche Agentinnen mit Spezialausbildung und Geheimkenntnissen, die als unzuverlässig eingestuft wurden und nicht in die Hände des Feindes fallen dürfen. Wolff lässt sie aus dem Gefängnis in das KZ überführen, wo sie gehängt und anschließend verbrannt werden. Die Opfer aus dem Webicht werden noch am Ort der Erschießung in einem Bombentrichter verscharrt. Im Juli 1946 erfolgt ihre Exhumierung. Sie finden im August 1946 ihre letzte Ruhestätte auf dem Hauptfriedhof Weimar.[137]

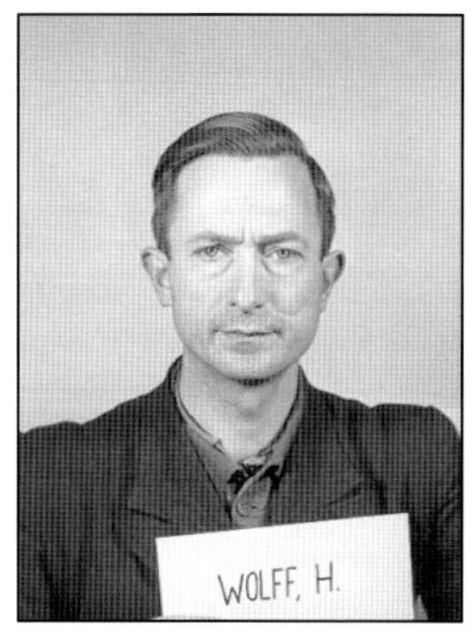

Hans-Helmut Wolff,
Nürnberger Prozesse
Foto: US Army,
OUSCCPAC/OCCWC

Doch selbst auf ihrem Rückzug hinterlässt Wolffs Truppe eine Spur des Terrors und schreckt auch nicht zurück, die eigenen Leute umzubringen. Der Interrogation Report CI-IIR46 vom Januar 1946 der Amerikaner, die Wolff nach seiner Gefangennahme im Internierungslager Dachau befragt hatten, spricht eine deutliche Sprache. Hier nur einige Auszüge aus der *„Tätigkeit"* der Stapo-Stelle Weimar:

- Nach Anzeige durch den Ltr. Kripo Weimar, SS-Hstuf. u. Krim.Rat Lindner, wird ein Kriminalist der Dienststelle wegen Rechtsverstoßes erschossen

- Nach der Denunzierung durch einen Bürgermeister eines Ortes im Raum Eisenach-Gotha erfolgt die Verhaftung eines Hptm. der Wehrmacht, dem beim Rückzug die Verantwortung über eine Anzahl von SS-Helferinnen der SS-Ergänzungsstelle Fulda-Werra übertragen worden war, die die Kartei der Dienststelle mit allen Geheimunterlagen mit sich führten. Der Hptm. hatte ihnen befohlen die Kartei zurückzulassen und hatte sich selbst anschließend abgesetzt. In Gera finden ihn die Häscher der ASt. Gera und erschießen ihn.
- Erschießung von zwei ukrainischen Freiwilligen der SS, die sich abgesetzt und versteckt hatten.
- Ein Krim.Sekr. der Dienststelle, der sich unter Berufung auf seinen Gesundheitszustand weigert, Weimar zu verlassen und zum Kdo. Schröder nach Bürgel, dem Ausweichort der Stapo-Stelle Weimar, zu gehen, wird wegen Feigheit vor dem Feind auf den Hof des Marstalls durch Genickschuss hingerichtet.
- Ein Dolmetscher der Stapo wird in Bürgel wegen Befehlsverweigerung erschossen.
- In Greiz erfolgt auf einem öffentlichen Platz die Erschießung eines Hptm. der Wehrmacht, bei dem ein gefälschter Entlassungsschein gefunden wurde und der beim Verhör zugegeben hatte, er wolle sich den Amerikanern ergeben. Wolff, der die Information über den Vorfall nach einem Treffen mit BdS u. SD Hessen-Thüringen, SS-Oberf. Dr. Teumler in Ranis erhält, hatte umgehend dessen Erschießung befohlen.
- Wegen dem gleichen Delikt der Fahnenflucht erfolgt südöstlich von Greiz auch die Erschießung eines Waffenmeisters der Wehrmacht.[138]

Es sollten nicht ihre letzten Verbrechen bis Kriegsende sein.

Nachdem so alle möglichen Verteidiger Weimar verlassen hatten, waren lediglich Teile der Schutz- und Feuerschutzpolizei und das Kontingent der Hitlerjugend, die ursprünglich den Volkssturm bei der Verteidigung der Stadt unterstützen sollte, in der Stadt verblieben. Die Weimarer Feuerschutzpolizei hatte gemäß dem Befehl des Thüringischen Landesbranddirektors Weimar, dass sich alle Wehren bei Eintreffen des Feindes dessen Zugriff durch Absetzen zu entziehen haben, am 11. April 1945 die Stadt verlassen und sich in den Wäldern bei Vollradisroda versteckt, um auf weitere Befehle zu warten. Der Befehl ist ein letzter Versuch, auf diese Weise die wertvolle Löschkapazität der Wehren für die, noch nicht feindbesetzten, Großstädte wie Chemnitz, Dresden, Leipzig zu erhalten, deren Löschkapazität nie ausreichend war, um nach Großangriffen alleine damit fertig zu werden. So waren während des gesamten Krieges ständig sogenannte Ferneinheiten der Feuerwehr unterwegs, um diesen Mangel auszugleichen. Das man durch den Abzug der Wehren noch vor Ende der Kämpfe die betroffenen Standorte faktisch ohne Feuerschutz zurücklassen würde, interessiert die oberste Führung nicht. Aber zum Glück hielten sich nicht viele an diese Weisungen und verblieben zum Schutz der Städte. Im Fall Weimar kehrte die Feuerschutzpolizei noch in der Nacht nach Weimar zurück, nachdem der

Branddirektor bei einem Besuch am Abend in Apolda durch den dortigen Wehrleiter Franke gemäß dem uralten Leitspruch der Feuerwehr *„Gott zur Ehr, dem Nächsten zur Wehr"* überzeugt worden war, dass es unverantwortlich ist, die Stadt schutzlos zurück zu lassen.[139] Und es war glücklicherweise dem Oberbürgermeister gelungen, den NSDAP-Kreisleiter als Führer des örtlichen Volkssturms noch vor dessen Abrücken davon zu überzeugen, die Hitlerjungen entwaffnen zu lassen. So werden diese unter Leitung des Maj.d.Polizei Schwager vom Polizeipräsidium durch Polizisten auf dem Schlosshof entwaffnet. Auch eine Gruppe bewaffneter ukrainischer Freiwilliger, die in der Stadt geblieben war, wird auf Weisung des Oberbürgermeisters entwaffnet. Die Waffen werden im Weimarhallenteich versenkt.[140] Schwager ist wohl auch jener deutsche Polizei-Major, der den eintreffenden Amerikanern den Hinweis auf eine *„geheime Fabrik im Nationaltheater"* gibt.[141] Neben Schwager stellt sich auch der Verbindungsoffizier der Polizei zur Gauleitung, Obstlt.d.Schp. Ludwig Velte, der in der Stadt verblieben war, auf die Seite des Oberbürgermeisters.[142]

So bleibt der Kultur- und Dichterstadt weiteres Unheil erspart. Um 08.50 Uhr (B) erhält das 1./319 die Information: *„Das wird eine friedliche Besetzung von Weimar, ihr müsst nicht mit den Angriff beginnen."* Eine Minute später erhalten auch die anderen beiden Bataillone ihre Befehle. *„An das 3. Haltet in Ulla. Das 2. geht nach Weimar hinein, das kapituliert. Schießt nicht in die Stadt!"*[143] Und noch bevor die Kapitulation unterschrieben ist, meldet das Regiment um 09.00 Uhr (B) an die Division, dass das 2./319 die Stadt besetzen und die Ordnung herstellen wird. Um 09.15 Uhr (B) erklärt Koch in Troisdorf, dass Weimar bereit ist, zu kapitulieren und um 09.30 Uhr (B) erfolgt die formelle Übergabe der Stadt. Heute erinnert eine Gedenktafel an der Mauer der alten Poststelle Troistedt Haus Nr. 10 an die Übergabe von Weimar und die mutige Tat Weydes, der ohne zu wissen, ob er aus Weimar lebend zurückkehren würde, zweimal die feindlichen Linien passiert hatte und damit die *„unblutige Eroberung"* der Stadt, wie der amerikanische Reporter Edward D. Ball später schreiben sollte, erst ermöglichte.[144] Ganz im Gegensatz dazu verkündet der Tägliche Wehrmachtsbericht vom 13. April 1945: *„Weimar fiel nach hartem Kampf in Feindeshand."*[145]

Das ist das Signal für das 2./319, das noch über die Lastwagen der Artillerie vom Vortag verfügt, und bereits auf der Straße Obergrunstedt – Niedergrunstedt aufgefahren ist, mit dem Vorrücken zu beginnen. Nachdem sich das Fahrzeug mit dem OBgm. Koch und Capt. Lawrence A. Degner von Troistedt kommend an die Spitze gesetzt hat[146], setzt sich die Kolonne in Begleitung des 2nd Plat. Co. A, 81st Cml Mort Bn und den Aufklärern von Lt. Mac Nemar's Platoon der Rcn Co. 811th TD Bn unter Capt. Samuel W. Parson in Bewegung und fährt zur R 85, auf der sie um 10.30 Uhr (B) die Stadt von Süden kommend erreicht. Kein Schuss fällt, als sie durch die Straßen von Weimar rollen. Zu gleichen Zeitpunkt stehen bereits die ersten amerikanischen Fahrzeuge auf der Herbststraße und an der Thüringischen Landeskampfbahn (heute Vimaria-Stadion). Es sind Aufklärungskräfte des 3./319, die sich am Morgen von Westen an die Stadt herangetastet hatten. Auch sie treffen auf keinen Widerstand, rücken aber nicht weiter in die Stadt vor, damit es zu keiner Vermischung mit dem 2./319 kommt.

Für die Weimarer beginnt damit eine neue Zeit. Nachdem keine Anzeichen auf Luftangriffe oder Beschuss zu erkennen sind, verlässt jetzt auch die Bevölkerung vorsichtig die Keller und LS-Räume.[147] Um 11.35 Uhr (B) steht das 2./319 im Stadtzentrum und bis 13.00 Uhr (B) haben die Infanteristen die Stadt vollständig besetzt. An die kampflose Besetzung der Stadt erinnert heute eine Gedenktafel an der Kreuzung Fuldaer Straße/Schwanenseestraße. Dann beginnen die Amerikaner mit dem Durchkämmen der Stadt auf der Suche nach versteckten Wehrmachtsangehörigen und Angehörigen anderer militärischer und paramilitärischer Formationen. Wer aufgegriffen wird, findet sich wenig später in der Kriegsgefangenensammelstelle im Weimarhallenpark und später auch im Stadion wieder.[148] In der Stadt werden neben den NSDAP-Dienststellen und der, seit 1935 im Marstall befindlichen, verlassenen Gestapo-Dienststelle auch die 1938 erbaute Polizeikaserne, die Kasernen der Wehrmacht und die geräumten Dienststellen der Wehrmacht und Waffen-SS gesichert.

Angehörige der 80th US InfDiv am 12. April 1945 auf dem Marktplatz von Weimar
Foto: Army Signal Corps, SC-264556, National Archives

In den Krankenhäusern und Reservelazaretten Schillerschule und Pestalozzischule stoßen sie auf eine größere Anzahl verwundeter deutscher Soldaten. Das Sanitätspersonal wird unter Bewachung gestellt und verbleibt im Dienst.[149] Das S-2 Journal des 319th InfRgt meldet sieben Krankenhäuser mit 850 Patienten und 100 Genesenden. Mit der Kapitulation von Weimar übernimmt die 80th US InfDiv, die um 10.30 Uhr (B) von der 4th US AD die Meldung erhalten hat, dass diese *„das KZ Buchenwald mit 22.000 Insassen befreit haben"*, die Verantwortung über das Lager und beginnt mit der Einleitung der erforderlichen Schritte, um den Insassen zu helfen, die sich seit der *„Befreiung"* am Vortag praktisch alleine überlassen sind.

Im Stadtzentrum von Weimar
Foto: @Milton Wesley Clements jr.

Die Dienstvilla des Gauleiters von Thüringen, Fritz Sauckel, in Weimar
Foto: Army Signal Corps, National Archives

Um seinem Auftrag gerecht zu werden, und den Panzern der 4th US AD zu folgen und als nächstes die Industrie- und Universitätsstadt Jena einzunehmen, beantragt Col. Costello bereits kurz nach der Besetzung von Weimar, dass sein 2./319 schnellstmöglich in der Stadt abgelöst wird, damit es dem Regiment für die Einnahme von Jena zur Verfügung steht. Doch obwohl Vorauskräfte des 2./317 bereits gegen 15.00 Uhr (B) die Stadt erreicht haben, soll es noch bis 17.00 Uhr (B) dauern, bevor die Ablösung erfolgt ist. Der Antrag zur Ablösung in Weimar ist nur eine der Maßnahmen, die Col. Costello in Vorbereitungen auf die Besetzung von Jena parallel zur Besetzung von Weimar startet. In der Hoffnung, dass es Jena Weimar nachmachen und kapitulieren würde, lässt Costello gegen 11.30 Uhr einen seiner deutschsprachigen Offiziere in Jena anrufen, um der Stadt ein Ultimatum zu übermitteln und ein Treffen mit Vertretern des Stadt und des Militärs zu Vereinbaren. Die telefonische Aufforderung zur Kontaktaufnahme mit den Amerikanern erreicht den amtierenden Oberbürgermeister und bisherigen Leiter des städtischen Ernährungs- und Wirtschaftsamtes, Hans Dittmer, der am 11. April 1945 in der Polizei-Kaserne in der Felsenkellerstraße das Amt von Oberbürgermeister Armin Schmidt übernommen hatte, als sich dieser befehlsgemäß auf den Weg hinter die Saale Richtung Eisenberg – Klosterlausnitz gemacht hatte.[150] In der, im LS-Bunker der Kaserne befindlichen, Jenaer LS-Leitstelle, wo sich auch die Befehlsstelle der Stadt befindet, hatte der Maj.d.Schp. Wilhelm Zürtz den Anruf entgegengenommen und den Hörer an Dittmer weitergereicht. Obwohl fast alle Schutzpolizisten unter dem Kommando von Obstlt.d.Gend. Danz, dem Kommandeur der Jenaer Polizei-Ersatz-Einheit und ehemaligen Kdr. Polizei.Btl. 311, der vom „Befh. Thüringen Ost" zum Regimentskommandeur ernannt worden war, abgerückt waren, war Zürtz anscheinend auf dem LS-Befehlsstand zurückgeblieben, um den Luftschutz und die Sicherheit im Westteil der Stadt mit der verbliebenen Ordnungspolizei, zu der auch die Feuerschutzpolizei gehört, aufrechtzuhalten.[151]

Das Polizei.Btl. 311, das Ende 1939/Anfang 1940 in Jena aufgestellt worden war, hatte bereits im Oktober 1940 Jena verlassen und nach Krakau ins Generalgouvernement verlegt. Dort sollte es schon wenig später durch seine Beteiligung an der Partisanenjagd und der Vertreibung der Juden unrühmlich in Erscheinung treten. Mit dem Überfall auf die Sowjetunion sollte dies eine weitere Intensivierung erfahren. Doch die Verbindung nach Jena besteht für das Bataillon, das im August 1942 in II./Polizei.Rgt. 6 umbenannt wurde, weiter. Bleibt doch Jena bis zum Schluss durch die Genesenenbetreuung und Ersatzgestellung für das Bataillon zuständig.[152]

Dittmer, der den Anruf in Gegenwart von Dr. Eisenhut und dem Kaufmann Karl Schmidt entgegengenommen haben soll[153], wird von dem Anruf genauso überrascht, wie von der Übernahme des Oberbürgermeisteramtes. *„Es erging an mich die Aufforderung, die Stadt zu übergeben. Auf den Hinweis, Weimar hätte bereits kampflos übergeben, bemerkte ich, dass ich auch übergeben will. Eine Übergabe könne jedoch nur mit* *dem Kampfkommandant als militärischen Befehlshaber zusammen erfolgen.*“[154] Auf seinen Einwand hin wird ihm eine halbe Stunde Zeit gegeben, um dies zu klären. Doch die halbe Stunde verstreicht ohne Resultat und so schlägt Dittmer vor, sich mit den Amerikanern um 14.30 Uhr im Mühltal in der Gaststätte „Carl August“ zu treffen, als sich diese um 12.00 Uhr erneut telefonisch melden. Während den Vorbereitungen zur Fahrt zum Treffpunkt trifft jedoch um 13.15 Uhr der Jenaer Polizeidirektor Walter Schulze im Polizeibunker ein. Als dieser erfährt, dass Dittmer Verhandlungen mit den Amerikanern begonnen hat, verhaftet er ihn wutentbrannt und bringt ihn zum Gefechtsstand der Jenaer Saale-Verteidigung im Hochbunker am Adlerstieg im Ostteil der Stadt. Doch dort lässt man Dittmer überraschend laufen. Da ist es allerdings bereits zu spät für das Treffen.[155]

Nichtsahnend von den Ereignissen in Jena entsendet Col. Costello Obstlt.d.Schp. Velte[156] gemeinsam mit einem weiteren Polizeioffizier und einem Fahrer in einem Pkw der Polizei zum Treffen mit den Vertretern der Stadt Jena um 14.30 Uhr (B) ins Mühltal. Ziel ist es, ein weiteres Treffen zu organisieren, das mit der Übergabe der Stadt enden soll. Das G-3 Journal der 80th US InfDiv vermerkt um 14.30 Uhr (B): *„Der CO 319 versucht eine Konferenz mit Militärs und zivilen Persönlichkeiten zu organisieren 2–3 Kilometer östlich von Weimar um 16.30 Uhr (B).*“ Velte, der aus der Zeit seiner Tätigkeit an der Polizeischule Sondershausen gute Kontakte nach Jena hat, wo sich die Lehrsammlung der Deutschen Kriminalpolizei befindet, hatte sich trotz der Gefahr, dabei zwischen die Fronten zu kommen oder als Verräter von den eigenen Leuten erschossen zu werden, bereiterklärt, nach Jena zu fahren und dort das Treffen mit den Amerikanern zu organisieren. Als sich die Parlamentäre dem vereinbarten Treffpunkt nähern, treffen sie in der Straßenverengung der R 7 im Mühltal vor der Gaststätte „Carl August“ auf eine Straßensperre. Dabei kommt es fast zu einem Schusswechsel, als sich das Fahrzeug nähert. Im letzten Moment erkennen die deutschen Sicherungen das eigene Fahrzeug. Doch niemand weiß etwas von einem geplanten Treffen. So kann Velte nach seiner Rückkehr in Weimar nur berichten, dass das Treffen nicht zustande gekommen ist, was für Costello gleichgestellt mit einer Ablehnung des Kapitulationsangebotes ist.[157] Um 23.30 Uhr (B) vermerkt das S-3 Journal des 319th InfRgt: *„Der CIC meldet, dass die zwei Polizeioffiziere, die nach Jena gesendet wurden, zurück sind. Sie melden, das Jena nicht kapituliert.*“

Damit ist eine große Chance, Jena vor Schaden zu bewahren, vertan. Warum und unter welchen möglichen Auflagen man Dittmer aber hatte laufen lassen und vor allen wer, konnte nicht eindeutig ermittelt werden. Fest steht nur, dass Dittmer keinen weiteren Versuch unternimmt, mit den Amerikanern doch noch in Kontakt zu kommen und mehrere unbestätigte Versuche von anderen Persönlichkeiten der Stadt, darunter *„einer Gruppe um Prof. Friedrich Zucker und Prof. Wolfgang Veil*“ von der Jenaer Friedrich-Schiller-Universität und einem *„Hptm. Fischer*“, wenn sie überhaupt stattfanden, ebenfalls zu keinen neuem Treffen führten.[158] Allerdings hatten die Professoren bereits am 6. April 1945 vergeblich versucht, Gen.Obst.a.D. Hoth in seiner damaligen Funktion als Stadt.Kdt. von Jena von einer Verteidigung abzuhalten. Damit zeigen sie mehr Engagement als der Rektor der Universität, SS-Stafü. Karl Astel, der als „Rassentheoretiker" bis 1939 den Lehrstuhl „Menschliche Erbforschung und Rassenpolitik" leitete und mit seinen Forschungen einen maßgeblichen Anteil an der unmenschlichen Rassenpolitik des Dritten Reiches hatte. Astel hatte sich am 4. April 1945 durch Selbstmord in seinem Dienstzimmer späterer Verantwortung entzogen.[159] Das Verhalten von Dittmer nach seiner Freilassung deutet zumindest daraufhin, dass von Seiten der militärischen und politischen Verantwortlichen eine kampflose Übergabe nicht in Erwägung gezogen wurde. Sonst hätte er sicher etwas unternommen. Doch warum ist jemand gegen die Übergabe der Stadt? Immerhin war in Jena im Gegensatz zu Gotha, Weimar und Erfurt trotz seiner strategisch wichtigen Lage an dem Saale-Übergängen und der nahen RAB Frankfurt – Dresden bisher kein K.Kdt. ernannt worden. Und die wenigen Verteidigungsmaßnahmen beschränken sich auf die Saale-Übergänge. Selbst die Feindlagemeldung der Amerikaner vom 10. April 1945 gibt an, dass der Flakschutz der Stadt nach Gera verlagert wurde und am 11. April 1945 heißt es: *„Alle Feindbewegungen am 11. April 1945 nach Jena weißen nicht daraufhin, dass es verteidigt werden soll wie Gotha, Erfurt und Weimar"*.[160]

Und die Wehrmachtskasernen in der Stadt sind kaum noch belegt. Bis auf letzte Reste von Ersatzeinheiten stehen die 1935 in Jena-Zwätzen an der Straße nach Dorndorf erbaute Infanteriekaserne und die 1936 erbaute Artilleriekaserne an der Merseburger Straße in Jena-Löbnitz leer. Die Kasernen waren im Rahmen der Aufstellung der Wehrmacht erbaut worden, um die neu entstehenden Truppenteile und Verbände aufzunehmen. So hatte das I./InfRgt 103 unmittelbar nach Fertigstellung die Infanteriekaserne und das, aus Plauen kommende, Art.Rgt. 24 mit dem Stab und der III./Art.Rgt. 24 die Artilleriekaserne bezogen. Aus diesen Teilen des Art.Rgt. 24 geht 1938 das Art.Rgt. 78 der 2. leichten Div. hervor. Im November 1938 erfolgt dann die Aufstellung des I./Kav.Schtz.Rgt. 7 aus dem I./InfRgt 103. Alle diese Einheiten verlassen jedoch mit Kriegsbeginn 1939 Jena und die Kasernen werden vorerst von diversen Ersatzeinheiten belegt. In der Artilleriekaserne erfolgte bereits im August 1938 die Aufstellung der Art.Ers.Abt. 214 der Div. Nr. 159, die 1940 nach Aschaffenburg verlegt wird. Im Januar 1940 erfolgt die Wiederaufstellung des Inf.Ers.Btl. 71 (mot) der Div. Nr. 176, das im Dezember des Jahres als Inf.Ers.Btl. 52 (mot) nach Wittenberg geht. Das Inf.Ers.Btl. 71 wird zur gleichen Zeit in Erfurt neu aufgestellt. Im Dezember 1940 erfolgt die Verlegung des Inf.Ers.Btl. 59 von Hildesheim nach Jena, wo es in das Schtz.Ers.Btl. 59 umgewandelt wird. Im August 1942 wird es erneut umbenannt in Pz.Gren.Ers.Btl. 59 und im Oktober des Jahres in das Pz.Gren.Ers.Btl. und das Pz.Gren.Ausb.Btl. 59 aufgeteilt. Nach einer Vereinigung zum Pz.Gren.Ers.u.Ausb.Btl. 59 im April 1943 erfolgt im August 1943 die erneute Trennung in das Pz.Gren.Ers.Btl. 59 und das Res.Pz.Gren.Btl. 59. Doch diesmal verbleibt nur das Ers.Btl. in Jena. Das Res.Btl. wird nach Frankreich verlegt. Im April 1944 erfolgt dann die Erweiterung des Bataillons zum Pz.Gren.Ers.u.Ausb.Btl. 59. Neben dem Bataillon findet die Offz.Bew.Schule 1 f. Pz.Gren. und die H.U.S. f. Pz.Gren., die von Sondershausen kommt, ihren Platz in der Stadt.[161]

Als sich jedoch im März 1945 die Westfront immer weiter in Richtung Mitteldeutschland bewegt, war das Pz.Gren.Ers.u.Ausb.Btl. 59 im Rahmen der „Westgoten-Bewegung“ für den Pz.Ausb.Vbd. „Thüringen“ mobil gemacht worden und mit den jungen Rekruten und den Genesenden mit dem Ers.Btl. in den Raum Erfurt und dem Ausb.Btl. in den Thüringer Wald abgerückt. Auch die Offz.Bew.Schule und die H.U.S. hatte die Stadt verlassen. Die Masse der Offz.Bew.Schule hatte man Anfang April 1945 zum Pz.Ausb.Vbd. „Böhmen“ in Marsch gesetzt, aber in Eisenach in die K.Gr. Wissmann eingegliedert. Die anderen Teile hatte man zur Verteidigung von Erfurt abgestellt, wo sie als K.Gr. Lutz in die Offz.Nachw.Kp. Erfurt des Rgt. Opitz eingegliedert werden.[162] Nur die, in der Kaserne zurückgebliebenen, Teile des Stamms des Pz.Gren.Ers.u.Ausb.Btl. 59 verlassen erst im letzten Moment am 12. April 1945 die Stadt und setzen sich Richtung Bürgel ab, wo sich bereits der Stab befindet. Von dort aus wird mindestens eine, frisch in Poxdorf aufgestellte, Marsch.Kp. am 13. April 1945 kurz vor dem Eintreffen der Amerikaner nach Eisenberg und weiter nach Langenberg bei Gera in Marsch gesetzt.[163] Zum Kampfeinsatz kommt es jedoch kaum. In den Tagen zwischen dem 13. und 15. April 1945 meldet die 80th US InfDiv über 200 Mann des Bataillons als gefangengenommen.

Das Tagebuch des jungen Grenadiers Herbert Otto aus Farnstädt, Angehöriger der Stammkartei Pz.Gren.Ers.u.Ausb.Btl. 59 zeugt eindrucksvoll davon, wie praktisch bis zur letzten Minute die Jugend im letzten Aufgebot verheizt wurde. Otto schreibt:
Montag, 9. April – Dienstag, 10. April 1945: 04.00 Uhr zu Hause weg, Querfurt, Vitzenburg, Naumburg, Weimar, Jena.
Mittwoch, 11. April 1945: Von Jena nach Ilmsdorf über Bürgel zum Bataillon gelaufen. Von Ilmsdorf zur Marschkompanie nach Poxdorf.
Donnerstag, 12. April 1945: In Ilmsdorf eingekleidet, frühs bis mittags, nachmittags alle Papiere in Ordnung gebracht und Verpflegung gefasst. Abends Befehl, wir befinden uns im Kessel, sofort unter Mitnahme des gewichtigen Gepäcks zum Bataillon.
Freitag, 13. April 1945: Frühs Bekanntmachung durch Lt. Schneider. Wir befinden uns in einem Kessel. Ob wir den Krieg gewinnen oder verlieren, werde ich trotz alledem versuchen euch Männer, die ihr hier steht, auf Schleich- und Feldwegen durch die feindlichen Linien zurück zum Gros führen. Abmarsch von 63 Mann frühs 5 Uhr nach Bürgel bis Eisenberg. In Eisenberg noch 45 Mann stark, in Gruppen aufgeteilt je Gruppe 15 Mann. Ziel Langenberg (b. Gera d.A.), Eisenberg. Panzeralarm. In einem Dorf mit Ziegelei (Coschwitz, südlich Hartmannsdorf d. A.) von einem Hauptmann der Luftwaffe zur Verteidigung aufgehalten. Fertig zur Verteidigung. Hauptmann spurlos verschwunden. Brücke bei Dorf (Elsterbrücke Silbitz d.A.) verteidigen. Meldung Panzer im Dorf, alles flüchtet.

Wir 15 Mann unter Führung Lt. Schneider nach Dorf Steinbrücken, Entschluss von Leutnant. Alle Dörfer stark von Feind besetzt. Über Nacht hier bleiben, früh abwarten,, was kommt.

Am 14. April 1945 endet der „Kampfeinsatz" der jungen Jenaer Rekruten beim Versuch, sich durch die Linien nach Hause durchzuschlagen in amerikanische Kriegsgefangenschaft.[164] Aber die meisten haben überlebt.

Hermann Hoth im Jahr 1941
Foto: Bundesarchiv, Bild 101I-265-0048A-03 / Moosdorf [Mossdorf] / CC-BY-SA

Aber wer will jetzt die Stadt nicht aufgeben und wer sind diese „Verantwortlichen" für Jena? Dafür kommen verschiedene Personen in Frage, die es zu betrachten gibt. Da ist zum einen der sogenannte „Befh. Thüringen Ost", Gen.Obst.a.D. Hoth. Hoth, der sich nach der Versetzung in den Ruhestand nach der verlorenen Schlacht am Dnepr Ende 1943 Anfang April 1945 zu einem Genesungsaufenthalt in seinem Wohnort Jena befand, hatte am 8. April 1945 überraschend den Auftrag des OB der 7. Armee Obstfelder zur Übernahme des Befehls über den neu zu bildenden „Festen Platzes Thüringen-Ost" und der dazugehörigen stützpunktartigen Verteidigung entlang der Saale von nordöstlich Weißenfels bis zur thüringisch-fränkischen Landesgrenze, deren Verteidigung Ende März noch in der Verantwortung von Uckermann lag, und zur Aufstellung einer dafür erforderlichen Div.K.Gr. erhalten.[165] Neben dem Befehl zur Übernahme der Verteidigung westlich von Erfurt durch General Theilacker ein weiteres Versuch Obstfelders in Auswertung seines Besuch beim K.Kdt. Erfurt am 7. April 1945 die desaströse Situation im Armeeabschnitt zu verbessern. Für Hoth nach seiner In-Ruhe-Setzung wegen der Niederlagen in Russland eine Gelegenheit, sich zu rehabilitieren und das zu tun, was er kann und will – Truppen führen. Doch ähnlich wie Theilacker gelingt es Hoth schon alleine wegen fehlender Nachrichtenmittel nur teilweise die Befehlsgewalt über die unterstellten Truppen zu gewinnen. Mit deren Koordination hatte Hoth den ebenfalls in Jena befindlichen Oberst Wilhelm Heß[166], dem ehemaligen Ia Generalstabsoffizier der 291. Inf-Div, beauftragt, der daraufhin mit seinem, am 9. April 1945 ad hoc gebildeten, Stab am 12. April 1945 zeitweise einen Gefechtsstand bei Hermsdorf bezogen hatte, von wo er bereits am nächsten Tag nach Bad Köstritz verlegt.[167] Hoth selber wird zur gleichen Zeit in Auma bei Triptis gemeldet.[168] In den Raum Bad Köstritz setzt sich auch der Oberbürgermeister von Jena Schmidt gemeinsam mit dem NSDAP-Kreisleiter Jena-Stadtroda Paul Müller nach der Auslösung des Feindalarms am 11. April 1945 „befehlsmäßig" ab.[169] Der Raum Hermsdorf – Klosterlausnitz – Eisenberg – Bad Köstritz ist der letzte Rückzugsraum der thüringischen NS-Führung, wo Sauckel, der selber in Klosterlausnitz im „Waldhotel zur Köppe" residiert, seine Getreuen um sich schart. Von dort setzt sich Sauckel nach Bayern ab, wo er später in Berchtesgaden in Kriegsgefangenschaft geht. Er steht dabei nicht alleine. *„Nur zwei von 43 amtierenden Gauleitern... starben auf ihrem Posten."*[170] Von der geplanten Div.K.Gr. aus drei Regimentern, aufzustellen aus Resten der Garnisonstruppen des W.Kr. IX und VI, der Polizei, Volkssturmeinheiten und Versprengten, ist jedoch nicht viel vorhanden, als der „Befh. Thüringen Ost" bereits am 11. April 1945 dem XC. AK in Frauenprießnitz unterstellt wird.

Ein anderer Verantwortlicher in Jena ist Obstlt.d.Gend. Danz, der zur gleichen Zeit im Auftrag von Hoth am Ostufer der Saale versucht eines dieser Regimenter, und wahrscheinlich auch das einzige, aus den wenigen, in Frage kommenden, Truppen aufzustellen. Als Resultat dieser Bemühungen scheint dabei im östlichen Teil von Jena das Btl. Hptm. Nadowitz zu entstehen, das nach Aussagen deutscher Kriegsgefangener *„im April in Jena zur Verteidigung der Stadt aufgestellt wurde"* und dessen Zusammenstellung unbekannt ist.[171] Wahrscheinlich handelt es sich aber bei dieser Einheit um die verbliebenen Reste der Garnison Jena, der Polizei-Ersatz-Einheit Jena, dem Jenaer Volkssturm und Versprengten die als Bataillon zusammengefasst wurden. Spätere Gefangenenmeldungen nennen als Verteidiger von Jena die Lsp.Flak.Ausb.u.Ers.Abt. 664 Jena, eine Ballon-Sperrabteilung, die erst zwei Wochen zuvor mit jungen Rekruten aus Limburg aufgefüllt wurde, um als Infanterie zum Einsatz zu kommen[172], die Nebel.Kp. 38 Jena, Angehörige der K.Gr. Nord[173] des „Befh. Thüringen Ost", und die Sto.Kp. Jena. Zu ihnen gehören auch die schwachen Sicherungen, die am Ostufer der Saale Stellungen bezogen haben, nachdem Sprengkommandos im letzten Moment alle Brücken über den Fluss zerstört hatten.

Die Zerstörung der Brücken über die Saale ist das einzige Mittel, über das die spärlichen Teile von Hoth's Saale-Verteidigung verfügen, um den amerikanischen Vormarsch überhaupt aufzuhalten. Sie sollen versuchen, die Brücken so lange wie möglich offen zu halten und nach deren Sprengung den Bau von Pionierbrücken durch die amerikanischen Truppen behindern.[174] Insbesondere das Offenhalten ist jedoch ein großes Problem. Werden die Brücken nicht rechtzeitig gesprengt und fallen in die Hände der Amerikaner, riskieren die Verantwortlichen, wie im Fall der verantwortlichen Offiziere an der Ludendorff-Brücke Remagen, die Verurteilung durch ein Standgericht und die Hinrichtung wegen *„Feigheit vorm Feind"* und *„Dienstpflicht-*

verletzung". Werden sie jedoch zu früh gesprengt, verstoßen sie gegen den Befehl des OB West vom 9. April 1945 zum Offenhalten der Saale-Übergänge für Eisenbahntransporte mit wichtigen Rüstungsgütern aus dem Raum Jena *„bis zum letzten Moment"*. Wahrscheinlich auch einer der Gründe für die anfangs nicht vorgesehene Verteidigung von Jena, um so die Stadt vor möglichen taktischen Luftangriffen auf Stellungen und Truppenbewegungen zu bewahren, bis jene wichtigen Rüstungsgüter abtransportiert sind. Dafür spricht, dass die amerikanischen Truppen bei der Besetzung der Stadt noch beladene Eisenbahnwaggons mit Nachrichtenausrüstung vorfanden, darunter vier Waggons südlich von Lobeda.[175]

Doch Danz hatte bereits mit Hoth die Stadt verlassen.[176] Und dann gibt es noch Oberst Bachmann[177], der im Zuge der Obstfelder-Bemühungen zur Stärkung der Front kurz zuvor mit seinem truppenlosen Stab in Jena eingetroffen war. Dieser hatte, nach Angaben später gefangengenommener Angehöriger seines Stabes, den Auftrag, die Funktion des K.Kdt. Jena zu übernehmen, obwohl der Komm.Gen. XC. AK zu diesem Zeitpunkt bereits die Zurücknahme aller Truppen des Korps hinter die Saale-Linie befohlen hatte.[178] Ein Befehl, der Bachmann im bestehenden Befehlschaos nicht erreicht haben dürfte, denn das Korps hat keine Kenntnis über einen „K.Kdt. Jena". Eines scheint Bachmann jedoch von Anfang an klar zu sein. Eine Verteidigung ist auf Grund fehlender Truppen und angesichts der unmittelbaren Nähe der amerikanischen Panzerverbände nicht möglich. Hatte er doch neben den Sicherungen von Hoth's Saale-Verteidigung nur noch die wenigen verbliebenen ortsfesten Flakgeschütze der Jenaer Luftverteidigung vorgefunden, die wegen fehlender Behelfslafetten nicht ihre Stellungen verlassen konnten. Obwohl er in Jena in der Funktion als K.Kdt. nicht öffentlich in Erscheinung tritt, gehört er somit zu den „militärischen Verantwortlichen" und hat sich mit großer Wahrscheinlichkeit zumindest zeitweise auf dem Gefechtsstand am Adlerstieg aufgehalten. Damit kommt er als Verantwortlicher für die nicht erfolgte kampflose Übergabe der Stadt in Frage. Als K.Kdt. ist ihm der Führerbefehl über das Verhalten als solcher wohl bekannt und im Falle einer Zustimmung zur Kapitulation würde er als Feigling dastehen, dem die Todesstrafe droht. Und diese kann jederzeit durch, in den Raum Jena geflohene SS oder fanatische Nazis, vollstreckt werden. Immerhin sind ihm die in Jena befindlichen Funktionsträger und deren politische Haltung nicht bekannt. Ihm dürfte aber auch klar gewesen sein, welche Folgen eine Ablehnung der Kapitulation für die Stadt und die letzten „Verteidiger" hat. Ob er aber „Nein" gesagt hat, ist unbekannt. Fest steht, dass es sich noch am gleichen Tag mit seinem Stab nach Stadtroda absetzt.[179]

Als letzter möglicher Verantwortlicher ist Polizeidirektor Paul Schulze zu nennen, der Dittmer verhaftet hatte. Sollte er auf dem Gefechtsstand keinen der anderen Verantwortlichen angetroffen haben, so könnte dies ein Grund sein, dass er Dittmer wieder hatte laufenlassen. Sicher nicht ohne Androhung von Repressalien, sollte Dittmer erneut versuchen, mit den Amerikanern in Kontakt zu treten. Nach den vorliegenden Erkenntnissen verlässt Schulze als letzter die Stadt und versteckt sich mit einigen Getreuen in den umliegenden Wäldern.[180] Beim Versuch, hinter der Front durch die amerikanischen Linien zu entkommen, geraten sie am 14. April 1945 mit zwei Fahrzeugen bei Klein-/Großbockedra in eine amerikanische Straßensperre. Da sie anscheinend keinen Versuch machen, zu stoppen, werden sie unter Beschuss genommen. Dabei gerät das erste Fahrzeug mit Schulze in Brand und Schulze verbrennt im Auto. Das zweite Fahrzeug mit vier Mann wird ebenfalls getroffen. Einer der Insassen, ein Angehöriger des Polizei.Btl. 311, überlebt und wird von den Amerikanern ins Lazarett gebracht.[181] Der Verbleib eines Hptm. Linsenbarth, der sich zumindest zeitweise auf dem Gefechtsstand in Jena aufhielt, ist unklar.

Doch vorerst wieder zurück in den Raum Weimar. Das 1./319, das nach der Aufhebung des Angriffsbefehls auf Weimar am Morgen in seinem Versammlungsraum bei Possendorf verblieben war, erhält um 09.11 Uhr (B) den Befehl, sich auf die motorisierte Verlegung nach Osten vorzubereiten, um den Panzern des CCA der 4th US AD zu folgen und umgangene Widerstandsnester zu beseitigen. Dabei kommt ihm gemeinsam mit dem Tp. B, 43rd CavRcnSq die Aufgabe des Schutzes der Südflanke des Corps zu. Es verlässt um 13.40 Uhr (B) Possendorf und fährt ohne auf Widerstand zu treffen über Mellingen nach Magdala – Göttern, wo die Infanteristen gegen 16.00 Uhr (B) angehalten werden und absitzen, um sich für einen neuen Auftrag, den Angriff auf Jena, bereitzustellen. Der Bn.CP erreicht bis 17.30 Uhr (B) Magdala. Nachdem das vorausfahrende CCA die Brücken über die Saale südlich der Stadt zerstört vorgefunden hatte und zum Halten gekommen ist, hatte sich Col. Costello entschlossen, das 1./319 zur Einnahme von Jena einzusetzen und an seiner Stelle das 3./319 nachzuführen, das nicht mehr für Weimar benötigt wurde. Doch der Angriff kann noch nicht beginnen, denn nachdem bekannt ist, dass Jena nicht kapitulieren will, ist Costello klar, dass hierfür ein Bataillon nicht ausreicht. Obwohl der nachfolgende Befehl des Corps, der um 15.25 Uhr (B) die Division erreicht hat, eine zügige Einnahme der Stadt verlangt, will Costello warten, bis das 2./319 aufgeschlossen hat. Dieser lautet: *„Der Fernmeldeoffizier der 3rd Army hat mitgeteilt, dass sich in Jena wichtige Fernmeldeeinrichtungen, Ausrüstung und Teile einschließlich Kameras und optische Linsen befinden. Leitet alle erforderlichen Schritte ein, um diese zu sichern und meldet ihnen das sofort.“*[182]

Während des erzwungenen Halts entsendet das 1./319 den I&R Plat. in die Wälder des Jenaer Staatsforstes nördlich von Göttern, um nach deutschen Truppen zu suchen. Als die Aufklärer dabei mit ihren MG wahllos in die Wälder feuern, ergeben sich ihnen ohne Widerstand 40 Deutsche und lassen sich in Kriegsgefangenschaft führen. *„Wenn man im Westen dem Feinde in die Hände fiel, konnte man das als Erlösung ansehen. Als wahrscheinlicheres Todesurteil erschien eher die Fortsetzung des Kampfes als die schließliche Gefangenschaft.“*[183] Das CIC-Team der 80th US InfDiv meldet am Abend die Gefangennahme des Obst.d.Gend. Otto Max Zänker[184], des

Bürgermeisters von Magdala Fritz Wurl und der Angehörigen der NSDAP Magdala Arthur Hertzog und Ottomar Müller.[185]

Eine Gruppe Infanteristen, die gemeinsam mit den Aufklärern des I&R Plat. nach Döbritschen entsandt wird, um nach deutschen Truppen zu suchen, besetzt den Ort. Dann wird Großschwabhausen durch das 1./319 erreicht. Der Ort war am 10. April 1945 Ausgangspunkt für den Fußmarsch von mehr als 1000 Häftlingen eines des letzten Evakuierungstransportes des KZ Buchenwald geworden, nachdem Jagdbomber den ungekennzeichneten Zug im Mühltal angegriffen und die Lok zerstört hatten.[186] Zu Fuß waren die Häftlinge von hieraus unter Bewachung des Zugbegleitkommandos der SS, das man durch Angehörige der Jenaer Schutzpolizei und Volkssturm verstärkt hatte, durch Jena Richtung Eisenberg gezogen, wo die Kolonne von amerikanischen Truppen eingeholt wurde und sich auflöst. Nach Angaben eines der Häftlinge sollen 600 Häftlinge auf dem Marsch ums Leben gekommen sei. Über die Gräber liegen keine Angaben vor. Wenn, dann wurden sie am Wegrand verscharrt oder einfach liegengelassen. [187]

In Großschwabhausen erhält das 1./319, das seit 18.35 Uhr (B) den Auftrag zur Einnahme von Jena hat, den Befehl, mit dem Vorrücken zur R 7 Weimar – Jena parallel zur Bahnlinie zu beginnen. Gemäß den Planungen soll das Bataillon dann entlang der Straße in die Stadt eindringen und zum Zentrum vorrücken, während das noch nicht eingetroffene 2./319 von Großschwabhausen über Münchenroda durch die Wälder in den südlichen Teil der Stadt und zur Saale vorgehen soll. Doch unmittelbar nach dem Beginn des Vorrückens werden die Infanteristen des 1./319 östlich von Großschwabhausen durch eine verminte und verteidigte Straßensperre aufgehalten und zur Umkehr gezwungen. Daraufhin nehmen sie den südlichen Weg über Remderoda, wo sie zwischenzeitlich anhalten, um auf das Eintreffen des 2./319 zu warten. Das 2./319 erreicht nach seiner Ablösung in Weimar um 19.30 Uhr (B) mit ersten Teilen den Raum Großschwabhausen, wohin auch der Bn.CP geht, aber es dauert bis 22.00 Uhr (B), bis sich das Bataillon vollständig versammelt hat. Zu diesem Zeitpunkt hat das 1./319 mit der Co. B voraus, gefolgt von der Co. A und C, bereits mit der Fortsetzung des Vormarsch auf der Remderodaer Straße zur R 7 begonnen. Um 20.35 Uhr (B) werden Aufklärungskräfte, die sich südlich der Remderodaer Straße auf Nebenwegen vortasten, im Bereich des Münchenrodaer Grundes gemeldet. Sie treffen nur auf geringen Widerstand. Als jedoch die Hauptkräfte in völliger Dunkelheit auf der Remderodaer Straße, die sich durch die Wälder in einem Hohlweg in Kurven bis zur Bahnbrücke schlängelt, zum Münchenrodaer Grund vortasten, schlägt den Infanteristen gegen 23.40 Uhr (B) Gewehr, MG- und Panzerfaustfeuer entgegen. Die Spitze der Kompaniekolonne der Co. B ist auf eine verteidigte und durch Minen gesicherte Straßensperre gestoßen. Bei dem einsetzenden Feuerwechsel fällt der CO der Co. B, Capt. William H. Scott Jr. Kurzerhand übernimmt 1st Lt. Russell W. Weibler von der Co. D, 1./319, der mit einigen schweren MG- und Granatwerfern den Vormarsch begleiten, das Kommando. Weibler erhält hierfür den Silver Star.[188] Angesichts der fehlenden Sicht und der schwierigen Geländebedingungen wird der Angriff gestoppt und die Infanteristen ziehen sich aus den Wäldern zurück. Patrouillen werden ausgesandt, die gegen 01.40 Uhr (B) die Bahnunterführung im Münchenrodaer Grund als gesperrt melden. Daraufhin entschließt man sich, bei Anbruch des nächsten Tages den Bereich zu umgehen und die Verteidiger von hinten ausschalten, da Artilleriebeschuss die Wege zur R 7 unpassierbar gemacht hätte. Der erneute Stopp des 1./319 hat jedoch auch einen positiven Effekt, denn er gibt dem 2./319 mehr Zeit, sich für den Angriff auf Jena vorzubereiten, nachdem es sich gerade erst versammelt hat. Der Angriffsbeginn des 2./319 wird um 02.35 Uhr (B) auf den 13. April 1945, 07.30 Uhr (B) festgelegt.

Weniger aufregend verläuft der Tag für das 3./319. Als am Vormittag klar ist, dass Weimar nicht im Kampf genommen werden muss, wird das Bataillon um 09.10 Uhr (B) in Ulla von seinem Auftrag an der linken Flanke des RCT entbunden und erhält den Befehl, sich auf den motorisierten Transport zur Saale bei Maua vorzubereiten, wo es über die Pionierbrücke dem CCR der 4th US AD folgen soll. Um 13.40 Uhr (B) setzt sich die Kolonne in Bewegung und fährt zur Autobahn bei Possendorf. Dabei kommt es um 15.15 Uhr (B) zu einem unvorhergesehenen Halt, als einer der begleitenden Panzer durch eine zu schwache Brücke bricht. Mit dem Erreichen von Possendorf geht es um 16.30 Uhr (B) hinter dem 1./319 weiter über Magdala nach Niedersynderstedt, wo es hält. Vorauskräfte gehen auf der Autobahn bis zwischen Bucha – Oßmaritz vor. Der Regtl.CP 319 verlässt um 14.00 Uhr (B) Eichelborn und erreicht um 17.00 Uhr (B) Magdala. Das Regiment meldet zwei Gefallene, zwei Verwundete und 680 Gefangene. Das 315th FA Bn folgt der Infanterie und verlegt über Troistedt nach Magdala. Der 80th Rcn Tp erreicht Niederzimmern, westlich von Weimar. Um 21.00 Uhr (B) wird der Tp.CP und der 2nd und 3rd Plat. in Niederzimmern und der 1st Plat. in Hottelstedt gemeldet und um 22.50 Uhr (B) geht der 2nd Plat. nach Weimar.

Auf dem Div.CP der 80th US InfDiv, der an diesem Tag hinter dem Fwd CP von Gotha nach Neudietendorf in den „Gasthof der Brüdergemeine“ am Zinzendorffplatz verlegt hat, kommt es an diesem Tag zu einem Treffen zwischen dem CG Gen. McBride und dessen höchsten militärischen Vorgesetzten Eisenhower, Bradley, Patton und Walker. Bradley und Patton hatten nach einem morgendlichen Besuch in Merkers bei Bad Salzungen, wo die 90th US InfDiv im dortigen Kalibergwerk den Goldschatz der Reichsbank gefunden hatte, einem Abstecher nach Eisfeld gemacht, wo sie den CG XII. US Corps, Maj.Gen. Manton S. Eddy, in seinem HQ besucht hatten. Dort hatte sich ihnen Maj.Gen. Otto P. Weyland, der Commander des XIX. TAC angeschlossen, und sie waren weiter nach Gotha geflogen, wo sie mit dem CG XX. US Corps, Lt.Gen. Walker, und dem CG VIII. US Corps. Maj.Gen. Troy H. Middleton zusammentrafen. Auf Anregung von Walker hatten sie sich dann kurzfristig entschlossen, das befreite AL des KZ Buchenwald bei Ohrdruf zu besuchen. Jetzt wollen sie noch die Gelegenheit nutzen, sich vor ihrem Rückflug von Gen. McBride persönlich dessen neues Projekt vortragen zu lassen, das als *„Third Army Memorial Project"* in die Annalen der US Army eingehen soll – eine *„Verhaltensrichtlinie für die Besetzung von Ortschaften, Dörfern und Städten jeglicher Art"*. Basierend auf den bisherigen Erfahrungen sollen vor jeder Besetzung einige Schüsse der Artillerie oder Panzer auf den Ort abgefeuert werden, *„damit man sich immer darin erinnern möge, dass die 3rd US Army hier war"*. Wenn dann innerhalb weniger Stunden nach einem Ultimatum keine weißen Fahnen gezeigt würden oder in anderer Form kapituliert wird, sollten Jagdbomber als Drohung über den Ort fliegen. Wenn auch dann nichts geschieht, dann sollten sie angreifen und die Artillerie würde das Feuer eröffnen. Eigentlich eine häufig angewandte Verfahrensweise, aber ab jetzt hat sie einen offiziellen Namen.[189]

Die amerikanischen Generäle vor dem Eingang zum Div.CP in Neudietendorf

Foto: Courtesy of Don Richards Photo Collection, www.80thdivision.com

Heute erinnert eine Gedenktafel, die vom Sohn des damaligen Pächters Wolfgang Gross gestiftet wurde, am Sitz der Verwaltungsgemeinde, dem Haus „Drei Rosen", an das Treffen.[190]

Das HQ XX. CorpsArty erreicht von Gräfentonna kommend Molsdorf, wo es im Schloss Quartier bezieht. Schloss Molsdorf, das zu den schönsten Barockschlössern Thüringens gehört, ist zu diesem Zeitpunkt einer der vielen Auslagerungsorte für Mobiliar aus den Berliner und Potsdamer Schlössern. Zwar von den Kriegsereignissen verschont, sollen dennoch nicht alle Mobiliarteile den Weg zurück finden. Ob einige von ihnen Liebhaber bei den Amerikanern gefunden haben, ist unbekannt. Einige Stücke tauchen jedoch später in Privathaushalten der Umgebung auf. Andere bleiben für immer verschollen.[191]

Die Corps-Kriegsgefangenensammelstelle meldet an diesem Tag neben einer Vielzahl an Versprengten von der Div. Feller 308 Angehörige des Rgt. Opitz, vom K.Kdt. Erfurt 123 Angehörige des Pz.Gren.Ers.Btl. 71, 81 Angehörige des Pz.Gren.Ers.Btl. 59 Jena, 39 Angehörige der Flak.K.Gr. Gmünd, 29 Angehörige der 2. Marsch.Kp. Erfurt, 12 Angehörige der Offz.Bew.Schule I f. Pz.Gren. Jena, 231 Angehörige der Flugplatzbetriebs.Kp. 124 Erfurt, 21 Angehörige der Fl.H.Kdtr. 31/III Erfurt, 72 Angehörige des Fl.Ers.Btl. IV, 16 Angehörige der Flugmeldestelle Salomonsborn und 97 VS-Angehörige aus Erfurt.

Südlich des XX. US Corps schieben sich die Infanteriedivisionen des VIII. US Corps zur Saale vor. An der linken Flanke geht die TF Crater, die in der Nacht im Versammlungsraum Riechheim zusammengetreten war, als Speerspitze der 89th US InfDiv durch Hohenfelden nach Bad Berka und Blankenhain, um Brücken über die Saale zu nehmen. Das 355th InfRgt beseitigt den Widerstand, der von TF Crater umgangen wurde, und besetzt Tannroda, während das 354th InfRgt südlich von Kranichfeld vorankommt. Das 1./355 nimmt um 10.00 Uhr (B) Bad Berka und erreicht über Saalborn am Abend den Bereich westlich von Großlohma. Das 3./355 besetzt durch die Wälder vorgehend am Abend Blankenhain. Das 2./355 sichert am Morgen mit zwei Kompanien Kranichfeld, welche durch das 1./354 entlastet werden. Dann geht es nach Nordosten und besetzt um 15.00 Uhr (B) Tannroda, wo es in die Regtl.Res. geht. Die TF Sundt der 87th US InfDiv erreicht die Saale in der Nähe von Rudolstadt. Ihr 346th InfRgt, das die TF Sundt unterstützt, nimmt Ehrenstein und Altremda. Das 347th InfRgt besetzt Bad Blankenburg.

Kurz vor Mitternacht erfährt die Welt aus dem Radio, dass der amerikanische Präsident Franklin D. Roosevelt am Nachmittag in Palm Springs verstorben ist. Während die amerikanische Generalität und die alliierten Soldaten bestürzt auf diese Nachricht reagieren, löst sie bei Hitler und seiner Gefolgschaft Euphorie aus. Doch die Hoffnung, dass der Tod Roosevelt die westlichen Alliierten im weiteren Vorgehen bremsen und dem deutschen Oberkommando eine Atempause für die Stabilisierung der Westfront verschaffen würde, erfüllt sich nicht.

Geheime Tagesberichte der Deutschen Wehrmachtsführung vom 13. April 1945:

OB West, 7. Armee, XC. AK: *In Naumburg sind Kämpfe im Gange... Zeitz wurde vom Gegner, der weiter nach Osten vorstieß, genommen. Im weiteren Angriff nach Osten drang der Gegner bis südlich Altenburg und entlang der Autobahn nach Einnahme von Gößnitz und Waldenburg bis nördlich Hohenstein-Ernstthal vor.*

OB West, 7. Armee, LXXXV. AK: *Die Lage in Gera und Weida ist ungeklärt. Entlang der Autobahn nach Süden stoßend, drang der Gegner bis nördlich Triptis vor. Aus Stadtroda stieß er nach Süden bis nördlich Neustadt a.d. Orla vor.*

Am **Freitag,** dem **13. April 1945**, setzt die 6th US AD und 76th US InfDiv des XX. US Corps die am Vortag begonnene Operation zur Überquerung der Weißen Elster und zur Einnahme von Zeitz fort. Das CCB überquert die Weiße Elster nördlich von Zeitz bei Pegau und Profen im Abschnitt der 1st US Army und fährt südostwärts in den Raum Lucka. Das CCA überquert den Fluss südlich von Zeitz bei Rossendorf und Schkauditz und erreicht von Rossendorf aus Breitenbach. Das CCR geht im Zusammenwirken mit Teilen der 76th US InfDiv in Zeitz über den Fluss und beginnt den Angriff zur Einnahme der Stadt. Die 4th US AD, die Jena umgangen hat, das von der 80th US InfDiv besetzt wird, überquert die Weiße Elster und errichtet Brückenköpfe über die Zwickauer Mulde mit dem CCB bei Wolkenburg-Kaufungen und dem CCA in der Umgebung von Oberwinkel und Grumbach. Ziel des XX. US Corps ist es nach wie vor, mit den Panzerverbänden nach Osten vorzustoßen, während die Infanterie die zurückbleibenden Widerstandsnester beseitigt. Nur eins ist an diesem Tag neu. Nach Tagen des *„freien Laufens"* hatte General Omar Bradley am Vortag seinen Armeeoberbefehlshabern befohlen, den Angriff nach Osten entlang der Elbe und Mulde einzustellen. Begründet hat er diesen Befehl mit Versorgungsproblemen. Doch die Wahrheit ist, dass für Eisenhower Berlin nicht das Ziel ist und das es keine Notwendigkeit gibt, den Angriff fortzusetzen und eigenes Blut zu vergießen. Die Wehrmacht ist im mitteldeutschen Raum für die Westalliierten keine Gefahr mehr und die Grenzen der Alliierten sind in den internationalen Vereinbarungen klar definiert. Patton, seinem stürmischsten General, stellt Bradley damit ruhig, indem er ihm einen neuen Auftrag, den Angriff Richtung Süddeutschland und Alpen, in Aussicht stellt. Die Gefahr einer deutschen „Alpenfestung" bewegt die Amerikaner mehr, als die Zerschlagung der Reste der Wehrmacht in einem Raum, der später den Russen gehören wird. Doch erst gilt es die Mulde zu erreichen.

An der äußersten Südflanke der 6th US AD setzt das CT 9 des CCA die Suche nach einer intakten Brücke über die Weiße Elster am Morgen fort. Eine nach Crossen und Tauchlitz entsandte Aufklärungsgruppe stellt bei Ahlendorf den Kontakt zur 4th US AD her, findet aber keinen Übergang im Divisionsabschnitt und wird zurückbefohlen. Jetzt befiehlt der CO 9th AIB den unterstellten Pionieren den Bau eines Behelfsübergangs bei Wetterzeube. Bis 17.00 Uhr (B) installieren die Pioniere einen Übergang und um 17.45 Uhr (B) beginnt das CT mit der Überquerung des Flusses.[192] Dann rückt es über Koßweda und Dietendorf auf der gleichen Route vor, die am Mittag die nördliche Flankensicherung der 4th US AD genommen hat. Im Südabschnitt der 76th US InfDiv, deren RCT 304 mit der 6th US AD in Zeitz im Kampf steht, folgt das RCT 385 dem CCA der 6th US AD in den Raum westlich von Zeitz. Das 2./385 rückt bis in den Raum Roda – Stolzenhain hält. Das 1./385 (mot.), das die Verantwortung für Apolda an die Co. A, 5th Ranger Bn unter Capt. Charles Henry „Ace" Parker übergeben hat, der für Tapferkeit bei den Kämpfen um Pointe du Hoc während der Landung in der Normandie/Frankreich mit dem Distinguished Service Cross ausgezeichnet wurde, überquert aus dem Raum Apolda kommend die Saale in Camburg und erreicht den Raum Droyßig. Das 3./385 überquert am Morgen die Saale bei Dornburg mit Sturmbooten und geht über Frauenprießnitz, Wetzdorf, Dothen, Tünschütz, Großhelmsdorf und Königshofen in den Raum Wetterzeube. Der Regtl.CP des 385th InfRgt trifft von Camburg kommend in Droyßig ein und bezieht Quartier. Hinter dem RCT 304 und 385 geht an diesem Tag das RCT 417 als Reserve der 76th US InfDiv nach Osten und erreicht Zeitz.

Capt. Charles H. Parker
Foto: National Archives

Bei der 4th US AD beginnt um 06.30 Uhr (B) das CCB aus der Versammlung bei Kunitz – Laasan in zwei Kolonnen mit dem Angriff zur Weißen Elster südlich von Zeitz. Während die Nordkolonne angeführt vom Tp. D, 25th CavRcnSq und der Co. B, 704th TD Bn von 1st Lt. John H. Biggs über Naura, Beutnitz, Löberschütz, Graitschen nach Poxdorf, fährt, rollt die Südkolonne entlang des Ostufers der Saale bis zur R 7 und folgt dieser über Rodigast und Thalbürgel bis zur RAB Berlin – München, westlich von Eisenberg. In Poxdorf verlässt der Tp. D, 25th CavRcnSq, der ab hier gemeinsam mit der Co. B, 704th TD Bn die Flankensicherung übernimmt, die Nordkolonne und schwenkt nach Nordosten über Mertendorf nach Tünschutz, von wo es weiter über Großhelmsdorf und Rudelsdorf geht, während die Nordkolonne über Rauschwitz, Petersberg und Gösen nach Königshofen fährt. Bei Etzdorf, östlich von Eisenberg, vereinen sich die Kolonnen und das CCB strebt zur Weißen Elster, die es gegen 11.05 Uhr (B) bei Crossen erreicht. Dort erhält das Combat Command den Befehl, den Angriff nach Osten fortzusetzen und einen Brückenkopf über der Zwickauer Mulde zu erobern. Um 18.00 Uhr (B) haben die Panzer die Brücke über die Zwickauer Mulde in Wolkenburg gesichert und einen Brückenkopf errichtet. Das CCA setzt um 07.00 Uhr (B) den Angriff aus dem Raum Beulbar – Scheiditz in zwei Kolonnen fort. Die nördliche Kolonne fährt über Waldeck, Bobeck, Klosterlausnitz und Tautenhain nach Bad Köstritz. Die südliche Kolonne verlässt Scheiditz und schwenkt zur Autobahn bei Dorna. Auf der Autobahn erreichen sie die, zwischen 1936 und 1938 erbaute, Teufelstalbrücke[193] westlich des Hermsdorfer Kreuzes, die bereits vom 2nd Plat. 80th Rcn Tp gesichert wurde. Sehr schnell rücken die Panzer weiter vor und besetzen um 12.00 Uhr (B) die Brücke über die Weiße Elster bei Langenberg, nördlich von Gera. Von dort fährt das CCA in einer Kolonne zu einem Punkt nördlich von Ronneburg, wo sich das Command wieder in zwei Kolonnen teilt. Die Nordkolonne sichert bis 21.45 Uhr (B) eine Brücke über die Zwickauer Mulde bei Waldenburg und die Südkolonne erobert um 15.30 Uhr (B) in der Umgebung von Reinholdshain eine Brücke über die Zwickauer Mulde. Sie überquert den Fluss und errichtet in Grumbach einen Vorposten für die Nacht. Das CCR, das die Sicherung des Gebietes zwischen dem CCA und CCB beendet hat, folgt ab 06.00 Uhr (B) dem CCA über Maua, Rutha, Ilmnitz, Schlöben und Trockhausen nach Schöngleina, wo es gegen 11.00 Uhr (B) eintrifft, als das CCA gerade den Raum verlassen hat. Nach einer Rast erhält das CCR für 13.15 Uhr (B) den Befehl zur Fortsetzung des Marschs und um 13.45 Uhr (B) überquert die Kolonne die Ablauflinie auf der Autobahn bei Stadtroda. An Dorna, Hermsdorf, Rüdersdorf und Hartmannsdorf vorbei geht es nach Osten, dann verlässt die Kolonne die Autobahn und fährt nach Norden, nach Langenberg, wo die Kolonne um 19.00 Uhr (B) hält. Die Forward Echelon der 4th US AD verlegt um 11.00 Uhr (B) von Göttern über Schlöben nach Langenberg. Der Gefechtstand des XX. US Corps erreicht um 15.00 Uhr (B) Weimar, wo er bis zum Abschluss der Kämpfe verbleibt.

Bei der 80th US InfDiv wird das RCT 318, das sich bis zum Morgen auf den Abmarsch vorbereitet hat, um dem CCB der 4th US AD mit dem 2. und 3./318 zu folgen, auf Grund fehlender Transportmittel aufgehalten. In der Zwischenzeit setzt das 1./318, das bis zum nächsten Tag in Erfurt verbleiben soll, die Sicherung der Stadt fort, was sich auf Grund der Größe der Stadt und der Vielzahl der, zu bewachenden, Einrichtungen als schwieriger als erwartet darstellt. Insbesondere die Plünderungen von Warenlagern durch befreite DP's und die Bevölkerung nehmen chaotische Formen an. Das führt dazu, dass der Stab des RCT 318 zu drastischen Maßnahmen greift. So befiehlt um 10.22 Uhr (B) der ExO 318, Lt.Col. Gardner, dem 1./318: *„Dort werden Warenlager mit Verpflegung geplündert. Schickt Patrouillen hin. Erschießt ein paar und stoppt das. Geht hart mit ihnen um!“* Unabhängig davon erscheint mit dem gleichen Anliegen der Unterbindung der Plünderungen der bisher unbehelligt gebliebene OBgm. von Erfurt Kießling mit Stadtrat Schmalix, einem Polizeimajor und dem Studienrat Teichmann als Dolmetscher im Hauptquartier des amerikanischen Stadtkommandanten und gibt sich ihm als Oberbürgermeister zu erkennen. Seine Bitte um die Bewaffnung der deutschen Polizei und die Unterbindung der Plünderungen lehnt dieser jedoch gegenüber den Deutschen ab. Dafür lässt er Kießling und die anderen verhaften und zum CIC im Hotel „Erfurter Hof“ bringen. Nach einer Befragung werden sie jedoch noch am gleichen Tag wieder freigelassen.[194]

Als sich bis zum Mittag noch immer nichts mit dem Transportraum für das 2. und 3./318 getan hat, befiehlt der CG um 14.40 Uhr (B) die vollständige Ablösung des RCT 318 in Erfurt bis zum nächsten Morgen. Am Nachmittag kommt endlich Bewegung hinein und die ersten Lastwagen erreichen gegen 18.00 Uhr (B) die Stadt.

Dort haben die beiden Bataillone in der Zwischenzeit befehlsgemäß ihre Panzer an das 1./318 abgegeben. Um 19.00 Uhr (B) fährt das 2. und 3./318 nach Osten, wo es bis 24.00 Uhr (B) den Raum Löbstedt – Zwätzen, nördlich von Jena, erreicht. Auch der Regtl.CP verlässt Erfurt gegen 19.00 Uhr (B) und folgt den beiden Bataillonen. Das unterstellte 314th FA Bn hatte für den Angriff auf Jena bereits um 10.30 Uhr (B) Erfurt-Bischleben verlassen und war nach Kötschau gefahren, wo es 13.00 Uhr (B) eingetroffen war. Noch bevor die nachfolgende Infanterie eintrifft, war es um 17.43 Uhr (B) nach Closewitz weitergefahren, wo es um 18.12 Uhr (B) endgültig hält. Parallel zur Abfahrt der Bataillone nach Osten erreicht das sehnsüchtig erwartete Kommando des 5th Ranger Bn in Kompaniestärke als Vorhut der neuen Erfurter Besatzung gegen 19.00 Uhr (B) die Stadt und beginnt sofort mit der Übernahme der Verantwortung, die bis 20.00 Uhr (B) abgeschlossen ist. Um 20.40 Uhr (B) meldet Col. Higgins, der CO der 11th Armd Gp, die der 3rd US Army für Zwecke der Military Government zugeordnet wurde, dass ihr 241st FA Bn bis 24.00 Uhr (B) auch das 1./318 in Erfurt ablösen wird. Ab 21.00 Uhr (B) beginnen die Artilleristen mit der Ablösung der, über das ganze Stadtgebiet verteilten, Wachen und Sicherungsposten und das 1./318 versammelt sich, um am nächsten Morgen um 06.30 Uhr (B) nach Osten zu verlegen. Im Tagesergebnis meldet das Regiment einen Gefallenen und 1160 Gefangene.

Beim RCT 317, das den Auftrag hat, den Angriff des RCT 319 auf Jena zu unterstützen, erhält das 1./317 um 08.30 Uhr (B) den Befehl, ohne Co. A, die noch immer das KZ Buchenwald bewacht, mit dem 1st Plat. Co. A, 702nd Tk Bn, zu dem Höhenrücken nördlich von Jena vorzurücken. Daraufhin verlässt es den Versammlungsraum Kötschau, den es in der Nacht erreicht hatte, und rückt 10.05 Uhr (B) über Isserstedt und Lützeroda zu Fuß nach Closewitz vor, wo die Co. C, 1./317 um 11.00 Uhr (B) gemeldet wird. Dann erreicht es die Höhen westlich der Saale, die Jena von Norden her beherrschen. Um 11.45 Uhr (B), als die Infanteristen des RCT 319 bereits in der Stadt stehen, erhält das RCT 317 den Befehl, soviel Patrouillen wie möglich in den Nordteil von Jena zu schicken und Gefangene zu machen, um so die Standorte von Warenlagern zu erkunden, damit diese gesichert werden können. Zum einen wegen des Befehl des 3rd US Army zur Sicherung der Wirtschaftsgüter vor Abtransport oder Zerstörung und zum anderen zur Verhinderung von Plünderungen der Lebensmittellager durch die befreiten DP's und die Zivilbevölkerung. Dort erhält es 14.40 Uhr (B) den Befehl, nach der Einnahme der Stadt das 319th InfRgt abzulösen.

Das 3./317, das um 08.00 Uhr (B) seinen Versammlungsraum in Erfurt mit Lastwagen verlassen hatte, sitzt im Cospedaer Grund, nordwestlich von Jena, ab. Während sich die Lastwagen sofort auf die Fahrt zum RCT 318 machen, um dieses nach vorne zu transportieren, rücken die Infanteristen auf Cospeda vor, wo sie westlich des Ortes eine unverteidigte Straßensperre sichern. Dann gehen sie auf Befehl des CG in

Ausschnitt aus einer Luftaufnahme der USAAF von Jena-Lobeda vom 8. April 1945
Luftbild Nr. 2087, Luftbilddatenbank Ingenieurbüro Dr. Carls, Estenfeld

Closewitz durch das 1./317, überqueren mit dem 3rd Plat. Co. A, 702nd Tk Bn um 13.55 Uhr (B) die Saale über die Brücke der 4th US AD bei Kunitz und greifen unter Zurücklassung der Co. K als Brückenwache sofort entlang des Ostufers nach Süden an, um die östlichen Stadtteile von Jena zu besetzen. Eine Kompanie soll anschließend weitergehen und die Sicherung der Saale-Brücke bei Maua übernehmen. Um 16.45 Uhr (B) sind die Infanteristen östlich des Flusses „Am Erlkönig" und bis 18.05 Uhr (B) haben sie ohne Widerstand den nördlichen Stadtrand östlich des Flusses erreicht. Dann werden die östlich der Saale gelegenen Stadtteile gesichert. Während um 20.10 Uhr (B) die Co. I dort anhält und Sicherungsposten bezieht, geht die Co. L weiter entlang des Ostufers der Saale nach Süden und erreicht über den Verbindungsweg von Wöllnitz her Lobeda, das nach Panzerbeschuss von den Höhen des Mönchsberg und der Sulzaer Höhe auf vermutetet deutsche Stellungen an den Bergen rund um Lobeda und auf die Stellungen der Flak am 11. und 12. April 1945 von den meisten Verteidigern geräumt wurde. Nur noch an der Ecke Drackendorfer Weg/Alte Landstraße (heute Martin-Niemöller-Straße) haben einige Volkssturmmänner mit Panzerfäusten ausgeharrt. *„Es ist einem mutigen Lobedaer Fleischermeister und Landwirt zu verdanken, der nur mit der Mistgabel bewaffnet, diesem Treiben ein Ende bereitete und so ein sicheres Blutbad für Lobeda verhinderte."* Waren durch den Panzerbeschuss doch schon genug Schäden im Ort entstanden und ein Junge, der durch Granatsplitter verletzt wurde, war auf dem Weg ins Krankenhaus gestorben. Als die Amerikaner, die den Vorfall beobachtet hatten, am Anfang der Schlossstraße (heute Nikolaus-Theiner-Straße 1), halten, kommt ihnen Bgm. Richard Faulstich entgegen und übergibt die Stadt kampflos. Zur Sicherheit muss er auf dem Führungsfahrzeug durch die Stadt mitfahren. Aber Faulstich fühlt sich sicher, denn außer den paar Volkssturmmännern war nur noch eine Gruppe von SS-Offizieren in der Reichsschule der DAF im Schloss Lobeda geblieben, die aber kurz zuvor in Richtung „Luftschiff" (gemeint ist die ursprüngliche Burg Rabis auf dem Bergstock der Wollmisse), abgerückt waren, wo sich der befohlene Sammelpunkt für die deutschen Truppen westlich von Jena befindet. Wenige Tage zuvor hatte noch einer von ihnen, der Leiter der Schule, drei geflüchtete Zwangsarbeiter in der Knorrschen Sandgrube persönlich erschossen.[195]

Luftaufnahme der USAAF von Jena-Lobeda und Himmelreichsgraben vom 8. April 1945
Luftbild Nr. 2087, Luftbilddatenbank Ingenieurbüro Dr. Carls, Estenfeld

Dann gehen die Infanteristen weiter zur Brücke bei Maua, wo sie 21.45 Uhr (B) ankommen. Erst um 22.05 Uhr (B) meldet das RCT 317, das der Ostteil von Jena vollständig gesäubert ist.

Das 1./317 erreicht das Stadtzentrum von Jena westlich der Saale und wird um 18.05 Uhr (B) am Planetarium gemeldet. Kurz zuvor hatten die Infanteristen das KZ-AL Jena der Reichsbahnausbesserungswerke RAW in der heutigen Löbstedter Straße 50 besetzt, in dem von Oktober 1944 bis Anfang April 1945 Häftlinge des KZ Buchenwald bei der Reparatur von beschädigten Bahnfahrzeugen eingesetzt wurden. Das Lager, das unter Bewachung des Einsatzzuges der Jenaer Schutzpolizei stand[196], war am 7. April 1945 geräumt worden und man hatte die Häftlinge mit der Eisenbahn über Weißenfels nach Colditz gebracht, von wo aus sie im Fußmarsch weiter in Richtung tschechische Grenze geschickt wurden. Ihr Verbleib ist unbekannt. Unbekannt ist auch der Verbleib des Jenaer Bombenräumkommandos aus KZ-Häftlingen, das dem Jenaer Polizeidirektor als örtlichen LS-Leiter unterstand.[197] Weitere Zwangsarbeiterlager mit 800 Insassen werden im Mühltal, mit 300 im Bereich Beutenbergstraße/Wildenbruchstraße und mit 1000 in der Mühlenstraße gemeldet.[198] Eine besondere Beute machen die Infanteristen am Heiligenberg in Löbstedt. Dort fällt ihnen die Prägeanstalt Hermann Wernstein der Leistungsgemeinschaft deutscher Ordenhersteller LDO in die Hände, einen der größten Produzenten von Orden und Ehrenzeichen im Dritten Reich.[199] Zu Tausenden können sich die GI mit den beliebten Orden eindecken, die bis heute fester Bestandteil der Trophäensammlungen vieler Veteranen sind.

Ansichtskarte Archiv Möller

Dann beginnt es, das 1./319 abzulösen. Um 19.00 Uhr (B) sind zwei von drei zu bewachenden Fabriken übernommen[200] und um 19.15 Uhr (B) ist die Ablösung abgeschlossen. Auch das ad hoc eingerichtete Kriegsgefangenensammellager in der Polizei-Kaserne wird übernommen, wo 174 Kriegsgefangene, darunter 20 Schutzpolizisten, auf ihren Abtransport warten.[201]

Das 2./317 setzt mit dem 2nd Plat. Co. A, 702nd Tk Bn die Sicherung von Weimar fort und meldet 800 Kriegsgefangene. Dort erhält es um 04.20 Uhr (B) den Befehl, die Co. A, 1./317 von der Bewachung des KZ Buchenwald abzulösen, was um 12.30 Uhr (B) erfolgt. Doch erst am nächsten Abend folgt die Co. A dem 1./317, die sich nach diesem nervlich belastenden Auftrag erst einmal von dem Erlebten erholen muss und auf Transportraum wartet. In der Zwischenzeit erhält der CO 2./317 den Befehl, Patrouillen auszusenden, um südöstlich der Stadt nach ungarischen Truppen zu suchen, die sich dort befinden sollen. Um 16.45 Uhr (B) meldet er jedoch, dass keine gefunden wurden.[202] Es war entweder jene Einheit, die sich am Vortag in Magdala den Aufklärern der 3rd CavGp ergeben hatte oder die Teile der Kgl.Ung. Heimatschutz-Na.Abt. aus Weimar. Am Abend entsendet das Bataillon eine Wache zur Kaserne nach Lützendorf, um Plünderungen zu unterbinden. Der Regtl.CP 317 erreicht um 18.00 Uhr (B) Jena, bevor er am 15. April 1945 nach Langenberg verlegt. Im Tagesergebnis meldet das Regiment zwei Vermisste und 1401 Gefangene.

Beim RCT 319, dessen Angriff am Vortag noch nicht beginnen konnte, starten am Morgen das 1. und 2./319 im Abschnitt Großschwabhausen – Remderoda mit dem Vorrücken zur Ausgangslinie für den gemeinsamen Angriff mit dem RCT 317 auf Jena. Das 1./319 dringt auf der Remderodaer Straße, auf der es in der Nacht zu Kämpfen gekommen war, ohne Behinderungen zum Münchenrodaer Grund vor, nachdem die deutschen Verteidiger in der Nacht geflohen waren. Von dort rücken die Infanteristen auf der R 7 durch das Mühltal zum westlichen Stadteingang vor, den sie unter vereinzelten Beschuss aus dem umliegenden Wäldern bis 09.30 Uhr (B) erreichen. Vorsichtig durch die Stadtrandgebiete vorrückend, erreichen sie gegen 11.15 Uhr (B) das Stadtzentrum, wo sie um 12.00 Uhr (B) Scharfschützenfeuer melden. Mit ihnen erreicht Col. Costello das Stadtgebiet, der sich am Stadtrand seinen Infanteristen angeschlossen hat.[203] Bis 13.10 Uhr (B) erreichen sie ohne weiteren Widerstand die Saale, wo die begleitenden Pioniere der Co. C, 305th Engr C Bn alle Brücken zerstört vorfinden und unter Beschuss vom Ostufer geraten. Die Sprengkommandos von Wehrmacht und Volkssturms haben ganze Arbeit geleistet und die, durch eine deutsche Pionier-Sondereinheit mit Sprengsätzen bzw. aus Mangel an diesen, mit aufgelegten Fliegerbomben aus den Beständen der nahegelegenen Flugplätze der Luftwaffe, zur Sprengung vorbereiteten Brücken zerstört. Bereits um 11.45 Uhr (B) hatten die amerikanischen Pioniere beide Brücken bei Burgau mit dem Hinweis, dass *„hier ganze Arbeit geleistet wurde"*, als zerstört gemeldet. Jetzt melden sie auch die Camsdorfer Brücke, die älteste Jenaer Steinbogenbrücke, zwischen Zentrum und Wenigenjena, als vollständig zerstört. Sie war am Vortag als letzte der Jenaer Brücken, die für den Rückzug der deutschen Truppen offengehalten wurde, gegen 15.00 Uhr durch aufgelegte Fliegerbomben gesprengt worden. Nur noch die zwei Betonfundamente der Mittelpfeiler ragen aus dem Fluss. Auch die Eisenbahnüberführung an der Zufahrt zur Brücke ist zerstört. Neben den Trümmern der Brücke wird am kommenden Tag durch die Einwohner ein Fährbetrieb mit einem Stahlkahn und einem Pionier-Schlauchboot eingerichtet, bevor amerikanische Pioniere eine Pontonbrücke errichten.[204] Die Paradiesbrücke, unter der die wichtigsten Verbindungsstränge zwischen dem West- und Ostteil der Stadt verlaufen und die bereits am 11. April 1945 durch aufgelegte Bomben gesprengt wurde, weist hingegen nur zwei Bombenkrater auf. Der 35 Fuß breite beschädigte Spann der Brücke wird später von den Pionieren mit einem Treadway Element geschlossen.[205] Auch die Griesbrücke, eine Fußgängerbrücke zwischen Jena-Nord und Wenigenjena, und der eiserne Wiesensteg im Paradies sind zerstört.[206]

Das 2./319 verlässt unter Ausnutzung aller verfügbaren Transportmittel einschließlich der Lastwagen der Artillerie und von drei deutschen Lastwagen, die ihnen erst kurz in die Hände gefallen waren, als sie sich ahnungslos einem Posten genähert hatten, in den frühen Morgenstunden den Versammlungsraum Großschwabhausen und fährt zur Ausgangslinie nach Münchenroda. Von dort beginnt es um 07.30 Uhr (B) mit dem Durchkämmen der Wälder südlich der R 7 bis zum Westrand der Stadt. In der Zwischenzeit beseitigen die Einwohner der umliegenden Orte bis 09.20 Uhr (B) die Straßensperren bei Großschwabhausen, in der ehemaligen Enge der R 7 im Mühltal beim Gasthaus/Waldhotel „Carl August“, auf der Remderodaer Straße und in der Bahnunterführung im Münchenrodaer Grund. Dann erreicht das 2./319 an der Rechten die Flakkaserne auf der Ammerbacher Platte, wo sie von den, dort untergebrachten, Zwangsarbeitern begrüßt werden. Am Otto-Schott-Platz geraten die Panzer und Infanteristen unter Beschuss durch deutsche Geschütze am Ostufer der Saale, der erwidert wird. Schnell werden diese zum Schweigen gebracht.[207] Vorbei am Waldschlösschen erreichen sie die Tatzend-Promenade, wo die Infanteristen einschwenken und sich im Schutz der begleitenden Panzer nach Norden, Nordosten und Osten vortasten, um den Kontakt zu den Kräften an der Linken herzustellen, die vom Münchenrodaer Grund aus über den Forstturm vorgerückt sind.[208] In der Felsenkellerstraße wird die Polizeikaserne kampflos besetzt. Doch bevor das Bataillon weiter Richtung Zentrum vordringt, meldet das 1./319 um 13.50 Uhr (B) das Ende der Kämpfe im Stadtzentrum. So wird das 2./319 angehalten und erhält um 14.10 Uhr (B) den Befehl nach der Ablösung durch das 1./319 die Saale über die Pionierbrücke in Maua zu überqueren und in einen Versammlungsraum bei Rutha – Laasdorf zu gehen. Damit hat das 2./319 seinen Auftrag ohne größeren Widerstand anzutreffen erfüllt.

Oben: Deutsche Kriegsgefangene als Hilfskräfte beim Einsammeln von Waffen in Jena

Mitte: Jenaer Gestapo-Angehörige nach ihrer Verhaftung

Unten: Amerikanischer Soldat bewacht eingesammelte Waffen in Jena

Fotos: 166th Signal Photo Co. National Archives

In der Stadt wird sofort mit der Sicherung der wichtigsten Einrichtungen und Gebäude begonnen. Schwerpunkt liegt dabei auf den Werken der Schott AG Jena, dem ehemaligen Jenaer Glaswerk Schott und Genossen und weltgrößten Produzenten von technischen Gläsern sowie der Carl Zeiss AG Jena zur Herstellung von feinmechanisch-optischen Geräten. Obwohl beide Werke nach dem Willen von Gen.Obst. Hoth gemäß dem Führerbefehl zur Zerstörung aller wichtiger Einrichtungen im Reichsgebiet vom 19. März 1945, dem sogenannten „Nero-Befehl", zusammen mit den Saale-Brücken gesprengt werden sollten, fallen sie den Amerikanern unversehrt in die Hände. Mit Rückendeckung des Reichsministers für Bewaffnung und Munition, Albert Speer, gelingt es dem Geschäftsleiter und Werksführer der Zeiss-Werke Dr. Heinrich Küppenbender die Einrichtung von Verteidigungsanlagen und Maßnahmen zur Zerstörung des Werkes zu verhindern. Nach einer Beschwerde bei Speer, hatte dieser umgehend Kontakt mit dem OKW aufgenommen und die Zerstörung der Werke untersagt. Daraufhin hatte das OKW am 9. April 1945 einen Funkspruch an den OB West gesandt, der durch den Chefs des Generalstabs beim OB West, Gen.d.Kav. Siegfried Westphal an die unterstellte 11. Armee und die W.Kr. VI und IX weitergeleitet wurde. Dieser wurde von den Briten abgefangen und durch den britischen Funkhorch- und Entschlüsselungsdienst in Bletchley Park, London entschlüsselt. Er lautet: *„Die Zeisswerke Jena können die Lieferung wichtiger Ausrüstungen von höchster Bedeutung für die Bewaffnung der Einheiten durchführen. Der Abtransport komplexer Geräte muss bis zum letzten Augenblick garantiert werden. Deshalb sind Eisenbahn- und Straßenbrücken über die Saale nach Saalfeld, Großheringen, Weißenfels und Merseburg und die Eisenbahnanlagen auf der Strecke Saalfeld – Jena – Halle und östlich davon und Fernmeldeeinrichtungen aller Art in diesem Gebiet nicht außer Betrieb zu setzen oder zu zerstören, bis es die Kampfsituation unvermeidbar macht."*[209] Der Funkspruch verhindert zwar so die Zerstörung der Werke, lenkt jedoch die Aufmerksamkeit der Alliierten auf die betroffenen Bahnlinien, die daraufhin gezielt angegriffen werden. Die Werke jedoch bleiben verschont. Küppenbender übergibt sie persönlich an eine Sondereinheit der US Army zur Sicherung deutscher Hochtechnologien, die die angreifenden Infanteristen begleitet und noch vor ihnen das Werk erreicht.[210]

In den zwei Hochbunkern des Klinikums der Friedrich-Schiller-Universität stossen sie auf eine große Anzahl kranker und verwundeter Wehrmachtsangehöriger, die vor Ort interniert werden. Auch in den anderen Ablegern des Res.Laz. Jena finden sie Kranke und Verwundete, so in der Luisenklinik, im Lyzeum, der Bismarck- (Westschule) und der Ernst-Moritz-Schule (Gesamtschule Grete Unrein), die seit dem 24. März 1945 als Hilfslazarett dienen.[211] Neben einer Vielzahl weiterer Gebäude und Einrichtungen wird das Polizeipräsidium am Anger 30, der Sitz der LS-Leitung in der Sellierstraße, der Sitz der NSDAP-Kreisleitung Jena-Stadtroda und der Thüringer Gauzeitung Jena im Fürstengraben 6 sowie die Landesgruppen-LS-Schule Jena in der Knebelstraße gesichert. Einen besonderen Fund sollten die Amerikaner jedoch erst viel später im Hochbunker gegenüber dem Paradiesbahnhof machen. Dort finden sie die Sarkophage von Goethe und Schiller aus der Weimarer Fürstengruft. Diese waren im November 1944 zum Schutz vor Bombenangriffen auf Befehl von Sauckel nach Jena verbracht worden, wo sie durch den Leiter der Sanitätsstation des Bunkers, Dr. med. Werner Knye in einem Raum der Sanitätsstation eingelagert wurden. Als Knye am 8./9. April 1945 von Polizeidirektor Schulz den Befehl bekam, diese zur Zerstörung zu übergeben, damit sie nicht in Feindeshand fallen, hatte dieser sie in einem hinteren Raum versteckt. Daraufhin wegen Befehlsverweigerung und Sabotage aller Ämter enthoben und zum Tode verurteilt, gelang Knye nur mit Mühe die Flucht. Die Sarkophage blieben jedoch unentdeckt. Dort werden sie erst am 26. April 1945 durch den, in die USA emigrierten, jüdischen Schriftsteller und Goethe-Verehrer Emil Ludwig gefunden, der eigentlich nur den großen Dichtern in Weimar seine Referenz erweisen wollte und sie dort bei seinem Besuch nicht vorgefunden hatte. Daraufhin hatte er sich gemeinsam mit Prof. Hans Wahl, dem Leiter des Weimarer Goethe-Schiller-Archivs auf die Suche nach dem unbekannten Versteck gemacht. In Jena hatten sie dann endlich die Sarkophage entdeckt. Am 12. Mai 1945 kehren sie nach Weimar zurück.[212]

Tec 5 Henry Jacobsen fordert in Jena über Lautsprecher versteckte deutsche Soldaten auf, sich zu ergeben Foto: Pfc. Howard E. James, 166th Signal Photo Co., SC-206352, NARA

Während die Besetzung des Westteils von Jena abgeschlossen ist, empfängt die 80th US InfDiv um 14.40 Uhr (B) den Antrag der 4th US AD, Infanterie über die Teufelstalbrücke zum Hermsdorfer Kreuz zu senden und die Sicherung des Autobahnkreuzes der RAB Frankfurt – Dresden und Berlin – München, der Autobahnbrücke über die Weiße Elster bei Langenberg – Milbitz und der Bahnrücke bei Milbitz zu übernehmen. Daraufhin wird das 3./319, das sich in der Regtl.Res. befindet, in seinem Versammlungsraum Niedersynderstedt alarmiert, um 14.45 Uhr (B)[213] nach Osten in den Raum Reichenbach – Kraftsdorf zu fahren. Von dort aus sollen sie die Sicherung des Autobahnkreuzes und der Brücken übernehmen. Zuvor hatte Col. Costello, der sich zur 4th US AD begeben hatte, mit deren CoS vereinbart, dass er die linke Spur der Autobahn nutzen darf, während das CCR, das dem CCA folgt, die rechte Spur nehmen soll. Um 14.30 Uhr (B) verlässt die Kolonne des 3./319 den Versammlungsraum, doch es kommt trotz der Absprachen zu Verzögerungen und die Kolonne hält bis gegen 15.40 Uhr (B) südöstlich von Rutterdorf-Lotschen, bis sie um 16.00 Uhr (B) mit der Rcn Co. 811th TD Bn voraus die Ablauflinie überquert. Unter Zurücklassung von einer Gruppe zur Sicherung der Teufelstalbrücke und einer Kompanie zur Sicherung des Hermsdorfer Kreuzes geht der Vormarsch nach Gera, der nächsten größeren Stadt, die das RCT 319 nehmen soll, während die Panzer weiter nach Osten vorrücken. Unterwegs werden die Brückenwachen an der Autobahnbrücke Langenberg – Milbitz und an der Bahnbrücke abgesetzt. Nachdem die restlichen Infanteristen des 3./319 um 18.15 Uhr (B) nordwestlich von Gera abgesessen sind, rollen die Lastwagen sofort zurück nach Jena, um das 2./319 nach vorne zu bringen. Der Fwd CP des RCT 319, der mit dem 3./319 verlegt hat, entfaltet am Nordrand des Geraer Stadtwaldes. An den nördlichen Zugängen nach Gera trifft das 3./319 auf starken Widerstand und am Ende des Tages hat das Bataillon Ausgangsstellungen für den Angriff auf die Stadt bezogen. In der Zwischenzeit erfolgt die verzögerte Ablösung des 1./319 in Jena durch das 1./317, die bereits um 13.50 Uhr (B) befohlen worden war und sich bis 19.30 Uhr (B) hinzieht. Dann verlässt das 1./319 die Stadt und fährt entlang der Autobahn nach Töppeln, westlich von Gera, wo es um 22.10 Uhr (B) ankommt und den Auftrag erhält, die Wälder westlich von Gera zu säubern und dann von Westen in die Stadt einzudringen. Das 2./319, dass sich in Rutha verssammelt hat, wird auf die Lastwagen des 3./319 verladen und fährt noch in der Nacht nach Windischenbernsdorf, südwestlich von Gera, wo es gegen Mitternacht eintrifft. Damit sind die Voraussetzungen für die Einnahme von Gera am nächsten Tag abgeschlossen

Erst am späten Abend endet mit der Säuberung der östlich der Saale liegenden Stadtteile die Besetzung von Jena, die unter Berücksichtigung aller Ereignisse nicht als *„kampflos"* bezeichnet werden kann, wie es später häufig heißen wird. Die Stadt wird nach Gefechten an der Peripherie der Stadt, die sich vom 11. bis 13. April 1945 hinziehen, am 13. April 1945 gegen vereinzelten Widerstand besetzt, wobei es zu Toten und Verwundeten auf beiden Seiten kam. Eine *„kampflose Übergabe der Stadt"* oder eine *„Kapitulation der Stadt"* in der Gaststätte „Carl August" im Mühltal gab es nicht.

Beim 80th Rcn Tp., der an diesem Tag die Sicherung von Brücken für die 4th US AD übernimmt, eröffnet der CP um 13.25 Uhr (B) in Süßenborn und verlegt dann nach Isserstedt, wo er um 17.10 Uhr (B) eröffnet. Der 1st Plat. sichert die Pionierbrücke über die Saale bei Kunitz bis zur Ablösung durch das 3./317. Dann säubern die Aufklärer bis 17.05 Uhr (B) den Tautenburger Wald bei Golmsdorf und Löberschütz. Um 18.05 Uhr (B) werden sie in Poxdorf gemeldet. Um 19.40 Uhr (B) entdeckt der 1st Plat. südöstlich des Dorfes Rockau am östlichen Waldrand des Tautenburger Forstes zirka 30 anscheinend intakte zweimotorige Bomber, die bereits am 11. April 1945 von Artillerieluftbeobachtern des CCA gemeldet, jedoch wegen eines Koordinatenfehlers dem Bereich des Utzberger Holzes zwischen Meckfeld und Eichelborn zugeordnet wurden, wo sich jedoch keine Einrichtungen der Luftwaffe befanden.[214] Sie sind auf den Feldflugplatz Rockau gestoßen, der seit September 1944 als Ausweichflugplatz für den Flugplatz Jena-Rödigen dient. Der Platz, der bereits vor dem Krieg von der Wehrmacht erworben wurde, diente von November 1939 bis Dezember 1942 der Flugzeugführerschule C Altenburg, die im Januar 1942 in Flugzeugführerschule C 9 umbenannte wurde, als Ausbildungsplatz. Mit der Verlegung der Flugzeugführerschule A/B 122 nach Jena-Rödigen im Juli 1941 erfolgt die Nutzung auch durch diese bis zur Auflösung im Juli 1942. Die aufgefundenen Bomber Junkers Ju 188E waren im Rahmen der Umgliederung der II./KG 6 auf Me 262 im Zeitraum 21. September bis 21. Oktober 1944 dort abgestellt und eingemottet worden. Kurz vor dem Anrücken der Amerikaner hatte man die Maschinen unbrauchbar gemacht.[215]

Der 2nd Plat., der die Teufelstalbrücke gesichert hat, meldet um 14.40 Uhr (B), dass alle Teile des CCA der 4th US AD über die Brücke sind und bittet um Ablösung. Um 16.15 Uhr (B) säubert er südöstlich von Jena die Wälder der Wöllmisse zwischen Ziegenhain und Wöllnitz. Um 18.05 Uhr (B) sind sie in Großlöbichau und um 20.50 Uhr (B) in Bürgel. Zu diesem Zeitpunkt haben sich die, zeitweise dort befindlichen, deutsche Stäbe und Kommandos, die nach ihrer Flucht aus Weimar und Jena in beiden Orten Quartier bezogen hatten, bereits weiter Richtung Osten abgesetzt. So war der Stab der Stammkartei Pz.Gren.Ers.u.Ausb.Btl. 59 kurz zuvor aus Bürgel abgerückt. Auch der Stab des Jenaer Volkssturms unter Leitung von Dr. Arno Wagner und des NSDAP-Kreisleiters Paul Müller, der am späten Nachmittag des 11. April 1945 in Großlöbichau untergekommen war, hat sein Quartier verlassen. Doch bevor sie verschwanden, hatten sie ihre blutige Visitenkarte hinterlassen. Als ein Evakuierungstransport des KZ Buchenwald den Ort passiert hatte, hatten einige der Häftlinge einen kurzen Halt genutzt und waren geflohen. Ein Teil von ihnen war jedoch von der Bevölkerung verraten und wieder eingefangen worden. So kommt es, dass am Vormittag des 12. April 1945 zirka 20 KZ-Häftlinge und 12 bis 14 amerikanische Kriegsgefangene, die wahrscheinlich zu einem Transport des Kriegsgefangenenlagers Bad Sulza gehörten, vor Müller und seinen Kumpanen stehen, die nach einem Zechgelage vom Vorabend nach stark alkoholisiert sind. Ohne lange zu überlegen, befehlen sie, die Häftlinge zu liquidieren. Im nahe gelegenen Steinbruch werden sie bis auf vier Häftlinge durch ein Erschießungskommando unter Führung des SA-Truppführers Henninger erschossen. Doch auch deren Schicksal ist besiegelt. Wenig später werden sie durch den stellvertretenden VS-Führers, SA-Stafü. Willi Griebel und drei Mitglieder des Stabes persönlich hingerichtet. Wohl eine Maßnahme, ob allen klar zu machen, dass sie in einem Boot sitzen und mitschuldig sind. Nach der Tat setzen sie sich Richtung Eisenberg ab, wo Müller später bei Schleifreisen im Mühltal von den Amerikanern auf der Flucht erschossen wird. Die getöteten Häftlinge, es sollen nach Angaben des Pfarrers 30 gewesen sein, werden am Jenzighang verscharrt. Sie werden 1948 exhumiert und ordentlich auf dem Friedhof Großlöbichau beerdigt. Über das weitere Schicksal der Amerikaner liegen keine Berichte vor. [216] Die Anzahl 30 deutet jedoch daraufhin, dass sie gemeinsam mit den Häftlingen erschossen wurden. Im Raum Stadtroda werden im Mai 1945 alleine 116 Häftlinge das Großschwabhauser Todesmarsches registriert und angemessen bestattet.[217] Ähnliches ereignet sich in vielen Orten Mitteldeutschlands, die von den Todesmärschen passiert werden. Hierauf kann jedoch in diesem Buch nicht näher eingegangen werden.

Auch im benachbarten Bürgel kommt es zu Verbrechen. Hier hatte sich die Stapo-Stelle Weimar für acht Tage im Gasthaus „Zur Sonne" einquartiert, bevor sie über Gera nach Greiz weitergezogen war, wo sie am 13. April 1945 eintraf.[218] Zuvor hatte sie ihrem Ruf noch alle Ehre gemacht und nicht nur, wie bereits berichtet, eigene Mitarbeiter, Deserteure und Defätisten, liquidiert. Am 11. April 1945 hatten sie im Hainholz den Bürgermeister des kleinen Orte Taupadel bei Schmölln, Paul Töpel und das Schweizer Ehepaar Dietschi zusammen mit drei entflohenen Kriegsgefangenen[219] durch ein Erschießungskommando hingerichtet, nachdem diese durch eine Fahrradstreife des Sonderkommandos Krim.Komm. Ritter aufgegriffen wurden. Dabei beteiligten sich der stellv. Leiter der Stapo-Stelle Schröder neben den Angehörigen der Streife persönlich an der Erschießung.[220] Die alleinige Schuld des Bürgermeister bestand darin, dass er auf die Frage, wo denn die Hitler-Bilder sind, geantwortet hatte, er habe nie eins gehabt. Und die Schweizer hatte angegeben, als Bürger eines neutralen Landes beim Eintreffen der Amerikaner die weiße Fahne zu hissen.[221] Die blutige Spur der Stapo-Stelle wird sich noch bis nach Bayern ziehen.

Noch in der Nacht beginnt das RCT 319 mit der Einnahme von Gera. Der Regtl.CP 319 folgt um 14.00 Uhr (B) von Magdala aus den Bataillonen auf der RAB Jena – Gera und erreicht den Raum Gera gegen 19.30 Uhr (B). Das Regiment meldet neun Verwundete und 175 Gefangene, von denen die meisten in Jena gemacht werden. Unter ihnen befinden sich Angehörige der Pz.Na.Ers.Abt. 81 Weimar, des

Pz.Gren.Ers.u.Ausb.Btl. 1 Weimar., der H.Flak.Art.Abt. 279, der 10./s.Flak.Abt. 331 Köln/Wahn, des Bau.Pi.Ers.u.Ausb.Btl. 9 Langensalza der Div. Nr. 469 und der Festungs-Pak-Abt. 501.[222] Der unterstellte 2nd Plat. Co. A, 81st Cml Mort Bn bezieht Quartier in der Glasmanufaktur in Jena.[223] Das 315th FA Bn, das an diesem Tag das 905th FA Bn verstärkt, das dem RCT 319 unterstellt ist, erreicht Oßmaritz/Bucha und geht dann nach Pörsdorf/Kraftsdorf. Der Bn.CP 633rd AAA AW Bn erreicht 14.30 Uhr (B) Weimar. Die Btry. B, 633rd AAA AW Bn sichert die Pionierbrücke bei Maua gegen Luftangriffe.

Der Fwd Div.CP verlässt um 09.05 Uhr (B) Neudietendorf und erreicht um 10.00 Uhr (B) Weimar. Der CP der DivArty erreicht von Möbisburg kommend Jena, wo er bis zum nächsten Tag hält. Am Abend meldet die 80th US InfDiv 155 Angehörige des Flugplatzes Erfurt-Bindersleben, 152 Angehörige der K.Gr. Erfurt, 20 Offiziere, 115 Unteroffiziere und 392 Mannschaften des Pz.Gren.Ers.Btl. 71, 81 Angehörige der Pz.Ers.Abt. 1, 121 Angehörige des Pz.Gren.Ers.Btl. 59 Jena, 101 Angehörige der Flak.Ers.Abt. 33 Weimar, 44 Angehörige des Lds.Schtz.Btl. 609 der Div.Nr. 409, 70 Angehörige der K.Gr. Keil des K.Kdt. Erfurt, 213 Angehörige der Versorgungseinrichtungen der Wehrmacht in Erfurt, 47 Angehörige des Standorts Weimar, 156 Angehörige des K.Kdt. Erfurt, darunter alleine 94 Offiziere, 132 Angehörige der H.Flak.Abt. 271, 36 Angehörige der Flak.K.Gr. Gmünd, 306 Mitarbeiter und Insassen von Erfurter Lazaretten und 996 Patienten im Lazarett Weimar sowie 14 Mann des SS-Wach.Btl. Buchenwald als Kriegsgefangene für den Zeitraum 12./13. April 1945, 20.00 Uhr (B).[224] Die meisten Angehörigen der Ersatzeinheiten aus Erfurt, Weimar und Jena, die sich nicht in den Städten ergeben hatten, hatten versucht, die befohlenen Sammelpunkte im Abschnitt der Weißen Elster zwischen Zeitz und Gera zu erreichen und waren dabei von den amerikanischen Truppen überrollt worden.[225]

Die 43rd CavRcnSq der 3rd CavGp, die wie am Vortag die Südflanke des Corps absichert, trifft bei Maina, westlich der Autobahn bei Magdala, auf eine Gruppe deutscher Soldaten und es kommt zum Gefecht. Nach kurzem Kampf ergeben sich vier Mann. Sie gehören zur Gen.Kp. Weiner des SS-Kraftf.Ausb.u.Ers.Rgt.[226] Am Abend steht die 43rd CavRcnSq mit dem CP in Stadtroda, dem Tp. A mit einem Plat. Panzerjäger und einer Gruppe Pioniere in Reichenbach südöstlich des Hermsdorfer Kreuz und je einem Platoon westlich von St. Gangloff und im Ort. Der Tp. B geht nach Großbockedra und sendet je einen Platoon nach Kleinbockedra, Obergneus und Untergneus. Der Tp. C geht nach Quirla mit einem Platoon in Tröbnitz, einen in Stadtroda, einen in Mörsdorf und einen westlich des Ortes. Tp. E geht nach Tröbnitz und die Co. F hält bei der Squadron in Großbockedra, während ein Platoon nach Quirla geht. Der CP der 3rd CavGp geht nach Stadtroda. Das HQ XX. CorpsArty verlegt nach einem kurzem Halt am Vortag in Weimar nach Jena. Dort bezieht der CG Quartier in der luxuriösen Villa von Gen.Obst. Hoth am Steiger,

Ecke Schillbachstraße, in der er von der, dort verbliebenen, Ehefrau von Hoth empfangen wird. Am nächsten Tag geht das HQ nach Gera.[227]

Beim VIII. US Corps besetzt die TF Crater, 89th US InfDiv das Westufer der Saale und klärt Brücken und Übersetzstellen auf. Kahla wird gesäubert. Ein Platoon des 89th Rcn Tp. wird über den Fluss in den Abschnitt der 80th US InfDiv entsandt und klärt das Ostufer ostwärts bis nach Oberbodnitz auf. Feindlicher Widerstand zwingt sie jedoch zum Rückzug auf das Westufer. Am Abend wird die Task Force aufgelöst. Das nachfolgende 355th und 353rd InfRgt der 89th US InfDiv säubert den Abschnitt Rothenstein – Beutelsdorf. Das 1./355 säubert von den Wäldern westlich von Großlohma aus entlang der Route der TF Crater und besetzt um 12.00 Uhr (B) Milda. Dann geht es weiter über Zimmritz, Groß- und Kleinkröbitz und Rodias und am Abend steht das Bataillon auf der Linie Dürrengleina – Schirnewitz – Altenberga. Das 2./355 löste das 3./355 in Blankenhain ab und besetzte Kesslar. Dann rückt es durch den Reinstädter Wald nach Röttelmisch vor, das am Abend besetzt wird. Das 3./355 wird in der Regtl.Res in Blankenhain abgelöst und fährt nach Kesslar. Von dort greift es nach Südosten an, um die Straße an der Rechten zu erreichen und zu sichern. Patrouillen wurden über die Saale entsandt, um Übergangsstellen aufzuklären. Die 87th US InfDiv säubert, mit dem 346th und 347th InfRgt parallel vorgehend, ihren Abschnitt bis zur Saale. Teile setzen bei Etzelbach, Schwarza und Saalfeld unter Nutzung einer Furt und Fußbrücken über und errichten Brückenköpfe.

Täglicher Wehrmachtsbericht vom 14. April 1945:
Nach schweren und verlustreichen Kämpfen haben die Amerikaner die Südostausläufer des Thüringer Waldes überwunden und stehen im Kampf um die Saale-Übergänge zwischen Jena und Saalfeld, dessen Besatzung wiederholte Angriffe abwehrte.

Am **Samstag**, dem **14. April 1945**, endet für die 80th US InfDiv der Auftrag zur Aufrechterhaltung der Sicherheit und Ordnung in Weimar und Jena und die Military Government übernimmt die Verantwortung. Doch zuvor kommt es in Jena mehrfach zu Aufregung, nachdem Meldungen über feindliche Aktivitäten in der Umgebung der Stadt eingehen. So wird das 1./317, das gemeinsam mit dem 3./317, die Stadt sichert, in der Nacht um 03.00 Uhr (B) alarmiert, dass nach vorliegenden Meldungen Gruppen SS-Angehöriger in Zivil versuchen, durch die amerikanischen Linien nach Osten zu entkommen. Eine sofort eingeleitete Suche bleibt bis zum Morgen erfolglos. Zur gleichen Zeit feuern Heckenschützen südlich von Kunitz auf die amerikanischen Sicherungen. Um 07.15 Uhr (B) erreichen dann Meldungen über drei Wagenladungen Munition, die von Hitlerjungen in den Ostteil von Jena gebracht und dort versteckt wurden, die Amerikaner. Dann werden gegen 10.00 Uhr (B) vom 3./317 Gewehre und MG in einem Schulgebäude gefunden. Ein SS-Mann, der in Zivil aufgegriffen wird, berichtet von 50 Mann SS im Bereich des Johannisbergs in der Wöllmisse. Wenig später melden auch Zivilisten zirka 50 Deutsche nordwestlich von Rabigdorf.[228] Alle diese Meldungen und der Hinweis eines Kriegsgefangenen einige Tage zuvor auf ein *„Waldlager voll mit Waffen und Munition"* sind Angesichts einer permanenten Angst vor dem „Werwolf" mehr als beunruhigend.

Und in der Stadt selbst spitzt sich die Lage zu, denn überall kommt es zu Plünderungen durch die Bevölkerung und befreite DP's. Daraufhin befiehlt der CO 317th InfRgt um 11.40 Uhr (B) dem 3./317: *„Soldaten und Zivilisten brechen in die Geschäfte ein! Macht dem sofort ein Ende!"* Auch das 1./317, das seit dem Morgen auf das Eintreffen von Teilen des RCT 318 und Transportraum wartet, um mit der Verlegung in einen Versammlungsraum zu beginnen, erhält den Befehl, bis dahin ebenfalls in ihrem Abschnitt für Recht und Ordnung zu sorgen und Plünderungen zu verhindern. Unabhängig davon laufen die Maßnahmen zum Verlassen der Stadt weiter. In Vorbereitung des Abrückens des 1./317 beginnt das 3./317 am Mittag mit der Reduzierung der beiden Brückenwachen nördlich und südlich der Stadt auf Platoon-Stärke und der Übernahme der Bewachung wichtiger Objekte im Abschnitt des 1./317. Patrouillen werden in der Stadt ausgesandt, um nach weiteren Warenlagern zu suchen, die von Zivilisten geplündert werden könnten. Dann erreichen um 12.27 Uhr (B) die Lastwagen Jena und das 1./317 sitzt auf. Noch ist die Fortsetzung des Angriffs wichtiger. Um 13.30 Uhr (B) verlässt die Kolonne Jena. Im letzten Moment erhält das Bataillon noch den Befehl, nicht in den befohlenen Versammlungsraum, sondern direkt nach Gera zu fahren. Lediglich ein Platoon soll, wie befohlen, am Hermsdorfer Kreuz absitzen und die dortigen Sicherungskräfte ablösen.

Auch das 3./317 beginnt gegen Mittag mit der Versammlung. Doch zuvor muss es weitere Sicherungsmaßnahmen übernehmen. So erhält es um 13.10 Uhr (B) den Befehl, einen Plat. Infanterie und ein Plat. Panzer nach Remderoda zu entsenden, der dort nach einer Gruppe von 100 Mann SS suchen soll, die Zivilisten um 10.50 Uhr (B) westlich der Straßensperre in den Wäldern bei Großschwabhausen gemeldet hatten. Zuerst sollen sich aber die Co. K und L, die die Brückenwache bei Kunitz und Maua stellen, wieder dem Bataillon in der Stadt anschließen, was bis in den späten Nachmittag hinein andauert. Auch die kleine Sicherungsbesatzung am Berggasthaus Jenzig wird abgezogen. Unabhängig davon werden dem Bataillon um 14.55 Uhr (B) zeitweise die Bewachung der Untergrundfabrik der Carl-Zeiss Werke Jena bei Rothenstein/Saale, südlich von Jena, mit dem Decknamen „Albit I", übertragen.[229]

Bei der Durchsuchung der Wälder westlich der Stadt finden die Infanteristen des 3./317 zwar keine SS, aber dafür den Gen.St.Veterinär Prof. Dr. Claus Eduard Richters und vier Offiziere seinen Stabes. Richters ist als Kampfstoffexperte und Leiter des Veterinär-Untersuchungssamtes Stellvertreter des Chefs des Veterinärwesens und Heeres-Veterinärinspekteurs Prof. Dr. Curt Schulze und hatte wegen der ständigen Bombenangriffe Berlin verlassen und in Jena Unterschlupf gefunden. Er fällt den Amerikanern in die Hände, als er sich gerade auf den Weg nach Eisenberg

Claus Eduard Richters
Foto: Tierärzteblatt 11/1944

machen will.[230] Um 20.00 Uhr (B) trifft dann endlich eine Einheit des 5th Ranger Bn in Jena ein, um das 3./317 abzulösen. Doch die Einheit verfügt lediglich über 60 Mann und so verzögert sich die Ablösung erneut. Erst am Vormittag des 15. April 1945 verlässt das 3./317 Jena.

Das 5th Ranger Bn hatte zuvor um 13.40 Uhr (B) Weimar erreicht, wo es den Kontakt zum 2./317 hergestellt hatte. Doch auch in Weimar dauert es bis zum Abend, bis die Ablösung erfolgt ist. Erst jetzt verlässt auch die Co. A, 1./317, die am Vortag von der Bewachung des KZ Buchenwald abgelöst worden war, die Stadt und folgt ihrem Bataillon. Der 80th Rcn Tp., der in der Nacht mit dem CP und einem Platoon in Isserstedt und je einem Platoon in Poxdorf und Kleinlobichau angehalten hatte, setzt am Morgen die Aufklärung nach Osten fort.

Ab jetzt sind wieder alle Einheiten der 80th US InfDiv Teil des Angriffs des XX. US Corps, das kurz vor dem Ziel steht. Als das Corps am Abend die Übersicht über die Kriegsgefangenen für den Zeitraum vom 13./14. April 1945 für den gesamten Bereich Erfurt, Weimar und Jena meldet, findet sich dort die gesamte Palette der Kampfgruppen der Wehrmacht und Waffen-SS wieder, die diesen Raum verteidigen sollten, was belegt, dass nur die wenigsten den Befehl des XC. AK nachkommen konnten und befehlsgemäß hinter die Saale auswichen sind. Das Corps meldet 160 Angehörige des Rgt. Opitz/Pz.Vbd. Feller, zehn Angehörige des Pz.Vbd. Feller, 284 Angehörige des Rgt. Tornow des Kdr. Pz.Gren.Ers.u.Ausb.Btl. 1 Weimar, Maj.d.R. Tornow[231], 73 Angehörige des Rgt. Bertheau, 184 Angehörige des Pz.Gren.Ers.Btl. 71 Erfurt, 358 Angehörige der Gen.Kp. 71 Erfurt, 97 Angehörige der K.Gr. Grau des K.Kdt. Erfurt, 62 Angehörige der Pz.Ers.Abt. 1 Erfurt, 39 Angehörige der Inf.Gesch.Ausb.Kp. 81 Erfurt, 98 Angehörige der Na.Ers.Kp. 29 Erfurt, 26 Angehörige des Fla.Ers.u.Ausb.Btl (mot) 59 Gotha, 128 Angehörige der H.Flak.Art.Abt. 279, 20 Angehörige der SS-K.Gr. Kauer, 73 Angehörige der K.Gr. Klatt, Pz.Aufkl.Ers.u.Ausb.Abt. 55 Glatz/Kłodzko, 184 Angehörige des Alarm.Btl. Erfurt, sechs Angehörige des Stabs Oberst Bachmann, Jena, drei Angehörige des Stabs Oberst Hesse, „Befh. Thüringen Ost“, 115 Angehörige der K.Gr. Nord des „Befh. Thüringen Ost“, 157 Angehörige der Lsp.Fl.Ausb.u.Ers.Abt. 664, 36 Angehörige der Nebel.Kp. 38 Jena, 194 Angehörige des Pz.Gren.Ers.u.Ausb.Btl. 59 Jena, 33 Angehörige der Pz.Na.Ers.Abt. 81 Weimar, 143 Angehörige des Pi.Ers.Btl. 14 Weißenfels, 41 Angehörige des Auffanglagers Erfurt, 119 Angehörige der Sto.Kp. Erfurt, 81

Angehörige der Sto.Kp. Jena, 18 Angehörige der Sto.Kp. Weimar, 30 Angehörige des Kraftf.Park Erfurt, 226 Angehörige des SS-Wach.Btl. Buchenwald, 52 Angehörige der Wach.Kp. (Kgf.) 90, 25 Angehörige des HVA Erfurt, 30 Angehörige des Heeresbekleidungsamt Erfurt und 21 Angehörige der H.San.Staffel Erfurt.[232] Damit fehlt aus dem bekannten Bestand der Garnison Erfurt nur die Zugwach.Abt. 512, die für den Streifendienst im Reiseverkehr zuständig war und sich wahrscheinlich bereits vorher aufgelöst hat.

Kinder als Kriegsgefangene der 4th US AD
Foto: Tec 4 Walter E. Cummings , 166th Signal Photo Co., National Archives

Südlich des Angriffsstreifens des XX. US Corps säubert das 355th InfRgt der 89th US InfDiv das Westufer der Saale und beginnt am Morgen mit der Überquerung unter Nutzung von Sturmbooten, Fähren und einer instandgesetzten zivilen Fußgängerbrücke in Rothenstein. Bis zum Mittag hat das Regiment komplett den Fluss überquert und die Städte Oelknitz, Jägersdorf, Kleinpürschütz und Großpürschütz gesäubert. Die Saale-Verteidigung des „Befh. Thüringen-Ost" ist endgültig zusammengebrochen. Das, was sich XC. AK nennt, befindet sich in der gesamten Breite auf der Flucht. Nur noch wenige Tage trennen die Amerikaner von der vollständigen Besetzung Mitteldeutschlands.

* * *

[1] BA-MA, ZA 1/857, B-507, Gen.d.Inf. Petersen, XC. AK.

[2] "The Super Sixth", G. Hofmann.

[3] „Gegen höchsten Befehl. Eine couragierte Entscheidung für das Leben einer Stadt.", Franz, Mähler, Wohlfeld, hrsg. Geschichtswerkstatt Weimar-Apolda, Apolda 2013.

[4] Chronology USAAF April 1945.

[5] „Gegen höchsten Befehl. Eine couragierte Entscheidung für das Leben einer Stadt.", Franz, Mähler, Wohlfeld, hrsg. Geschichtswerkstatt Weimar-Apolda, Apolda 2013.

[6] Ebenda. Auszug aus dem Eintrag im Tagebuch der LS-Leitstelle Apolda.

[7] Die Aussage in „Ein Mann hat entschieden" auf www.dtoday.de v. 27.4.13, dass Edinger mit einem Stab in die Stadt kam und „mit seinen Offizieren" die Stadt verlies, dürfte nicht richtig sein, da einem Oblt. nicht viele Offiziere unterstellt worden wären. Vielleicht befanden sich ein paar Unteroffiziere in seiner Begleitung.

[8] „Gegen höchsten Befehl. Eine couragierte Entscheidung für das Leben einer Stadt.", Franz, Mähler, Wohlfeld, hrsg. Geschichtswerkstatt Weimar-Apolda, Apolda 2013.

[9] Ebenda.

[10] Ebenda. Bei dem Divisionär handelt es ich wahrscheinlich um Uckermann, der am gleichen Tag bei Obertrebra in Gefangenschaft ging.

[11] Ebenda.

[12] „Thüringen 1945" Quellen zur Geschichte Thüringens, LZT, 2016, S. 62. In den Anmerkungen wird darauf verwiesen, dass sich nichts darüber in Apolda befindet. Die Information beruht auf einen Bericht in der Zeitung „Thüringer Volk" v. 6.4.65.

[13] „Die Wehrmachtsjustiz 1933–1945", M. Messerschmidt, Ferdinand, Schöningh, Paderborn, 2005, S. 413.

[14] „Soldaten", S. Neitzel, H. Welzer, Taschenbuch Verlag, 2011, S. 340.

[15] Gem. Ulrich Koch, Berlin. Die Aussage in „Ein Mann hat entschieden" auf www.dtoday.de v. 27.4.13, dass Edinger 18.00 Uhr die Stadt verlies, ist eine Falschinterpretation des Berichts von Franke. Da Edinger die Saale in Camburg überquert haben soll, muss dies vor 19.00 Uhr geschehen sein, denn zu diesem Zeitpunkt hatten die Amerikaner die Brücke bereits gesichert und Camburg genommen.

[16] „Wie Apolda 1945 kapitulierte", www.dtoday.de v. 27.4.14.

[17] „Ein Mann hat entschieden", www.dtoday.de v. 27.4.13.

[18] „Gegen höchsten Befehl. Eine couragierte Entscheidung für das Leben einer Stadt.", Franz, Mähler, Wohlfeld hrsg. Geschichtswerkstatt Weimar-Apolda, Apolda 2013. Gem. „Als die Amerikaner nach Apolda kamen" v. Ulrich Koch, Berlin, kam Dietz zu Fuß, gem. „Gegen höchsten Befehl" mit dem PKW.

[19] G-3 Journal 76th US InfDiv.

[20] G-2 Periodic Report 3rd Army.

[21] Gem. Tessin. Siehe auch „Gruppenfeuer und Salventakt", H.-D. Nicolaisen, Büsum 1993; „Die Geschichte der Flak-Kaserne im Jenaer Forst" in „Das Stadtmagazin" Sept. 2011; siehe auch Artikel v. 6.4.05 und 19.5.05 in der OTZ

[22] Gem. Zeitzeuge Joachim Weiß in „Der Schmöllner Joachim Weiß über seinen Kriegseinsatz als 15-jähriger bei der Flak in Jena" v. Frank Döbert, OTZ, 6.4.05 befand sich

die Leitstelle im Landgrafenhaus. Dort befand sich jedoch nur die Batterieführung der Flakstellung am Napoleonstein.

[23] Gem. Tessin. Siehe auch „Gruppenfeuer und Salventakt“, H.-D. Nicolaisen, Büsum 1993; „Die Geschichte der Flak-Kaserne im Jenaer Forst“ in „Das Stadtmagazin“ Sept. 2011; siehe auch Artikel v. 6.4.05 und 19.5.05 in der OTZ.

[24] Gem. Tessin.

[25] Angaben zur Stellung gem. Joachim Weiß, Schmölln, Sammlung Steinert Jena.

[26] Um welche Batterie es sich handelte ist unbekannt.

[27] Gem. Tessin. Siehe auch „Gruppenfeuer und Salventakt“, H.-D. Nicolaisen, Büsum 1993; „Die Geschichte der Flak-Kaserne im Jenaer Forst“ in „Das Stadtmagazin“ Sept. 2011; siehe auch Artikel v. 6.4.05 und 19.5.05 in der OTZ.

[28] „Geschichte des Bäckerhandwerks in der Stadt Lobeda und dem Ortsteil Lobeda-Altstadt“, Arbeitskreis Ortsgeschichte Lobeda-Altstadt im Förderverein Bären Lobeda e.V., 23.3.15.

[29] Gem. Tessin. Siehe auch „Gruppenfeuer und Salventakt“, H.-D. Nicolaisen, Büsum 1993; „Die Geschichte der Flak-Kaserne im Jenaer Forst“ in „Das Stadtmagazin“ Sept. 2011; siehe auch Artikel v. 6.4.05 und 19.5.05 in der OTZ.

[30] „Die deutsche Flakartillerie 1939–1945“, K.-H. Hummel, VDM, 1. Auflage 2010, S. 452/453.

[31] Verwendung des Begriffs in Jena durch Döbert belegt.

[32] „Erfurt im Luftkrieg“, H. Wolf, Heinrich-Jung-Verlagsgesellschaft mbH Zella-Mehlis, 2013, S. 108.

[33] „Bombenkrieg gegen Deutschland“, O. Groehler, Akademie-Verlag, 1990, S. 151.

[34] „Gruppenfeuer und Salventakt“, H.-D. Nicolaisen, Büsum 1993.

[35] Brief v. Joachim Weiß, Schmölln, Luftwaffenhelfer, Bestand Stadtarchiv Jena.

[36] „Bombenkrieg gegen Deutschland“, O. Groehler, Akademie-Verlag, 1990, S. 151.

[37] „Bomben auf Zeiss und Schott im Zweiten Weltkrieg“, Jena 2006.

[38] „Luftangriffe auf Jena“, Wikipedia-Eintrag.

[39] „Hochbunker des Zweiten Weltkriegs in Jena“, J. Raasch-Betram, 2005, S. 102–108.

[40] Das G-2 Journal 4th AD meldet am 6.4.45 auf Grundlage von Aussagen dreier entflohener englischer Kriegsgefangener in Jena 33 Sperrballons.

[41] Gem. Tessin. Siehe auch „Gruppenfeuer und Salventakt“, H.-D. Nicolaisen, Büsum 1993; „Die Geschichte der Flak-Kaserne im Jenaer Forst“ in „Das Stadtmagazin“ Sept. 2011; siehe auch Artikel v. 6.4.05 und 19.5.05 in der OTZ.

[42] „Ostthüringen im Bombenkrieg 1939–1945“, G. Sagan, Imhoff Verlag 2013.

[43] „Flugplätze der Luftwaffe 1934–1945 Band 3 Thüringen“ J. Zapf, VDM, 1. Auflage 2003, S. 152-165.

[44] „Wie amerikanische Truppen Jena befreiten“ v. Frank Döbert, OTZ, 13./14.4.15.

[45] G-2 Periodic Report XX. Corps.

[46] „750 Jahre Burgau an der Saale – Geschichtlicher Abriss 1257–2007“, Hrsg. Ortsverein Burgau e.V. 2007.

[47] Gem. Bastian, Jena.

48 „In Jena inhaftierte Franzosen wurden kurz vor Kriegsende ermordet", in „Burgauer Almanach 2012" der Ortsgeschichtsgruppe im Ortsverein Burgau, www.dtoday.de.

49 „Traum vom Endsieg geplatzt" v. Frank Döbert, OTZ, 8.5.10.

50 G-2 Periodic Report XX. Corps.

51 Gem. dem Tagebuch von Herbert Otto, Angehöriger des Pz.Gren.Ers.Btl. 59 befanden sich die Marsch.Kp. bis zum nächsten Morgen im Raum Ilmnitz. Von den Amerikanern berichtet er nichts.

52 „Die letzten Kriegstage im Frühjahr 1945 in Schlöben bei Stadtroda (Thüringen)", Bericht v. Wolfgang Hirsch, Eilenburg, Arbeitsgruppe Zeitzeugen und Seniorenstudium der Universität Leipzig auf http://researchuni-leipzig.de.

53 „Flugplätze der Luftwaffe 1934–1945" Bd. 3 Thüringen, J. Zapf, VDM, 2003, S. 227.

54 G-2 Periodic Report XX. Corps.

55 „April 1945. Drei Tage rollten die Panzer durch Großbockedra" v. Carola Frindert, TLZ, v. 17.4.15.

56 Siehe weiter vorne SS-Kraftf.Ausb.u.Ers.Rgt. Weimar-Buchenwald.

57 Gem. Koch, Berlin.

58 S-2 Journal 319th InfRgt.

59 Zeitzeugenberichte von Angehörigen der Kompanie, Archiv Schleichardt, Erfurt.

60 „Die kurze amerikanische Besatzungszeit 1945 in Teilen Ostdeutschlands" v. Ulrich Koch, Berlin. Hier: „Die Übergabe von Stadtroda/Thür. im April 1945 aus deutscher Sicht", Bericht Hermann u. Günter Peukert und Auszüge aus dem Tagebuch des Veterinärrates Emil Klinger, Stadtroda. Die, von Koch verwendeten Berichte befinden sich im Stadtarchiv Stadtroda.

61 „Thüringen 1945" Quellen zur Geschichte Thüringens, LZT, 2016, S. 62.

62 „Die kurze amerikanische Besatzungszeit 1945 in Teilen Ostdeutschlands" v. Ulrich Koch, Berlin. Hier: „Die Übergabe von Stadtroda/Thür. im April 1945 aus deutscher Sicht", Bericht Hermann u. Günter Peukert und Auszüge aus dem Tagebuch des Veterinärrates Emil Klinger, Stadtroda.

63 S-2 Journal 319th InfRgt.

64 „Archivierter Mord – Der SED-Staat und die NS-„Euthanasie-Verbrechen in Stadtroda" Quellen zur Geschichte Thüringens, LZT, 2004.

65 G-2 Periodic Report 76th InfDiv.

66 AAR 3rd CavGp spricht von 800 Mann. Der G-2 Periodic Report des XX. Corps gibt 600 plus 500 Mann an.

67 G-2 Journal 702nd Tk Bn meldet am 11.4.45 drei mittlere Flak.

68 S-3 Journal 318th InfRgt.

69 Die Amerikaner geben an, dass ihnen „ein Mann mit der weißen Fahne entgegen kam. In „Erfurt im Luftkrieg", Heinrich-Jung-Verlagsgesellschaft mbH Zella-Mehlis, 2013, S. 234, schreibt Wolf, dass dieser ihnen nach Gispersleben entgegen fuhr.

70 „Flugplätze der Luftwaffe 1934–1945 Band 3 Thüringen", J. Zapf, VDM, 1. Auflage 2003, S. 55ff.; siehe auch „Flughafen Erfurt – Flughafen Erfurt-Nord", www.luftfahrt-erfurt.de.

[71] „Erfurter Luftfahrtgeschichte 1910–1945“, M. Krieg, Verlag Rockstuhl, 2009.

[72] „Flugplätze der Luftwaffe 1934–1945 Band 3 Thüringen“, J. Zapf, VDM, 1. Auflage 2003, S.55ff.; siehe auch „Flughafen Erfurt – Flughafen Erfurt-Nord“, www.luftfahrt-erfurt.de.

[73] Fliegerrevue 01/93, Heinz J. Nowarra, S. 41.

[74] „Der Kampf um Erfurt“, A. Buresch, Sutton Verlag S. 89.

[75] S-3 Journal 317th InfRgt.

[76] Diary Co. A, 702nd Tk Bn. Wo die 8,8cm zerstört wurden und wann genau, ist nicht überliefert. Gem. dem Zeitzeugenbericht v. G. Lorenz, Erfurt in der TA v. 30.04.95 wurden die ersten drei Panzer aus Richtung Gispersleben auf Höhe der Hochschule beschossen und einer brannte aus, die Besatzung floh.

[77] Widerstand Steintorplatz gem. Stadtgeschichte Erfurt, www.erfurt.de.

[78] Möglicherweise handelt es sich um SS-Stubaf. Westmann vom SS-Kraftf.Ausb.u.Ers. Rgt. Bad Tennstedt, der nach Bad Tennstedt namentlich nicht weiter genannt wurde.

[79] „Großmölsen 775–2000, 1225 Jahre Ortsgeschichte“ v. Frank Störzner, Beiträge zur Ortsgeschichte, Hrsg. Gemeindeverwaltung Großmölsen 2000.

[80] „30. April 1945 – Der Tag, an dem Hitler sich erschoss und die Westbindung der Deutschen begann“, A. Kluge, Suhrkamp Verlag.

[81] S-3 Journal 317th InfRgt, Eintrag 20.38 Uhr (B).

[82] Im S-3 Journal 317th InfRgt wird um 21.45 Uhr (B) irrtümlich das 2./317 anstatt des 3./317 genannt.

[83] Einlagerungsort gem. „Erfurt im Luftkrieg“, H. Wolf, S. 83.

[84] Valour.militarytimes.com.

[85] Ebenda.

[86] „Das Jahr 1945 – der Zusammenbruch“ v. Heinrich Wegerich, Witterda; siehe auch „Zerstörung der Stadt Erfurt verhindert“ v. Thomas Rothbart, TA v. 07.04.95.

[87] „Augenzeugen erinnern sich“, Ilse Wagner, Erfurt, TA v. 13./14.04.04.

[88] „Erfurt im Luftkrieg“, H. Wolf, Heinrich-Jung-Verlagsgesellschaft mbH Zella-Mehlis, 2013, S. 197.

[89]Ebenda S. 217.

[90] „Erfurt unterm Sternenbanner“, Mohr, Ranglack, Riesterer, Erfurt, 1995, S. 31ff; siehe auch „Chronik Gispersleben“, Mohr, Ranglack, S. 56/57. und „Zeitzeugen erinnern sich an die Stunden und Tage nach dem 12. April 1945“ v. Katrin Müller mit Interview des 87jährigen Kurt Leisenberg, TA v. 24.04.95.

[91] Angaben zum Widerstand am Stadtpark in „Stadtgeschichte Erfurt“, www.erfurt.de.

[92] „Erfurt im Luftkrieg“, H. Wolf, Heinrich-Jung-Verlagsgesellschaft mbH Zella-Mehlis, 2013, S. 242.

[93] Ebenda, S. 233.

[94] „Erfurt im Krieg 1940 und 1944/1945“, H.P. Brachmanski, Verlag Rockstuhl, 2015, S. 41.

[95] „Erfurt unterm Sternenbanner“, Mohr, Ranglack, Riesterer, Erfurt, 1995, S. 11.

[96] History C. B. 305th Engr C Bn.

[97] "History Second Battalion 318th Infantry Regiment 80th Division"; Siehe auch "318th History Infantry" by Murrell.
[98] „Thüringer Naturbrief – Denkmale Erfurt", G. Grünzig, 11.4.02, www.naturbrief.de.
[99] Der G-2 Periodic Report 80th InfDiv v. 12./13.4.45 nennt einen Hptm. Hoffmann als Kdr. eines Bataillons im Rgt. Bertheau.
[100] „Das Jahr 1945. Die letzten Tage des 2. Weltkrieges", Nachlass Merkel, StAEF, 5/190 23, S. 23ff; siehe auch „Der Kampf um Erfurt", A. Buresch, Sutton Verlag, 2016, S. 93/94.
[101] Angaben zur Zusammensetzung der K.Gr. gem. „Erfurt im Luftkrieg", H. Wolf, Heinrich-Jung-Verlagsgesellschaft mbH Zella-Mehlis, 2013, S. 233.
[102] „Erfurt im Luftkrieg", H. Wolf, Heinrich-Jung-Verlagsgesellschaft mbH Zella-Mehlis, 2013, S. 234.
[103] G-2 Journal 80th InfDiv.
[104] S-3 Journal 318th InfRgt.
[105] Erfurter Heimatbrief Nr. 13 v. 10. Dezember 1966, Bericht v. Dr. Siegfried Hotzel, Wehrmachtspfarrer, S. 57, Wissenschaftliche Allgemeinbibliothek Erfurt.
[106] „Erfurt unterm Sternenbanner", Mohr, Ranglack, Riesterer, Erfurt, 1995, S. 18.
[107] „Erfurt im Luftkrieg" v. H. Wolf, Heinrich-Jung-Verlagsgesellschaft mbH Zella-Mehlis, 2013, S. 241.
[108] „Zeitzeugen berichten Schülern vom Kriegsende am 12. April 1945 in Erfurt" v. Anja Derowski, TA v. 27.3.15.
[109] Wikipedia-Einträge Erinnerungsort Topf & Söhne und J. A. Topf & Söhne.
[110] Angabe zum Standort gem. „Erfurt im Luftkrieg", H. Wolf, Heinrich-Jung-Verlagsgesellschaft mbH Zella-Mehlis, 2013, S. 234.
[111] History C. B. 305th Engr C Bn.
[112] Angaben zum Widerstand am Hauptbahnhof gem. „Stadtgeschichte Erfurt", www.erfurt.de
[113] „Das Oberkommando der Wehrmacht gibt bekannt…", G. Wegmann, Biblio Verlag Osnabrück, 1982, Band 3, S. 532.
[114] History 318th InfRgt, Aktivitäten der MGO.
[115] „Erfurt im Luftkrieg", H. Wolf, Heinrich-Jung-Verlagsgesellschaft mbH Zella-Mehlis, 2013, S. 29.
[116] „Erfurt unterm Sternenbanner", Mohr, Ranglack, Riesterer, Erfurt, 1995, S. 48.
[117] „Himmlers letztes Aufgebot – Die NS-Organisation Werwolf", V. Koop, Böhlau Verlag Köln, Weimar, Wien, 2008, S. 227.
[118] Gemäß der History wurden 2849 Gefangene gemacht.
[119] "319th InfRgt, Drive from Gotha to Chemnitz in coordination with CCA 4th Armored Division"; siehe auch „Übergabe oder Untergang – Der Bürgermeister von Troistedt rettet Weimar vor dem Beschuss", TA v. 8.4.95.
[120] Niederschrift der Vernehmung von Otto Koch am 19.10.45 im Krankenhaus Weimar, StA Weimar; siehe auch „Übergabe oder Untergang – Der Bürgermeister von Troistedt rettet Weimar vor dem Beschuss", TA v. 8.4.95.

121 „Eine Jugend in Hitlers Reich" v. Gottberg u. Interviews mit dem Autor im Mai/Juni 2015

122 G-2 Periodic Report 80th InfDiv v. 12./13.4.45.

123 Gem. einer G 2 Meldung sind am 1.4.45 90 bis 100 Mann mit Panzerfäusten von Weimar nach Eisenach gekommen.

124 S-2 Journal 319th InfRgt.

125 G-2 Periodic Report 80th InfDiv.; siehe auch S-2 Journal 319th InfRgt.

126 „Eine gefährliche Reise nach Quedlinburg", MDZ v. 13.4.15. Zeitzeugenbericht von Hans-Herbert Biermann.

127 „Weimar 1945 – Ein historisches Protokoll", v. Steiner, Ragwitz, Funke, Bickel, Weimarer Schriften, Heft 53, 1997, Hrsg. Stadtmuseum Weimar.

128 „Thüringen 1945" Quellen zur Geschichte Thüringens, LZT, 2016, S. 25.

129 Niederschrift der Vernehmung von Otto Koch am 19.10.45 im Krankenhaus Weimar, StA Weimar.

130 G-2 Journal 80th InfDiv.

131 Berufsverbrecher.

132 „Der Buchenwald-Report", D. A. Hackett, München, 1996, S. 130.

133 Masterarbeit „Der Stein-Komplex – Zur Aufarbeitung von Kriegsendphasenverbrechen des Zweiten Weltkrieges im Raum Stein a. d. Donau", Konstantin Ferihumer, Wien, 2012.

134 „Die Geheime Staatspolizei im NS-Gau Thüringen", Thüringen Landesblätter, LZT, 2005.

135 „Thüringen 1945", Quellen zur Geschichte Thüringens, LZT, 2016, S. 73ff.

136 Ebenda, S. 15; siehe auch „Weimar-Chronik III", G. Günther und „Die Geheime Staatspolizei im NS-Gau Thüringen 1933–1945", Quellen zur Geschichte Thüringens, LZT, 2004, S. 459ff. Das S-2 Journal 319th InfRgt meldet das Verlassen von Weimar durch die Gestapo am 5.4.45 unter Zurücklassung aller Mitarbeiter über 55 Jahre.

137 Zu Agentinnen siehe auch „Die Geheime Staatspolizei im NS-Gau Thüringen 1933–1945", Quellen zur Geschichte Thüringens, LZT, 2004, S. 504ff. Einer der befragten Gestapo-Beamten nannte acht bis zehn Frauen im Alter von 23 bis 28 Jahren.

138 Siehe auch „Die Geheime Staatspolizei im NS-Gau Thüringen 1933–1945", Quellen zur Geschichte Thüringens, LZT, 2004, S. 511ff.

139 „Gegen höchsten Befehl. Eine couragierte Entscheidung für das Leben einer Stadt.", Franz, Mähler, Wohlfeld, hrsg. Geschichtswerkstatt Weimar-Apolda, Apolda 2013, S. 166/167.

140 Niederschrift der Vernehmung von Otto Koch am 19.10.45 im Krankenhaus Weimar, StA Weimar

141 S-2 Journal 319th InfRgt.

142 Velte, der in den 30iger Jahren an der Polizeischule Sondershausen Dienst getan hatte, war als Verbindungsoffizier der Polizei zu Gauleiter Sauckel eingesetzt und aus unbekannten Gründen in der Stadt in Weimar verblieben. Angaben zur Person Velte durch Claus Bernhardt, Freiberg/S.

143 S-3 Journal 319th InfRgt.

144 „Der 12. April 1945 in Troistedt und Weimar" v. Volker Wahl, Weimarer Heimat – Blätter für Geschichte und Kultur des Kreises Weimar Land, 15/2001

145 „Das Oberkommando der Wehrmacht gibt bekannt…", G. Wegmann, Biblio Verlag Osnabrück, 1982, Band 3, S. 534.

146 „Auf den Spuren von US-General George S. Patton Jr. III", Dr. G. Grossmann, Eigenverlag, 2012, S. 127. Siehe auch „Übergabe oder Untergang – Der Bürgermeister von Troistedt rettet Weimar vor dem Beschuss", TA v. 8.4.95.

147 „Frühjahr 1945 – Die letzten Tage vor dem Einzug der Amerikaner in Weimar" v. Hans Riemenschnitter, Weimarbriefe – Dokumente zur Zeitgeschichte.

148 Ebenda

149 „Weimar-Chronik III", G. Günther, 1990, Stadtmuseum Weimar.

150 „Traum vom Endsieg geplatzt" v. Frank Döbert, OTZ v. 8.5.10.

151 Darauf deutet die Tatsache hin, dass Zürtz am 15.4.45 von den Amerikanern zeitweise zum Leiter des Polizeiamtes gemacht wurde. Angehörige der Jenaer Polizei tauchen später in den Kriegsgefangenenmeldungen der 80th InfDiv auf.

152 „Vorläufig ist alles ganz harmlos – Das Jenaer Polizeibataillon 311 im 2. Weltkrieg – eine Spurensuche" v. Frank Döbert, in „Polizei und Geschichte" Ausgabe 2/2010 v. Prof. Dr. Carsten Dams & Dr. Andreas Schneider, Verlag für Polizeiwissenschaften, Frankfurt/Main 2010 und persönliche Gespräche des Autors mit F. Döbert.

153 „Zwanzig ausgewählte Artikel zum Jenaer Mühltal" v. Ernst Kaufmann, Jena anlässlich des 100. Jahrestages des Eröffnung des Waldgasthofes „Carl August" am 8. August 1908–2008

154 Zitat aus den Erinnerungen von Dittmer in „Traum vom Endsieg geplatzt" v. Frank Döbert, OTZ v. 8.5.10

155 „Traum vom Endsieg geplatzt" v. Frank Döbert, OTZ v. 8.5.10.

156 In "319th InfRgt, Drive from Gotha to Chemnitz in coordination with CCA 4th Armored Division" heisst es, dass ein „Colonel der Polizei" entsandt wurde. Colonel steht im Englischen auch für Lt.Col. also Oberstleutnant.

157 G-3 Journal 80th InfDiv und "319th InfRgt, Drive from Gotha to Chemnitz in coordination with CCA 4th Armored Division".

158 Siehe auch „Traum vom Endsieg geplatzt" v. Frank Döbert, OTZ v. 8.5.10 und „Zwanzig ausgewählte Artikel zum Jenaer Mühltal" v. Ernst Kaufmann, Jena anlässlich des 100. Jahrestages des Eröffnung des Waldgasthofes „Carl August" am 8. August 1908–2008. Kaufmann bringt jedoch mehrere Fakten durcheinander, die im Zusammenhang mit den Verhandlungsversuchen der Amerikaner mit Dittmer stehen. Die, ihnen zugeschriebene, Übergabe der Stadt im „Carl August" fand nie statt. Auch wer der, von Kaufmann genannte, Hptm, Fischer gewesen sein soll, ist unbekannt.

159 „Auf den Spuren von US-General George S. Patton Jr. III", Dr. G. Grossmann, Eigenverlag, 2012, S. 124.

160 G-2 Periodic Report 3rd US Army und XX. Corps. Bei der Verlagerung des Flakschutzes kann es sich nur um die Flakstellung Jenaprießnitz gehandelt haben. Sie ist die

einzige, die am 8.4.45 als besetzt gemeldet wurde und dann nicht mehr in den amerikanischen Unterlagen auftaucht.

161 Gem. Tessin.

162 G-2 Periodic Report XX. Corps v. 12.4.45.

163 Tagebuch von Herbert Otto, Panzergrenadier, am 9.4.45 einberufen nach Jena, dann Marsch.Kp. Poxdorf.

164 Mit freundlicher Genehmigung durch Maritta Behrens, Querfurt, Tochter von Herbert Otto.

165 Gem. G-2 Periodic Report XX. Corps v. 15.4.45 von Kahla bis Naumburg.

166 Die amerikanischen G-2 Unterlagen verwenden die unterschiedlichsten Namensangaben. Dabei variiert der Name von Hess über Hesse bis Hasse. Gem. den Unterlagen der WASt gab es nur drei „Oberst Heß" der Wehrmacht, wobei lediglich Wilhelm Heß auf Grund seiner Verwendung und möglicher früher Kontakte zu Hoth im Russland-Feldzug in Frage kommt. Da es im Zusammenhang mit dem Oberst in Jena keine Hinweise gibt, das dieser das Ritterkreuz hatte, kann ausgeschlossen werden, dass es sich um Oberst i.G. Joachim Hesse gehandelt hat, der Kdr. Pz.Gren.Rgt. 64 war und von Februar bis März 1945 zur PzDiv Holstein gehörte.

167 G-2 Periodic Report XX. Corps v. 15.4.45. Damit ist eine Anwesenheit von Heß auf dem Gefechtsstand in Jena am 12.4.45 eher unwahrscheinlich.

168 G-2 Periodic Report 80th InfDiv meldet am 12./13.4.45 „einen unbekannten General zur Verteidigung Thüringens in Auma".

169 „Carl Zeiss in Jena 1945–1990", W. Mühlfiedel, E. Helmuth, Böhlau Verlag, 2004, S. 3; Angaben zum Kreisleiter gem. Bericht Hermann und Günter Peuckert, Stadtroda. Döbert nennt Mühltal bei Eisenberg.

170 „Das Ende", I. Kershaw, Pantheon Verlag, 1. Auflage 2013, S. 441.

171 G-2 Periodic Report 80th InfDiv v. 14./15.4.45; Der G-2 Periodic Report XX. Corps v. 17.4.45 nennt Naterwitz. Während der Name Nadowitz verbreitet ist, gibt es nur eine Familie „von Natterwitz" aus Ostpreußen. Daher ist der Name Nadowitz wahrscheinlich. Im Jahr 1943 findet sich im Berliner Adressbuch ein Maj. a.D. Nadowitz, möglicherweise verwandt mit dem genannten Hptm.

172 G-2 Periodic Report XX. Corps.

173 Der VS Jena war in Nord, Süd, Ost und West aufgeteilt. Wahrscheinlich ist dies mit K.Gr. Nord gemeint.

174 G-2 Periodic Report XX. Corps v. 15.4.45.

175 G-2 Periodic Report 80th InfDiv v. 14./15.4.45.

176 Gem. Döbert.

177 Wer Bachmann war, konnte nicht ermittelt werden. In Frage kommt Oberst Ernst Bachmann, dessen letzte bekannte Verwendung im Dezember 1944 Kdr. Flak.Rgt. 14 in Köln war oder Oberst Helmut Bachmann, bis Februar 1945 Kdr. Fahnenjunkerschule 3 Königsbrück.

178 G-2 Periodic Report XX. Corps v. 15.4.45.

179 G-2 Periodic Report 3rd Army v. 15.4.45.

[180] Gem. Döbert.

[181] Ebenda.

[182] G-3 Journal 80th InfDiv.

[183] „Das Ende", I. Kershaw, Pantheon Verlag, 1. Auflage 2013, S. 178.

[184] Angaben zur Person aus Landesarchiv Baden-Württemberg, Staatsarchiv Ludwigsburg, EL 903/3 Bü 2259, Spruchkammer der Interniertenlager.

[185] G-2 Periodic Report 80th InfDiv v. 12./13.4.45.

[186] „Kriegskinder: Mathilde Menzel kennt ihren Vater nur von Fotos" v. Mathilde Menzel, TLZ, 7.5.13.

[187] Gem. Döbert.

[188] Valour.militarytimes.com. Weibler erhält die Auszeichnung für gezeigte Tapferkeit am 13. April 1945 beim Kampf um Jena. Er soll „nach dem Tod des CO und Verlusten durch starken Widerstand" den Befehl übernommen, die Verteidigung organisiert und dann die Kompanie zum Ziel geführt haben". Da es am 13.4.45 nicht zu solchen Kämpfen gekommen ist und der CO der Co. D nicht getötet wurde, kann es sich nur die Nacht vom 12./13.4.45 gehandelt haben, als der CO Co. B getötet wurde.

[189] "War as I knew it", Col. Harkins, S. 294.

[190] Siehe „Im Gasthof der Brüdergemeine Angriff geplant" v. Horst Benneckenstein, TLZ, 8.5.09.

[191] „Drei Chinesen, zwei Frauen – Kriegsverluste in Schloss Molsdorf" v. Mirko Krüger, TA/AA v. 7.3.07.

[192] AAR CCB, 9th AIB und 25th Armd Engr Bn, siehe auch "Ten Days of Armored Exploitation". Maj. Robert J. Bennett, 1. Mai 1948.

[193] 1999 abgerissen.

[194] Erfurter Heimatbrief Nr. 13 v. 10. Dezember 1966, S. 52/53, Wissenschaftliche Allgemeinbibliothek Erfurt.

[195] „Amerikaner vermuteten in den Lobedaer Bergen Wehrmachtsstellungen" und „Mit Mistgabel gegen Panzerfäuste", 725 Jahre Stadt Lobeda, Teil 8/9, v. Lutz Kästner, OTZ, 23./30.5.09. Ob der Tod des Lobedaer VS-Führers Krosche am 13.4.45 im Zusammenhang mit der kampflosen Übergabe steht und er möglicherweise durch die eigenen Leute umgebracht wurde, weil er kämpfen wollte, ist unklar. Bei den erschossenen Franzosen kann ein Zusammenhang mit der Erschießung der französischen Zwangsarbeiter aus Burgau bestehen.

[196] Gem. Döbert.

[197] „Der Ort des Terrors – Geschichte der nationalsozialistischen Konzentrationslager Bd. 3 Sachsenhausen, Buchenwald", W. Benz, B. Distel, C. H. Beck Verlag München, 2006.

[198] S-2 Journal 319th InfRgt.

[199] „Peter Krippendorf arbeitet an der Löbstedter Ortschronik", TLZ v. 7.8.14.

[200] G-3 Journal 80th InfDiv.

[201] S-2 Journal 317th InfRgt. Angaben zur Schutzpolizei von Döbert.

[202] G-3 Journal 80th InfDiv.

[203] S-3 Journal 319th InfRgt, Eintrag 11.25 Uhr (B).

[204] „Die Geschichte der Camsdorfer Brücke", www.camsdorferbruecke.de. Dort wird 13.45 Uhr angegeben, was zu früh ist. In „Zwanzig ausgewählte Artikel zum Jenaer Mühltal" v. Ernst Kaufmann, Jena anlässlich des 100. Jahrestages des Eröffnung des Waldgasthofes „Carl August" am 8. August 1908–2008 heißt es 15.07 Uhr.

[205] S-2 Journal 317th InfRgt. In „Carl Zeiss in Jena 1945–1990", W. Mühlfiedel, E. Helmuth, Böhlau Verlag, 2004, S. 3/4, wird der 12.4.45 als Datum der Sprengung angegeben. Gem. Zeitzeuge Hilgendorf und Kaufmann in „Zwanzig ausgewählte Artikel zum Jenaer Mühltal" v. Ernst Kaufmann, Jena anlässlich des 100. Jahrestages des Eröffnung des Waldgasthofes „Carl August" am 8. August 1908–2008, wurde die Paradiesbrücke am 11.4.45 als erste Brücke gesprengt. Der Zeitzeuge Martin Hilbert aus Jena gibt ebenfalls als Zeitpunkt der Sprengung der Paradiesbrücke den 11.4.45 nach Auslösung des Panzeralarms an.

[206] S-2 Journal 317th InfRgt.

[207] „Traum vom Endsieg geplatzt" v. Frank Döbert, OTZ, 8.5.10. Döbert spricht von einem Artillerieduell zwischen einer deutschen Batterie und US Panzern. Wahrscheinlich war es aber nur ein Übungsgeschütz, dass sich gem. Bastian in Stadtpark befand. Im S-2 Journal 319th InfRgt wird eine einzelne mittlere Flak im Park in der Nähe des Märchenbrunnens gemeldet, die identisch mit dem Übungsgeschütz sein dürfte.

[208] „Chronik Jena-Lichtenhain", jena-lichtenhain.de.

[209] PRO (Publik Record Office) Dokument HWI/3691. Siehe auch „Erfurt im Luftkrieg", H. Wolf, S. 225.

[210] „Carl Zeiss in Jena 1945–1990", W. Mühlfiedel, E. Helmuth, Böhlau Verlag, 2004, S. 3/4.

[211] „Thüringen unter nationalsozialistischer Herrschaft", Quellen zur Geschichte Thüringens, LZT, 1996, S. 267, hier Belegung einer Jenaer Schule zu Lazarettzwecken,. Der G-2 Periodic Report 80th InfDiv nennt die Landesklinik, Nervenklinik, Hautklinik, Luisenklinik, das Lyzeum und die Bismarckschule.

[212] „Goethe Neue Ansichten – neue Einsichten", H.-J. Knoblauch, H. Koopmann, Verlag Könighausen & Neumann, 2007, S. 207/208; Siehe auch „Goethe und Schillers Sarg: Nicht Ruh im Grab ließ man euch" v. Volker Wahl, TLZ, 5.7.15 und „Auf den Spuren von US-General George S. Patton Jr. III", Dr. G. Grossmann, Eigenverlag, 2012, S. 194/195.

[213] Gem. "319th InfRgt, Drive from Gotha to Chemnitz in coordination with CCA 4th Armored Division" um 16.30 Uhr (B)

[214] Ebenda.

[215] „Flugplätze der Luftwaffe 1934–1945" Bd. 3 Thüringen, J. Zapf, VDM, 2003, S. 222–224.

[216] „Thüringen 1945", Quellen zur Geschichte Thüringens, LZT, 2016, S. 67-70. Die Angaben beruhen auf den Gerichtsakten des Thür. Justizministeriums im Bestand des ThHStA Weimar, Nr. 579. Die KZ-Häftlinge stammten wahrscheinlich von jenem Transport, der in Großschwabhausen ausgeladen und zu Fuß weitergegangen war.

217 Ebenda, S. 145/146.

218 „Die Geheime Staatspolizei im NS-Gau Thüringen 1933–1945“, Quellen zur Geschichte Thüringens, LZT, 2004, S. 456/457.

219 Hier gibt es unterschiedliche Angaben, einmal wird von drei Franzosen gesprochen, an anderer Stelle von drei Briten.

220 „Die Geheime Staatspolizei im NS-Gau Thüringen 1933–1945“, Quellen zur Geschichte Thüringens, LZT, 2004, S. 479–481.

221 Ebenda, S. 529ff.

222 G-2 Periodic Report XX. Corps.

223 “Unit History 81st Chemical Mortar Battalion”.

224 G-2 Periodic Report 80th InfDiv.

225 S-2 Journal 319th InfRgt. Auch die vorliegenden deutschen Zeitzeugenberichte bestätigen dies.

226 AAR 3rd CavGp. Möglicherweise sollte es Gen.Kp. Weimar heißen.

227 “History of the XX. Corps Artillery”.

228 S-2 Journal 317th InfRgt.

229 „Albit Rothenstein/Thüringen“, Geschichts- u. Forschungsseite zum ehemaligen NS-Rüstungswerk REIMAGH bei Kahle, www.walpersberg.com.

230 G-2 Periodic Report 89th InfDiv und S-2 Journal 317th InfRgt; Siehe zu Richters „Geschichte der Tiermedizin“ v. Driesch-Peters, Schattauer GmbH Verlag 2003. Gen.St.Veterinär entspricht Gen.Maj. Die Amerikaner schreiben „Gen.Maj. Richter“.

231 G-2 Periodic Report 80th InfDiv v. 12./13.4.45. Tornow wurde somit entweder zuletzt zum Kdr. des Rgt. Bertheau gemacht, oder seiner K.Gr. der Name Regiment gegeben, um so einen neuen „Papiertiger“ zu schaffen.

232 G-2 Periodic Report XX. Corps.

Epilog

Am 10. April 1945 endet für General Patton's 3rd US Army mit dem Eintreffen der 1st US Army im Raum nördlich von Mühlhausen der erzwungene Halt entlang der Linie Mühlhausen – Langensalza – Gotha – Oberhof. In nur drei Tagen, vom 11. bis 13. April 1945, gelingt es dem XX. US Corps, das im Schwerpunkt der 3rd US Army zum Einsatz kommt, mit den Angriffskeilen von zwei Panzerdivisionen, gefolgt von zwei Infanteriedivisionen das Thüringer Kernland zu durchstoßen, die wichtigen Städte Erfurt, Weimar, Apolda und Jena zu besetzen, die Saale auf der gesamten Angriffsbreite von Bad Kösen bis in den Raum südlich von Jena zu überschreiten und zur Weißen Elster vorzurücken. Lediglich im Raum Erfurt stellen sich diesem Vorstoß die deutschen Truppen der Korps.Gr. Uckermann mit dem K.Kdt. Erfurt entgegen, die jedoch chancenlos unterlegen sind. Während es gerade noch im letzten Moment gelingt, die schwache Kampfbesatzung von Weimar hinter die Saale zurückzuziehen, werden die Hauptkräfte der Korps.Gr. Uckermann fast vollständig aufgerieben. Nur Resten gelingt die Flucht nach Osten. Erst an der Weißen Elster bei Zeitz sollen die Truppen des nördlichen Angriffskeils erstmals auf starken Widerstand treffen, als sie, aufgehalten durch gesprengte Brücken, in das Feuer der Geschütze des mitteldeutschen Flakgürtels geraten. Überhaupt erweisen sich die gesprengten Brücken über die Gera, Saale und Weißer Elster als einziges wirkliches Hindernis, das den Vormarsch kurzzeitig behindert. Ein Grund dafür, dass die Flüsse in den Plänen der deutschen Generäle immer wieder als Verteidigungsschwerpunkt auftauchen. So ist die sogenannte „Saale-Verteidigung" geradezu ein Synonym für eine solche Verteidigungsmaßnahme. Während die Zerstörung der Brücken in den meisten Fällen gerade noch machbar ist, zeigt sich jedoch spätestens an der Sicherung möglicher Übergangsstellen gegen jegliche Art von Übersetzmanövern durch die amerikanischen Truppen der Schwachpunkt dieser Strategie. Ersatztruppen, Volkssturm und Hitlerjungen ohne schwere Waffen haben keine Chance, den Bau von Pionierbrücken, der unter massiven Feuerschutz erfolgt, zu verhindern. Und darüber verfügt die US Army im ausreichendem Maße.

Dass es trotz des Willens einiger deutscher Militärs und der nationalsozialistischen Führung, den sinnlosen Widerstand dennoch fortzusetzen, nicht zu noch höheren Schäden und Verlusten vor allem unter der Zivilbevölkerung gekommen ist, kann man rückblickend nur als Glücksfall bezeichnen. Ein Glücksfall, der neben den übermächtigen amerikanischen Streitkräften und den stark geschwächten und kriegsmüden deutschen Truppen auch dem couragierten Verhalten vieler deutscher Amtsträger und einfacher Personen zu verdanken ist, die sich gegen eine Verteidigung aufgelehnt haben. Doch über diese zu berichten, ohne sofort einen heftigen

Meinungsstreit auszulösen, ist fast nicht möglich, handelt es sich doch bei ihnen in vielen Fällen um Person, die bis kurz zuvor noch fester Teil des NS-Systems waren.

So ist es auch nicht verwunderlich, dass die meisten dieser Taten nach 1945 gar nicht erst publik wurden. Nur die der Antifaschisten waren es wert, öffentlich gewürdigt zu werden. Lediglich einigen wenigen, wie dem K.Kdt. von Gotha, Gadolla, und Greifswald, Petershagen, kam in der DDR eine Anerkennung ihres Handelns zu. Die anderen blieben ungenannt und unbekannt. Dabei waren es gerade sie, die durch das Hissen von weißen Fahnen, durch ihren Einsatz zur Verhinderung von Verteidigungsmaßnahmen oder durch das Zur-Verfügung-Stellen als Parlamentäre, schlimmeres verhindern wollten und trotz Gefahr für ihr eigenes Leben und das ihrer Angehörigen Zivilcourage zeigten. Und sie waren damit nicht automatisch „Helden", wie es heute in unserer medienorientierten Welt gerne versucht wird rückwirkend darzustellen. Ganz im Gegenteil waren sie sogar nach dem Krieg für viele ebenso wie die Wehrmachtsdeserteure Verräter im Sinne der nationalsozialitischen Ideologie, von der die meisten noch immer geprägt waren, auch wenn es plötzlich keine Nationalsozialisten mehr in Deutschland gab, wie es der Amerikaner Saul K. Padover in seinem 1946 erstmals erschienene Buch „Lügendetektor" beschreibt. Padover hatte ab Erreichen der Westgrenze des Deutschen Reiches 1944 als Offizier des Psychological Warfare Department PWD Befragungen unter Kriegsgefangenen und der Zivilbevölkerung durchgeführt, um die Psyche der Deutschen zu verstehen und war überall fast ausschließlich auf Deutsche gestoßen, die nie etwas mit den Nationalsozialiten zu tun hatten oder nur aus Zwang Mitglieder der NSDAP waren.

Noch problematischer wird es, wenn es um Personen geht, die nicht nur „einfache Deutsche" oder „Mitläufer" waren, sondern an exponierter Stelle im nationalsozialistischen Machtapparat standen, wie zum Beispiel der Oberbürgermeister von Erfurt und die in ihrer Funktion an Verbrechen beteiligt waren, wie an der Deportation der Juden. Wie muss man deren Eintreten gegen die Verteidigung der Städte werten? War Kießling doch ebenso wie Gadolla wegen seines Engagements zum Tode verurteilt worden und lediglich ein Glücksfall hatte ihn vor der Vollstreckung bewahrt. Nun kann man beide Persönlichkeiten angesichts ihrer Vita auf keinen Fall miteinander vergleichen und eine Entschuldigung für die Taten Kießlings während seiner Amtszeit stehen in keinster Weise zur Disposition, aber in der Situation der unmittelbaren Bedrohung für die Menschen in ihrem Verantwortungsbereich hatte Kießling nicht anders gehandelt als Gadolla. Beide haben unter Gefahr für ihr eigenes und auch das Leben ihrer Angehörigen Entscheidungen gegen geltende Befehle und Weisungen getroffen und versucht Gefahr für andere abzuwenden, und sie haben damit bewusst oder unbewusst einen Beitrag zum Ende dieses mörderischen Kriege geleistet. Und dies gilt es zu mindestens zur Kenntnis zu nehmen. Was im Übrigen für viele andere Personen in ähnlicher Situation ebenso gilt.

* * *

Abkürzungen

AAA AW Bn	*Anti Aircraft Artillery (Automatic Weapons) Battalion* (amerik.) – Flakartillerie-Maschinenkanonen-Bataillon
AAR	*After Action Report* (amerik.) – Einsatzbericht
Abt.	Abteilung
AD	*Armored Division* (amerik.) – Panzerdivision
a.D.	außer Dienst – im Zusammenhang mit dem Dienstgrad
AFA Bn/Gp	*Armored Field Artillery Battalion/Group* (amerik.) – Gepanzertes Feldartilleriebataillon/Regiment
AG	Aktiengesellschaft
AG Plat.	*Assault Gun Platoon* (amerik.) – Sturmgeschützzug
AGr	*Army Group* (engl./amerik.) – Armeegruppe
A.Gr.	Armeegruppe, deutsch
AIB	*Armored Infantry Battalion* (amerik.) – Panzerinfanteriebataillon der *US Army*
AK	Armeekorps, deutsch
AL	Außenlager eines Konzentrationslagers
AOK	Armeeoberkommando
Armd Engr Bn	*Armored Engineer Battalion* (amerik.) – Gepanzertes Pionierbataillon der *US Armored Division*
Armd Gp	*Armored Group* (amerik.) – Panzergruppe, selbstständiger Verband der *US Army*
Armd Med Bn	*Armored Medical Battalion* (amerik.) – Gepanzertes Sanitätsbataillon der *US Armored Division*
Armd Ord Maint Bn	*Armored Ordnance and Maintenance Battalion* (amerik.) – Gepanzertes Instandsetzungsbataillon der *US Armored Division*
ASt.	Außenstelle
Art.Ers.u.Ausb.Abt.	Artillerie-Ersatz- und Ausbildungs-Abteilung
Art.Rgt.	Artillerieregiment
(Ausb.)	Ausbildung
Ausb.Lehr.Abt.	Ausbildungs-Lehr-Abteilung
AT Co.	*Anti-Tank Company* (amerik.) – Panzerabwehrkompanie
(B)	*Bravo* – Zeit – Zeitangabe bei US Army – beginnt am 2. April und entspricht unserer Sommerzeit.
Bau.Pi.Ers.u.Ausb.Btl	Baupionier-Ersatz- u. Ausbildungsbataillon
BA-MA	Bundesarchiv-Militärarchiv Freiburg i.Br.
BAR	*Browning Automatic Rifle*, leichtes Maschinengewehr der *US Army*
Bgm.	Bürgermeister
Befh.	Befehlshaber

Bn	*Battalion* (engl./amerik.) – Bataillon
Bn.CP	*Battalion Command Post* (engl./amerik.) – Bataillonsgefechtsstand
BND	Bundesnachrichtendienst der BRD
Bn.HQ	*Battalion Headquarters* (engl./amerik.) – Bataillonshauptquartier
Btl.	Bataillon
brit.	britisch
Brig.	Brigade
Brig.Gen.	*Brigadier General* (engl./amerik.) – Brigadegeneral, Rang in der brit. Armee und der *US Army* ohne Äquivalent zur Wehrmacht
Bttr.	Batterie – Einheitsbezeichnung bei der Artillerie, auch Flak
Btry.	*Battery* (engl./amerik.) – Batterie
Cal	Caliber (engl./amerik.) – Kaliber, Angaben meist in *inch*
Capt.	*Captain* (engl./amerik.) – Hauptmann
CavGp	*Cavalry Group* (engl./amerik.) – Aufklärungsregiment bzw. motorisierte Aufklärungseinheit, die direkt dem Kommando der *Corps* untersteht
CavRcnSq	*Cavalry Reconnaissance Squadron* (engl./amerik.) – Aufklärungsbataillon/Aufklärungseinheit der US AD bzw. der CavGp in der Tradition der US-Kavallerie
CC A / CC B / CC R	*Combat Command A, B, R* (Reserve) – Kampfverband der US AD, gebildet in der Regel aus einem Tk Bn, einem AIB sowie Unterstützungselementen, der sich für den Einsatz in sogenannte *Task Force*s untergliedert
CG	*Commanding General* (engl./amerik.) – Komm. General
CIC	*Counter Intelligence Corps* (amerik.) – Militärische Abwehr, *US Army*
Cml Mort Bn	*Chemical Mortar Battalion* (engl./amerik.) – selbstständiges Chemisches Bataillon, ausgerüstet mit schweren Granatwerfern
Cn Co.	*Cannon Company* (amerik.) – Geschützkompanie der InfRgt'er der US InfDiv
CO	*Commanding Officer* (engl./amerik.) – Befehlshabender Offizier, ab KpChef aufwärts, Offiziere im Rang bis Col.
Co. A, B (etc.)	*Company* (engl./amerik.) – Kompanie der *US Army* mit Buchstabennummerierung als Angabe der Bataillonszugehörigkeit
Col.	*Colonel* (engl./amerik.) – Oberst
Corps	(engl./amerik.) – Armeekorps
CorpsArty	*Corps Artillery* (amerik.) – Corpsartillerie der *US Army*
CP	*Command Post* (engl./amerik.) – Gefechtsstand
Cpl.	*Corporal* (engl./amerik.) – Unteroffizier

CT	*Combat Team* (engl./amerik.) – Kampfgruppe der US AD, in der Regel bestehend aus einem Bataillon und Verstärkungskräften
Dipl.Ing.	Diplomingenieur
DivArty	*Division Artillery* (amerik.) – Divisionsartillerie der *US Army*
Div.Kdr.	Divisionskommandeur
Div.K.Gr.	Divisions-Kampfgruppe
Div.Nr.	Division Nummer – Bezeichnung, welche bei den Divisionen des Ersatzheeres der Wehrmacht verwendet wurde
Div.Res.	*Divisional Reserve* (engl./amerik.) – Divisionsreserve
Div.Vbd.	Divisionsverband
Div. z.b.V.	Division zur besonderen Verwendung
DP	*Displaced person* (engl./amerik.) – Bezeichnung für die befreiten ausländischen Zwangsarbeiter, KZ-Häftlinge und aus deutscher Kriegsgefangenschaft befreiten alliierten Soldaten
Dr.	Doktor (akademischer Grad)
d.R.	der Reserve – im Zusammenhang mit dem Dienstgrad
DRK	Deutsches Rotes Kreuz
EK I und II	Eisernes Kreuz 1. und 2. Klasse. Kriegsauszeichnung der preußischen und deutschen Heere bis 1945
Engr C Bn	*Engineer Combat Battalion* (engl./amerik.) – Pionierbataillon der InfDiv der *US Army*
Erg.Aufkl.Gr.	Ergänzungs-Aufklärungs-Gruppe (der Luftwaffe)
Erg.JG	Ergänzungs-Jagdgeschwader
(Ers.)	Ersatz
Ers.Ln.S.	Ersatz-Luftnachrichten-Schule
ETO	*European Theater of Operations* (engl./amerik.) – Europäischer Kriegsschauplatz
ExO (XO)	*Executive Officer* (engl./amerik.) – Stellv. Kommandeur
FA Bn	*Field Artillery Battalion* (engl./amerik.) – Feldartilleriebataillon der *US Army*
FA Gp	*Field Artillery Group* (amerik.) – Feldartillerieregiment der *US Army*
(FKL)	(Funklenk), Einheit der Panzertruppe mit funkgelenkten Sprengpanzern
Fla.Ers.u.Ausb.Btl.	Flugabwehr-Ersatz- u. Ausbildungsbataillon
Flak.Brig.	Flak-Brigade
Flak.Div.	Flak-Division
Flak.Gr.	Flak-Gruppe
Flak.K.Gr.	Flak-Kampfgruppe
Flak.UGr.	Flak-Untergruppe

Flak.Rgt.	Flak-Regiment
Fl.Ausb.Rgt.	Flieger-Ausbildungsregiment
Fl.Ers.Abt.	Flieger-Ersatzabteilung
Fl.Ers.Btl.	Flieger-Ersatzbataillon
Fl.H.Kdtr. Koflug	Fliegerhorst-Kommandantur
Flughafen-Bereichs-Kdo.	Flughafen-Bereichskommando
Flugmelde-Leit.Kp.	Flugmelde-Leitkompanie
Flugplatz-Kdo.	Flugplatzkommando
Fluko	Flugmeldekommando
Frhr.	Freiherr, Adelstitel
FüHA	Führungshauptamt der SS
FüHQ	Füherhauptquartier
Fü.Stab	Führungsstab
Fwd CP	*Forward Command Post* (engl./amerik.) – Vorgeschobener Gefechtsstand
Gen.	General (deutsch/engl./amerik.) – allgemeine Bezeichnung
Gend.	Dienstgradzusatz für Angehörige der Gendarmerie
Gen.d.Art.	General der Artillerie
Gen.d.Inf.	General der Infanterie
Gen.d.Pz.Tr.	General der Panzertruppe
Gen.Kdo.	Generalkommando
Gen.Kp.	Genesenenkompanie
Gen.Lt.	Generalleutnant
Gen.Maj.	Generalmajor
Gen.Obst.	Generaloberst
Gen.St.Veterinär	Generalstabsveterinär, entspricht Gen.Maj.
Gestapo	Geheime Staatspolizei
GFM	Generalfeldmarschall
GI	*Government Issue* (amerik.) – umgangssprachliche Bezeichnung für amerikanische Soldaten
gKdos	Geheime Kommandosache
(gp)	(gepanzert)
Gp.CP	*Group Command Post* (amerik.) – Gefechtstand einer selbstständigen Gruppe der *US Army*
Gren.Ers.u.Ausb.Btl.	Grenadierersatz- und Aussbildungsbataillon
Gren.Ers.u.Ausb.Rgt.	Grenadierersatz- u. Ausbildungsregiment
Gruf.	Gruppenführer der SS, SA und Gen.Lt. der Waffen-SS vergleichbar Gen.Maj. der Wehrmacht.
Hbf.	Hauptbahnhof
H.Flak.Art.Ers.u. Ausb.Abt.	Heeres-Flakartillerie-Ersatz- u. Ausbildungsabteilung

H.K.L.	Hauptkampflinie
H.Gr.	Heeresgruppe
HJ	Hitlerjugend
Hptm.	Hauptmann
HQ	*Headquarters* (engl./amerik.) – Hauptquartier
HQ Co.	*Headquarters Company* (engl./amerik.) – Stabskompanie
H.San.Staffel	Heeres-Sanitätsstaffel
Hscha.	Hauptscharfführer der SS, vergleichbar Oberfeldwebel
HSSPF	Höherer SS- und Polizeiführer
Hstuf.	Hauptsturmführer der SS, vergleichbar Hauptmann
H.U.S. d. Pz.Tr.	Heeresunteroffizierschule der Panzertruppen
H.U.S. f. Pz.Gren.	Heeresunteroffizierschule für Panzergrenadiere
HVA	Heeresverpflegungsamt
HVP	Heeresverbandsplatz
i.G.	im Generalstab – Zusatz zum Dienstgrad für Offiziere des Generalsstabsdienstes
InfDiv	Infanteriedivision
Inf.Ers.Btl.	Infanterie-Ersatz-Bataillon
Inf.Ers.Rgt.	Infanterie-Ersatz-Regiment
Inf.Gesch.Ausb.Kp.	Infanterie-Geschütz-Ausbildungskompanie
Inf.Na.Abt.	Infanterie-Nachrichten-Abteilung
InfRgt	Infanterieregiment
IPW Team	*Interrogation Prisoner of War Team* (engl./amerik.) – Kriegsgefangenenbefragungsteam
I&R Plat.	*Intelligence and Reconnaissance Platoon* (engl./amerik.) – Feindlage- und Aufklärungszug der HQ Co. eines Rgt
JG	Jagdgeschwader der Deutschen Luftwaffe
JGr	Jagdgruppe der Deutschen Luftwaffe
Kav.Schtz.Rgt.	Kavallerie-Schützen-Regiment
KdS	Kommandeur der Sicherheitspolizei
Kdtr.	Kommandantur
Kdr.	Kommandeur
Kdr.d.Pz.Tr.	Kommandeur der Panzertruppen im Wehrkreis
Kdtr.	Kommandantur
KG	Kampfgeschwader der Deutschen Luftwaffe
Kgf.	Kriegsgefangene
Kgl.Ung.	Königlich-ungarisch
K.Gr.	Kampfgruppe – Bezeichnung für unterschiedlich zusammengesetzte Einheiten, welche häufig nach ihrem Kommandeur benannt wurden
K.Kdt.	Kampfkommandant
Komm.Gen.	Kommandierender General

Korps.Gr.	Korpsgruppe
Korps.Kdo.	Korpskommando
Korps.Na.Abt.	Korps-Nachrichten-Abteilung
Kp.	Kompanie – bei der Wehrmacht mit Zahlen (1. Kp usw.)
Kp.Chef	Kompaniechef (Einheitskommandeur einer Kompanie)
Kp.Führer	Kompanieführer (mit der Führung beauftragter Offizier)
Kradschtz.Btl.	Kradschützenbataillon
Kraftf.Lehr.Kdo.	Kraftfahr-Lehr-Kommendo
Kraftf.Park	Kraftfahrpark
Krim.Komm.	Kriminalkommissar
Krim.Sekr.	Kriminalsekretär
KTB	Kriegstagebuch
KZ	Konzentrationslager
Lds.Schtz.Btl.	Landesschützenbataillon – eingesetzt u.a. für die Bewachung von Kriegsgefangenenlagern
le.Art.Abt.	Leichte Artillerieabteilung
le.Flak.Bttr.	Leichte Flakbatterie
le.Hei.Flak	Leichte Heimatflak
Ln.Rgt.	Luftnachrichten-Regiment
Ln.S.	Luftnachrichtenschule
LS	Luftschutz
LS-Abt.	Luftschutz-Abteilung
Lsp.Abt.	Luftsperr-Abteilung
LS-Rgt.	Luftschutz-Regiment
Lt.	*Lieutenant* (engl./amerik.), Leutnant (deutsch) 1st Lt. – Oberleutnant; 2nd Lt. – Leutnant
Lt.Col.	*Lieutenant Colonel* (engl./amerik.) – Oberstleutnant
Lt.Gen.	*Lieutenant General* (engl./amerik.) – Generalleutnant
Luftflotten-Na.S.	Luftflotten-Nachrichtenschule
Luftgau-Kdo.	Luftgau-Kommando
Lw.	Luftwaffe
Lw-Boden-Btl.	Luftwaffen-Boden-Bataillon
Lw.Feld.K.Gr.	Luftwaffen-Feld-Kampfgruppe
Maj.	Major (engl./deutsch)
Maj.Gen.	*Major General* (engl./amerik.) – Generalmajor
Med Bn	*Medical Battalion* (engl./amerik.) – Sanitätsbataillon
MG	Maschinengewehr
MG	*Military Government* (engl./amerik.) – Militärregierung
MGFA	Militärgeschichtliches Forschungsamt

(mot.)	motorisiert
Mort	*Mortar* (engl./amerik.) – Granatwerfer
MP	*Military Police* (engl./amerik.) – Militärpolizei
MPi	Maschinenpistole
Na.Abt.	Nachrichtenabteilung
NARA	*National Archives* U.S.A. – Nationalarchiv der USA
NJG	Nachtjagdgeschwader
N.P.E.A.	amtl., volkstümlich Napola, Nationalpolitische Lehranstalt
NSDAP	Nationalsozialistische Deutsche Arbeiterpartei
NSKK	Nationalsozialistiches Kraftfahrkorps
OB	Oberbefehlshaber
Ob.d.E.	Oberbefehlshaber des Ersatzheeres
Ob.d.H.	Oberbefehlshaber des Heeres
Oberf.	Oberführer der SS, SA, vergleichbar Oberst
Oberst i.G.	Oberst im Generalstab
OBgm.	Oberbürgermeister
OFA	Oberfeldarzt
Oblt.	Oberleutnant
Obstlt.	Oberstleutnant
Obstgruf.	Oberstgruppenführer der SS, vergleichbar Gen.Obst.
Offz.Bew.Schule	Offiziersbewerberschule
Offz.Nachw.Kp.	Offiziersnachwuchskompanie
Oflag	Kriegsgefangenenlager für Offiziere
Ogruf.	Obergruppenführer der SS, vergleichbar Gen.d.Waffengattung
OKH	Oberkommando des Heeres
OKL	Oberkommando der Luftwaffe
Osch.	Oberscharführer der SS, vergleichbar Feldwebel
OSS	*Office of Strategic Services*, (amerik.) Nachrichtendienst des amerikanischen Kriegsministeriums von 1942 bis 1945
Ostubaf.	Obersturmbannführer der SS, vergleichbar Obstlt.
Ostuf.	Obersturmführer der SS, vergleichbar Obtl.
OB West	Oberbefehlshaber West
OKW	Oberkommando der Wehrmacht
OT	Ortsteil
Pak	Panzerabwehrkanone
Pfc.	*Privat First Class* (engl./amerik.) – Gefreiter
Pi.Ers.Btl.	Pionier-Ersatz-Bataillon
Pkw	Personenkraftwagen
Plat.	*Platoon* (engl./amerik.) – Zug, Teil einer Kompanie
PW/POW	*Prisoner of War* (engl./amerik.) – Kriegsgefangener
Pz.Abw.Abt.	Panzerabwehrabteilung
Pz.A.Na.Rgt.	Panzerarmee-Nachrichten-Regiment

PzArmee	Panzerarmee
Pz.Aufkl.Abt.	Panzeraufklärungsabteilung
Pz.Ausb.Vbd.	Panzerausbildungsverband
Pz.Brig.	Panzerbrigade
PzDiv	Panzerdivision
Pz.Ers.Abt.	Panzer-Ersatzabteilung
PzGrenDiv	Panzergrenadierdivision
Pz.Gren.Ers.u. Ausb.Btl.	Panzergrenadier-Ersatz- und Ausbildungsbataillon
Pz.Gren.Rgt.	Panzergrenadier-Regiment
Pz.Jagd.Div.	Panzerjagddivision
Pz.Jagd.Kdo.	Panzerjagdkommando
Pz.Jagd.Kp.	Panzerjagdkompanie
Pz.Jagd.Vbd.	Panzerjagdverband
Pz.Jg.Abt.	Panzerjäger-Abteilung
PzK	Panzerkorps
PzKpfw	Panzerkampfwagen
Pz.Rgt.	Panzerregiment
Pz.Vbd.	Panzerverband
Pvt.	*Privat* (engl./amerik.) – einfacher Soldat
Qm Graves Registration Co.	*Quartermaster Graves Registration Company* (amerik.) – Gräberregistrierungs-Kompanie der *US Army*
R	Reichsstraße, heute Bundesstraße
RAB	Reichsautobahn
RAD	Reichsarbeitsdienst
RAF	*Royal Air Force* (brit.) – Königliche Britische Luftwaffe
Rcn Plat.	*Reconnaissance Platoon* (engl./amerik.) – Aufklärungszug
Rcn Tp.	*Reconnaissance Troop* (engl./amerik.) – Aufklärungskompanie der *CavRcnSq*
RCT	*Regimental Combat Team* (engl./amerik.) – Regimentskampfgruppe (in den US InfDiv) – trägt die Nummer des Regiments, durch welches sie gebildet wird – z.B. *RCT 38*
Regtl.CP	*Regimental Command Post* (engl./amerik.) – Regimentsgefechtsstand
Regtl.Res.	*Regimental Reserve* (engl./amerik.) – Regimentsreserve
Rekr.Ausb.Rgt.	Rekruten-Ausbildungsregiment
ResDiv	Reservedivision
Res.Laz.	Reservelazarett
Res.Pz.Abt.	Reserve-Panzerabteilung
RFSS	Reichsführer SS
Rgt.	Regiment – deutsche Abkürzung
RLB	Reichsluftschutzbund
Res.Gren.Btl.	Reserve-Grenadier-Bataillon

ResPzDiv	Reserve-Panzerdivision
R.Rgt.	Reiterregiment
RSHA	Reichssicherheitshauptamt der SS
SA	Sturmabteilung, paramilitärische Kampforganisation der NSDAP – entstanden in der Weimarer Republik
SD	Sicherheitsdienst des SS
SdKfz	Sonderkraftfahrzeug
Schp.	Dienstgradzusatz für Angehörige der Schutzpolizei
Schtz.Rgt.	Schützenregiment
Sect.	*Section* (engl./amerik.) – Halbzug, Teil eines Platoon der *US Army*
SFL	Selbstfahrlafette – Waffenträger für Geschütze aller Art
s.Flak.Abt.	Schwere Flakabteilung
Sgt.	*Sergeant* (engl./amerik.) – Unteroffizier
SHAEF	*Supreme Headquarters Allied Expeditionary Force* (engl./amerik.) – Oberstes Hauptquartier der Alliierten Expeditionsstreitkräfte in Europa
SHD	Sicherheits- und Hilfsdienst
s.Hei.Flak.	Schwere Heimatflak
Sipo	Sicherheitspolizei
sMG	schweres Maschinengewehr
s.Pz.Gr.	Schwere Panzergruppe
SPW	Schützenpanzerwagen
Sq.	*Squad* (engl./amerik.) – Gruppe, kleinste militärische Einheit
SS	Schutzstaffel der NSDAP (1925 gegr. als „Stabswache“ zum pers. Schutz Hitlers; bis 1934 Unterorganisation der SA, danach unter Himmler eigenständiges Repressionsorgan der NSDAP)
SS-Frw.-PzGrenDiv	SS-Freiwilligen-Panzergrenadierdivision
SS-Kraftf.Ausb.u.Ers. Rgt.	SS-Kraftfahr-Ausbildungs- u. Ersatzregiment; Im Gegensatz zur Wehrmacht kam bei den Verbänden der Waffen-SS der Begriff „Ausbildung“ vor dem Begriff „Ersatz“
SSgt.	*Staff Sergeant* (engl./amerik.) – Unterfeldwebel
Stafü	Standartenführer der SS, SA, entspricht Oberst, aber niedriger als Oberführer
Stalag	Mannschafts-Kriegsgefangenen-Stammlager
StAEF	Stadtarchiv Erfurt
Stamm.Kp.	Stammkompanie der Ersatz- u. Ausbildungsbataillone
Stapo	Staatspolizei
Stellv. AK	Stellvertretendes Armeekorps – vom Wehrkreis aufgestellt
Stellv. Gen.Kdo.	Stellvertretendes Generalkommando – Stab des Stellv. AK
StGesch	Sturmgeschütz
StoÄ	Standortältester der Wehrmacht

Sto.Kdt.	Standortkommandant
Sto.Kdtr.	Standortkommandantur
Sto.Kp.	Standortkompanie
StoÜbPl	Standort-Übungsplatz
Stubaf.	Sturmbannführer der SS, vergleichbar Major
Sw.Ers.Abt.	Scheinwerfer-Ersatzabteilung
Svc Co.	*Service Company* (engl./amerik.) – Versorgungskompanie
(t)	(tschechisch) – tschechisches Fahrzeuggestell
TAC	*Tactical Air Command* (engl.(amerik.) – Taktisches Luftkommando
TD Bn	*Tank Destroyer Battalion* (amerik.) – Panzerjägerbataillon der *US Army*
Tec 3	*Technician 3rd Grade* (amerik.) – Techniker; Dienstgrad *US Army* = Staff Sergeant, Tec 4 = Sergeant, Tec 5 = Corporal
TF	*Task Force* (engl./amerik.) – Kampfgruppe, bestehend aus allen Waffengattungen in US-Divisionen, gebildet für einen bestimmten Auftrag
ThHStA	Thüringer Hauptstaatsarchiv
Tk Bn	*Tank Battalion* (engl./amerik.) – Panzerbataillon der *US Army*
to	Tonne – Gewichts- bzw. Traglastangabe
Tp.	*Troop* (engl.) (engl./amerik.) – Kompanie der *CavRcnSq*
Treadway-Brücke	*Treadway-Bridge* (amerik.) – amerikanische Floßsack-Brücke
Trwy Br Co.	*Treadway-Bridge* Company (amerik.) – Brückenbaukompanie
TrÜbPl	Truppenübungsplatz
T/Sgt.	*Technical Sergeant* (amerik.) – entspricht First Sergeant, Stabsfeldwebel
TUSA	Abkürzung für *Third US Army* (amerik.)
Uffz.	Unteroffizier
USAAF	*United States Army Air Force* (amerik.) – Luftwaffe der US Army, heute nur noch *United States Air Force* als eigenständige Teilstreitkraft
(v)	(verlegbar)
Volks.Art.Korps	Volksartilleriekorps
VS	Volkssturm
VS-Btl.	Volkssturm-Bataillon
V-Waffe	Vergeltungswaffe
Waffen-SS	Entsteht 1933 aus der Allgemeinen SS als „Stabswache Berlin" – später „Leibstandarte Adolf Hitler"; 1935 entsteht daraus die „SS-Verfügungstruppe" mit Standarten im Reich (u.a. eingesetzt

	beim Betrieb der KZ's), die mit Beginn des 2. Weltkriegs zur Waffen-SS ausgebaut wird; gegen Ende des Krieges rund 900.000 Mann.
WASt	Wehrmachts-Auskunftstelle
WBK	Wehrbezirkskommando
W.Kr.	Wehrkreis
WFSt	Wehrmachtsführungsstab
WP	*White Phosphor* (amerik.) Bezeichnung bei Phosphorgranaten
z.b.V.	Zur besonderen Verwendung
.30cal	Amerikanisches Patronenkaliber 7,62 mm (3 inch)
.50cal	Amerikanisches Patronenkaliber 12,7 mm (5 inch)
4,2inch	Amerikanisches Granatwerfergeschoss Kaliber 106,7 mm
8inch	Amerikanisches Artilleriegeschoss Kaliber 203 mm

Nummerierungen:

I a	1. Generalstabsoffizier der Division (Wehrmacht), verantwortlich für Einsatz und Führung
I b	2. Generalstabsoffizier der Division (Wehrmacht), Quartiermeister
I c	3. Generalstabsoffizier der Division (Wehrmacht), verantwortlich für Feindlage und Abwehr
I d	4. Generalstabsoffizier der Division (Wehrmacht), verantwortlich für Ausbildung
G-1/S-1	Personalabteilung bei der *US Army* („G" bei Army/Div., „S" bei Regt./Bn)
G-2/S-2	Abteilung für Feindaufklärung bei der *US Army*
G-3/S-3	Abteilung für Operationen und Planungen der *US Army*
G-4/S-4	Abteilung für Logistik der *US Army*
G-5	Abteilung für administrative Aufgaben der *US Army* in den besetzten Gebieten (*Civil Affairs/Military Government*), spezielle *G-5 Sections* gab es ab Ebene der Divisionen
1./317	1. Bataillon des 317th InfRgt, hier der 80th US InfDiv der *US Army*
3./432	3. Batterie der s.Flak.Abt. 432

Quellenverzeichnis

Military Studies, Historical Division USAREUR/OCMH, Washington DC im Bestand des Bundesarchiv–Militärarchiv Freiburg i. Br. und National Archives Microfiche Publication, Foreign Military Studies, U.S.A.

ZA 1/144, A-893	Gen.Maj. Frhr. v. Gersdorff, Chef d. Stabes 7. Armee, „Die Endphase des Krieges – Vom Rhein zur tschechoslowak. Grenze" v. 20.03.46
ZA 1/660, B-309	Gen.d.Inf. Hitzfeld, Komm.Gen. LXVII. AK, „Kampf in Mitteldeutschland (22.3.–11.5.), dies im Rahmen des LXVII. AK für Zeit 22.3.–19.4. 45" v. 22.08.46
ZA 1/857, B-507	Gen.d.Inf. Petersen, Komm.Gen. Gen.Kdo. XC.AK „Kämpfe vom 20.03.45 bis 6.05.45" v. Nov. 46–Mai 47
ZA 1/858, B-507	Skizzen XC. AK – Petersen
ZA 1/920, B-568	Gen.d.Art. Maximilian Fretter-Pico, Komm.Gen. Stellv. IX. AK, „Die Operation des Fü.Stabes Stellv. Gen.Kdo. IX v. 2.–22.4.45 beginnend vom Fall Kassel bis in das Zentrum des Harzes" v. 4.3.47
ZA 1/935, B-583	Gen.d.Inf. F. Schulz, OB H.Gr. G, „Lage (im Großen) H.Gr. G April 1945" (identisch mit Brief) v. Mai 1946
ZA 1/1056, B-703	Oberst i.G. Horst Wilutzky, Ia der H.Gr. G, „Der Kampf der H.Gr. G im Westen – Abschlusskämpfe in Mittel- und Süddeutschland bis zur Kapitulation vom 22.03.–06.05.45" v. Sept./Okt. 47
ZA 1/2418-2420	(T-123), Geschichte des OB West – GFM Kesselring, Band I–IV
NARA B-111	Gen.Lt. Maximilian Siry, Kdr. 347. InfDiv, „347. Infantrie-Division (4.–10. April 1945)" v. 10.6.46
NARA B-209	Gen.Lt. Albert Zehler, Kdr. Div. Nr. 409, „Kämpfe an der Fulda Ende März–Anfang April 1945" v. 6.6.46
NARA B-219	Gen.d.Pz.Tr. Maximilian Reichsfreiherr v. Edelsheim, Komm.Gen. XXXXVIII. PzK, „Bericht über die Tätigkeit des deutschen XXXXVIII. PzK beim amerikanischen Feldzug in Mitteldeutschland vom 11.04.--03.05.45" v. 12.07.1946
NARA B-404	Gen.Lt. Ernst Fäckenstedt, Komm.Gen. Stellv. XII. AK, „Der Feldzug in Mitteldeutschland vom 22.3.–11.5.45 aus dem Abschnitt Koblenz-Speyer bis in die Erzgebirgsstellung" v. Winter 46/47
NARA B-554	Gen.Lt. Ernst Fäckenstedt, Komm.Gen. Stellv. XII. AK, „Der Feldzug in Mitteldeutschland vom 22.3.–11.5.45 aus dem Abschnitt Koblenz-Speyer bis in die Erzgebirgsstellung" v. Frühjahr 47

NARA B-568-9	Gen.d.Art. Maximilian Fretter-Pico, Komm.Gen. Stellv. IX, „Die Operation des Fü.Stabes Stellv. Gen.Kdo. IX v. 2.–22.4.45" v. 4.3.47
NARA B-606	Oberst Günther Reichhelm, Chef d. Gen.St. 12. Armee, „Das letzte Aufgebot (Kämpfe der deutschen 12. Armee im Herzen Deutschlands 13.4.–7.5.45)"
NARA B-617	Gen.d.Pz.Tr. Smilo Frhr v. Lüttwitz, Komm. Gen. LXXXV. AK, „Gefechtsbericht des LXXXV. AK 29.4.–7.5.45"
NARA B-755	Gen.Lt. Wend v. Wietersheim, Kdr. 11. PzDiv, „Die Kämpfe der 11. Panzer-Division zwischen Rhein und tschechischer Grenze (31.3.-15.4.45, Teil 1)" v. 16.12.47
NARA B-831	Gen.d.Inf. Hans Felber, OB 7. Armee, „Kämpfe zwischen Westwall und Main 20.2.–26.3.45", v. Mai 48
NARA B-Series	Obstlt. i.G. Ulrich Klimke, „Gliederung und Aufgaben der Panzer-Jagd-Division West März–April 1945" v. 6.3.47

Bundesarchiv-Militärarchiv Freiburg i. Br.

RH 19 XII N 318/ 1	Gen.d.Inf. Friedrich Schulz, OB H.Gr. G, „Lage, Auftrag und Maßnahmen der H.Gr. G im April 45", Nachlass handschr. v. 7.5.46, 6 Seiten
RW 4/v.134	Tägliche Wehrmachtsberichte des OKW v. 1.4.–16.4.45
RW 48/12	Kriegsgefangenenlagerverzeichnis

Amerikanische und ausländische Unterlagen, Chroniken und Bücher

- Adkins, A. Z. Jr. "You can't closer than this: Combat with Company H, 317th Infantry Regiment, 80th Infantry Division", Havertown, 2005
- Allen, Robert S. Colonel, "Lucky Forward – The History of Patton's Third U.S. Army", New York, The Vanguard Press, Inc. 1947
- Bedessem, Edward N. "Central Europe – The U.S. Army Campaigns of World War II" v., U.S. Army Center of Military History CMH-Pub 72-36
- Bennett, Robert J. Maj. Cav. "Ten days of Armored Exploitation", Mai 1948, Bibliothek der Armor Center School, Fort Knox, Kentucky – Archiv und Übersetzung Koch, Berlin
- Bobbett, Jim, "History of the 749th Tk Bn", Archiv Jay Hamilton
- Coleman, William S.E., "Always First – History of the 1st Bn, 417th InfRgt", Reichenbach, 1945
- Freeman, Roger A., "Mighty Eight War Diary" JANE'S, London, New York, Sydney, 1981
- Glassman, Henry S. "Lead the way, Rangers – History of the 5th Ranger Bn"
- Hofmann, George F. "The Super Sixth", Copyright 1975, 6th Armored Division Ass.

- Irzyk, Albin F. Brig.Gen. "We rode up front for Patton", Pentland Press Inc. U.S.A. 1996
- Janes, Terry D.; "The Patton's Troubleshooters", Opinicus Publishing Co., 1988
- Koch, Oscar W. Robert; Hays, G., "G-2 Intelligence for Patton" Atglen, 2004
- Koyen, Kenneth, Capt. "The Fourth Armored Division from the Beach to Bavaria", The Battery Press Nashville, 2000
- Ladner, Oscar B. "A Test of Faith and Courage – Patton's Raider in WW II ", 1999
- MacDonald, Charles B. "United States Army in World War II – The E.T.O – The last offensive", Chapter XVII, Sweep to the Elbe, Center of Military History, Washington D.C. 1993
- Meek, Marvin L. "Ultra and the Myth of the 'National Redoubt" Blechtey Parks, 1999
- Stanton, Shelby L. "Order of Battle U.S. Army in World War II" v., Presidio Press, Novato CA 1985
- Trang, Charles, "Dictionnaire de la Waffen-SS Tome 1–4" (French Edition), Editions Heimdal, 2011–2013
- Whitlock, Flint, "The Rock of Anzio – From Siciliy to Dachau. A History of the U.S. 45th Infantry Division", Westview Press, 1998
- Williams, Mary H. "United States Army in World War II – Special Studies, Chronology 1941–1945", compiled by Office of the Chief of Military History, Department of the Army, Washington D.C. 1960
- Patton, Jr., George S. "War as I knew it", Annotated by Col. Paul D. Harkins, Houghton Mifflin Company, Boston MA
- Towell, Joseph, "The 93rd Chemical Mortar Battalion in US & Central Europe during WW II", Norfolk Virginia, 1991–2000
- Ward, Geoffrey C. and Ken Burks, "The War – an intimate history 1941–1945, Alfred A,. Knopf, New York, 2007
- "The XX. Corps – Its History and Service in World War II" Halstead, KS: W.E.B.S. 1984 (Neuauflage)
- "History of the XX Corps Artillery 21 October 1943–9 May 1945"
- "Combat History 4th Armored Division 1945", Bibliothek der Armor Center School, Fort Knox, Kentucky – Archiv und Übersetzung Koch, Berlin
- "6th Armored Division, Third U.S. Army, Combat Record", gedruckt bei Steinbeck, Aschaffenburg, 1945, Übersetzung Ulrich Koch, Berlin, 2000
- "Unit History 68th Tank Battalion", Archiv Ulrich Koch, Berlin
- "Mount up – A history of the 86th CavRcnSq (Mecz) in World War II"
- "Combat History of the 128th Armd FA Bn", Archiv Ulrich Koch, Berlin
- "Chronology 76th InfDiv", published under authority of the Hambleton-Reed-Hamilton Genealogical Association of the U.K. and the U.S.A., Oregon 1990, Library of Congress Catalogue Number 70-920-966-H -Übersetzung Koch
- "We Ripened Fast – History of the 76th Infantry Division", Baltimore 1946, Archiv Koch, Berlin
- "History of the 304th InfRgt", gedruckt bei C. Brügel & Sohn, Ansbach, 1945

- "385th in the ETO" under direction of 1st Lt. C. M. Miller, Special Service Officer 385th InfRgt, Archiv Ulrich Koch, Berlin
- "As it happened to Second Battalion 304th InfRgt, 76th InfDiv", gedruckt bei J. J. Weber, Leipzig, Übersetzung und Archiv Ulrich Koch, Berlin
- "History of the 81st Chemical Mortar Battalion", Chapter XV, "Mob up to Austria"

Amerikanische Kriegstagebücher

- G-2 Report 12th Army Group, März/April 1945, Air Force Historical Research Agency, Maxwell Air Force Base Montgomery, Alabama, U.S.A. (AFHRA)
- After Action Report 3rd Army, Part 6/7, März/April 1945, NARA
- Third Army G-2 Report APO 403 April 45, aus G-2 Journal 26th InfDiv, NARA und Bestand AFHRA
- G 2 Periodic Reports 3rd US Army April 1945, NARA
- After Action Report VIII. Corps, März/April 1945, NARA, 208-0.3
- G-2 Periodic Report VIII. Corps, April 1945, NARA, 208-3.2
- After Action Report XII. Corps, April 1945, NARA, 212-.0.3
- G-3 Situation Report XII. Corps, April 1945, NARA, unter 604-3.2
- G-2 Report XII. Corps, April 1945, NARA, unter 326-3.2
- Combat Chronology XII. Corps, Part 1-4, Combined Army Research Library
- Report of Operations HQ XX. Corps, April 1945, NARA, 220-0.3
- Operations Instructions XX. Corps, März/April 1945, Archiv Ulrich Koch Berlin
- G-3 Situation Report XX. Corps, April 1945, NARA, unter 604-3.2
- G-2 Periodic Report XX. Corps, April 1945, unter 326-3.2 NARA u. Bestand AFHRA
- G-2 Journal XX. Corps, April 1945, NARA, 220-2.2
- After Action Record 736th FA Bn, 416th FA Gp, XX. Corps, April 1945, NARA
- After Action Report 4th AD, März/April 1945, NARA, 604-0.3
- G-2 Periodic Report 4th AD, April 1945, NARA, 604-3
- G-3 Periodic Report 4th AD, April 1945, NARA, 604-3
- G-2 Journal 4th AD, April 1945, NARA, 604-3.2
- After Action Record CCA 4th AD, April 1945, NARA, 604-CCA-0.3
- After Action Record CCB 4th AD, April 1945, NARA, 604-CCB-0.3
- After Action Report 6th AD, April 1945, NARA 606-0.3
- After Action Report CCA 6th AD, April 1945, NARA, 606-CCA-0.3
- After Action Report CCB 6th AD, April 1945, NARA, 606-CCB-0.3
- After Action Report CCR 6th AD, April 1945, NARA, 606-CCR-0.3
- After Action Report 6th AD, 68th Tk Bn, März/Mai 1945, NARA, 606-TK(68)-0.3
- After Action Report 6th AD, 69th Tk Bn, April 1945, NARA, 606-TK(69)-0.3
- After Action Report 6th AD, 9th AIB, April 1945, Patton Museum of Cavalry and Armor Fort Knox, KY, Archiv Koch-Berlin
- After Action Record 6th AD, 50th AIB, NARA, 606-INF(50)-0.3
- After Action Report 6th AD, 86th CavRcnSq (mecz), April 1945, Patton Museum of Cavalry and Armor Fort Knox, KY, Archiv Koch-Berlin

- After Action Report 6th AD, 25th Armd Engr Bn, April 1945, Patton Museum of Cavalry and Armor Fort Knox, KY, Archiv Koch-Berlin
- After Action Record 6th AD, 777th AAA AW Bn, April 1945, www.
- After Action Report 6th AD, 603rd TD Bn, April 1945, NARA, TDBN-603-0.3
- After Action Report 9th Armored Division, April 1945, NARA, 609-0.3
- After Action Record 65th InfDiv, April 1945, NARA, 365-0.2
- After Action Report 69th Infantry Division, April 1945, NARA, 369-0.3
- After Action Report 76th InfDiv, April 1945, NARA, 376-0.3
- G-2 Periodic Report 76th InfDiv, April 1945, NARA, 376-0.3
- After Action Report 749th Tk Bn, 76th InfDiv, April 1945, NARA
- After Action Report 304th InfRgt, April 1945, NARA, 376-INF(304)-0.3
- After Action Report 385th InfRgt, April 1945, NARA, 376-INF(385)-0.3
- After Action Report 417th InfRgt, April 1945, NARA, 376-INF(417)-0.3
- After Action Report 76th InfDiv, 749th Tk Bn, April, Mai 1945 – Jay Martin Hamilton
- After Action Report 76th InfDiv, 808th TD Bn, April 1945, NARA, TDBN-808-0.3
- After Action Report 80th InfDiv, April 1945, NARA, 380-0.3
- G-3 Journal 80th InfDiv, April 1945, NARA, 380-3.2
- G-2 Periodic Report 80th InfDiv, April 1945, NARA, 380-2.1
- G-2 Journal 80th InfDiv, April 1945, NARA, 380-0.2
- History 317th InfRgt, April 1945, NARA, 380-INF(317)-0.8
- After Action Record, April 1945, NARA, 380-INF(317)-0.8
- S-2 Journal 317th InfRgt, April 1945, NARA, 380-INF(317)-2.2
- S-3 Journal 317th InfRgt, April 1945, NARA, 380-INF(317)-0.3
- After Action Record 318th InfRgt, April 1945, NARA, 380-INF(318)-0
- S-2 Periodic Report 318th InfRgt, April 1945, NARA, 380-INF(318)-2.3
- S-3 Journal 318th InfRgt, April 1945, NARA, 380-INF(318)-0.3
- History 318th InfRgt, April 1945, Sammlung Schleichardt, Erfurt
- Summary Co. F, 318th InfRgt, April 1945, Sammlung Schleichardt, Erfurt
- After Action Report 319th InfRgt, April 1945, NARA, 380-INF(319)-0.3
- Unit History 319th InfRgt, April 1945, Sammlung Schleichardt, Erfurt
- After Action Report 305th Engr C Bn, April 1945, Sammlung Schleichardt, Erfurt
- History Co. B, 305th Engr C Bn, April 1945, Sammlung Schleichardt, Erfurt
- History 80th Rcn Tp, April 1945, Sammlung Schleichardt, Erfurt
- After Action Report Division Artillery 80th InfDiv, April 1945, Sammlung Schleichardt
- After Action Report, 313th FA Bn, 80th InfDiv, Sammlung Schleichardt, Erfurt
- Unit History 313th FA Bn, 80th InfDiv, NARA, 380-FA(313)-0.2
- After Action Report 314th FA Bn, 80th InfDiv, Sammlung Schleichardt, Erfurt
- Unit History 314th FA Bn, 80th InfDiv, NARA, 380-FA(314)-0.2
- After Action Report 315th FA Bn, 80th InfDiv, Sammlung Schleichardt, Erfurt
- Unit History 315th FA Bn, 80th InfDiv, NARA, 380-FA(315)-0.2
- After Action Report 905th FA Bn, 80th InfDiv, Sammlung Schleichardt, Erfurt
- Unit History 905th FA Bn, 80th InfDiv. NARA, 380-FA(905)-0.2
- Unit Journal 633rd AAA AW Bn, 80th InfDiv, April 1945, Sammlung Schleichardt

- After Action Record 702nd Tk Bn, 80th InfDiv, NARA, ARBN-702-0.3
- S-3 Periodic Report 702nd Tk Bn, 80th InfDiv, www.thetroubleshooters.com
- Journal Co. A, 70nd Tk Bn, 80th InfDiv, www.thetroubleshooters.com
- After Action Record 811th TD Bn, 80th InfDiv, April 1945, CARL
- History 811th TD Bn, 80th InfDiv, CARL
- After Action Record 3rd CavGp April 1945, NARA, CAVG-3-3.0
- Unit History 3607th Quartermaster Graves Company, www.med-dept.com
- Unit History 3042nd Quartermaster Graves Company, www.med-dept.com
- Interrogation Report CI-IIR 46, NARA

Deutsche Unterlagen, Chroniken, Bücher (Auswahl)

- Albrecht, Christian, Sundhaus, Egon, Peisker, Michaela, „Ges(ch)ichtspunkte der Gemeinde Kleinobringen, Dorfchronik 1342–2008“ v. Eigenverlag 2008
- Bahr, Dr. Thomas „Die amerikanische Besatzungszeit“ Apoldaer Heimat, 1996
- Baranowski, Frank, „Rüstungsproduktion in der Mitte Deutschlands“, Verlag Rockstuhl Bad Langensalza, 1. Auflage 2013
- Bartel, Walter, „Buchenwald. Mahnung und Verpflichtung“, Kongreß-Verlag, 1961
- Benz, Wolfgang, Distel, Barbara, Hrsg. „Der Ort des Terrors: Geschichte der nationalsozialistischen KZ Band 3 Sachsenhausen, Buchenwald“, C. H. Beck Verlag München 2006
- Bergschicker, Heinz „Deutsche Chronik 1933–1945“, Verlag der Nation Berlin, 4. Auflage 1988
- Bergschicker, Heinz „Der Zweite Weltkrieg“, Deutscher Militärverlag, Berlin 1964
- Blankenburg, Hans-Joachim u. Sinnecker, Günther, „Luftkrieg über Mittelthüringen 1944–1945“, Verlag Rockstuhl Bad Langensalza, 1. Auflage 2007
- Brachmanski, Hans-Peter, Hrsg. „Erfurt im Krieg 1940 und 1944/1945“, Verlag Rockstuhl Bad Langensalza, 1. Auflage 2015
- Brandenburger, Petra, Hrsg. „Der Landkreis Erfurt 1816–1994... keine unendliche Geschichte“, Kreisverwaltung Erfurt Land, 1994
- Broszat, Martin „Der Staat Hitlers“, Marix Verlag GmbH, Wiesbaden, 2007
- Bunzol, Alfred, Michael Andreas, „Die Leben des Buchenwaldhäftlings Alfred Bunzol 738“, Verlag Rockstuhl Bad Langensalza, 2011
- Buresch, Anja, „Kampf um Erfurt“, Sutton Verlag, 2016
- Ciupka, Paul, Hrsg. „Die Erziehung zum deutschen Menschen – völkische und nationalkonservative Erwachsenenbildung in der Weimarer Republik“, Essen, 2007
- Cölln, Uwe W. „Die Chronik von Siebleben“, Bd. II, Verlag Rockstuhl Bad Langensalza, 2005
- Domes, Peter, Heinlein, Martin, „Alarm! Die Panzerspitze kommt!“, Verlag G. H. Hofmann, Gemünden am Main
- Driesch-Peters, „Geschichte der Tiermedizin“, Schattauer GmbH Verlag, 2003
- Franke, Guido, „Die Bauern von Witterda im Wandel der Geschichte“, Eigenverlag, 1993

- Gottberg, Döring-Ernst v. „Eine Jugend in Hitlers Reich“, books-on-demand, 2013
- Griehl, Manfred/Dressel. Joachim, „Die deutschen Kampfflugzeuge im Einsatz“, Wölfersheim, Podzun Pallas, 1990
- Grimm, Steffen, „Die SS-Totenkopfverbände im Konzentrationslager Buchenwald“, Diplomica Verlag GmbH Hamburg, 2011
- Groehler, Olaf, „Bombenkrieg gegen Deutschland“, Akademie, Berlin, 1990
- Großmann, Dr. Günter, „Auf den Spuren von George S. Patton Jr. III“, Eigenverlag 2012
- Großmann, Dr. Günter, „Kriegsende und amerikanische Besetzung in Gotha“, Eigenverlag, 4. Auflage 2012
- Günther, Gitta, Wallraf, Lothar, „Geschichte der Stadt Weimar“, Weimar 1975
- Hackett, David A.; „Der Buchenwald-Report“, Verlag C.H. Beck München, 1996
- Hälbig, Eberhard, Lämmerhirt, Rainer, „Luftkrieg im Raum Eisenach – Gotha – Hainich – Werratal – Thüringer Wald 1943–1945“, Verlag Rockstuhl, 1. Auflage 2012
- Henke, Klaus-Dietmar „Die amerikanische Besetzung Deutschlands“, R. Oldenbourg Verlag, München, 1996
- Hitzfeld, Otto Maximilian, „Ein Infanterist in zwei Weltkriegen“ v. Biblio Verlag, Osnabrück, 1983
- Hubatsch, Walter „Hitlers Weisungen für die Kriegsführung 1939–1945“, Bernhard & Gräfe Verlag für Wehrwissen, Frankfurt/Main, 1962
- Hummel, Karl-Heinz, „Die deutsche Flakartillerie 1939–1945: ihre Großverbände und Regimenter“, VDM, 1. Auflage 2010
- Keilig, Wolf „Die Generäle des Heeres“, Podzun-Pallas-Verlag GmbH, Friedberg 1983
- Kershaw, Ian „Das Ende – Kampf bis in den Untergang NS-Deutschland 1944/45“, Pantheon Verlag, 1. Auflage 2013
- Kesselring, Albert, Generalfeldmarschall a.D. „Soldat bis zum letzten Tag“, Verlag S. Bublis Schnellbach 2000, Erstauflage 1953
- Klee, Ernst, „Auschwitz, die NS-Medizin und ihre Opfer“, 3. Auflage, S. Fischer Verlag Frankfurt am Main, 1997
- Klee, Ernst, „Das Personenlexikon zum Dritten Reich“, S. Fischer Verlag Frankfurt am Main, 2007
- Klee, Ernst, „Auschwitz – Täter, Gehilfen, Opfer und was aus ihnen wurde“, Fischer Verlag Frankfurt am Main, 2013
- Kluge, Alexander, „30. April 1945 – Der Tag, an dem sich Hitler erschoss und die Westbindung der Deutschen begann“, Suhrkamp Verlag
- Knoblauch, Hans-Jörg, Koopmann, Helmut, „Goethe Neue Ansichten – neue Einsichten“ Verlag Könighausen & Neumann, 2007
- Knopp, Guido „Der verdammte Krieg – Kriegsende 1943–45“, C. Bertelsmann Verlag GmbH, München 1991, Sonderausgabe 1998
- Kobe, Gerd, „Pflicht und Gewissen – Smilo Frhr v. Lüttwitz – Lebensbild eines Soldaten“, Has & Koehler Verlag Mainz, 1998
- Kokon, Eugen, „Der SS-Staat – Das System der deutschen Konzentrationslager“, Wilhelm Heyne Verlag München, Heyne Sachbuch Nr. 19/9, 10. Ausgabe, 1998

- Können, Bernd, „Die preußisch-deutsche Garnison Erfurt 1860–1918“, Erfurt, 2012
- Koop, Volker, „Himmlers letztes Aufgebot – Die NS-Organisation ‚Werwolf‘“, Böhlau Verlag Köln Weimar Wien, 2008
- Koop, Volker, „In Hitlers Hand, Sonder- und Ehrenhäftlinge der SS“, Böhlau Verlag Köln Weimar Wien, 2010
- Kralovitz, Rolf, „ZehnNullNeunzig in Buchenwald“, Walter Meckenbauer Kreis e.V. Köln, 1996
- Krieg, Manfred, „Erfurter Luftfahrtgeschichte 1910–1945“, Verlag Rockstuhl Bad Langensalza, 2. überarbeitete Auflage 2010
- Kunz, Andreas „Wehrmacht und Niederlage“, Schriftreihe des MGFA, Band 64, R. Oldenbourg Verlag, München, 2005
- Lämmerhirt, Rainer, „Der Kampf um die Werralinie 1945“, Verlag Rockstuhl Bad Langensalza 3. Auflage 2009
- Longerich, Peter, „Heinrich Himmler“, Pantheon, 2. Auflage 2010
- Mammach, Klaus, „Der Volkssturm“, Akademie-Verlag Berlin, 1981
- Mehner, Kurt „Die Geheimen Tagesberichte der Wehrmachtsführung im Zweiten Weltkrieg 1939–1945“, Bd.12 1.1.45–8.5.45, Biblio Verlag Osnabrück 1984
- Mehner, Kurt „Die Deutsche Wehrmacht 1939–1945 – Führung und Truppe“, Militair-Verlag Klaus D. Patzwall – Norderstedt 2. Auflage 1993
- Messerschmidt, Manfred „Die Wehrmachtsjustiz 1933–1945“, Hrsg. MGFA, Ferdinand, Schöningh, Paderborn, 2005
- Möller, Wolfgang, Hrsg. „Mein Jahr fünfundvierzig – Eine Anthologie aus dem Gothaer Land“, 2003
- Mohr, Rudolf, Ranglack, Klaus, Riesterer, Christine, „Erfurt unterm Sternenbanner“, Im Auftrag der Landeshauptstadt Erfurt, Stadtverwaltung, 1995
- Mohr, Rudolf, Ranglack, Klaus „Chronik Gispersleben“, Hrsg Ortschaftsrat Erfurt-Gispersleben, Selbstverlag, Erfurt 2000
- Mühlfriedel, Wolfgang, Helmuth, Ernst, „Carl Zeiss in Jena 1945–1990“, Böhlau Verlag Köln Weimar Wien, 2004
- Neitzel, Sönke, Welzer, Harald, „Soldaten“, Fischer Taschenbuch Verlag, 2011
- Nicolaisen, Hans-Dietrich, „Gruppenfeuer und Salventakt“, Eigenverlag, Büsum 1993
- Niedersen, Dr. Uwe „Soldaten an der Elbe“, Hrsg. Förderverein Europa Begegnungen e.V. und Sächsische Landeszentrale für politische Bildung, 2008
- Overesch, Manfred, „Buchenwald und die DDR“, Sammlung Vandenhoeck, 1995
- Overmans, Rüdiger, „Soldaten hinter Stacheldraht“, Bechtermünz, 2. Auflage 2000
- Padover, Saul K. „Lügendetektor – Vernehmungen im besiegten Deutschland 1944/45“, Econ Taschenbuch, Ullsteiner Taschenbuchverlag, 2. Auflage 2001
- Quarrie, Bruce „Das große Buch der Deutschen Heere im 20. Jahrhundert“, Podzun-Pallas-Verlag 1990
- Raßloff, Steffen, „Flucht in die nationale Volksgemeinschaft“, Historische Kommission für Thüringen, Kleine Reihe Band 8, Böhlau Verlag Köln Weimar Wien, 2003
- Raßloff, Steffen, „Geschichte der Stadt Erfurt“, Sutton Verlag, 2012

- Reschke, Willi, „Jagdgeschwader 301/302 ‚Wilde Sau“, Motorbuch Verlag Stuttgart, 1. Auflage 1998
- Rockstuhl, Harald, „Der Kampf um Ufhoven und Langensalza 1945“, Verlag Rockstuhl Bad Langensalza, 1. Auflage 2005
- Saft, Ulrich, „Krieg in der Heimat ...bis zum bitteren Ende im Harz“, Militärbuchverlag Saft Walsrode, 2. Auflage 1996
- Sagan, Günter, „Ostthüringen im Bombenkrieg 1939–1945“, Imhoff Verlag, 2013
- Schilling, Willy, „Thüringen 1933–1945 – Der historische Reiseführer“, Christoph Links Verlag GmbH, 1. Auflage 2010
- Schlesak, Erika, „Die SS. Schuld und Verführung. Ein exemplarischer Fall: Karl Wilhelm Keul, gefallen am 11.4.1945 bei Weimar. Seine Geschichte“, Kindle Edition
- Schmidt, Walter A., „Damit Deutschland lebe“, Kongreß-Verlag Berlin, 1959
- Schramm, Percy E. „KTB des OKW (WFSt) 1940–1945 geführt v. Helmuth Greiner u. Percy E. Schramm, KTB des OKW (WFSt) 01. 01.1944–22.05.1945“, Band 4, Bernard & Graefe Verlag GmbH & Co. Kg, Bonn
- Schumann, Wolfgang und Groehler, Olaf „Deutschland im Zweiten Weltkrieg“, Bd. 6, Akademie-Verlag Berlin 1985
- Seidler, Franz W. „Deutscher Volksturm – Das letzte Aufgebot 1944/1945“ Bechtermünz-Verlag, für Weltbildverlag GmbH, Augsburg 1999
- Stahl, Friedrich, Gen.Lt. a.D. „Heereseinteilung 1939“, Verlag Hans-Henning Podzun Bad Nauheim 1954
- Stein, Harry Dr., „KZ Buchenwald, 1937–1945, Begleitband zur ständigen Ausstellung“, Wallstein-Verlag, 1999
- Steiner, Walter, Weimar 1945“, Hrsg. 1997
- Tessin, Georg „Verbände und Truppen der deutschen Wehrmacht und Waffen-SS 1939–1945“, Bd. 1–15, 2. verbesserte Auflage, 1972–79, Biblio Verlag Osnabrück
- Trautwein, Grit, „Chronik der Gemeinde Andisleben“, Verlag Rockstuhl Bad Langensalza, 1. Auflage 2000
- Treplin, Lorenz, „Mein Feldzug 1942–1945“, Westholsteinische Verlagsanstalt Boyens & Co. Heide, 1992
- Veeh, Helmut, „Die Kriegsfurie über Franken 1945 und das Ende in den Alpen“, Eigenverlag, Aub 2003
- Wahl, Volker, „Mitteldeutschland im Frühjahr 1945“, Das neue Heimatbuch 1995/96, Heinrich-Jung-Verlagsgesell. mbH Zella-Mehlis.
- Wegmann, Günter, „Das Oberkommando der Wehrmacht gibt bekannt…“, Biblio Verlag Osnabrück, 1982, Band 1–3
- Wilke, Jürgen, „Telegraphenbüros und Nachrichtenagenturen in Deutschland“ Hrsg. Schriftenreihe Kommunikation und Polititk, Band 24, K. G. Sauer München New York London Paris, 1991
- Wolf, Helmut, „Erfurt im Luftkrieg“, Heinrich-Jung-Verlag mbH Zella-Mehlis, 2013
- Zapf, Jürgen, „Flugplätze der Luftwaffe 1934–1945 und was davon übrig blieb“, Band 3, Thüringen, VDM, Heinz Nickel, Zweibrücken, 1. Auflage 2003

- „Der Zweite Weltkrieg – Kampf ums Reich – Krieg an allen Fronten“, Verlag Pabel-Moewig Rastatt, 1994
- „Geschichte des Zweiten Weltkrieges 1939–1945“, 10. Band, Kartensammlung
- „Kriegsende 1945 in Deutschland“, Schriftreihe des MGFA, Band 55, R. Oldenbourg Verlag München, 2002
- „Die Holocaust Chronik“, Droemer, Sonderausgabe 2002
- „Goebbels Tagebücher 1945 – Die letzten Aufzeichnungen“, Lizenzausgabe mit Genehmigung des Hoffmann und Campe Verlag Hamburg

- „Thüringen unter nationalsozialistischer Herrschaft“, Hrsg. J. John, Quellen zur Geschichte Thüringens, LZT, 1996
- „Die Geheime Staatspolizei im NS-Gau Thüringen 1933–1945, I. u. II. Halbband, Hrsg. Marlis Gräfe, Bernhard Post u. Andreas Scheider, Quellen zur Geschichte Thüringens, LZT, 2004
- „Archivierter Mord – Der SED-Staat und die NS-„Euthanasie-Verbrechen in Stadtroda“ Hrsg. Matthias Wanitschke, „Quellen zur Geschichte Thüringens“, LZT, 2004
- „Die Machtübernahme in Thüringen 1932/33“ v. Frank Boblenz u. Bernhard Post, Quellen zur Geschichte Thüringen, LZT, 2013
- „Thüringen 1945“ Hrsg. Jens Schley, Quellen zur Geschichte Thüringens, LZT, 2016

Webseiten

- Eisenhower Presidential Library, www.eisenhower.archives.gov
- American Battle Monuments Commission, www.abmc.gov/search
- Fields of Honor – Database, www.fieldsofhonor-database.co
- Hall of Valor Military Times, valor.militarytimes.com
- Combat Chronology of the USAAF, www.usaaf.net/chron/
- WW 2 US Medical Research Centre, www.med-dept.com
- The Troubleshooters, www.thetroubeshooters.com
- Lexikon der Wehrmacht, www.lexikon-der-wehrmacht.de
- Onlineprojekt Gefallenendenkmäler, www.denkmlaprojekt.org
- Webseiten der Stiftung Gedenkstätten Buchenwald und Mittelbau-Dora, www.buchenwald.de
- „Die kurze amerikanische Besatzungszeit 1945 in Teilen Ostdeutschlands“, hier „Weimar-Buchenwald (Hottelstedt) 1–4“ und „Die Übergabe von Stadtroda“ v. Ulrich Koch, Berlin, athene-tv
- „‘Liberators’ ohne Ende und ohne Ende ‘Liberators“ von Ulrich Koch, Berlin, 2006, www.zukunft-braucht-erinnerung.de/liberators-ohne-ende-und-ohne-ende-liberators/
- „Das Schicksal der Zweigstelle Bad Sulza des thüringischen Staatsarchivs Weimar zum Kriegsende 1945“ v. V. Wahl, zs.thulb.uni-jena.de/
- „Die SS. Schuld und Verführung. Ein exemplarischer Fall: Karl Wilhelm Keul, gefallen am 11.4.1945 bei Weimar. Seine Geschichte“, schlesak.blog.de
- Das Kriegsende 1945 in Großfahner“, Verein f. Heimatgeschichte Großfahner e.V., www.heimat-grossfahner.de

- „10. April 1945“, www.historie-salomonsborn
- „Der 9.2.1945 – Warum Weimars Innenstadt bombardiert wurde“, www.history-weimar.de
- „Jena: Hochbunker“, forum.hidden-places.de
- „Deckname ‚Albit‘ Rothenstein/Thüringen“, Geschichts- u. Forschungswebseite zum ehemaligen NS-Rüstungswerk REIMAHG bei Kahla: Albit – Rothenstein/Thür., walpersberg.com
- „Die letzten Kriegstage im Frühjahr 1945 in Schlöben bei Stadtroda“, Arbeitsgruppe Zeitzeugen des Seniorenstudiums, researchuni-leipzig.de
- Bienstädter Heimatgeschichte, Teil 2 u. 9, bienstaedt.de
- „Flughafen Erfurt – Erfurt-Bindersleben“, www.luftfahrt-erfurt.de
- „Flughafen Erfurt – Flughafen Erfurt-Nord“, www.luftfahrt-erfurt.de
- „Flugplatz Nohra e.V.“, www.flugplatz-nohra.de
- „Harte Minuten am Grab des unbekannten Bruders“, www.all-in.de

Homepages der genannten Divisionen und Einheiten der US Army und der Städte und Gemeinden, Wikipedia-Einträge sowie die folgenden Presse-Webseiten:
- Mitteldeutsche Zeitung MDZ
- Thüringer Allgemeine TA
- Thüringer Landeszeitung TLZ
- Ostthüringer Zeitung OTZ
- Deutschland today, www.dtoday.de
- Schwäbische Zeitung, www.schwaebische.de

Deutsche Zeitzeugenberichte, Veröffentlichungen, private Sammlungen und Archivunterlagen

- Blätter zur Landeskunde Thüringen, Hrsg. LZT, hier: „Die Befreiung von Buchenwald 1945“, 1994; „Thüringen unter amerikanischer Besatzung“, 1997; „Architektur 1933–1945“, 2000; „Die Geheime Staatspolizei im NS-Gau Thüringen“, 2005
- „Die Aktion Leuthen – Das Ende des deutschen Ersatzheeres im Frühjahr 1945“, Andreas Kunz, MGFA – Zeitschrift für Geschichtswissenschaften, Heft 9, 48. Jahrgang 2000, S. 789 ff.
- Handakte Maj. Oxenius, OKW/WFSt/Org aus dem Bestand der MGFA Dokumentenzentrale, Sammlung Eiermann, Sinsheim
- „Das Leben des aktiven Oberst Otto Merkel – Das Jahr 1945. Die letzten Tage des 2. Weltkrieges“, Teil 3, Nachlass Oberst Otto Merkel, StAEF 5/190 23
- „Evakuierungstransporte des KZ Buchenwald und seiner Außenkommandos“, Buchenwaldheft 16, Christine Schäfer, NMG Buchenwald 1983
- „Das deutsche Kriegsgefangenenwesen 1939–1945“, Hausarbeit zur Erlangung des akademischen Grades eines Magisters Artium, Fachbereich Geschichtswissenschaften der Johannes-Gutenberg-Universität Mainz v. Stefan Geck, Lüdenscheid, 1998

- „Von der Werra bis zur Mulde – Der Vorstoß der 76th US InfDiv durch Mitteldeutschland“ v. Juergen Moeller, Febr. 2008, ergänzt durch Lt.Col. (ret.) Jay Martin Hamilton. (Engl. Fassung)
- „Die Soldatengräber von Egstedt“, Herbert Daniel, Erfurt, Privatdruck, 2010
- „Gispersleben – Ein marginaler Beitrag zum 850. Ortsjubiläum“, Angela und Hans-Peter Brachmanski, Erfurt, 2000, Stadt- u. Regionalbibliothek Erfurt, Heimatkunde Magazin MH-4-2000, 9986
- „Die Ortsgeschichte von Marbach Teil 1 1211–1989“, Marbacher Bote, Marbach, 2011
- Erfurter Heimatbrief Nr. 13 v. 10. Dezember 1966, Wissenschaftliche Allgemeinbibliothek Erfurt
- „Die Geschichte von Bad Sulza“ v. Horst M. F. Heyland, Bad Sulzaer Heimathefte Nr. 12, 1999
- „Die amerikanische Besatzungszeit in Apolda“ v. Thomas Bahr, Apoldaer Heimat, Beiträge zur Natur und Heimatgeschichte der Stadt Apolda und ihrer Umgebung, Sonderheft, 1996
- „Als die Amerikaner nach Apolda kamen“, eine Rezension von Ulrich Koch, Berlin zu „Die amerikanische Besatzungszeit in Apolda“ v. Dr. Thomas Bahr
- „Gegen höchsten Befehl – Eine couragierte Entscheidung für das Leben einer Stadt“ v. Hartwig Mähler, Peter Franz, Udo Wohlfeld, Geschichtswerkstatt Weimar – Apolda, Arbeitsgruppe des Vereins Prager-Haus Apolda e.V., Apolda 2013
- „Weimar im Bombenkrieg“, Rathauskurier Nr. 2, 2005, 16. Jahrgang
- „Frühjahr 1945 Die letzten Tage vor dem Einzug der Amerikaner in Weimar“ v. Hans Riemenschneider, Weimar in Weimarbriefe, Dokumente zur Zeitgeschichte
- „Der 12. April 1945 in Troistedt und Weimar“ v. Volker Wahl, Blätter für Natur Geschichte und Kultur des Kreises Weimarer Land, 15/2001
- „Weimar-Chronik“ v. Gitta Günther, Tradition u. Gegenwart Weimarer Schriften, Stadtmuseum Weimar, Heft 33, 1990
- „Weimar 1945 – Ein historisches Protokoll“, v. Walter Steiner, Renate Ragwitz, Frank Funke, Anke Bickel, Weimarer Schriften, Heft 53, 1997, Hrsg. Stadtmuseum Weimar
- „Weimar im Bombenkrieg“ v. Walter Steiner, Rathauskurier 2/2005, 16. Jahrgang
- „Josias Erbprinz zu Waldeck-Pyrmont“ v. Anke Schmeling in „Nationalsozialismus in Nordhessen – Schriften zur regionalen Zeitgeschichte Heft 16, Verlag Gesamthochschul-Bibliothek Kassel 1993
- „Zwanzig ausgewählte Kapitel zum Jenaer Mühltal“ v. Ernst Kaufmann, Jena aus Anlass der Eröffnung des Waldgasthofes „Carl August“, 8. August 1908–2008
- „Hochbunker des Zweiten Weltkriegs in Jena“ v. Julia Raasch-Betram, Aus der Arbeit des Thüringischen Landesamtes für Denkmalpflege – Bauaufgaben des 20. JH, Folge 21, 2005
- „Vorläufig ist alles ganz harmlos – Das Jenaer Polizeibataillon 311 im 2. Weltkrieg – eine Spurensuche“ v. Frank Döbert, in „Polizei und Geschichte“ Ausgabe 2/2010 v. Prof. Dr. Carsten Dams & Dr. Andreas Schneider, Verlag für Polizeiwissenschaften, Frankfurt/Main 2010

- „750 Jahre Burgau an der Saale – geschichtlicher Abriss 1257–2007“, Ortsverein Burgau e.V. 2007
- „Geschichte des Bäckerhandwerks in der Stadt Lobeda und im Ortsteil Lobeda-Altstadt“, aufgeschr. v. Lutz Kästner, Arbeitskreis Ortsgeschichte Lobeda-Altstadt im Förderverein Bären Lobeda e.V., 2015
- „Die sieben Soldatengräber auf den Fahner Höhen“, Fahner Höhe Kurier Nr. 09/05
- „Sieben Gräber – was war da geschehen?“, Projektpräsentation der Stiftung Demokratische Jugend, Hrsg. VG Nesseaue Friemar, 2006
- „1000 Jahre Elxleben an der Gera 973–1973“, Kreisarchiv Sömmerda
- „Ortschronik von Udestedt“ v. Cordula Scheuermann, 1996
- „Ollendorf – Beiträge zur Ortsgeschichte“, Ollendorf ,2006
- Der Traum ist aus – Jugend im Zusammenbruch 1944–1945, 29 Geschichten und Berichte von Zeitzeugen“, Bd. 20 der Reihe Zeitgut

sowie

- Unterlagen Kreisarchivs Sömmerda zu Andisleben, Kleinmölsen, Udestedt, Witterda
- Sammlungen Hartwig Bastian, Jena, Uwe Becker, Camburg, Frank Döbert, Jena, Karl-Heinz Giesecke, Bad Kösen, Christian Handwerck, Ulla, Carsten Schleichardt, Erfurt, Harry Sochor, Troistedt, Frank Störzner, Kleinmölsen
- Zeitzeugenbericht Johannes Sippel, Erfurt, Herbert Otto, Farnstädt

Veröffentlichungen in der regionalen Presse, wie dem Thüringer Tagesblatt, der Thüringer Allgemeinen TA, der Thüringer Landeszeitung TLZ, der Ostthüringer Landeszeitung OTZ, der Mitteldeutschen Zeitung MDZ und verschiedenen Lokalblättern, die auf Grund ihrer Vielzahl nicht im Einzelnen aufgelistet wurden, sind in den Anmerkungen kenntlich gemacht.

Verwendetes Kartenmaterial

- Topographische Karte der US Army, Central Europe, 1:100 000, 1st Edition, published by War Office, 1944
- Topographische Karten Deutschland 1:25 000, published by War Office, US Army, Blatt
- Shell Reisedienst Straßenkarte Nr. 11, Thüringen–Mitteldeutschland (vor 1945)
- Shell Stadtkarte Nr. 36 Erfurt, 70 Jena, 71 Weimar (Ausgabe 1935/1936)

Feldpostkarten aus Erfurt

Archiv Jürgen Möller

Feldpostkarten aus Erfurt Archiv Jürgen Möller

Feldpostkarten aus Erfurt, Henne-Kaserne Archiv Jürgen Möller

Feldpostkarten aus Erfurt — Archiv Jürgen Möller

Feldpostkarten aus Weimar Archiv Jürgen Möller

Abteilungsgebäude Flak-Abteilung Weimar

Feldpostkarten aus Weimar, Lützendorf-Kasernen Archiv Jürgen Möller

Kasernen in Weimar und Jena

Karl-Alexander-Kaserne, Weimar

Feldpostkarten aus Weimar und Jena — Archiv Jürgen Möller

Jena-Zwätzen Kaserne

Einfahrt zum ehemaligen „Gasthof der Brüdergemeine" im Haus „Drei Rosen" am Neudietendorfer Zinzendorfplatz und Gedenktafel am Haus
Fotos: Jürgen Möller, 2016

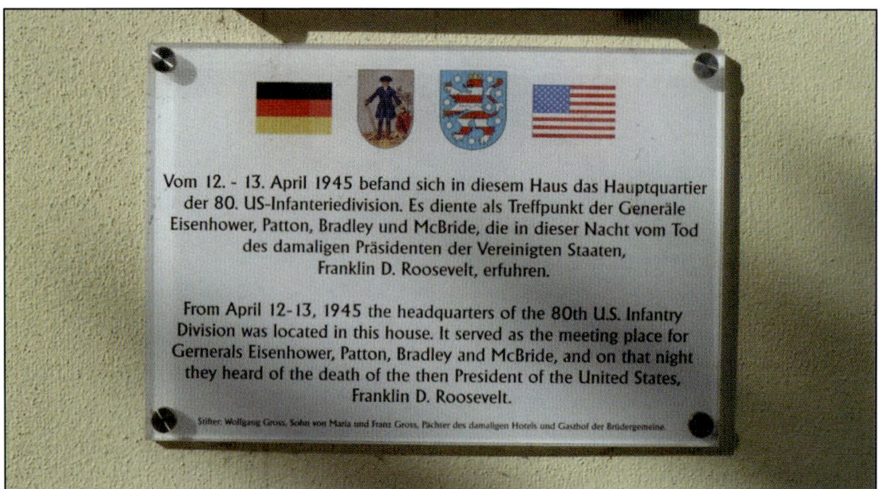

Spurensuche Troistedt

Einfahrt zur Alten Poststelle Troistedt im Haus Nr. 10,
in dem die Übergabe von Weimar erfolgte, mit Gedenktafel
Fotos: Jürgen Möller, 2016

Spurensuche – Klein- und Großmölsen

Die 1999 abgerissene Mühle Kleinmölsen, Mühlgasse 15, mit den Einschusslöchern an der Westseite des Gebäudes.

Überreste einer 105mm Granate M60 der US Artillery vom Kirchturm Großmölsen, ausgestellt in der Heimatstube Kleinmölsen

Fotos: Frank Störzner, Heimatstube Kleinmölsen

Wer kennt Paul Warzel oder seine Familie?

Familienfoto des Obergefreiten Paul Warzel, geb. 22.10.1923, Benneschau, Krs. Ratibor, (2.v.l.) und Erkennungsmarke aus der, in Kleinmölsen gefundenen, Brieftasche, heute Sammlung Heimatstube Kleinmölsen.

Fotos: Frank Störzner, Heimatstube Kleinmölsen

Spurensuche – Kunitzer Hausbrücke bei Jena

Die, 2012, originalgetreu nachgebaute Kunitzer Hausbrücke über die Saale an Stelle der alten Brücke von 1832–1945

Fotos:
Jürgen Möller, 2016

Kriegsgräber mahnen – Alach

Gedenkstätte auf dem Friedhof Alach

Fotos: Jürgen Möller, 2016

Apfelstädt

Oben: Grabstätte ziviler Opfer vom 13. April 1945 auf dem Friedhof Apfelstädt
Unten: Gemeinschaftssoldatengrab auf dem Friedhof Apfelstädt

Fotos:
Jürgen Möller, 2016

Eschenbergen/Egstedt

Oben: Gedenkstein „Sieben Gräber" auf der Fahnerschen Höhe Quelle : wikwat
Unten: Soldatengräber in Egstedt (siehe auch Buchrückseite) Fotos: J. Möller, 2004

Kriegsgräberstätte Erfurter Hauptfriedhof Fotos: Jürgen Möller, 2016

Zentraler Gedenkstein für die Bombenopfer auf dem Erfurter Hauptfriedhof und Grabsteine von Bombenopfern

Fotos: Jürgen Möller, 2016

Erfurt-Bindersleben

Soldatengräber auf dem Friedhof Erfurt-Bindersleben   Fotos: Jürgen Möller, 2016

Erfurt-Dittelstedt

Kriegsgräberstätte Friedhof Erfurt-Dittelstedt

Fotos: Jürgen Möller, 2016

Frienstedt

Soldatengräber auf dem Kirchhof Frienstedt Fotos: Jürgen Möller, 2016

Links: Gedenkstein für die Bombenopfer
vom 19. März 1945
Rechts: Gedenkstein für die Opfer
aus der Flakstellung Jena-Winzerla
vom 11. April 1945
Fotos: Jürgen Möller, 2016

Marbach

Gräber der getöteten Zivilisten bei den Kämpfen um Marbach auf dem Friedhof Marbach Fotos: Jürgen Möller, 2016

Soldatengräber auf dem Friedhof Marbach und
Gedenkstein für die gefallenen Soldaten in Gottstedt Fotos: Jürgen Möller, 2016

Neudietendorf

Soldatengräber auf dem Gottesacker der Brüdergemeine in Neudietendorf
Fotos: Jürgen Möller, 2016

Schmira

Soldatengräber auf dem Friedhof Schmira
Fotos: Jürgen Möller, 2016

Troistedt und Weimar/Webicht

Oben und unten links: Soldatengräber und Gedenkstein im Kiekholz/Nohrholz zwischen Troistedt und Nohra Quelle: wikwat
Unten rechts: Gedenkstein für die Ermordeten im Webicht Quelle: Concord

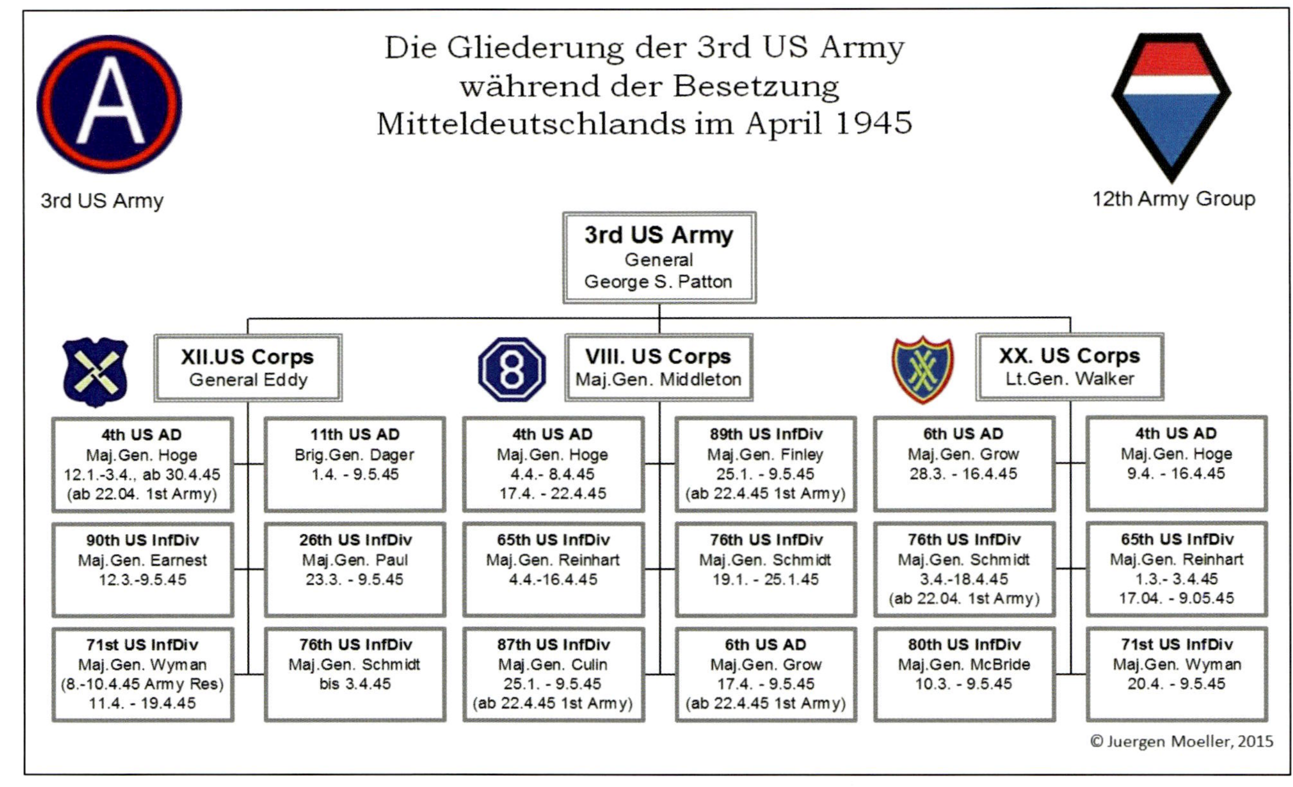
Die Gliederung der 3rd US Army
während der Besetzung
Mitteldeutschlands im April 1945
3rd US Army
12th Army Group
3rd US Army
General
George S. Patton
XII.US Corps
General Eddy
VIII. US Corps
Maj.Gen. Middleton
XX. US Corps
Lt.Gen. Walker
4th US AD
Maj.Gen. Hoge
12.1.-3.4., ab 30.4.45
(ab 22.04. 1st Army)
11th US AD
Brig.Gen. Dager
1.4. - 9.5.45
4th US AD
Maj.Gen. Hoge
4.4.- 8.4.45
17.4. - 22.4.45
89th US InfDiv
Maj.Gen. Finley
25.1. - 9.5.45
(ab 22.4.45 1st Army)
6th US AD
Maj.Gen. Grow
28.3. - 16.4.45
4th US AD
Maj.Gen. Hoge
9.4. - 16.4.45
90th US InfDiv
Maj.Gen. Earnest
12.3.-9.5.45
26th US InfDiv
Maj.Gen. Paul
23.3. - 9.5.45
65th US InfDiv
Maj.Gen. Reinhart
4.4.-16.4.45
76th US InfDiv
Maj.Gen. Schmidt
19.1. - 25.1.45
76th US InfDiv
Maj.Gen. Schmidt
3.4.-18.4.45
(ab 22.04. 1st Army)
65th US InfDiv
Maj.Gen. Reinhart
1.3.- 3.4.45
17.04. - 9.05.45
71st US InfDiv
Maj.Gen. Wyman
(8.-10.4.45 Army Res)
11.4. - 19.4.45
76th US InfDiv
Maj.Gen. Schmidt
bis 3.4.45
87th US InfDiv
Maj.Gen. Culin
25.1. - 9.5.45
(ab 22.4.45 1st Army)
6th US AD
Maj.Gen. Grow
17.4. - 9.5.45
(ab 22.4.45 1st Army)
80th US InfDiv
Maj.Gen. McBride
10.3. - 9.5.45
71st US InfDiv
Maj.Gen. Wyman
20.4. - 9.5.45
© Juergen Moeller, 2015

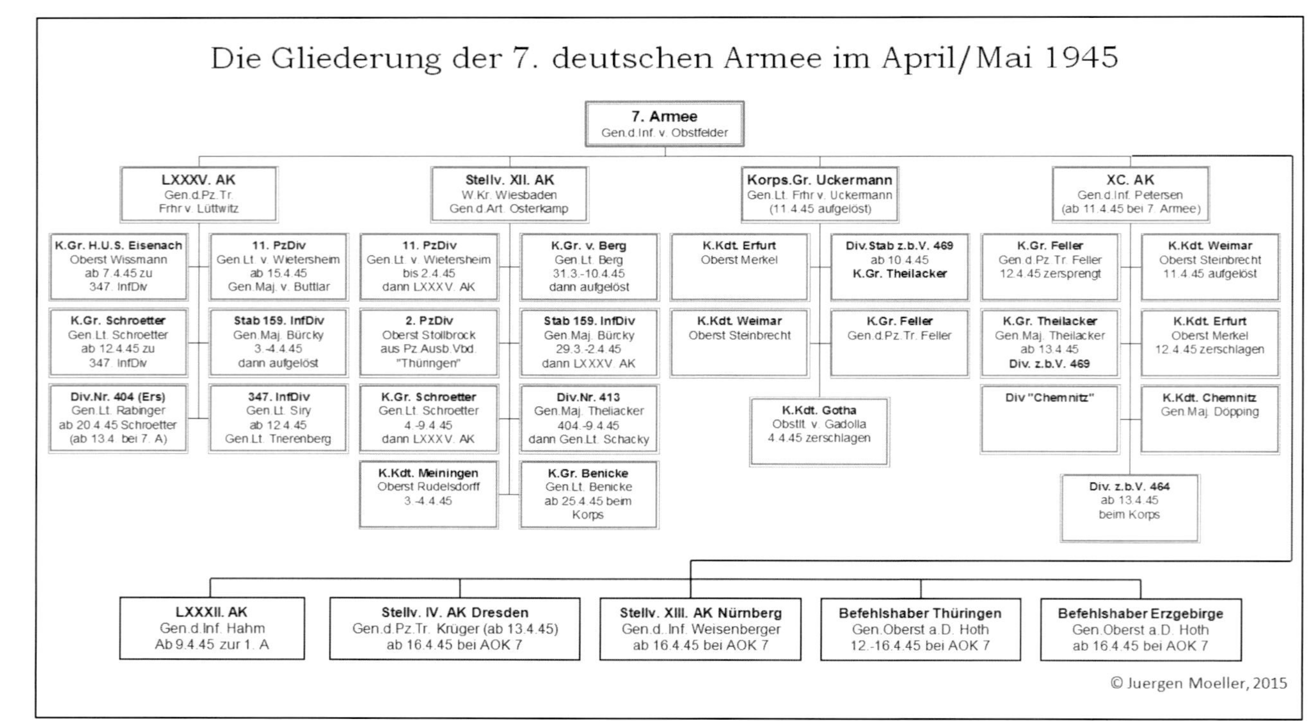
Die Gliederung der 7. deutschen Armee im April/Mai 1945
7. Armee
Gen.d.Inf. v. Obstfelder
LXXXV. AK
Gen.d.Pz.Tr.
Frhr v. Lüttwitz
K.Gr. H.U.S. Eisenach
Oberst Wissmann
ab 7.4.45 zu
347. InfDiv
11. PzDiv
Gen.Lt. v. Wietersheim
ab 15.4.45
Gen.Maj. v. Buttlar
K.Gr. Schroetter
Gen.Lt. Schroetter
ab 12.4.45 zu
347. InfDiv
Stab 159. InfDiv
Gen.Maj. Bürcky
3.-4.4.45
dann aufgelöst
Div.Nr. 404 (Ers)
Gen.Lt. Rabinger
ab 20.4.45 Schroetter
(ab 13.4. bei 7. A)
347. InfDiv
Gen.Lt. Siry
ab 12.4.45
Gen.Lt. Trierenberg
Stellv. XII. AK
W.Kr. Wiesbaden
Gen.d.Art. Osterkamp
11. PzDiv
Gen.Lt. v. Wietersheim
bis 2.4.45
dann LXXXV. AK
K.Gr. v. Berg
Gen.Lt. Berg
31.3.-10.4.45
dann aufgelöst
2. PzDiv
Oberst Stollbrock
aus Pz.Ausb.Vbd.
"Thüringen"
Stab 159. InfDiv
Gen.Maj. Bürcky
29.3.-2.4.45
dann LXXXV. AK
K.Gr. Schroetter
Gen.Lt. Schroetter
4.-9.4.45
dann LXXXV. AK
Div.Nr. 413
Gen.Maj. Theilacker
404.-9.4.45
dann Gen.Lt. Schacky
K.Kdt. Meiningen
Oberst Rudelsdorff
3.-4.4.45
K.Gr. Benicke
Gen.Lt. Benicke
ab 25.4.45 beim
Korps
Korps.Gr. Uckermann
Gen.Lt. Frhr v. Uckermann
(11.4.45 aufgelöst)
K.Kdt. Erfurt
Oberst Merkel
Div.Stab z.b.V. 469
ab 10.4.45
K.Gr. Theilacker
K.Kdt. Weimar
Oberst Steinbrecht
K.Gr. Feller
Gen.d.Pz.Tr. Feller
K.Kdt. Gotha
Obstlt. v. Gadolla
4.4.45 zerschlagen
XC. AK
Gen.d.Inf. Petersen
(ab 11.4.45 bei 7. Armee)
K.Gr. Feller
Gen.d.Pz.Tr. Feller
12.4.45 zersprengt
K.Kdt. Weimar
Oberst Steinbrecht
11.4.45 aufgelöst
K.Gr. Theilacker
Gen.Maj. Theilacker
ab 13.4.45
Div. z.b.V. 469
K.Kdt. Erfurt
Oberst Merkel
12.4.45 zerschlagen
Div "Chemnitz"
K.Kdt. Chemnitz
Gen.Maj. Dopping
Div. z.b.V. 464
ab 13.4.45
beim Korps
LXXXII. AK
Gen.d.Inf. Hahm
Ab 9.4.45 zur 1. A
Stellv. IV. AK Dresden
Gen.d.Pz.Tr. Krüger (ab 13.4.45)
ab 16.4.45 bei AOK 7
Stellv. XIII. AK Nürnberg
Gen.d. Inf. Weisenberger
ab 16.4.45 bei AOK 7
Befehlshaber Thüringen
Gen.Oberst a.D. Hoth
12.-16.4.45 bei AOK 7
Befehlshaber Erzgebirge
Gen.Oberst a.D. Hoth
ab 16.4.45 bei AOK 7
© Juergen Moeller, 2015

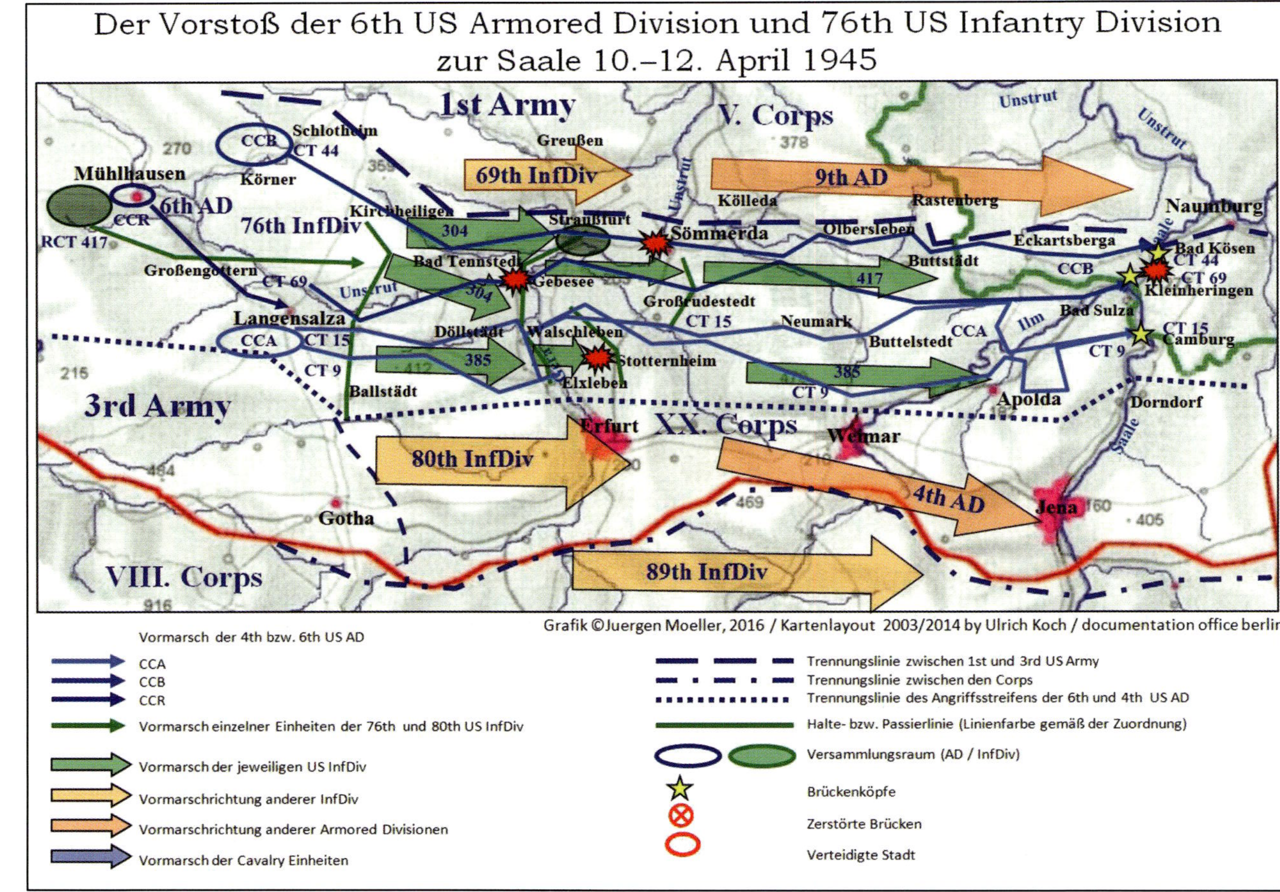
Der Vorstoß der 6th US Armored Division und 76th US Infantry Division
zur Saale 10.–12. April 1945
1st Army
V. Corps
3rd Army
XX. Corps
VIII. Corps
Mühlhausen
CCR
RCT 417
6th AD
CCB
Schlotheim
CT 44
Körner
76th InfDiv
Kirchheiligen
Großengottern
CT 69
Langensalza
CCA
CT 15
CT 9
Ballstädt
Unstrut
Greußen
69th InfDiv
304
Straußfurt
Bad Tennstedt
Gebesee
Döllstädt
Walschleben
385
Stotternheim
Elxleben
Sömmerda
Kölleda
Großrudestedt
CT 15
9th AD
Rastenberg
Olbersleben
417
Buttstädt
Neumark
Buttelstedt
CCA
CT 9
Eckartsberga
CCB
Ilm
Bad Sulza
Apolda
Naumburg
Bad Kösen
CT 44
CT 69
Kleinheringen
CT 15
Camburg
Dorndorf
Saale
Erfurt
Weimar
80th InfDiv
4th AD
Jena
Gotha
89th InfDiv
Grafik ©Juergen Moeller, 2016 / Kartenlayout 2003/2014 by Ulrich Koch / documentation office berlin
Vormarsch der 4th bzw. 6th US AD
CCA
CCB
CCR
Vormarsch einzelner Einheiten der 76th und 80th US InfDiv
Vormarsch der jeweiligen US InfDiv
Vormarschrichtung anderer InfDiv
Vormarschrichtung anderer Armored Divisionen
Vormarsch der Cavalry Einheiten
Trennungslinie zwischen 1st und 3rd US Army
Trennungslinie zwischen den Corps
Trennungslinie des Angriffsstreifens der 6th und 4th US AD
Halte- bzw. Passierlinie (Linienfarbe gemäß der Zuordnung)
Versammlungsraum (AD / InfDiv)
Brückenköpfe
Zerstörte Brücken
Verteidigte Stadt

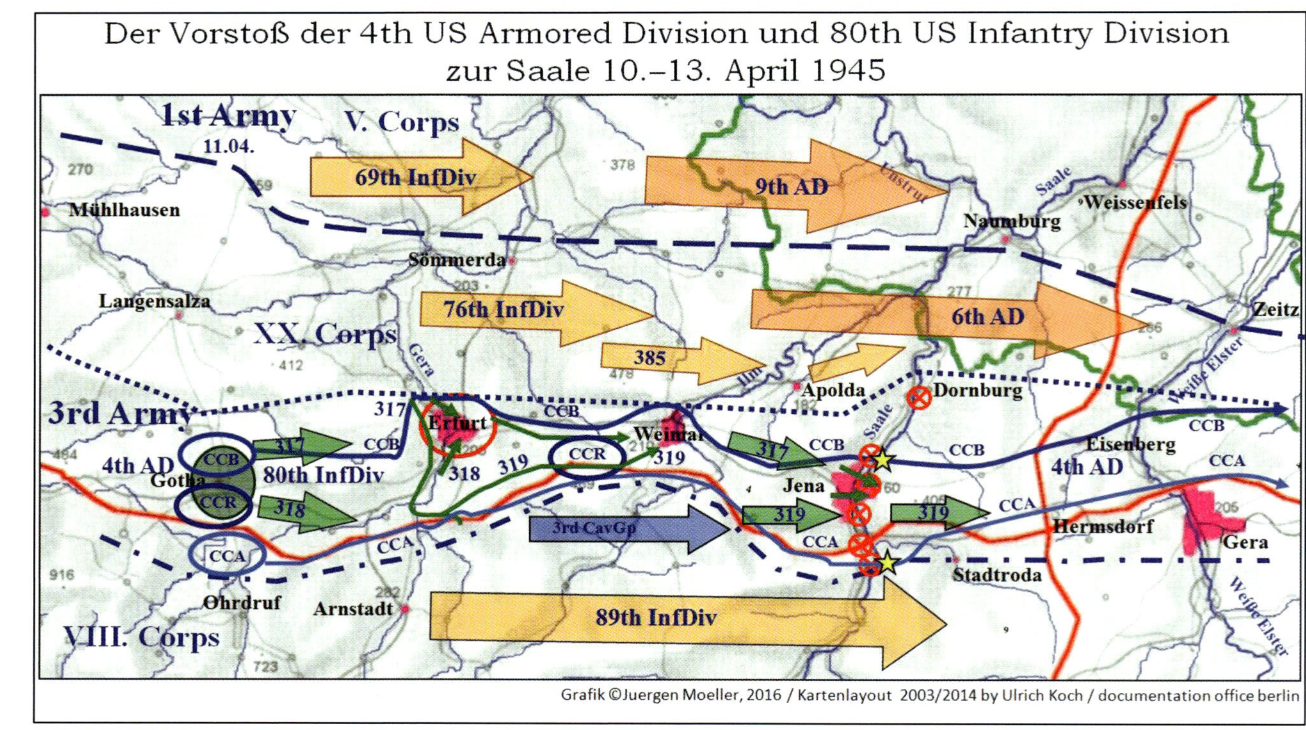
Der Vorstoß der 4th US Armored Division und 80th US Infantry Division
zur Saale 10.–13. April 1945
1st Army
11.04.
V. Corps
69th InfDiv
9th AD
Unstrut
Saale
Weissenfels
Mühlhausen
Naumburg
Sömmerda
Langensalza
76th InfDiv
6th AD
Zeitz
XX. Corps
Gera
385
Ilm
Weiße Elster
Apolda
Dornburg
3rd Army
317
Erfurt
CCB
Weimar
4th AD
CCB
CCR
317
80th InfDiv
318
319
CCR
319
317
Jena
Eisenberg
4th AD
CCA
CCR
318
3rd CavGp
319
319
CCA
Hermsdorf
Gera
CCA
CCA
CCA
Stadtroda
Ohrdruf
Arnstadt
89th InfDiv
VIII. Corps
Weiße Elster
Grafik ©Juergen Moeller, 2016 / Kartenlayout 2003/2014 by Ulrich Koch / documentation office berlin

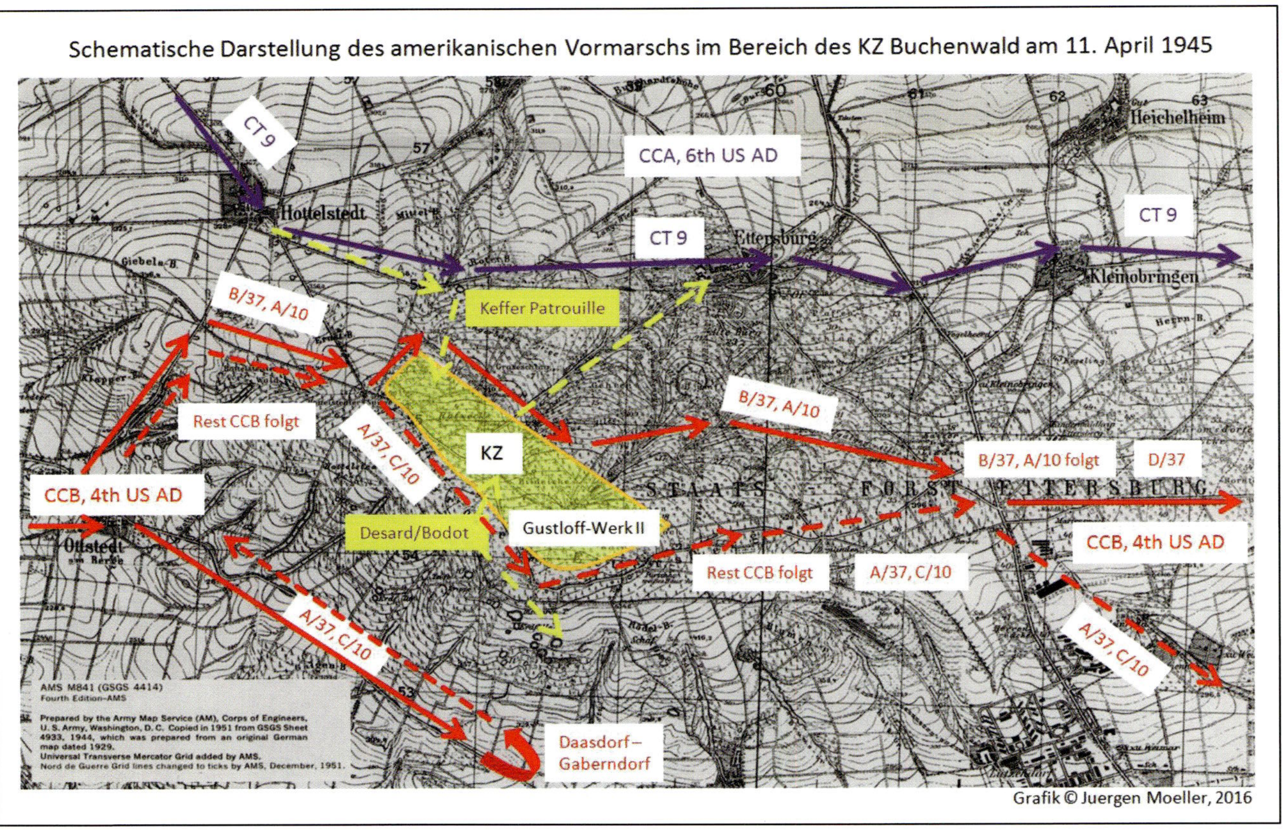
Schematische Darstellung des amerikanischen Vormarschs im Bereich des KZ Buchenwald am 11. April 1945
CT 9
Hottelstedt
CCA, 6th US AD
CT 9
Ettersburg
CT 9
Heichelheim
Kleinobringen
Keffer Patrouille
B/37, A/10
Rest CCB folgt
A/37, C/10
KZ
B/37, A/10
B/37, A/10 folgt
D/37
STAATS - FORST ETTERSBURG
CCB, 4th US AD
Ottstedt
Desard/Bodot
Gustloff-Werk II
Rest CCB folgt
A/37, C/10
CCB, 4th US AD
A/37, C/10
A/37, C/10
Daasdorf–Gaberndorf
AMS M841 (GSGS 4414)
Fourth Edition-AMS
Prepared by the Army Map Service (AM), Corps of Engineers, U. S. Army, Washington, D. C. Copied in 1951 from GSGS Sheet 4933, 1944, which was prepared from an original German map dated 1929.
Universal Transverse Mercator Grid added by AMS.
Nord de Guerre Grid lines changed to ticks by AMS, December, 1951.
Grafik © Juergen Moeller, 2016

Autor Jürgen Möller

Der Autor, Jürgen Möller, wurde 1959 in Gotha/Thüringen geboren und beschäftigt sich seit mehr als 15 Jahren mit der militärgeschichtlichen Erforschung des Kriegsendes 1945 in Mitteldeutschland.

Im Ergebnisse dieser Forschungen wurde 2010 beim Verlag Rockstuhl in Bad Langensalza die Dokumentationsreihe *„Das Kriegsende in Mitteldeutschland 1945"* ins Leben gerufen, die seitdem in thematisch abgeschlossenen Einzeldokumentationen den Ablauf der amerikanischen Besetzung Mitteldeutschlands im April/Mai 1945 behandelt.

Bücher von Jürgen Möller im Verlag Rockstuhl

BEGLEITBUCH ZUR GLEICHNAMIGEN BUCHREIHE

Kriegsende in Mitteldeutschland 1945

Chronik der amerikanischen Besetzung von Thüringen und Teilen Sachsens und Sachsen-Anhalts vom 30.3.–8.5.1945

Taschenbuch, 108 Seiten, 6 Abbildungen, 20 Tabellen, 1 Karte

ISBN 978-3-86777-588-5

Bücher von Jürgen Möller im Verlag Rockstuhl

Band 1 **Kampf um Nordthüringen**
Kampfhandlungen Raum nördlich Mühlhausen-Langensalza und der Vorstoß des V. US Corps von der Werra durch die Landkreise Heiligenstadt, Worbis und Sondershausen zur Unstrut und weiter zur Saale
Festeinband, 224 Seiten, 92 Abbildungen
ISBN 978-3-86777-212-9

Band 2 **Kriegsschauplatz Leipziger Südraum**
Vorstoß des V. US Corps im April 1945 zur Weißen Elster, die Kampfhandlungen im Leipziger Südraum, die letzten Kriegstage an Mulde und Elbe und die amerikanische Besatzungszeit im Leipziger Südraum
Festeinband, 320 Seiten, 163 Abbildunge
ISBN 978-3-86777-168-9

Band 3 **Der Kampf um Zeitz April 1945**
Der Übergang der amerikanischen Truppen über die Weiße Elster im Raum Zeitz, der Einsatz der Napola-Schüler aus Naumburg und Schulpforta, der Kampf um die Flakstellungen und die Besetzung von Zeitz
Festeinband, 240 Seiten, 176 Abb., 2. Auflage 2012
ISBN 978-3-86777-477-2

Bücher von Jürgen Möller im Verlag Rockstuhl

Band 4 **Der Kampf um den Harz**
Der Vorstoß des VII. US Corps durch das nördliche Eichsfeld, den West, Süd- und Ostharz und die Goldene Aue zur Saale und Elbe, d. Besetzung von Nordhausen, d. Befreiung des KZ Dora-Mittelbau u. d. Zerschlagung des Harzkessels
Festeinband, 352 Seiten, 92 Abbildungen
ISBN 978-3-86777-257-0

Band 5 **Endkampf an der Mulde 1945**
Eroberung der Elbe- und Mulde-Brückenköpfe zwischen Magdeburg und Eilenburg, die Besetzung der Stadt Halle u. d. mitteldeutschen Industrieregion Dessau - Bitterfeld - Wolfen und die alliierte Besatzungszeit zw. Harz u. Mulde
Festeinband, 336 Seiten, 148 Abbildungen
ISBN 978-3-86777-334-8

Band 6 **Flak im Endkampf – Leuna 1945**
Besetzung d. mitteldeutschen Chemiezentrums Schkopau - Merseburg - Leuna durch d. V. US Corps
Festeinband, 224 Seiten, 170 Abbildungen
ISBN 978-3-86777-457-4

Bücher von Jürgen Möller im Verlag Rockstuhl

Band 7 **Kriegsende an Saale und Unstrut 1945**
Der Vorstoß des V. US Corps aus Nordthüringen zur Saale und Unstrut und die Besetzung der Region Querfurt, Naumburg und Weißenfels im April 1945
Festeinband, 256 Seiten, 184 Abbildungen
ISBN 978-3-86777-456-7

Band 8 **Die letzte Schlacht – Leipzig 1945**
Die Besetzung der Reichsmessestadt durch das V. US Corps der 1st US Army im April 1945
Gb., 312 Seiten, 216 Abbildungen und 4 Karten
ISBN 978-3-86777-687-5

Band 9 **Sturmlauf von der Werra zur Saale 1945**
Der Vorstoß des XX. US Corps über die Werra und durch das obere Eichsfeld und Thüringer Becken bis zur Saale
Festeinband, 336 Seiten, 140 Abbildungen
ISBN 978-3-86777-647-9

Bücher von Jürgen Möller im Verlag Rockstuhl

Band 10 **Panzerkeile Thüringer Autobahn**
Der südliche Abschnitt des XX. US Corps aus dem Raum Gotha entlang der Autobahn bis zur Saale bei Jena und die Besetzung von Erfurt, Weimar und Jena
Festeinband, 352 Seiten, 140 Abbildungen
ISBN 978-3-86777-648-6

Band 11 [2018] **Durchbruch zur Zwickauer Mulde**
Der Angriff des XX. US Corps aus den Saale-Brückenköpfen zur alliierten Haltelinie von Rochlitz an der Zwickauer Mulde bis Chemnitz und die Besetzung von Ostthüringen und Teilen Westsachsens
Festeinband, ca. 352 Seiten, 140 Abbildungen
ISBN 978-3-86777-649-3

Planung – Bücher von Jürgen Möller im Verlag Rockstuhl

12. Band [2019]
Der Kampf um die Thüringer Pforte April 1945
ISBN 978-3-95966-109-6

13. Band [2020]
Kriegsschauplatz Thüringer Wald April 1945
ISBN 978-3-95966-110-2

14. Band [2021]
Kampf um die Thüringer Waffenschmiede 1945
ISBN 978-3-95966-111-9

15. Band [2022]
Kriegsende im Thüringer Schiefergebirge 1945
ISBN 978-3-95966-112-6

16. Band [2023]
Sturm auf die Erzgebirgsstellung 1945
ISBN 978-3-95966-113-3